下一次
大规模全球化
何时到来

七次崩溃

[英]哈罗德·詹姆斯 — 著
(Harold James)

祁长保 — 译

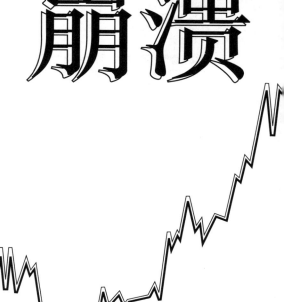

中国出版集团
中译出版社

图书在版编目（CIP）数据

七次崩溃：下一次大规模全球化何时到来/（英）哈罗德·詹姆斯（Harold James）著；祁长保译. -- 北京：中译出版社，2024.8

书名原文：Seven Crashes: The Economic Crises That Shaped Globalization

ISBN 978-7-5001-7821-7

Ⅰ.①七… Ⅱ.①哈…②祁… Ⅲ.①经济危机—研究—世界 Ⅳ.① F113.7

中国国家版本馆 CIP 数据核字（2024）第 082399 号

Copyright © 2023 by Harold James
Originally published by Yale University Press
Simplified Chinese translation copyright © 2024 by China Translation & Publishing House
ALL RIGHT RESERVED
著作权合同登记号：图字 01-2023-4826 号

七次崩溃：下一次大规模全球化何时到来
QICI BENGKUI: XIAYICI DAGUIMO QUANQIUHUA HESHI DAOLAI

著　　者：[英]哈罗德·詹姆斯（Harold James）
译　　者：祁长保
策划编辑：朱　涵　朱小兰
责任编辑：朱小兰
文字编辑：朱　涵　王海宽
营销编辑：任　格　王希雅

出版发行：中译出版社
地　　址：北京市西城区新街口外大街 28 号 102 号楼 4 层
电　　话：（010）68002494（编辑部）
邮　　编：100088
电子邮箱：book@ctph.com.cn
网　　址：http://www.ctph.com.cn

印　　刷：北京中科印刷有限公司
经　　销：新华书店
规　　格：710 mm × 1000 mm　1/16
印　　张：28.25
字　　数：400 千字
版　　次：2024 年 9 月第 1 版
印　　次：2024 年 9 月第 1 次

ISBN 978-7-5001-7821-7　　　定价：129.00 元

版权所有　侵权必究
中译出版社

推荐序

正如本书英文版的副标题"*The Economic Crises That Shaped Globalization*"（形塑了全球化的经济危机），作者哈罗德·詹姆斯在介绍近代以来七次全球性危机的来龙去脉的同时，深入分析了每一次危机对全球化进程的影响，形成了"对全球化的起起落落的全面回顾"。

在探究所有这些危机的过程中，作者一次又一次提到"回响"。在导言的第一段，他就将19世纪中叶发生在东地中海和黑海之间的危机与当下愈演愈烈的乌克兰危机并置一处；在全书结尾，其又将凯恩斯在1919年的晦暗局势中发出的担心转用在当下这个全球问题重重的时刻。这些都反映出经济史研究的重要意义——尽管在理解和应对每一次危机的时候，各个国家的政策和措施往往称不上是很好地吸取了历史教训。

这七次危机都超越了国界，可谓全球性的危机。作者从供求关系出发，将冲击划分为供给和需求两个方面，各方面又包含正面与负面两种类型。"历史的经验是，某种全球化的危机会导致更高程度的全球化。"由供给不足引发的负面危机，如19世纪40年代的粮食危机、第一次世界大战和 20 世纪 70 年代的石油危机，这些都促使人们对全球化进行重新想象，使危机过后的全球化程度大幅提高；另一方面，由需求不足引起的危机，如 20 世纪 30 年代的大萧条和 2007—2008 年的全球金融危机，同样让人们重新思考全球化的意义和未来，却在随后的年代里让世界经历了逆全球化的过程。至于最近的这场由新冠疫情大流行导致的全球性危机，其特殊性在于，它首先显示出一些典型的供给冲击的特征，后续却又发生了需求冲击。从现在开始，全球化将走向何方，让我们拭目以待吧。

作为一部经济史著作，哈罗德·詹姆斯在讲述每次经济危机的过程中，不仅告诉我们当时发生了什么，更研究了为什么会发生，将着力点落在当时的经济学家们的思想成就。从 19 世纪 40 年代粮食短缺引发的金融危机如何促使马克思发展出了资本主义制度行将崩溃的理论，到之后铁路泡沫导致的"有限的崩溃"如何催生了边际主义革命，又到第一次世界大战的供应危机叠加后续的恶性通货膨胀，分析了赫弗里希的错误理论给魏玛共和国带来的灾难。

对 20 世纪 30 年代大萧条的发生和发展，作者做了条分缕析的阐述，相比于前三次大崩溃带来的全球化进一步高涨，这是首次由负面需求冲击导致的危机，造成现代全球化启动以来第一次显著的去全球化进程。贸易保护、资本管制，再加上限制人口流动，这一切最终以第二次世界大战为最高潮。作为当时英国财政部的官员，凯恩斯对巴黎和会确定的赔款方案深恶痛绝，几乎准确地预见了它将给战败国带来的灾难。以他为首的一群人提出的复苏欧洲经济的方案与二战后的马歇尔计划有着惊人的相似之处。但是，只有经过后来的大萧条和又一次惨烈的战争，世人才会信服他的远见卓识。

"作为爱德华时代的自由主义者",凯恩斯对国际贸易的态度颇令人玩味。他对政府干预和计划体制的看重,是由于他对自由放任资本主义的一贯担忧在大萧条中达到顶点,同时也不能忽略当时的德国和苏联体制所展示的计划体制的优越性,而这种倾向在随后的战争期间得到广泛的认可和应用,"凯恩斯的核心地位缔造出一个有力的神话"。结果便是,布雷顿森林体系给出了一个"在国家计划的基础上重建世界的愿景"。

尽管战后的经济安排总体上延续了全球化的退潮,但是在战后的几十年里,全球化一直在努力蹒跚向前。这样一组数据着实令人惊讶:"在20世纪70年代之前,贸易在世界产量中所占的份额一直远低于1913年(13.4%)或1929年(10.8%)的水平。1950年,这一水平为6.5%,到1960年上升到8.1%,1970年是9.5%。"另一件让人吃惊的事情是美国的技术创新在大萧条中不降反增,再加上战争的刺激,技术进步在20世纪中叶带来了社会和经济的巨大变革。

一路高歌猛进的发展终于在20世纪70年代形成了经济过热,"大通胀"造成大范围的短缺和价格上涨。"这是一场由充足与过剩造成的危机,引发了对全球化的重新思考。"遵循凯恩斯的"食谱",以管制和约束维持繁荣的方式不再奏效。作者认为:"短缺的远远不只是燃料,在某种程度上(其实是在很大程度上),它是政府政策的结果。"石油冲击最终造就了更广泛的全球化,而并没有转向经济民族主义。同为负面供给冲击,这次危机带来了与19世纪40年代相同的认识——开放造就韧性。

作为凯恩斯主义的对立面,弗里德曼和哈耶克这两位所谓的

"新自由主义"领军人物均认为,"20世纪70年代的问题根本上源于政府的错误干预"。虽然他们的政策主张并未在彼时得到美英两国政府采纳,但是"这二人创造的知识氛围远比任何具体的政策措施都重要"。从对比其出身背景开始,作者对他们在许多现实问题上的观点进行了分析。从中,我们可以清晰地感觉到"聆听或阅读弗里德曼总是很容易,而哈耶克那种从来就不简单的文字在晚年变得愈发纠结复杂"。最后,作者得出结论:"两位思想家描述并赞扬了将推动新一波全球化的力量,但没有分析可能把控或引导全球化的制度机制。"

在2007—2008年全球金融危机之后的大衰退中,受到质疑的全球化并没有被推翻,而是在某种程度上获得了拯救或复兴,这一过程中最直接的推动力来自各国的中央银行。这次"大衰退"与20世纪30年代的"大萧条"有着很多相似之处,两次危机都被归咎于进展得过快的全球化。所谓"次贷"危机发生后,以美国为首的各国政府先是诉诸财政手段救助银行,却在道义上遭到非议,很多经济学家也不能认同这样的做法,"解决债务危机的最简单方法就是增加更多的债务"。于是,各国又转而以财政措施支持消费复苏,拉里·萨默斯呼吁采取大规模刺激措施,但财力有限的奥巴马政府实施的是一再削减之后的刺激计划,其效果大打折扣。国际货币基金组织也认为必须进行大规模财政刺激,"然而,世界以惊人的速度从需要财政刺激来应对新一轮大萧条威胁的国际共识转变为对于债务增加和财政不可持续威胁的长期影响的担忧"。反思之下,"紧缩"又成为很多国家的政策取向。经过几轮G20会议的尝试,"协调一致的财政扩张落空了,多边主义已经陷入困境,剩下的只有货币行动了"。既然不能将利率降到负值,那么以美联储为首的各国央行就只能增加货币供应量,也就是所谓的"量化宽松",在促进复苏的同时,股票和房地产等资产的价格被不可避免地推高了。为了保护和复苏本国经济,新的经济民族主义和贸易保护主义又开始盛行。但是,"全球金融危机后,金融服务和贸易领域的旧式全球化逐渐消退,取而代之的是一种新型的全球化……从贸易和金融转向了数据与通信"。以中国为首的新兴经济体在这场危机之后迅速崛起。

经过20世纪70年代所谓"新自由主义"对传统凯恩斯主义的反转,再一次的危机又形成对"新自由主义"的纠偏。伯南克担任美联储主席,代表了学术界人士接替金融界人士执掌中央银行的一个普遍趋势。通过介绍他对日本问题的分析,作者阐释了伯南克的主要经济思想,让我们了解了这位"量化宽松"始作俑者的政策主导作用。

和上一次"大衰退"一样,从2020年开始的新冠病毒危机也被归咎于全球化。在这场有史以来最大规模的传染病危机中,除了医疗领域的巨大贡献,各国政府的财政支出也发挥了重要的作用——先是体现在保障医疗机构、资助疫苗和药品研发方面,继而在稳定社会和复苏经济上扮演了关键的角色。作者对危机发生的过程及其对经济造成的影响进行了条理清晰的复盘,尤其突出了以美联储为首的各国央行的及时应对在最初阶段的显著效果。大幅度的财政和货币刺激措施在并未取得完美效果的同时形成了路径依赖。需求好转,加之疫情和贸易战等其他因素,带来多方面的短缺,"军事冲突和供给冲击的结合构成了自20世纪30年代以来对全球秩序最严重的挑战"。

有意思的是,作者讲述了孙正义和他的软银投资的几家公司的故事,其中最为成功的投资是马云的阿里巴巴,作为对比的是以金融创新为噱头的德国维尔卡德和英国格林希尔,二者最终倒闭的故事同样发人深省。这其中最深刻的教训便是创新企业与政府之间的关系,包括古已有之的"俘获"政府的企图。

作为一场供给冲击的新冠疫情大流行,与前两次供给冲击一样提出了新问题,"哪些分析工具最适合用来理解危机并评估最有效的施救方略"。对此,作者详尽地分析了拉里·萨默斯的理论。出身于经济学世家的萨默斯象征着凯恩斯主义的回潮,他在20世纪90年代被视为抑制了全球金融威胁的重要推手,但其口无遮拦的某些言论在学术界引起了广泛的争议,甚至有人怀疑"很可能他已经被俘获",并认为他酿成了2007—2008年的金融危机。他对2008年之后的许多分析都展现了颠覆前人思想的观点,虽然某些时候他自己也在不断地反转,从支持大规模财政刺激,到警告出现恶性通货膨胀的危险。与萨默斯等人对宏观路径的关注形成对比的是,"拉杰·切蒂是利用大数据技术的最重要先驱之一",他的"研究结果为美国阶层流动梦想的消退做出一种严酷的解释"。

七次崩溃的历史表明,"动摇全球化的危机总是重要的学习机会"。经济学家中既有关注宏大数字的凯恩斯和萨默斯,也有注重细节的边际主义三杰和哈耶克,以及今天的拉杰·切蒂。经济危机的影响还涉及重构政治思想与政治秩序,政治上的反复与技术变革和经济发展一起形塑了全球化进程的起起落落。"要学习的不仅是独特的技术,还有商业和政府的运作方式。"那么,当下的危机会让我们学到什么呢？举例来说，俄罗斯在历史上曾多次从危机中开始重大改革，废除农奴制是由克里米亚战争的失利引发的，日俄战争的惨败又带来新一轮的改革，十月革命破茧于第一次世界大战……如今，在深陷于同乌克兰的冲突后，她会"再次启动类似的改革进程吗？"

哈罗德·詹姆斯最后告诉我们，应当"从悲惨的过去中学习，借以展望未来……在当下这个最令人沮丧的时候，我们学到的东西也最多"。正所谓"以史为鉴"，希望今天的经济学界和决策人士能够真诚地学习历史经验，吸取政策失误的教训，为全球经济摆脱当前的困境找一条最好的路径；更进一步，希望能为全球化的下一步发展指明方向。我想，这应当就是哈罗德·詹姆斯教授写作本书的初衷吧。

姜洪

国家行政学院原教务长

对外经济贸易大学兼职教授、博士生导师

华中科技大学兼职教授、博士生导师

目 录

导　言		001
第一章	**大饥荒与大反叛**	033
	马克思、《危机笔记》与全球化	056
第二章	**有限的崩溃**	069
	杰文斯探索波动与模式	095
第三章	**大战与大通胀**	109
	短缺	114
	战争的代价	125
	一般通货膨胀与恶性通货膨胀	137
	力不从心的经济学家：卡尔·赫弗里希	143
第四章	**大萧条**	155
	全球化的繁荣	161
	资金紧张	170

		国际救援？	178
		魔术师：凯恩斯	183
		全球化的暂停	196
第五章		大通胀：20 世纪 70 年代	211
		增长与生产效率	216
		控制通胀	239
第六章		大衰退：2008 年	261
		多边响应	283
		货币政策	293
		新一轮经济民族主义	301
		伯南克的解决办法	303
第七章		大封锁：2020—2022 年	325
		疾病与经济的关联	332
		不平等	346
		提升能力与管控	355
		两种分析模式的故事	368
结　论		下一次大规模全球化何时到来	385
致　谢			395
注　释			397

导　言

价格如何塑造全球化

　　一个相互联结的世界正在分裂。严重的粮食短缺造成饥荒，传染病在营养不良的人口中传播，社会动荡愈演愈烈，政治体制受到挑战与破坏。全世界的注意力都集中在特定的地缘热点上，其中一些地点主导了地缘政治的想象，比如东地中海与达达尼尔海峡。黑海和地中海之间的通道具有全球意义，它是一根细细的针，将欧亚大陆中部产粮区与饥饿的甚至濒临饿死的消费者串联起来。听起来很熟悉吗？在过去的两个世纪里，这种情形反复上演，包括19世纪40年代末、第一次世界大战期间，当然还有2022年。20世纪70年代，中东成为一场关于全球能源安全的激烈辩论的焦点。粮食或能源供应不足带来的创伤，担心它们受到敌对的、恶意的或完全陌生的势力控制，国内外政策的有效协调给各国政府带来的挑战，这些都从根本上促使人类更愿意重新想象我们的创造力和新技术将如何用来解决问题并将世界各地的人民联结起来。初看之时，这些危机似乎纯属毁灭性的，造成死亡与破坏，而事实证明了它们所拥有的变革意义。这本书旨在讲述转型是如何进行的，及其如何被理解的——或者更确切地说，转型是如何彻底改变了思维并重塑了全球化的叙事的。

是什么推动了全球化，即什么使世界范围内经济和政治的相互联系加强，而它的脆弱性又在哪里？人们普遍将全球化现象视作某种势不可挡的自我驱动过程、一个现代文明的独有特征，并将它们归因为技术的变革。按照经济学家西蒙·库兹涅茨（Simon Kuznets）①所宣扬的定义，这种变革在某些时候被称作"现代经济增长"。¹然而在现实中，相互关联性是一种不均匀的、不稳定的发展，受到人们对混乱与危机的集体响应的影响。在那样的时刻，价格——或者抑制价格的企图——会生成引导反应的信号。它们那种悠悠球般的动作可能会让人困惑和迷失方向，它们会鼓励新的思维方式，有时能产生效益，有时却危机四伏。

混乱通常始于小规模的、最初看来微不足道的事件，诸如 19 世纪中叶爱尔兰出现马铃薯致病疫霉这种真菌，2019 年末出现的新型冠状病毒，甚至是 1914 年奥地利皇储被刺杀。经济学家伊恩·戈尔丁（Ian Goldin）②和麦克·马里亚塔桑（Mike Mariathasan）形容这

---

① 1901—1985，俄裔美国著名经济学家，美国的 GNP 之父，因其在研究人口发展趋势及人口结构对经济增长和收入分配关系方面做出了巨大贡献获得了 1971 年的诺贝尔经济学奖。其最著名的贡献是提出了"库兹涅茨曲线"（也被称为"倒 U 曲线"），该理论描述了收入分配状况随经济发展过程而变化的曲线。——译者注。（本书所有页下注均为译者注。）

② 1955—，英国经济学家，研究领域包括全球化、发展经济学、国际贸易和金融等。其主张在全球范围内采取行动，解决贫困和发展问题，并认为全球化可以带来巨大的机遇和挑战，需要国际社会共同努力应对。

个问题是全球化的"蝴蝶缺陷"。² 此类危机不受控制地逐步升级，提醒了人们要注意如何理解小事件。它们也很好地说明了为这种理解形成一个框架是多么的不容易。

本书认为，新的制度通常出自对供给危机这种特定类型的混乱做出的响应，除了市场创新，这些制度还包括更为强大并扩展其能力的政府。其结果导致人们对互动作用或经济过程的看法发生改变。此类供给危机就是粮食或燃料等基础商品变得稀缺、价格上涨，并需要新的生产和分销渠道的时刻。政治事务的一个核心问题是如何应对价格剧烈波动的挑战。"悠悠球运动"带来了政府及商业机构的革命。某些体制过于僵化，以至于被短缺经济彻底摧毁。杰出的匈牙利经济学家雅诺什·科尔奈（János Kornai）①惊人地展示了稀缺性及其引发的囤积居奇与功能失调如何破坏并最终摧毁了计划经济。³

思考全球化动态的方向或线性的过程中所固有的难题，典型地体现在对新冠疫情危机的响应中。起初，看似疫情造成了世界的分裂，破坏了多边主义，撕裂了复杂的跨境供应链，并以这种方式扭转了全球化。由于供应链瘫痪，正常的商业活动中断，价格先是被压低；之后，随着商品需求取代了服务需求，出现了短缺，价格飙升，呈现一种"鞭梢效应"，或称"长鞭效应"。⁴ 各个国家陷入了

---

① 1928—2021，匈牙利经济学家，社会主义经济的深入研究者。科尔奈对社会主义传统管理体制下的经济问题进行了深入研究，并出版了一系列著作。他的研究涵盖了社会主义经济的各个方面，包括计划、生产、分配、价格、投资等方面的问题。在20世纪80年代初，科尔奈提出了改革理论，探讨了传统社会主义国家如何由计划经济向市场经济转轨的问题。

争夺稀缺资源的冲突，一些国家试图充分利用其对能源和粮食供应的掌控。然后，战争进一步扰乱了生产，2022年全世界的收获量减少，食品供应下降，出现了严重的短缺。

大国们似乎都在急切地进行改变。中国着力扩大国内需求，立足消费扩张驱动经济增长。美国转向了孤立，甚至在2021年新总统上任后，也只是在口头上支持多边主义，却任由特朗普时代的关税措施大体就位。乌克兰危机的影响范围也不止于冲突的双方，整个国际经济与政治秩序都受到了冲击。相比之下，较小的国家继续依赖基本商品的贸易，除了食品，还有复杂的工程、电子产品及医药用品。

然而，历史的经验是，某种全球化的危机会导致更高程度的全球化，它们为沟通和创新创造出新的活力。因此，今天的政治活动面临着一个重大的不确定性：新冠疫情大流行将对全球化有何影响？自2007—2008年全球金融危机以来，有越来越多的迹象表明全球化可能正在逆转，抑或进入停滞期或者慢动作般的"慢全球化"（slobalization）。全球化通常被认为主要作用于薪资与价格，促使它们不断降低，其途径是通过将大量新的劳动者纳入全球劳动力大军，让富裕国家的传统制造业中蓝领工人的活动贬值。随之而来的便是民粹主义者对移民和贸易的强烈反对，各国试图限制资金流动。移民流入国担心工资和劳动力市场受到影响，而移民流出国则哀叹人才外流将使其社会和税收体系失去那些受过高等教育的人群。在大规模岗位流失的经济体中，贸易在许多人看来是一场零和游戏，进口消灭了人们的谋生手段。人们谴责资本流动具有潜在的野蛮性，声称其破坏了稳定；决策层据此做出响应，制定了对其进行管理的计划。十二年后，新冠病毒这一全球性威胁放大了全球化面临的挑战。许多民粹主义或反全球化的政客立即得出结论：全球化是罪魁祸首。

对于流行病或气候变化作为全球性威胁的认识，理应在全球范围内造就协调一致的应对措施。危机似乎强调了为什么全球化必须加以引导或管理。怀疑论者则很快指出，现实往往更为复杂。新冠疫情大流行往往促使人们首先从某一国家自身利益的角度思考，如所谓的"美国优先"。但政策制定者也会回望，观察并比较其他国家在做些什么，思忖他们需要从中学些什么。各国立即为率先研发出疫苗而展开争夺，以确保长期的科学和技术优势。随后，"疫苗民族主义"驱使美国、英国、俄罗斯展开更直接的交锋，也在欧盟内部引发了激烈冲突。这种朝着贸易保护主义和大国竞争加剧的转向，先是为能源冲突埋下祸根，然后又为2022年的俄乌冲突打下伏笔。其他全球性挑战也在其显现之初激发了新的民族主义和保护主义。甚至气候变化也和新冠疫情一样，可能被用来构建新的战略优势，特别是俄罗斯、加拿大和挪威这些北方国家，可能会受益于更温暖的气候和经过北极的便捷航行。结果，从新冠疫情大流行开始，再到俄乌冲突，地缘政治好像无处不在。地缘政治思维限制了各国协调一致应对危机的能力，全球化似乎也因此处于守势。

是这样吗？这种回落还会持续多久？协调，即政府之间的合作互动，无疑变得更加困难。因而有必要依赖其他私下生成的，能将世界团结在一起的动力。但是，这番新举措是否足以解决严峻的供应紧张呢？

现代经济增长

经济学意义上的全球化涉及商品、劳动力、资本，也包括跨越国界的思想流动。这种流动主要是根据通常以价格信号来表示的对稀缺性的了解做出的反应。现代化之前的世界经常被严重的供给不足困扰，最常见且最危险的是粮食的短缺，它是出于变幻莫测的天气、其他自然事件以及人类冲突造成的破坏。未来是不确定的，防备短缺需要智慧或超自然的帮助，正如约瑟①对法老之梦做出的回应。在法老梦见七头健康的奶牛被七头丑陋瘦弱的牛吃掉后，约瑟便认为需要在丰裕的年份建立储备，以应对未来七年的困境。或者，在摩西带领他的子民离开埃及的富庶之地后，就在他们需要滋养时，先知告诉他们上帝会从天上降下面包。

人口迁移现象由来已久，一些来自古典时代（classical antiquity）②的考古学证据就表明，欧亚大陆的东西两部分之间存在着联系。[5]但是在现代意义上，数量更为庞大的人口迁移是从19世纪中叶发展起来的。在用于描述被简称为"MEG"（Modern Economic Growth）的"现代经济增长"的模型中，人口迁移发挥着至关重要的作用。令人吃惊的是，不仅"现代经济增长"，就算是"经济增长"一词，在20世纪40年代之前也几乎没有被使用过。当时，它在一定程度上是作为"控制论系统观"在社会科学中的对应物而得到普及，而在自然科学中，有关核工程的链式反应最能体现这种系统观。此

---

① 圣经人物，因给埃及法老释梦得到重用，被任命为宰相，任职期间埃及仓满粮足。
② 始于古希腊最早的文字记录，即公元前8世纪荷马史诗时代，一直延伸至基督教出现以及公元5世纪罗马帝国的衰落。

后，世界变成了"一系列可以建模、预测和操纵的对象或系统"。[6]在这一系统中，存在着一致的交互作用和反馈循环，而且它们跨越了划分国家与帝国的边界。

新经济视野的关键是资本和劳动力可以在增长模型的标准形态中相互替代。在这种模型里，驱动产出的是一个将资本和劳动力的比例与表示技术进步的系数相结合的函数。20 世纪 50 年代，摩西·阿布拉莫维茨（Moses Abramovitz）[①]和罗伯特·索洛（Robert Solow）[②]详尽地阐述了增长模型，它们又被约翰·肯德里克（John Kendrick）[③]的研究结果所证实。这些分析人士发现 20 世纪的生产效率显著提升，并将其归于技术的进步。[7]这种增长模型随后得到扩展，尤其是保罗·罗默（Paul Romer）[④]提出了技术如何对增长过程发挥内生作用，而不是将其视为解释人类转型的一种扭转乾坤的外部力量。技术的应用与调整是通过"对市场激励机制做出响应的人们所采取的有意行动"进行的。展开互动的人数对这一过程至关重要，所以说更大规模的人力资本储备将带来更多的增长。因此，

---

① 1912—2000，20 世纪美国著名的发展经济学家，其主要贡献是于 1956 年提出的"阿布拉莫维茨曲线"，该理论描述了经济发展与收入分配之间的关系，被广泛地应用于研究经济发展和贫困问题。

② 1924—2023，美国经济学家，现代经济增长理论的奠基人之一。他创立了著名的"索洛经济增长模型"，解释了经济如何实现长期稳定增长——经济的增长主要取决于资本、劳动力和技术进步的贡献。1987 年，其因"在研究产生经济增长与福利增加的因素方面所作出的特殊贡献"而获颁诺贝尔经济学奖。

③ 1917—2009，美国经济学家，在生产率测量和经济核算方面做出了开创性的贡献。

④ 1955—，美国经济学家，新增长理论的创立者之一。罗默在经济增长、城市化、技术进步等方面有着广泛的研究，其最著名的理论是"罗默模型"，该理论认为技术进步是推动经济增长的主要因素，并引入知识作为生产要素来解释经济增长。2018 年，其因将整合技术创新纳入长期的宏观经济分析获颁诺贝尔经济学奖。

通过自由的国际贸易，这种储备的扩大推动了增长进程。[8]

在19世纪，对于劳动力和资本等流动要素与土地等非流动要素的回报进行的比较，生成了基本的推动力。在19世纪下半叶的全球化中，作为劳动力的人口向劳力稀缺、工资相应较高且土地廉价的殖民地区迁移，其中最大的流量朝向美国、加拿大、阿根廷和澳大利亚。相比之下，欧洲，尤其是在英国以外，土地昂贵、工资较低，且一个拥有巨大政治影响力的贵族阶层想要保持这种状态。人口迁移推动了更高的产出，最终也提高了移民流出国的工资，生活成本也随之下降。然后较贫穷国家出现了移民的流出。殖民或移民地区也会发生资本短缺，资本回报率提高，资本同样大幅流动，以便通过投资基础设施、建筑、设备等手段，在种植的前沿地区扩大生产。大部分英国资本输出主要流向了美洲、澳大拉西亚（Australasia）①和俄国。[9]这种全球化的结果是一种趋同。但在19世纪受到一定限制，因为它基本上只在世界上适合欧洲式农业的温带地区展开。技术的适用范围貌似存在局限，尤其无法轻易传播到世界上那些按西方标准衡量的人口多、工资少、教育程度低的地区。在这种体制下，资本和劳动力经常构成一个推动发展的组合一起流动，但世界各地并不都是这样。

因此，早期的全球化与更现代的模式截然不同，在现代模式中，产品是通过遍布世界的复杂供应链制造出来的，而且信息技术让转移十分便捷。[10]如今，更高的教育水平意味着技术可以更容易地渗透。于是在20世纪末，当资本经常转移到劳动力成本低、生产力有可能大幅追赶的地区，全球化进程在地理上更加广泛。但即

---

① 指包括澳大利亚、新西兰及西南太平洋岛屿在内的广大地区。

便如此，还是有一个经常被注意到的悖论，即资本并不总是流向贫穷国家，在某些情况下，富裕国家，尤其是美国和英国也会成为重要的资本输入国。[11]

这一增长模型的一个核心特征是假定了技术变革的一般速度。但是这可能会遭到反对，有人认为发现是一个随机的过程，尽管有了越来越多的科学家和实验者，但很长一段时间内，而且在更广泛的领域内，更有可能出现更多的创新。关键的困难在于技术的应用。实践中，潜在的具有变革意义的创新与其更广泛的实用传播之间往往存在很大差距。马修·博尔顿（Matthew Boulton）和詹姆斯·瓦特（James Watt）在1776年生产出一台改进的蒸汽机，但英国的第一条铁路，即从斯托克顿到达林顿，将煤矿与北海连接起来的那条短短的铁路线，直到1825年才开通。而第一艘蒸汽船——伊桑巴德·金德姆·布吕内尔（Isambard Kingdom Brunel）的那艘桨驱动的皇家大西部号（*SS Great Western*）——是在1838年横渡大西洋的。于是，直到19世纪中叶，铁路才在世界各地开拓内陆空间，轮船才装载着货物往来全球。1903年，莱特兄弟在北卡罗来纳州试飞了一架重于空气的动力机器，但直到20世纪60年代，喷气式飞机才真正开始投入大规模运输。奥托·翁弗多尔本（Otto Unverdorben）在1826年就分离出苯胺，而到了1854年，安托万·贝尚（Antoine Béchamp）开发的还原法才使得染料的大规模生产成为可能；其医疗或制药用途需要更长的时间，如具有广泛抗菌用途的磺胺是1908年合成的一种衍生物。其他一些医学发现需要更多时间才能在世界各地推广，爱德华·詹纳（Edward Jenner）于1796年研发出接种天花疫苗的方法，但直到1977年天花才被彻底根除。詹纳的儿子、姐妹和妻子都死于肺结核,针对这种疾病的疫苗——卡介苗——却是在1921年才被首次使用。

新的政治力量可能会改变新的发明创造得到开发和应用的漫长时间。举例来说,集装箱船是20世纪50年代发展起来的一种革命性的驱动力,但由于对承运人的监管及其与托运人的相互作用发生了变化,它在20世纪70年代才对航运成本和习惯做法产生重大影响。大规模的破坏,特别是战争,限制了贸易,但也推动人们深入探索快速解决方案,譬如第一次世界大战中作为炸药和农作物肥料的合成硝酸盐的生产,以及第二次世界大战时青霉素的研发。因此,不应当简单地认为技术的传播是一个稳定均衡的过程。它无疑受到政府优先性考虑的影响——有重要原因才会选择的,比如:铁路、轮船、飞机、疫苗等。

技术发展的道理也同样适用于金融创新。对于新的方法、新的金融工具或组织形式的思考往往在长时间里缓慢发展;但突然之间,价格信号标示出实现超常利润的可能性,以及新的思维方式和激进创新的必要性。

我们可以更广泛地考虑这个问题。全球化和现代经济增长构成一种错综复杂的关系,全球交换的局限性经常减缓并阻碍发展。增长预示着富足的前景。亨利·詹姆斯（Henry James）[①]的晚期代表作《金钵记》（*The Golden Bowl*）在开篇中唤起了帝国及其资源产品的历史,让美国在19世纪英国和古罗马帝国的权力投射中一脉相承。

---

① 1843—1916,英籍美裔小说家、文学批评家、剧作家和散文家。他的作品帮助塑造了美国在海外的活力形象,并将这一形象贯彻于其小说不变的主旋律——"国际主题"。

他向我们介绍了一位在伦敦购物的罗马王子："想到他的伦敦啊,王子心情就很好。跟现代罗马人一样,他认为比起他们留在台伯河旁边的那个古老国度,泰晤士河畔景象中所呈现的真实性更令人信服。古城传奇受到全世界的颂扬,他成长于此熏陶中;但是他看得出来,相较于当代的罗马,此时伦敦才真有那种气势。"詹姆斯的王子时不时地驻足"在一扇橱窗前,里面的东西是又大又笨重的金银制品,有着各种形状,镶着宝石;要不然就是皮革、钢铁、铜等材质的数以百计的东西。有用的、没用的,全都堆在一块儿,仿佛被傲慢的帝国当成从远方掠夺来的战利品似的"①。但是这种连通性的暴力不仅关乎远距离输送产品。人们是在从事生产,是在全球化中提高生产效率。在作为亚马逊公司首席执行官的最后一封信中,杰夫·贝佐斯告诉他的股东们:"如果你想在商业上——其实就是在生活中——取得成功,你的创造必须大于你的消费。你的目标应该是为每一个与你互动的人创造价值。任何不能为其所接触的人创造价值的企业,即使表面上看起来很成功,在这个世界上也不会长久。它终将灭亡。"12 如果每个人的创造都多于消费,那么就会有长久的盈余。

人类的互动作用也唤起了全球化承诺兑现的需求和欲望,从而结束短缺的周期。这就是亨利·詹姆斯笔下的阿梅里戈王子(Prince Amerigo)沉思中的前景。如果每个人都想满足自己的需求或欲望,就会出现短缺;为了满足那些需求,这种短缺便导致了新一轮的全球化。

---

① 这两段引文的译文摘自人民文学出版社 2021 年 5 月出版的《金钵记》译本,译者姚小虹。

关联的思想

在全球化分析中，最持久的一个争论是它在多大程度上受到思想的形塑。在一个简单的版本中，许多人认为19世纪中叶的全球化浪潮是拥有影响力的能言善辩者推动的，他们接受了有独创精神的伟大思想家亚当·斯密①和大卫·李嘉图②关于比较优势的要旨，并使其广为人知。毕竟，那还是在拿破仑的时代，经由托马斯·卡莱尔（Thomas Carlyle）③等预言者的传播，历史学的"伟人"理论盛极一时。理查德·科布登（Richard Cobden）④和约翰·布赖特（John Bright）的"反《谷物法案》（*Corn Laws*）联盟"以貌似一种政治动员的模式，隐身于自由贸易与放任主义的独特的经济模式背后。

---

① 1723—1790，英国经济学家、哲学家、作家，经济学的主要创立者。亚当·斯密在其著作《国民财富的性质与原因的研究》中提出了绝对优势理论，即每个国家都应专业化生产并出口具有绝对优势的产品，进口具有绝对劣势的产品，以增加国民财富。斯密认为，通过国际分工和自由贸易，各国可以专注于生产其劳动生产率最高的产品，并从其他国家进口其劳动生产率较低的产品。这样可以提高整个世界的产出和福利水平。

② 1772—1823，英国古典政治经济学的主要代表之一。因为找到两个国家恰好具有不同商品生产的绝对优势的情况是极为偶然的，斯密的绝对优势理论也面临一些挑战，大卫·李嘉图在其著作《政治经济学及赋税原理》中提出了比较优势理论。该理论认为，即使一个国家在所有产品的生产上都比另一个国家有利，但只要在某些产品的生产上其相对成本低于另一个国家，那么该国就应该专注于生产这些产品，而从另一个国家进口其他产品。该理论冲击了保护主义，推动了整个世界产出的增加和福利水平的提高。

③ 1795—1881，苏格兰哲学家、评论家、讽刺作家、历史学家、教师，主要著作有《法国革命》《论英雄、英雄崇拜和历史上的英雄事迹》《普鲁士腓特烈大帝史》，曾提出"历史除了为伟人写传，什么都不是"的观点。

④ 1804—1865，英国政治家，被称为"自由贸易的使徒"。他和约翰·布赖特是后来被称为"曼彻斯特学派"的公认领袖，该学派支持自由贸易和不受政府干预的经济体系。他们领导成立了"反《谷物法案》联盟"，最终成功促使国会在1846年废除《谷物法案》。

20世纪末，米尔顿·弗里德曼和弗里德里希·哈耶克被认为是新自由主义全球化的推动者。然而，对于这些有关经济学家知识影响力的说法，经济学家们总体上持怀疑态度，他们更偏向于利益导向的解释。[13] 历史学家也反驳了这种伟人理论，他们指出，虽然在19世纪担任英国首相的罗伯特·皮尔（Robert Peel）[①]锐意改革，且彼时英国的政治制度仍处在前民主状态，但其仍需对相当直接的经济利益做出回应，并处理好依赖关税维持生计的农业和将关税视作额外成本的工业之间的冲突。[14]

经济学家乔治·斯蒂格勒（George Stigler）[②]对知识影响力的局限进行了反思，并对此抱怨道："为什么当经济学家向其社会提供建议时，却遭到如此经常而冷漠的忽视？尽管他们不再那么频繁地为此进行布道，但他从未停止宣扬自由贸易，美国的保护主义却依然甚嚣尘上。"接着，他揣测道："相反，我认为，即便科布登只会结结巴巴地讲意第绪语，而皮尔又是一个狭隘而愚蠢的人，随着农业阶层的衰落和制造业与商业阶层的壮大，英格兰还是会走向粮食自由贸易……《谷物法案》的废除是对政治和经济权力转移的恰当社会响应。"[15] 斯蒂格勒继续主张，事实上，经济学家并没有那么多、

[①] 1788—1850，英国历史上的著名政治家，曾两次出任英国首相（1834—1835，1841—1846），被视作英国保守党的创建者。除了在保守党中的地位，皮尔还在伦敦警察厅的成立方面发挥了重要作用。

[②] 1911—1991，美国著名经济学家和经济学史家，同弗里德曼一起并称为芝加哥经济学派的领袖人物。斯蒂格勒是芝加哥学派在微观学方面的代表人物、信息经济学的创始人之一，他还主张实行自由市场制度，力图论证"看不见的手"在当代仍或获得良好的效果。1982年，其因在工业结构、市场的作用和公共经济法规的作用与影响方面做出了创造性重大贡献，获颁诺贝尔经济学奖。

那么昂贵的研究设施，没法像癌症研究人员那样对其工作的有用性做出正确的社会评价——"我还必须承认，即便经济学家能够得到有效利用，他们对政策的影响也很小。请记住我的估算，我们在经济学方面的研究费用可能多达 2.5 亿美元，而其中相当一部分用于支持观点相互冲突的经济学家。认为经济学家比这一微不足道的标准重要得高出一个数量级的那些人，一定相信社会对经济学的投资严重不足。"[16]斯蒂格勒在 1976 年写道：由于凯恩斯主义革命，经济学家一度在提供政策建议方面变得更具影响力。而后，金融服务的普及和经济金融化的加剧推动了大量私营部门雇用经济学家——于是，经济学家的薪酬变得更优厚。

对这种影响的力度进行思考的一个好办法是考量其长期趋势如何，并分析其如何出现及中断。可能存在一些重大的历史变迁，如现代经济增长或与一场长达数百年的"超长时段的"实际利率下降趋势有关的现象。[17]这些大趋势表明可以用两个变量表达的显著"规律"，即增长的向上运动和利率的向下运动。全球化推高了增长率（g），而与此同时，政治现代化、制度改革和拥有财产所有权立法机构的代议制政府的成长，促进了安全资产存量的增加，进而降低了回报率（r）。17 世纪末的英国金融革命创造了一种可被效仿的模式，较低的安全利率也降低了其他类型资本的成本，尽管那可能会受到相当不同的风险溢价的影响。[18]

从卡尔·马克思到约翰·梅纳德·凯恩斯，那些关于停滞或资本主义灾难的颇具影响力的理论，包含着资本边际回报率随更多资本积累而下降的论点。凯恩斯阐述了资本边际效率的下降。马克思从一种更古老、更具影响力的传统，即亚当·斯密和大卫·李嘉图对定态的思考中汲取了这种思想。

长期动态的本质无疑是对未来前景进行任何评估的关键因素，但它总是难以捉摸，而且存在问题。众所周知，马克思并未阐明他的利润率下降定律，用他的话来说，这是"从历史的角度来看最重要的规律"，也是"一个尽管简单，但从未被掌握，更不用说获得有意识的明确表达的规律"。[19]马克思开始重新思考利润率下降的问题，他在1868年写给恩格斯的信中说："如果我们考虑到，仅在过去三十年中，社会劳动生产力所取得的巨大发展就相当于此前的所有时期……那么迄今为止困扰经济学家的困难，即对利润率下降的解释，就被它的反面所取代，去解释为什么这种下降没有更大和更快。"[20]人们突然大吃一惊，不得不重新评估此前有关较长时间段的结论。因此，试图解读大趋势的人就总是被迫转移他们注意力的焦点。

一个特别的问题是，我们认为应该用什么指标来衡量 r，是用工业强国的政府债券等安全资产经通胀调整后的实际回报率，还是资本的边际成本，抑或采用已经沉入投资的资本的平均回报率？通过分析平均回报率的长期趋势，出现了一个很有影响力的有关资本回报率的公式，指向越来越高的积累水平（无限积累理论），成为托马斯·皮凯蒂（Thomas Piketty）①一项著名分析的主题。[21]皮凯蒂的平均回报率始终高于边际回报率，尤其是在衰落或停滞的时代。也许是因为它其实在很大程度上关注土地或房地产的回报，而此类回报

---

① 1971—，法国当代著名经济学家，主要研究财富与收入不平等，代表作为《21世纪资本论》。托马斯·皮凯蒂强调了收入和财富不平等的危害，并主张政府采取措施来减少这种不平等。他认为这些政策不仅有助于消费水平的提高和经济的增长，还有助于促进社会稳定和减少社会冲突。

可以被恰当地认为是稀缺位置（如巴黎、纽约、硅谷或上海的市中心）的租金。[22] 这一现象是19世纪不平等的主要驱动因素，并在20世纪末再次出现。皮凯蒂发现，不平等现象在21世纪以更快的速度加剧。[23] 他的 $r > g$ 版本可能只是反映了一场推高土地价值，尤其是推高了那些全球互联中心的土地价值的一场全球化。事实上，他对不平等的衡量结果在20世纪中叶的去全球化阶段是下降的。于是，他坚持认为，即使是技术进步，也会驱动对更多推高资本回报率的建筑、城市群和专利的需求。这种技术进步可能被认为是超越构成他所定义的冷冰冰的死资本的土地、建筑或金融资本之上的人类智慧或人力资本。按照这一观点，人类不会被"变幻无常的技术"拯救。[24]

这些技术的变幻无常值得我们去更仔细地思考。长期的现象并不一定总能占上风。在出现危机和不确定性的时期，利率和增长之间的关系会发生极端的变化。当价格大幅波动，资本的实际回报率变得不稳定，从**永恒的角度**（*sub specie aeternitatis*）①考虑发展是哲学家的奢侈，但是对主要趋势的广泛视野并不总是有助于告诉个人或企业家他们应该采用什么技术。尤其是在危机时刻，我们对未来及其意义和方向都不确定。致使破产发生的不是一个想法或商业概念的长期可行性，而是满足即时财务要求的能力，或是资产负债表中资产和负债的解读方式。正是在怀疑和犹豫的时刻，个人、政府和市场才有可能受到劝说者的影响。这些劝说者是分析人士、解读者和能言善辩之人，他们声称能提供一些线索，并称自己了解未

---

① 这一提法最早可以追溯至斯宾诺莎，其认为理性只有站在永恒的维度，才能认识到事物中的必然本质。

来。于是，这种响应有助于形塑未来的发展方式；在这样的时刻，就存在着多种可能性或发展轨迹。如果从静态角度来考虑，我们就会想到多重均衡。凯恩斯就曾论及"商业世界中无法控制和不服从的心理"如何决定了资本的边际效率。[25]

因此，在过去的几个世纪里，全球化的进程取决于各国应对危机和经济冲击的方式，这些冲击往往与金融危机伴随出现。在这种巨大的冲击中，对正常状态或现有趋势平稳延续的所有期望都被彻底颠覆。在所有激烈的全球化上升轨迹中，最明显的历史转折是两次世界大战之间的大萧条中令人痛苦的通货紧缩，它强化了好战的民族主义和零和思维。在许多当代的研究成果中，人们很容易听到20世纪30年代的回响。但不仅仅是两次大战之间的经济衰退导致人们重新思考以下问题：全球化是什么，它伤害了谁，又让谁受益？

供求关系

并不是每次危机都会破坏或逆转全球化。相反，一些戏剧性的分水岭事件推动了更高程度的全球化。20世纪70年代，石油冲击改变了政策范式。起初，工业国家对巨额贸易赤字的回应似乎是更多的保护主义，作为对全球性风险敞口的补救措施。温·戈德利（Wynne Godley）[①]领导下的剑桥应用经济学系成为紧缩经济倡导者

[①] 1926—2010，英国经济学家，以对宏观经济学和货币经济学的深入研究和独到见解而著称。其主要研究领域包括宏观经济学、货币经济学和经济发展。他提出了许多有影响力的理论和观点，其中最著名的可能是他的"金融不稳定假说"。这一理论认为，金融市场的内在不稳定性会导致经济出现繁荣和萧条的周期性波动。因此，政府应该采取措施来稳定金融市场，以避免经济的大幅波动。

的大本营。但是政策圈并没有限制贸易，而是转向了放松管制、放缓通胀和更加开放。美国的吉米·卡特①、英国的詹姆斯·卡拉汉②和德国的赫尔穆特·施密特③，他们领导的中左翼政府引领了这一过程。

危机、中断和冲击有着截然不同的形式。所以，认为它们都很相似，或都是同一现象的变体的那些分析人士，很可能会陷入虚假对等的陷阱。因此，许多关于危机的历史叙述都发出警告：经济学家像将军们一样，倾向于错误地利用必然不恰当的工具来打一场战略决战。[26]

为了解某些危机如何刺激进一步的整合，可以回顾现代全球化时代的开端。为了应对冲击——19世纪40年代中叶的歉收、饥荒，及随后的金融与商业崩溃——相互关联性开始激增。然后欧洲在1848年经历了一场遍及整个大陆的革命浪潮。马克思对全球一体化如何推动世界并产生脆弱性和潜在风险进行了有力的分析。但19世纪40年代的经济冲击并没有扭转一体化的进程。相反，价格

---

① 1924—，美国政治家与社会活动家，美国第39任总统（1977—1981）。在卡特执政时期，美国经济的主要问题就是解决尼克松执政时期遗留下来的通货膨胀与失业问题。保罗·沃尔克在被卡特任命为美联储主席后，便采取以控制利率为主要手段的激进政策来遏制通胀。但高利率对经济造成严重冲击，导致美国于1982年出现了大萧条时代以来最严重的经济衰退。

② 1912—2005，英国工党政治家，英国第48任首相（1976—1979）。卡拉汉任职首相期间，实行紧缩经济，限制工资增长，控制通货膨胀率。但因为在1978年与1979年之交大幅限制工资增长而引发的"不满之冬"遭受保守党的不信任动议，最终下台。

③ 1918—2015，德国社会民主党政治家，曾任联邦德国总理（1974—1982），是二战后最受欢迎的德国总理之一，被称为"危机总理"。其经济政策被视为"连续性和专注性"，即在继续实施前一任总理的社会民主主义政策的基础上，更加关注现实主义和最迫切的目标，如经济稳定和增加就业。

上涨，贸易扩展，政府减少了关税壁垒，资本汹涌而来；出于苦难的经历，也为了新的繁荣前景，人们纷纷开始跨洲迁移。

为什么有些冲击助长了全球化，而另一些冲击似乎会令它逆转呢？有些人要从知识流行的角度来描述其发展轨迹。如19世纪中叶，大卫·李嘉图和约翰·斯图尔特·穆勒（John Stuart Mill）[①]的自由贸易经济学取得的胜利；又或者米尔顿·弗里德曼和弗里德里希·哈耶克的所谓"新自由主义"在20世纪70年代的胜利。但关于理论家影响力的问题只会引出另一个问题：为什么政策在某些时刻容易受到特定的影响？

对创伤后遗症的思考，更合理的解释立足于冲击的性质。并非所有的危机都是一样的，我们尤其应该注意供给冲击和需求冲击的区别。经济学家通过区分影响总供给和需求的因素来分析产出和价格这两个关键指标的影响。

供给冲击改变了生产商制造商品增加总产出的能力，并直接影响价格、资源投入量或生产技术。负面冲击会减少投入并提高价格，正面冲击则会增加投入并降低价格。因此，供给冲击使得均衡价格水平和均衡产出向相反的方向移动。

相比之下，需求冲击会影响买家的支出，无论是个人、企业还是政府。它可能会影响产量和产值：正面的冲击会带来更多的经济活动，负面的冲击则减少活动。但是在这种情况下，均衡价格和产

[①] 1806—1873，英国哲学家、心理学家、经济学家。其在著作《政治经济学原理》中，将经济问题置于更广阔的社会政治范畴内，研究了生产和分配的原理。穆勒认为自由竞争是必要的，有利于解放有用的社会能量；他也强调，虽然国家不应该存在太多限制，但这并不意味着它将摆脱所有的责任。

出朝同一方向移动——在需求的正面冲击中向上，负面冲击时则向下。当金融危机出现在一个功能失调、结构不良或监管不善的金融体系中，其便是负面的需求冲击。它损害个人和企业购买产品的能力，并压低了价格和产量。全球化进程被两次严重的、非常负面的需求危机打断，每一次危机都是由金融动荡引起并加剧的，它们就是1929—1933年的大萧条和2007—2008年金融危机后的大衰退。

反过来讲，金融服务业的激进创新时刻会推高价格与产量，就像人体内糖分或肾上腺素的飙升。有时，金融危机也可能是由正负两方面的供给冲击造成，二者都会引起创新企业家的兴奋（通常也包括欺诈者），而且这两类人通常只在事后才能被区分开来。然后，当供给冲击和需求冲击的因素同时存在时，情况就会变得模糊不清，我们从价格的波动和行为中吸取简单教训的能力也就随之下降。

负面的供给冲击可能只是暂时的，此时，我们便可预期通胀出现短暂的飙升，之后是一段不稳定的间歇期，并相对恢复正常或冲击之前的价格行为模式；它们也可能是持续的，稀缺商品的价格便由此会长久处于高位。这种情形下的模型显示出，在最初的陡升之后，对基础或核心通胀的长期影响将是一种小幅度的增加。最后，这种冲击可能是稀缺商品价格在长时期内持续上涨的开始，而在这种情况下，模型会显示核心通胀率继续上升。[27] 所有此类建模工作都假设存在一种明显的模式。然而，改变全球化进程的那些重大的历史性冲击却截然不同——它们并非正常或可预测的事件，会造成严重的混乱，其结果是不确定的，并会带来深刻的政治创伤。

有鉴于此，明智的人们会努力观察未来前景，他们的响应实际上改变了生产和分配的结构。冲击的根本特征刺激人们寻找替代品：既包括新的产品，也包括新的商品运输机制。在本书内容所涵盖的两个重要时段，即19世纪40年代和20世纪70年代，供应问题都引发了一场运输革命。但这并不是说铁路和集装箱船等变革性技术是全新的。不确定性和政治混乱推开或消除了它们获得更广泛实施的障碍，而它们的实施能够通过大幅降低运输成本使供应问题得以改观。

人们对一体化或全球化的态度也会因冲击而受到影响，不同性质冲击所施加的影响方式各有不同。现代全球化开端于非常突然的负面供给冲击，特别是前现代经济的传统问题，即导致大规模饥馑的歉收和作物疾病。食品价格和其他必需品价格一起陡然上涨，消费水平也随之回落。负面冲击也从根本上改变了分销网络——小型中间商被淘汰，这起初通常会对国民的总体福祉造成巨大的损失。在许多此类危机中，总是同样的一类供应商表现脆弱，即19世纪40年代的饥荒或第一次世界大战中的那些小业主，或是2020年爆发的大流行中的小商店和小餐馆。他们经常被指责为造成问题的元凶，但与此同时，他们的商业模式崩溃了，店面也倒闭了。

如果将国际贸易和生产之间的关系作为衡量标准，那么19世纪中叶及后来20世纪70年代的负面供给冲击催生了最显著的全球化浪潮（见图0.1）。但第一次世界大战的冲击也构成了对供给的限制，交战的欧洲国家此前依赖跨大西洋航线，彼时则受制于经济战，不仅出现了食品供应不足，还出现了橡胶、硝酸盐、有色金属的缺口。这次冲击也推动了世界贸易在20世纪20年代的短暂恢复。

在20世纪，导致去全球化的大萧条主要是一场需求冲击。人们将这场灾难解读为富足中的贫困。粮食及其他商品供过于求，造成价格下跌。政策上的解决办法是需求管理：政府需要创造更多的需求以推高价格。理性的反应是认为资本主义和市场已经失灵，并转向依靠政府促成消费增长，以此期望消费不足的诅咒得到补救。[28]

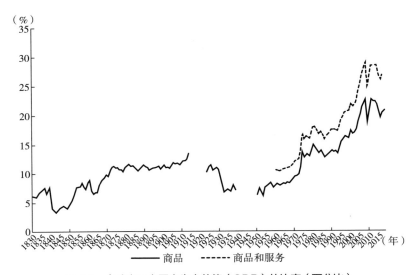

图 0.1　全球出口占国内生产总值（GDP）的比率（百分比）

资料来源：Luis Catão and Maurice Obstfeld, Introduction to Catão and Obstfeld, eds., *Meeting Globalization's Challenges: Policies to Make Trade Work for All*, Princeton: Princeton University Press, 2019。

20世纪70年代的情况更为复杂。彼时，新一轮的全球化和国际治理创新开启，这可以被视为一场负面的供给冲击，但它起源于全球的需求激增。供给和需求两种冲击可以联系在一起。这一次，一场部分由美国的货币手段推动的、发生在20世纪60年代的大规模正面需求冲击，触发了商品短缺，商品生产者随后采取措施限制供给，以期通过单方行动提升价格。某些供给限制出自传统原因——恶劣的天气降低作物产量或导致歉收。最引人注目的限制供给的例子就是作为石油卡特尔的欧佩克,当时的其他大宗商品出口国纷纷效仿这个颇具吸引力的样板。石油价格在1973—1974年大幅上涨,又在1979年推翻巴列维王朝的伊朗伊斯兰革命后再次上涨,高涨的价格和限制供给共同造成了短缺。19世纪40年代的问题卷土重来,粮食、石油全面紧俏,资源竞争随之而来。当年的人们有时候会认为,供给限制只有一次性的影响,歉收不会重复发生,石油卡特尔——以及其他企图建立的生产方卡特尔——会逐步削弱。但随后,富裕国家的政府努力通过进一步推动扩张来推迟对新的相对价格结构的必要调整,并以这种方式催生了持续而非暂时的通胀。

在今天这场后2020年版本的供给冲击中,食品短缺以及供应链的某些关键要素的短缺正在卷土重来,从储存和运送疫苗的玻璃瓶到笔记本电脑和计算机芯片。新冠肺炎造成的经济崩溃所带来的问题并非需求不足的结果,而是世界各国政府为了保护其医疗基础设施免于负担过重而叫停经济活动的直接后果。

在这种现代的负面供给冲击中,短缺仅限于特定的经济部门,包括生产所需的一系列中间产品。第一次世界大战造成的短缺中,核心需求是以炮弹为首的弹药,以及食品;20世纪70年代则是石油,它带来了对低油耗汽车和经过改进的家用供暖系统的需求激增;在后2020年场景中,首先出现的是医疗设备、某些医药产品和疫苗的短缺,然后是电子元件,尤其是芯片——造成了所谓"芯片短缺"(chipaggedon)。然后,随着供给限制引发更多的生产问题,加之相互联系的网络开始紧张和解体,短缺便踏上了逐步加剧上升的通道。短缺现象诱发了抢夺稀缺产品的竞争,不同国家之间争相竞购。在专家或技术官僚之间，或通过大众和民主机制，对于如何适应稀缺状况的探讨很快演变成争论如何最好地管理分配，出现了对更受欢迎的管控的需要。在第一次世界大战中，不满情绪演变成一股革命浪潮，从俄国、东欧和中欧一路向西涌来；在20世纪70年代，它带来了一场不可治理性的危机；今天，它又引发了一场有关政府能力和技术官僚失败的辩论。关于19世纪40年代的饥荒中向爱尔兰供应玉米的问题，或第一次世界大战中炮弹用钢的供应问题，抑或20世纪70年代的石油问题，又或是今天的疫苗和半导体等问题，争议往往是短暂的。具体的问题很可能已妥善解决，但是其引发的强烈情绪仍然是政治想象中的一个长期特征。

这些冲击具有势不可挡的特点，对它们的响应便是萦绕不去的关于短缺的焦虑和执念。在绝望之中，只有疯狂的乌托邦式的解决方案看起来才有成功的机会。

供给冲击令企业家们措手不及，而金融家们梦想着拥有适应未来的新组合，他们此时得偿所愿。不确定性诱发了大胆的冒险精神，为了取得成功，他们需要创造一种叙事，一个未来现实的愿景。为了说服人们，他们大肆炒作自己的产品——关于世界政治和经济新秩序的概念。很多时候，当这些概念与后续发展不符时，曾经的愿景就变成充满欺骗的虚幻。于是英雄变成了虚张声势的脆弱凡人。下述内容聚焦于这些貌似拥有魔法，最后却以不光彩和羞耻告终的人物，诸如19世纪中叶的贝瑟尔·亨利·斯特劳斯伯格（Bethel Henry Strousberg）、20世纪的伊瓦尔·克雷于格（Ivar Kreuger），以及21世纪的莱克斯·格林希尔（Lex Greensill）。

在供给冲击中，政府面临着与企业家相同的问题，他们都需要在不知晓未来现实的情况下规划愿景。其结果便是政府的能力也经常受到质疑，这在 19 世纪 40 年代和 20 世纪 70 年代都带来重大的合法性危机。前一时代的专制反动政府受到谴责，后一时代的人们普遍认为民主已经失败，就像让 - 弗朗索瓦·雷韦尔（Jean-François Revel）在一部著名作品所言：民主正在消亡，工业社会已变得无法治理，独裁政权很快就会占据上风。[29]2020 年以来，对于民主的怀疑再次回潮，起因是又一场负面的供给冲击。

对一些关注新冠病毒大流行的观察人士来说，那些由唐纳德·特朗普、鲍里斯·约翰逊、雅伊尔·博索纳罗、纳伦德拉·莫迪、罗德里戈·杜特尔特领导的政府，严重错误地应对了这场危机。他们采取民粹主义立场，拒绝专家或"技术官僚"采用即时遏制手段的建议。即使在德国或日本这种富裕国家，这场危机似乎已经得到很好的处理，但抗议活动也大幅增加。在 2021 年 1 月 6 日美国国会大厦被攻占之前，德国国会大厦已于 2020 年 8 月遭到袭击。大量国民正在拼命找寻新的领导层与新的愿景。

当政治领导人正在寻找答案时，金钱提供了一条容易的路径。通货膨胀显然是对供给冲击的直接回应。更多的口袋里装进了更多的钱，会给人一种可以用更多的财力应对稀缺的印象。在竞购战中，更多的资金可能会带来更多的资源。当然，这种结果在一定程度上只是幻觉，因为其后果是推高价格；同样会出现的还有"序列效应"（sequencing effects）——第一个赢家能够建立一种对特定资源的掌控。这种益处将引发新的需求和新的分配。最初的政策行动可能会导致通货膨胀的螺旋上升，且如果强势集团从政府那里要到更多的救助，上升的幅度便将更加明显。于是，20 世纪对负面供给冲击的适应比19世纪的应对造成更大幅度的通货膨胀。19世纪40年代之后，随着许多新的信贷机构的创立，金属货币和银行货币都有所扩张，其中前者发生在1849年的美国加州和1851年的大洋洲这两次淘金热之后。第一次世界大战也是一场供给冲击，因为政府为集中力量进行军工生产而中断了民用制造业，结果造成了普遍的通胀。20世纪70年代，供给冲击之后是十年的大通胀。通货膨胀显然使人们更容易应对供给冲击，并大大促进了投资与创新。

这种通货膨胀在表面上稳定了社会，但其本身也愈加呈现为一种威胁。它推动利益集团实现更好的动员和组织，并寄望通过游说来获得更大份额的货币和财政资源。这种动员的规模有可能撕裂社会，最终结果是稳定的破坏而非巩固。事实上，有人可能会主张，正是20世纪60年代国际通胀的开启推动了石油生产国如此有效地组织起来。因此，更高水平的通胀最终会阻碍通胀共识的形成。货币实验及其推动形成的全球化可能会产生一种新的秩序框架。在19世纪50—60年代的迅猛增长以后，世界求助于将英国采用的金本位制度国际化。在20世纪70年代的通货膨胀和自由化之后，针对货币紊乱，政策制定者们通过五国集团（G5）、七国集团（G7）、二十国集团（G20）等机构，在国内通胀目标和国际制度化合作的新模式中摸索出一套新的解决方案。危机的经历在很长一段时间内影响了全球化的进程，并决定其基本的规则与步骤。

这个全球互联的世界存在一种系统响应的模式：对现有权威的更大挑战，更多的货币不稳定性，更高的通胀。但全球化的程度也会进入更高阶段。这种响应最终指向对全球规则进行彻底的反思。各个国家面临的任务愈加纷繁复杂，其官僚系统的能力也受到制约。经济冲击如何影响心象地图①,如何影响对世界运行的想象?预期以及随后的行为是如何变化的?

框架

以下内容探讨了七个关键时刻,同时也审视了那些塑造其后几代人直觉与行为人物,观察他们对这些时刻进行了怎样的想象与解读。19世纪40年代的负面供给冲击为卡尔·马克思开发出资本主义何以崩溃的理论创造了素材。然后是19世纪70年代的正面供给冲击,伴随着蒸汽船和铁路带来的运输转型降低了粮食价格。前一代人的危机理论被一种新的看法代替,三位对后世的英国和法语、德语世界颇具影响力的作者的观点开始被接受。曼彻斯特和伦敦的威廉·斯坦利·杰文斯(William Stanley Jevons),洛桑的莱昂·瓦尔拉斯(Léon Walras)和奥地利的卡尔·门格尔(Carl Menger),他们同时但又完全独立地开发出一种新的价值理论和个性化的经济决策方式。这几位19世纪的人物都没有制定政策或直接影响决策,研究崩溃的理论家和边际革命②的倡导者属于边缘人物,但是他们形塑了对未来的想象。

相比之下,本书研究的20世纪和21世纪的人物都是学术经济

---

① 也称"认知地图"(Cognitive Map),是表征环境信息的一种心像形式。人们通过多种手段获取空间信息后,在头脑中形成关于认知环境(空间)的抽象替代物,即空间环境信息在人脑中的反映。

② 指19世纪70年代初,在西欧几个国家同时出现的边际学派,引发了一场经济学理论和研究方法的全面革命。

学家，但他们在公共生活中也发挥了重要作用，其中许多人还是政策的制定者。卡尔·赫弗里希（Karl Helfferich）是一位知名的德国经济学家。他不仅编写了关于货币的重要教科书（被译为多种语言）来捍卫金本位制度，反对他眼中那些粗暴的批评者；还在之后成为一位拥有广泛政治人脉的银行家。在第一次世界大战中，他担任财政部长，并谋划了一个他认为遵循其货币理论的战时融资体制。正如他说过的一句令人难忘的话：他将在战败国的脖子上套上价值亿万的重担，以避免德国遭受损失。在输掉那场战争之后，他完全误解了德国日益加剧的一般通货膨胀与恶性通货膨胀的特点，与魏玛共和国早期的主要政治家展开激烈的论战，并提出了一项旨在结束通货膨胀的稳定计划。他从未理解第一次世界大战在多大程度上是一场供给冲击。他的名字现在变成了所谓"财政主导"的同义词。

凯恩斯在第一次世界大战后作为战争赔款的批评者而闻名，在大萧条期间的巨大需求冲击中其又对正统的财政和货币政策提出批评，并最终在第二次世界大战后为重建一个可行的国际经济秩序发挥了重要作用。第一次世界大战的经历在他的思想中起到了关键的基础性作用，他也将之应用于第二次世界大战。他在20世纪40年代的国际主义看起来与他在30年代的立场大相径庭，而事实上却是一脉相承的。他认为，为了避免困扰与危害中欧的通胀崩溃，战时的需求管理必不可少。

20世纪70年代形成一场严重的供给冲击，石油生产国的卡特尔短暂地利用了对石油的依赖，希图重塑世界，而其他大宗商品的生产国则尝试模仿这些中东产油国。最终，为了确保越来越多的稳定供应来源，世界走向了更大规模的全球一体化。吸收供给冲击的一个办法是容忍更高的通货膨胀，但其弊端显而易见，高通胀破坏了主要工业国家的社会凝聚力，并使一个有组织的集团与另一个集团对立起来。弗里德曼和哈耶克针对通货膨胀和更广泛的社会问题做出的回答为新一轮的全球化设定了议程。

2007—2008年的全球金融危机给北大西洋主要经济体造成了仅次于大萧条的负面需求冲击，而强大的新兴市场经济国家在很大程度上幸免于难。各国中央银行，尤其是本·伯南克（Ben Bernanke）领导下的美联储，非常成功地避免了一场全面崩溃或大萧条的重演，但也造成了一个显然不可能退出的局面，如何解除政策措施？每一次解除的尝试都会造成新的冲击，比如2013年的"缩减恐慌"（taper tantrum）①。当时美联储正在讨论削减其证券回购计划，利率便开始上升。因此，政策圈开始痴迷于本应作为短期救助的措施。

新冠肺炎危机在某些方面与之前的负面供给冲击具有可比性。封锁和旅行禁令中断了供应链。陷入这场危机后，有一种在知识界占主导地位的解读，尤其是与拉里·萨默斯（Larry Summers）有关的看法，认为未来将处于低增长和收入不平等加剧的大停滞中，是一种长期的负面需求冲击。长期经济停滞的理论，伴随持续的生产率低增长和需求缺口，令人回忆起20世纪30年代和大萧条时期的世界。这是对大萧条的一种重大误解，除了需求危机外，20世纪中叶还带来了技术驱动的具有变革意义的转型，重新配置了供给和生产。

---

① 指美联储意欲缩减量化宽松措施的规模时引起的恐慌。

2020年，在直面数百年来最严重的（或至少是最急剧的）经济危机时，人们估计两次大战之间的需求冲击会再次上演。面对利率将在很长一段时间内保持低水平的预期，大规模的财政刺激计划如同免费的午餐。但随后浮现出一个新问题，萨默斯是首先领悟到这种新危险的严重程度的人之一。它并不是需求短缺的真正翻版，只是在封锁期间暂时放弃了需求。大流行，尤其是政府实施的封锁，很快产生了供给冲击的某些典型迹象——随着供应链中断并开始出现稀缺，商品价格上涨。像在20世纪70年代一样，评论人士认为他们可以辨别出一个新的价格上涨周期。

在供给冲击的情形下，新的经济学解读获得了空间。相对于总量，这种解释更关注在非常局部和特定的基础上进行的微观调整。作为20世纪经济学的遗迹，大局观看来已经过时了。于是，最具创新性的经济学方法着眼于如何让海量数据和早前不具备的计算能力来发挥作用，并生成关于未来的解读或想象。哈佛大学的拉杰·切蒂（Raj Chetty）等经济学家开始推动经济学中更广泛的方法论转变。

让数据说话似乎总是一个梦想，早在19世纪，它就已经存在于马克思以及威廉·纽马奇（William Newmarch）①或斯坦利·杰文斯的视线中了。但在过去，分析人士总是使用他们之前的假设和

---

① 1820—1882，英国经济学家，被认为是货币经济学和价值理论的先驱之一。纽马奇的主要贡献在于他对货币和金融市场的深入研究。他提出了"货币数量论"，认为货币供应的变化会影响价格水平。纽马奇对价值理论进行了研究，提出了自己的价值理论体系。他认为价值是由劳动时间决定的，但又认为劳动时间是一个抽象的概念，无法直接衡量。因此，他提出了一些间接衡量价值的指标，如生产成本、供求关系等。

信念为其数据强加某些秩序。现在，大数据和人工智能相结合，呈现出同时创造多种竞争性叙事的可能性。

各种各样的冲击有着持久的影响，即便最初的情形已经完全改变，受到一系列特定条件制约的应对措施仍会继续对政策响应发挥作用。此外，在经历一个尤为戏剧性的充满不确定性的时刻，人们会向过去寻求指导或教训。因此，我们也根据当下的迫切需求重新解读过往的时刻。艺术历史学家对此有一个类比，他们不仅考虑拉斐尔对德·库宁（De Kooning）①的影响，还要考虑德·库宁对拉斐尔的影响，或至少考虑当今视角将如何看待拉斐尔的作品。哲学家阿瑟·丹托（Arthur Danto）因此写道：艺术史是一种"溯及既往的实体的丰富"。同理，20世纪70年代或2020年的经历改变了我们对19世纪40年代的看法。[30]

我们可以从七次危机中得出七个教训：

1. 在一个工业化的和相互联系的世界中，全球化的各个转折点彼此之间并不相似。每一次危机时刻都以新的、前所未有的方式挑战个人、企业和政府，并导致思维架构的重建。
2. 从先前危机中吸取的教训往往阻碍了对新问题的有效解决。
3. 负面的供给冲击推动了对全球供应重要性的认识。
4. 负面的供给冲击也会导致价格上涨；政府的回应往往是

---

① 1904—1997，荷兰籍美国画家，抽象表现主义大师。他将欧洲立体主义、超现实主义与表现主义的风格融于自己大而有力的绘画行为之中，把激进艺术的理念融化在自己的艺术世界里，试图唤醒人们心中一种与所有生命事物的内在关联感。

容许通货膨胀，他们希望这样的通胀能让国民认为可以获得更多的资源。

5. 负面的需求冲击推动国家朝着自给自足甚至闭关自守的方向发展。
6. 负面的需求冲击往往造成通货紧缩。
7. 为了解决（或适应）供给冲击的直接后果，通货膨胀可能是一种诱人的方式；但它不会，也不能解决根本问题：如何在广大的地理距离内获得可靠与安全的资源？

全球化的问题，即大量独立机构之间的协调问题依然存在，政府也无法逃避它们。各类政体下的公民，都需要思考如何将不确定性转化为一种机会，而不是放任其成为威胁。

第一章

『　大饥荒与大反叛　』

19世纪40年代，现代全球化获得了最初的推动力。欧洲成为世界经济最具活力的一个部分，但其在此过程中也经历了一场剧烈的负面供给冲击，出现了饥荒、营养不良、疾病和社会动荡。从苦难中吸取的教训最终促成朝向更紧密的世界联系（也就是全球化）的强大动力，这在很大程度上是因为从国外进口的粮食为满足危机中紧迫的粮食需求发挥了巨大作用。法国在1845年进口了5.6万吨粮食，但在1847年，这一需求变为7.57万吨；英国和爱尔兰的进口数字则从1845年的35.4万吨上升到1847年的174.9万吨。这些进口货物带来了巨大的资金和物流问题：它们是如何结算的？获取充足的食物并为之付款需要做出哪些牺牲？可以采取赊账的付款方式吗？如何管理这一过程？特别是，需要什么样的机构来对此进行管理？

19世纪中叶的动荡迅速带来政治和商业的重大转型。政府发生了一场巨变，公共机构承担了更多与管理经济有关的任务，包括引导贸易自由化的进程。通过有限责任联合股份公司这种新的公司形式，以及凭借创新方式调动资本的综合银行，商业也发生了彻底的改变。

　　19世纪40年代中期出现的似乎是古代那种典型的饥饿或生存危机，同类事件在18世纪初的西班牙王位继承战争中重创了欧洲。历史学家汉斯-乌尔里希·韦勒（Hans-Ulrich Wehler）将之称为德意志或中欧的"最后一次旧式的农业危机"，尽管西欧以外在20世纪仍然发生过很多次饥荒。¹ 但19世纪40年代的危机也是现代商业的衰退周期，同时伴随着财政和银行业危机。它肇始于异常强劲的繁荣，这种繁荣推高了价格，似乎助长了稀缺的发生。英国和中欧的物价都大幅上涨。从某种意义上说，这场18世纪的危机，也是一种20世纪或21世纪的危机。另一位历史学家乔纳森·施佩贝尔（Jonathan Sperber）因而将19世纪中叶的动荡准确地称为"变革的危机"。²

　　粮食危机是由恶劣天气和歉收引起的，天气还导致了额外的作物疾病，最著名的是马铃薯晚疫病（potato blight）①。天气和晚疫病相互作用，罕见的大雨将真菌孢子冲入土壤，使其攻击块茎，导致作物绝收。这不是一场可以预料的危机，对19世纪上半叶价格波动的分析表明，作物绝收是一个"远远超出西欧人实际或可能经验范畴"的极不寻常的事件。³ 粮食灾难之后是流行病。到1847年，英国报纸开始报道攻击爱尔兰饥饿人口的发热病情：

　　　　不幸的人们现在最想要的不是食物，而是医疗照护；他们需

---

　　① 也被称为"potato late blight"（以此与在美国等地常见的"potato early blight"进行区分），由马铃薯致病疫霉所引起的作物病害。

要的不是额外的破屋子，而是医院。一种比霍乱或鼠疫更致命、更具破坏性的瘟疫热正在夺去穷人的性命。如果没有大量的积极有效的医疗卫生措施，所有的食物，无论干粮还是汤水，终究都无法拯救他们……从班特里（Bantry）到斯高尔（Skull），除了极少数例外，没有一所房子里面没有病人、濒死者或死者。死去的人就躺在他们死去的地方，或者仅是被推到门外，被扔在那里无人理睬。[4]

在欧洲的另一边，报纸报道了奥斯曼帝国与俄罗斯帝国的霍乱，到了1848年秋天，这种传染病已经蔓延到西欧。

大部分人在食物上要花费其收入的三分之二到四分之三。物价从1845年到1847年经历了飞涨，中欧国家和法国尤其严重。在德意志，黑麦被用来为最贫困的百姓生产质量最差的面包，它的价格从1844年到1847年上涨了118%，马铃薯则涨了131%，更昂贵的小麦也涨了93%——价格上涨幅度最大的反而是穷人的必需品。在爱尔兰，1846年的马铃薯收成被致病疫霉（phytophthora infestans）摧毁了80%左右，它的价格走向了极端。比利时与荷兰也深受马铃薯晚疫病的影响。"笨土豆"是一种多节而难看的马铃薯品种，由于在芒斯特（Munster）和康诺特（Connaught）两个郡的贫瘠土壤中很容易种植，它在爱尔兰几乎成为单作栽培品种，在1845年秋天卖16~20便士（按照英国的旧币制，12便士合1先令，20先令合1英镑），到1846年4月已超过3先令，到10月更是超过6先令。如此一来，最贫困者的食物开支超过了一个普通劳动者的工资，他们再也无法养活自己，更不用说供养家人了。更贵的食品涨价的幅度没有这么大。如果一份英国的小麦在1846年初的定价为55先令，那么这份小麦的价格在一年后就会上涨到75先令，并于1847年5月升到100多先令。与饥饿一起暴发的是作为其结果的疾病。现代研究基本上证实了当年有100万爱尔兰人死于饥饿和严重营养不良引发的传染病。

于是，一场相当广泛且具有破坏力的负面供给冲击出现了。金融危机直接来自粮食危机，因为投机者在1847年押注于物价持续上涨，但之后实际到来的大量丰收和粮食进口的规模以及资金问题令他们措手不及。与此同时，与此无关的铁路建设和铁路股票上的泡沫也引起了不安。正如我们看到的那样，金融响应也受到了政策措施的灾难性影响。金融危机和粮食危机彼此加剧。金融危机起源于英国和法国这两个当时的世界商业和金融中心，并溢出到欧洲大陆的其他地区，饥饿也随之蔓延。金融传染病同样传播到了北美和印度。

金融危机的一个特点是，每件事和每个人都要受到指责，包括投机者、银行、发行银行、政府、报纸、轻信的公众，甚至那些生病和挨饿的人。在1847年10月恐慌最严重的时候，《纽约每日论坛报》（*New York Daily Tribune*）报道了马铃薯歉收："有关马铃薯歉收的报道持续出现在英格兰、爱尔兰、苏格兰和欧陆的媒体上。非常值得注意的是，大量报纸仅发表关于疫病的消息，而完全排除那些否认其存在的报道。毫无疑问，的确有一部分歉收；但我们建议读者不要出于对英国报纸报道的信任而进行'面包'投机，在许多情况下，这些报道是出自利益驱动的。"[5]正像纽约的报纸所言，通过投机物价上涨可以赚钱。该报的下一条新闻就记录了英国新闻界在喀里多尼亚号（Caledonia）轮船满载棉花抵达利物浦后，仍对美国棉花歉收进行了详细的报道。在这条新闻里，英国新闻界的这种行为被解释成推高棉花价格的一次"极其不明智且不合时宜"的企图。在 1847 年 10 月的崩溃中，铁路行业的股价下跌了 30%，这次危机也被视为"英国历史上最严重的崩盘之一"。⁶

一开始，人们很容易认为糟糕的应对源于信息不足的决策和愚蠢的决策者。软弱而无能的辉格党，或称自由党的英国首相约翰·罗素（John Russell）勋爵喜欢吹嘘自己对金融问题的一无所知，并认为经济是"一种必要的邪恶"。⁷爱尔兰小说家威廉·卡尔顿（William Carleton）①将他的饥荒小说《黑色先知》(*The Black Prophet*)献给"大不列颠及爱尔兰首相……以其执政能力，他必须被视为政府行为准则的公开倡导者，那些准则使我们的国家因长期的不自由立法和疏忽怠惰而陷入目前的灾难处境"。⁸但危机的舞台并非由罗素政府的所作所为搭建，而是来自其前任的创新，也就是保守党的罗伯特·皮尔爵士领导的伟大的改革政府早已准备好了。皮尔不是一个拥有创造性思维的人，他遵循着自己全面而彻底地观察到的公众意见。英国 19 世纪中叶的伟大观察家沃尔特·巴杰特（Walter Bagehot）②写道，只有当一般看法——"二流人才"——占据一席之地时，皮尔才会被说服。按照巴杰特的说法，他代表了

---

① 1794—1869，爱尔兰小说家和历史学家。他以写作描述 18 世纪末至 19 世纪初爱尔兰农村贫困和社会不平等的小说而闻名。他的作品主要描绘了农村贫困、疾病和无知对人民的影响，以及天主教徒和新教徒之间的宗教冲突。

② 1826—1877，又译作"沃尔特·白芝浩""白芝浩"等，经济学家、政治分析家，曾任《经济学人》杂志主编，著有《伦巴第街》《英国宪法》等。

"交易与贸易群体"的共同点。⁹

在商业方面必要常识的推动下，皮尔开始了一系列显然很大胆的现代化改革。首先是1844年《银行法》对金本位的保障，按照它所建立的体系，英格兰银行可以发行正常流通所需的一定数量的货币，这些货币完全由短期国债支持，但发行任何额外的货币都必须需有足额的黄金。该法案是金本位这种全球化货币体系的法律基础。其次，立法措施回应了铁路股票的发行上存在腐败的普遍看法。由年轻的改革者威廉·尤尔特·格莱斯顿（William Ewart Gladstone）主持的一个议会委员会得出结论，需要某种更透明的程序，以保证投资者获得完整准确的有关铁路的信息。1844年，《股份公司注册、成立和监管法案》出台后，英国建立了一套复杂的，而且显然影响深远的注册程序。但是，意外（却也可以预见）的是，公众对股份公司的信任激增，引起了新的泡沫。¹⁰ 最后，也是最重要的一项是1846年废除《谷物法案》，取消对进口谷物征收的关税，试图以此缓解粮食价格高企。它的政治后果是分裂了在很大程度上代表地主的保守党，并导致保守党垮台。皮尔还实施了向爱尔兰大规模进口外国谷物的计划，并为爱尔兰的穷人提供政府补助。

皮尔改革的总体后果被证明是灾难性的。第一个明显后果是更严重的投机。正如《泰晤士报》（*Times*）的一位作者在后来的一项调查中所说：

> 伯爵和侯爵们与伦敦的资本家和乡村地主一起，争相以对其名字的特许来增加吸引力。穷困潦倒的大律师承认他对地方议会中的一个席位热爱有加，这似乎能比法律工作带来更多收益，而

且他和大多数被承诺了那个职位的人一样纠缠不休。数不清的下院议员,加上一些高级市政官,在他们假定的责任范围内争先恐后;众多教士和配给不足的助理牧师在这场争夺战里也不甘人后,一幅生动的写照毫不夸张地呈现出这个国家正在陷入一场全民的危险游戏。以前从来没有出现过"此情此景"。[11]

资本市场给人一种万事皆有可能的感觉,直到一切都不再可能。

导致资本市场转变的是粮食进口对贸易和支付的影响。贸易逆差需要用黄金结算,黄金流向国外。为了逆转这种转移,英格兰银行根据 1844 年《皮尔法案》规定的操作原则,于 1847 年 4 月大幅提高了贴现率(利率)。此举有助于扭转货币外流,而代价是让商业机构跌入危机。制造商和贸易商无法获得贷款。1847 年 5 月,粮食价格立即飙升(见图 1.1)。这一变动增添了不确定性,并且加剧了饥荒,抬高了大范围动荡甚至叛乱的风险。

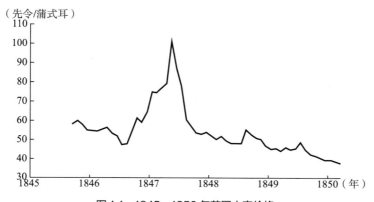

图 1.1　1845—1850 年英国小麦价格

资料来源:根据全球金融数据计算得出。
注:1 蒲式耳小麦重约 21.2 千克。

政府的资助计划貌似加剧了危机。为了提供饥荒救济，自由党政府最初提议在该财政年度筹集两笔价值1400万英镑的政府贷款。当第一笔贷款的操作对政府债务收益率产生明显影响时，政府收到大量的专家建议，呼吁削减开支以避免重蹈覆辙——实际上意味着公开撤销对爱尔兰饥荒救济的承诺。它宣布"停止所有公共工程的雇用和救济委员会提供食品形式的无偿救济的各种替代措施"。[12]已经颇具影响力的期刊《经济学人》（*Economist*）认为，政府贷款将加速货币外流，恶化金融危机。"的确，这些资金首先流向了爱尔兰，在那里主要用于购买从国外进口的粮食，并从那边的经销商手中回流到英格兰，用来支付从国外运来的外国粮食的账单，然后资金转移到美国，以平衡粮食进口造成的贸易差额。因此，800万英镑的贷款中有很大一部分相当于抽离了国内的资本来满足对外支付。"[13]然而，也许《经济学人》的文章中最有趣的部分指向了一个更美好的未来：欧洲的供应仰赖于更好地获得外国生产的粮食。这如何得以实现呢？"除了俄国、埃及和美国，世界上没有哪个国家拥有数量上值得一提的富余粮食。为了这些地区的粮食盈余，在我们国家及邻近国家有近一亿人正翘首以待。当前，以下两种情况必然有一种会发生——要么这里的价格必须以远远高于目前的速度上涨，要么外国的供应量必须非常大。"为了养活欧洲人口，世界其他地区如何可靠地供应廉价的粮食以及其他食品和商品呢？

针对英国的贸易地位所导致的铸币和金砖外流，《泰晤士报》提出了和《经济学人》相同的观点：

> 我们现在没有积累可以消耗，所以必须为我们的用度付款。

在我们进口谷物和其他给养（当下的进口速度和价格比1846年高得多）的同时，我们还要满足由此拉动的对制成品的需求，因而也必须进口原材料。据称，欧洲北部为春季运输而大量购买大麻和亚麻，而美国的棉花只是因为缺少船只而延误。来自西班牙和地中海的羊毛、来自印度的硝石和油籽等，以及许多品类的商品也因同样的原因而被耽搁。但只要对它们流入的阻碍出现任何松动（如果这是可以预见的话），它们就都会涌入我们这里，直接弥补我们的不足。[14]

贸易危机对政策造成两种影响。英格兰银行提高了它的贴现率，该举措预期带来国外的黄金，但也使商业机构的借贷变得更加昂贵和困难。因此，这项措施导致了制造业停顿。政府担心，为支付新的危机开销而借款会给资本市场带来压力，并推高利率，融资成本会更高，普遍的恐慌也会加剧。[15] 因此，应对恐慌需要财政紧缩。

财政调整立即产生了破坏性作用。作为对金融危机的直接响应，曾让爱尔兰人民赖以生存的施食机构于9月份被关闭，迫使饥饿的爱尔兰农民涌入济贫院。473名医务人员中有36人死于饥荒热病。[16] 大量移民也在这一时段流出，1846年有10万人离开，第二年有25万人，在接下来的五年中，每年的移民数量都保持在20万人的高位。[17]

在新一轮的英国金融危机中，政府在11月响应了银行的呼吁，取消了1844年《皮尔法案》的限制。但此举来得太晚了，大量的损失已无可挽回。除了大量小银行，还倒闭了四家主要银行：利物浦皇家银行、利物浦银行公司、南北威尔士银行以及纽卡斯尔股份银行。黄金流入伦敦,其中最大份额从纽约船运而来,但也有来自汉堡和鹿特丹的。《曼彻斯特卫报》(*Manchester Guardian*)援引一家曼彻斯特银行的通知称,黄金是由"外国买家带到这个市场的,用他们自己的皮带从遥远的国家带来,因为他们认为在危机期间,让世界上最大商业城市的商界巨子们接受票据或赊销是不安全的"。[18]

将黄金从欧洲带到伦敦只是让危机蔓延到其他地方。法国《世纪报》(*Siècle*)不满地说:"警报从巴黎传到伦敦,经过放大以后又从伦敦传回巴黎,一时的金融困境由此被人为转化成商业危机。让我们考虑一下,法兰西银行是在什么情况下制造了这种可能会动摇政府信用的混乱?在它所选的那个时刻,巴黎资金充裕,财政部本可以按 3% 的利率获得任何所需款项;而里昂和北方两家铁路公司的当期款项是以最优惠的条件支付的,但在一个月之间,百分之五股票的价格差异几乎降到了票面价值!"[19] 欧洲最重要的银行王朝的代表安东尼·罗斯柴尔德(Anthony Rothschild)抱怨说,政府"必须改变他们做生意的方式,他们对铁路公司的所作所为已经完全败坏了他们的信用"。贝蒂·罗斯柴尔德(Betty Rothschild)想象着她的小儿子为"爸爸和北方铁路"祈祷。[20]

巴黎的资金紧张状况迫使政府削减铁路开支,进而迫使工人失业。[21] 1847 年 5 月,在粮食价格飙升的高峰期,圣安托万(Sainte-Antoine)郊区传统的革命中心已经发生了主要针对粮食和面包商人的暴力骚乱。1847 年 11 月,金融危机蔓延至通往中欧市场的主要门户汉堡,然后从那里继续扩散。科隆沙夫豪森谢银行(Schaafhausenscher Bankverein)的倒闭导致雇用了 4 万名工人的多家工厂歇业。[22] 截至 12 月,随着作为银行和商业机构的桑德斯 – 梅 – 福代斯公司

(Saunders, May, Fordyce, & Co.)倒闭,印度已经受到了金融危机的波及。在维也纳,与维也纳罗斯柴尔德银行关系松散的阿恩斯坦和埃斯克勒斯银行(Arnstein & Eskeles)在1848年初倒闭。

爆发革命的可能性在英国是显而易见的。正如《观察家报》(Observer)针对铁路所解雇的1万人和兰开夏郡的大量棉花工人开工不足所作的评论:"这是一支真正的军队,其中结合了所有恐怖元素——智慧和体力、敏锐与绝望,足以让最无畏的人心生敬畏。"[23] 只有爱尔兰,以及俄国,表现消极。在爱尔兰,饥荒的最初阶段爆发了普遍的骚乱,像"丝带会"(Ribbonmen)①这样的秘密组织茁壮成长。后来,疾病和饥饿的削弱作用如此之大,以至于几乎不存在有效的反抗。在其他地方,经济和社会崩溃导致政治紧张局势一触即发。1848年,当粮食危机的最严重影响过去后,具有传染性的革命运动从巴黎和巴勒莫蔓延到中欧各地。整个欧陆范围的革命浪潮将许多无能的统治者和犹豫不决的政府一扫而空。

结果便是一种遍及欧洲范围的质疑,政策如何才能更有效,穷人怎样才能得到帮助。这一想法也许很少源自利他主义动机,而是来自精英一方自我保护的简单逻辑。很明显,错误的政策措施加剧了冲击的严重性,这场危机有力地说明了阿马蒂亚·森(Amartya Sen)②的主张,即饥荒是人为的,或政策造成的。[24] 最令人震惊的

---

① 爱尔兰的一个天主教秘密社团运动,它由各种不同名称的协会代表,以旅馆形式组织,并从农民和商人中招募新成员。该运动在1855年左右发展到顶峰,随后其影响力便逐渐下降,直至1871年被宣布为非法组织。

② 1933—,印度经济学家,曾任联合国秘书长的经济顾问。1998年,其因对福利经济学和社会选择理论研究的突出贡献,以及对社会最贫穷成员所面临问题的关心,获颁诺贝尔经济学奖。

例子是在爱尔兰,历史共识将这场灾难归咎到信奉古典自由主义的英国教条主义者。[25] 科马克·奥·格拉达(Cormac Ó Gráda)所谓的辉格党的"理论家"——英国财政大臣查尔斯·伍德(Charles Wood)认为,爱尔兰所有阶层都应该力行"节约和远见",包括"那些最为痛苦的人"。但在英国官员看来,最大的不幸是爱尔兰上中层阶级的失职,"在他们那些地区的人"应当具有"减轻穷人痛苦"的道德义务。[26] 最近,历史学家查尔斯·里德(Charles Read)对这个故事做出新的反转,他表明,英国政府的财政立场,对中小型农民,尤其是贸易商征收更高的税,最终推动了这一进程,促成这些企业主破产并移民,供应链断裂。[27] 一位移民到美国的爱尔兰爱国者得出结论:"没有马格德堡(Madgeburg)的劫掠,也没有普法尔茨(Palatinate)的蹂躏,①却在恐怖与悲哀中接近了只是通过官僚作风与官样文章以及政治经济原则在爱尔兰进行的屠杀。"[28]

确实需要更好的、更有能力的机构。作为相对缺乏经验的中央银行,英格兰银行和法兰西银行未能很好地处理这场危机,因此受到了严厉的批评。《泰晤士报》抱怨英格兰银行"极度冷漠",任由储备下降。[29] 其领导层是外行,甚至可能存在腐败。总裁威廉·罗宾逊(William Robinson)不得不辞职,因为他的商业大厦被"轻率的谷物业务"摧毁了。[30]

更宽泛地说,在19世纪40年代的灾难之后,政府需要重塑自

---

① 前者指17世纪上半叶欧洲三十年战争期间,天主教徒的军队攻占新教城市马格德堡后对其进行的野蛮屠杀和劫掠;后者指17世纪末的"大同盟战争"(又称"普法尔茨王位战争")中,法国国王路易十四的军队对莱茵兰-普法尔茨的蹂躏,它导致了大量德意志人移民北美。

身，以一种新的方式看待他们与商业繁荣的关系。什么是好政府？凯文·奥罗克（Kevin O'Rourke）等一些全球化分析人士设想出一个政治定义，将其简单地视为一个标准，用以衡量技术提供的可能性与全球一体化实现程度之间的差距。[31] 根据这一标准，1850年后的政治活动有了明显改善。19世纪40年代的事件为一波富有成效的制度性调整奠定了基础，这些调整旨在解决由应对流动性的诸多权力有限的小国提出的协调问题。在欧洲，尤其是德意志和意大利，创建了民族国家，制定了新宪法，以及哈布斯堡帝国的行政改革，最终带来1867年的"宪法妥协"（Ausgleich）和奥匈帝国二元君主制的建立。

对于美国内战和日本明治维新之后的开放，也可以在这种强调制度效力和能力的国家建设的背景下进行理解。事实上，它们与欧洲危机存在着关联。1854年，从德国涌出的移民激增至2.5万人的峰值；正是在那一年，堪萨斯州宣布开放自由移民。德意志和斯堪的纳维亚的移民涌入堪萨斯州，确保这个州成为自由州，而不是蓄奴州，并以这种方式破坏了《堪萨斯－内布拉斯加法案》（Kansas-Nebraska Act）中谨慎的宪法妥协。就这样，新移民的激增推动了美国内战的爆发。

最引人注目的重塑政府的模式发生在法国。当时，法国大革命中那位拿破仑的侄子路易·拿破仑·波拿巴（Louis Napoleon Bonaparte）先是当选为共和国总统，然后自封为终身总统，最后成为拿破仑三世皇帝。他大体上是一个寡言少语的人，德国宰相奥托·冯·俾斯麦（Otto von Bismarck）将他称为"一个没有谜题的狮身人面像"。被拿破仑三世撤职的中间派自由主义政治家阿道夫·梯也尔（Adolphe Thiers）后来成功实现了向一个新的共和国的过渡，此人说拿破仑三世是个"笨蛋"。共和派的朱尔·法夫雷（Jules Favre）惊呼道："真是个白痴！"[32]事实上，拿破仑三世是法国版的皮尔，一个吸收了大众观点的平庸角色。就是这样一个泛泛之辈使国家参与了促进经济增长的工作。他积极鼓励贝列拉（Péreire）兄弟成立一家新的银行——动产信用公司（Crédit Mobilier）①，为基础设施项目筹集大量资金，尤其是修筑更多的铁路。他将这家银行视为规避传统的高级银行（haute banque）的一种方式，后者被他与之前的立宪君主路易·菲利普（Louis Philippe）的懒惰无效的政权联系在一起。

欧洲各地都采取了某些波拿巴主义的做法，那里的旧政权看起来好像低效而无能。维也纳革命针对迅速逃离这座城市的克莱门斯·冯·梅特涅（Klemens von Metternich）②首相发出一篇模仿的主祷文："在维也纳的梅特涅神父，请给我们一个更好的政权。臣民的意志在奥地利和匈牙利都能实现。请原谅我们有理由的侮辱和叫喊，就像我们原谅你那非基督教的新贷款。不要用非铸造的钞票让我们陷入诱惑，而用真正的白银让我们摆脱一切灾祸。阿门！"[33]

奥地利出现了一种新的官僚改良主义，最具代表性的人物是卡尔·路德维希·冯·布鲁克（Karl Ludwig von Bruck），他于1848—1851年间首次被任命为商务部长，然后又在1855年作为财

---

① 全称Société générale du Crédit Mobilier，是法国的一家大股份银行，主要目的是充当信贷的中介和滥设企业（参加工业企业和其他企业的创立）。

② 1773—1859，19世纪奥地利著名的外交家，"神圣同盟"和"四国同盟"的核心人物，领导建立维也纳体系，保守主义的拥护者。

政部长重返政府,一直担任该职务直到 1860 年被解职。他是一位大范围的规划者,拥有建立一个在经济和政治上紧密联系的"大中欧"的愿景,他的改革看起来也像是皮尔派的保守党成员风格。1854 年,他监督了证券交易所的自由化,并开始推广铁路。1855 年,他以"动产信用公司"的模式创建了后来成为奥地利最重要银行的联合信贷银行(Creditanstalt)。他解释说,不可能简单地回到革命前的时代,"不是因为一纸宪法,而是因为物质生活条件、货币经济、经济关系以及中产阶级和农民的壮大"。[34]

世界可以通过更多的货物移动、人口迁移——对于欧洲贫困的农村地区则是人口的移出——以及资金流动获得拯救。更好的运输可以更有效地运送货物,通过铁路进行陆上运输,通过轮船跨越海洋。贸易成为狂想曲庆祝的主题:"通过降低商品从王国一端到另一端的运输成本,创造出一种有益的物品交换,这对消费者及整个社会来说,是一项多么大的收益。没有运输成本的降低,这些都是不可能的。成果显而易见,穷人壁炉上的食物不亚于富人餐桌上的盘中餐!这对商人来说是多么节省时间,使他们能够从格拉斯哥移动到伦敦,或者从纽卡斯尔移动到南安普敦,只需要 12 个小时!"[35]

经济危机和更广泛的政治改革运动的失败共同导致了新一波欧洲移民潮,而它也有助于提高欧洲人民的生活水平。讲德语的中欧移民率尤其高。像斯堪的纳维亚这样移民迁出率高的贫困地区,其生活水平比移民迁出率低的贫困地区上升得更快,凯文·奥罗克和杰弗里·威廉姆森(Jeffrey Williamson)对瑞典和葡萄牙所进行的比较研究可作为参考。[36]

在一定程度上,危机之后的货币扩张受到了包括 1849 年加州淘金热发现黄金的推动，还有部分原因是动产信用公司的金融创新扩大了银行业务。因此，欧洲很快就似乎不太可能同时转向政治革命了。

以政治革命后发生的 1860 年英法两国《科布登 – 舍瓦利耶协定》(Cobden Chevalier pact)、国际资本流动和移民等为形式，贸易自由化获得了一种模式或模版，虽然国际贸易在 1860 年之前已经大幅增长。³⁷ 同时代人很快就开始赞扬贸易政策对国内和国际政治稳定的意义；尽管也存在某些抵制，尤其是在英国以外，批评者将自由贸易描述为一种会给英国先进工业带来不公平优势的学说。在德国，弗里德里希·李斯特（Friedrich List）①试图制定一种替代方案，所谓"国家政治经济体制"，但直到他去世很久之后，也基本没有产生什么影响。他的法国同行查尔斯·古罗（Charles Gouraud）明确肯定了法国重商主义传统的美德，他将其与路易十四、科尔贝（Colbert）②和拿破仑统治下的法兰西荣耀联系在一起，但他一开始就承认自由贸易者是当时最为异想天开的革命者。³⁸

开放贸易的教训体现在世界博览会或展览会的理念中。伦敦世界博览会是在 19 世纪 40 年代中期的一派欣然中构想的，旨在颂扬英国人的聪明才智与工业发展，以及和平贸易的美德。到 1851 年这一勃勃雄心得以实现时，情势已经发生了变化。英国制造商争论是否应该劝阻或排除外国参展商，却遭到几乎一致的反对。³⁹ 对外

---

① 1789—1846，德国经济学家，古典经济学的怀疑者和批判者，是德国历史学派的先驱。李斯特的奋斗目标是推动德国在经济上的统一，这决定了他的经济学是服务于国家利益和社会利益的。与亚当·斯密的自由主义经济学相左，他认为国家应该在经济生活中起到重要作用。

② 指让 – 巴普蒂斯特·科尔贝（Jean-Baptiste Colbert），1619—1683，法国路易十四时代的著名政治家和国务活动家，长期担任财政大臣和海军国务大臣。

国粮食的依赖已经变得显而易见。《泰晤士报》指出:"各种谷物的展示规模都很大,正如世界各地所预期的那样,有来自不同国家的大量竞争者,包括我们自己、俄国人、西班牙人、比利时人、加拿大人,以及美国人。"[40]

其实,这次世博会上的一些最令人惊叹的产品都来自外国,并且尤为有悖和平,如德意志人阿尔弗雷德·克虏伯(Alfred Krupp)的铸铁大炮和美国人塞缪尔·柯尔特(Samuel Colt)的左轮手枪。《经济学人》评论道:"可以推断,美国对英国的优势最终会像下次日蚀一样确定。我们将通过尽可能多地分享美国的繁荣,将这种不可避免的优势的到来时间尽可能推迟……美国的工资、利润和资金利率都高于英国。这些都是进步的手段,而我们越能分享它们,我们的进步就越能与美国的发展速度保持同步。"[41] 科学家莱昂·普莱费尔(Lyon Playfair)目睹欧陆国家正在追赶并超越英国。对他来说,这次博览会"非常清晰明了地显示,许多欧洲国家,即使那些明显落后于我们的国家,其工业进步速度也比我国要快。假如真像我确信已然发生的那样,不需要太多的敏锐性就可以意识到,在长距离竞赛中,最快的帆船会获胜,即便他们暂时落后"。他预见到会有一场基于"智力竞争"的全球化。[42] 这件事给了我们一个有力的教训,开放国际贸易有助于为了提高经济表现而从其他国家获取想法。竞争是培养能力的关键因素。

弗里德里希·恩格斯在1895年为马克思的《1848年至1850年的法兰西阶级斗争》(*Class Struggles in France, 1848 to 1850*)所作的序言中写道,马克思在1850年清楚地认识到:"1847年的世界贸易危机孕育了二月革命和三月革命;从1848年年中开始逐渐复兴而在 1849 年和 1850 年达到全盛状态的工业繁荣，重新强大起来的欧洲反动势力的振奋力量。"①⁴³ 我们怀疑，对于描述 19 世纪 50 年代和 60 年代新出现的，具有相当革命性的治理形态，反动势力算不算一种最恰当的表达方式。最初的反动派逐渐衰落，比如约瑟夫·玛丽亚·冯·拉多维茨（Joseph Maria von Radowitz）将军，他是一位传统保守主义大臣，也是弗里德里希·威廉四世（Friedrich Wilhelm Ⅳ）国王的"中世纪幻想"的守护者。⁴⁴ 他们被拿破仑三世和俾斯麦等模棱两可的人物所取代，这些后来者是按照新的逻辑建构世界的现代化改造者。一位著名的评论家，创造了"现实政治"一词的自由派记者奥古斯特·路德维希·冯·罗豪（August Ludwig von Rochau）得出结论，民族国家"无非是一次简单的商业交易"。⁴⁵

我们可以记录价格的大幅度波动，也可以记录那些绝望时刻的个人命运。但是饥饿的人们几乎没有留下书面证词，小说家基本都回避了这场灾难，因为战争甚至瘟疫提供了更好的文学素材。杰出的现代文化批判理论家特里·伊格尔顿（Terry Eagleton）想知道，为什么饥荒是一个如此被文学忽视的主题。⁴⁶ 一些最敏感的作家，如威廉·卡尔顿在他的小说《斯匡德尔城堡的挥霍》（The Squanders of Castle Squander）中最终得出的结论是，饥饿者的经历无法尽述。卡尔顿著名的《黑色先知》记录了饥荒如何滋生了非理性的堕落：

> 每一个熟悉这种骇人听闻的灾祸的人都必须知道，他们那可

---

① 本段译文摘自《1848 年至 1850 年的法兰西阶级斗争》，人民出版社，2018 年版。

怕现实令他们在波及整个人群的疯狂影响下，忘记了日常生活中的所有礼仪和规制，甚至包括恐惧与羞耻，以及对秩序的尊重。构成社会道德安全的所有东西都被丢在一边或退化成自我保护的暴虐本能，当这种本能受到刺激时，就会变成所谓绝望的疯狂。47

粮食危机发生时，多塞特郡作家托马斯·哈代（Thomas Hardy）①年仅七岁，后来他将自己最著名的小说之一《卡斯特桥市长》（*The Mayor of Casterbridge*）设定在他所描述的那个失落的世界，当时的社会财富由谷物价格决定。关键的一个情节转折取决于一个外来者是否有能力为恶劣天气破坏下的粮食问题找到解决办法。安东尼·特罗洛普（Anthony Trollope）②是当时很有名的小说家弗朗西丝·米尔顿·特罗洛普（Frances Milton Trollope）的儿子，他在爱尔兰西部的饥荒地区担任邮局职员，写了一部关于饥荒的小说《里士满城堡》（*Castle Richmond*）。但他的出版商《康希尔》（*Cornhill*）杂志告诉他，这个话题不适合女性和儿童这些目标受众。因此，他转而写作他的"巴彻斯特"（Barchester）系列小说，这些小说以一个英国大教堂镇和周围的乡村为背景，在商业上表现得更为成功。商业中产阶级群体不想读到有关短缺与饥饿的内容。这部爱尔兰小说最终出版了，但几乎算不上成功作品，且奇怪的是，它在德国卖

---

① 1840—1928，英国诗人、小说家，被认为是维多利亚时代和20世纪初最杰出的文学家之一。他的作品主要反映了他对人类命运和自然世界的深刻理解，以及对社会不公和道德伦理的关注。

② 1815—1882，英国作家，下文提到的巴彻斯特系列小说中的《巴彻斯特养老院》和《巴彻斯特大教堂》皆为他的代表作品。

得更好。小说开头便是特罗洛普的道歉：

> 我想知道，如果我把这个故事的情节放在爱尔兰，小说阅读圈——至少是其中尊重本人作品的那些人——是否会受到冒犯！无可否认，人们对于爱尔兰事物有一种强烈的反感。爱尔兰的仆人不能用，爱尔兰熟人受到有限的信任，爱尔兰表亲被认为是绝对危险的，爱尔兰故事不受书商欢迎。

英国的大众读者不想阅读爱尔兰或过去的苦难。特罗洛普为他的故事添加了浓重的救赎色彩，这对现代读者也同样没有吸引力。

> 尽管我不相信上帝显示的愤怒，但我相信上帝的仁慈表现。当人们因其愚蠢和目光短浅而给自己带来似乎无法抗拒的惩罚，看不到尽头，没有援手，只能靠我们自己的时候，上帝便举起他的双手，没有愤怒，只有怜悯，并以他的智慧为我们做了我们自己的才智所不及的事情。但是，对于要求我们的主减轻他一点点的愤怒，或改变他既定的目标，我都无法从基督教义出发理解其合理性或承认其恰当性。如果他是英明的，我们能改变他的智慧吗？如果他是慈悲的，我们能限制他的仁慈吗？

特罗洛普试图得出一个教训，即饥荒的长期后果是有益的。他首先描述了爱尔兰是如何形成这样一种状态的——"它阻碍了劳动力的发展，阻碍了农业生产的改良，阻碍了这片土地上除马铃薯作物以外任何农产品的生产，它使某个阶级的人保持了他们自认为绅士风度的懒惰，而另一个阶级，即这个国家的人民，停留在贫困的悲惨境地。"但补救措施随之而来：

> 怀着彻底的喜悦，几乎是胜利的心情，我宣布这个游手好闲的上流社会已被连根拔除，已被赶出其势力范围，进入广阔的世界，并受到灭绝性的惩罚。可怜的佃农在饥荒之中和饥荒后的瘟疫中痛苦不堪，但是作为一个阶级，他已经从痛苦的床上爬起来，变成一个更好的人。无论是在自己的国家里，还是在他移民所到的、新的、对他来说更好的土地上，他都作为一名劳动者而繁荣兴旺。即使在爱尔兰，他现在也可以每周挣到 8~9 先令，比十五年前挣 4 先令时更加轻松和稳定。而另一个人已经离去，他的位置被愉快地空置下来。[48]

特罗洛普的天命论是爱尔兰圣公会和加尔文教派牧师所信奉的可怕教义的温和版本。1846 年，英国圣公会神父亚历山大·达拉斯（Alexander Dallas）利用特罗洛普就职的邮政系统传播了他的小册子《从天堂传到爱尔兰的声音》（*A Voice from Heaven to Ireland*），希望将其在同一天送达所有爱尔兰家庭，呼吁人们关注即将到来的世界末日。[49] 加尔文派的休·麦克尼尔（Hugh McNeile）在 1847 年宣讲了一篇题为《饥荒是上帝的惩罚》（*The Famine a Rod of God*）的布道："首先，上帝亲自监督着我们这个世界上的所有事务。因此，灾害、瘟疫、饥荒和战争应该被视为上帝的力量，而不仅是由大气状况或人类野心等其他原因引起的。谁指定了这一惩罚？其次，灾害、瘟疫、饥荒和战争被上帝用来惩罚罪恶的民族。听凭这惩罚吧。"[50]

穷人怎么会对这惩罚逆来顺受呢？最常见的反应便是远走他乡。

在悲惨生活的推动和大西洋彼岸更好前景的希望牵引下，移民从这片饱受摧残的土地上大批离去。也许我们应该转向一些非虚构的人物命运。1847年7月，在商业危机最严重的时候，一位身处英国的年轻德国移民贝瑟尔·亨利·斯特劳斯伯格和其他许多人一样，试图逃离。他并没有走多远，其乘坐的轮船华盛顿号（SS Washington）返回了南安普敦港，因为它没有为跨大西洋航行储备足够的煤炭。原本斯特劳斯伯格本意图带着他管理的建筑协会的资金潜逃，随后他遭到逮捕并被判处三个月的苦役。后来，他在1849年1月短暂地去往美国，很快又回到英国，让自己变成了一名有天赋的记者。但是当他曾被定罪的细节被公开时，他再次逃离。这一次，他回到德国，再次摇身一变，成为通过修建铁路来构筑"大中欧"的角色。[51]

另一个后来被证明很有影响力的幸运儿是富有的利物浦钢铁商人托马斯·杰文斯（Thomas Jevons）。他是一个有教养的正派人，在1848年眼看着自己的生意失败，最终搬到了澳大利亚。（他敏感的12岁儿子斯坦利更是觉得整个世界都分崩离析了。）斯特劳斯伯格和杰文斯成为一种新的经济秩序中风格迥然不同的梦想家。然而，19世纪40年代危机中最具变革性的远见卓识者是一位30岁的德国哲学家，他利用父亲留下的一大笔遗产，以及他在制造业的朋友弗里德里希·恩格斯的捐助，出版了自己的革命小册子。

马克思、《危机笔记》与全球化

针对19世纪40年代末的多重危机，卡尔·马克思做出了振聋发轫的分析。马克思的作品具有一个特点，这些作品在基本原则上的模糊性往往可以追溯到将"青年马克思"与"晚年马克思"区分开来的深刻的思想变化或发展——前者被视为英雄的远见卓识者，后者则是苏联实践的鼻祖。[①] 在 1848 年革命中，马克思与弗里德里希·恩格斯共同撰写的《共产党宣言》(后简称《宣言》)是最引人注目的和预言性的宣告，成为他迄今为止对全球化进程最有说服力和最完善的分析，而且如今看起来仍然很恰当："从前只株守一

---

① 从 20 世纪 30 年代开始，马克思的早期著作，特别是 1932 年正式发表的《1844 年经济学哲学手稿》，越来越引起了研究者的重视，西方"马克思学"家把马克思的这些早期著作同他后来的主要著作对立起来，认为"青年马克思"是人道主义者，而创作了《资本论》《哥达纲领批判》等一些成熟的马克思主义著作的马克思则是一个不关心人的活生生的感性本质、个性和主体性的经济学家。西方"马克思学"家把马克思的早期著作同他的主要的经典著作对立起来的目的，是要用马克思后来已经放弃了的或者做了本质修改的早期著作中的观点来"补充"马克思主义，从而用所谓"人道主义"的马克思来否定唯物史观和社会主义不可避免性的经济论证，特别是否定阶级斗争和社会主义革命的理论。"青年马克思"与"老年马克思"对立是对马克思的早期著作进行合乎资产阶级意识形态需要的解释的结果，西方"马克思学"家在这样做的时候，割断了马克思思想发展的历史联系和逻辑联系，把马克思创立马克思主义的历史过程肢解成两个截然对立、毫无联系的部分，然后把马克思早期著作中的一些不成熟的因素加以渲染、夸大和体系化，使其与马克思主义的科学理论体系相对立。其实，马克思的思想发展是一个始终不懈地追求马克思主义的历史过程，历史上实际存在着成熟的马克思和不成熟的马克思的思想上的差异，但从来没有所谓"青年马克思"与"老年马克思"的对立。正如路易·阿尔都塞在《保卫马克思》中的论述："如果没有阐明一个新的对象或新的领域，如果没有创造一个把旧的幻影和神话清除掉的新的境界，就谈不上实现了任何新的伟大发现。同时，这个新世界的创造者必定而且必然要**在旧形式中**经过了思想训练，学会了和使用过旧形式；并且，在对旧形式的批判中，他必定而且必然学会了并爱上了使用一般抽象的艺术，因为不熟悉这些旧形式，他就不可能创造出**用以思考其新对象的新形式**……在马克思青年时期的著作中，暂时和永久、开端和结束、语言和含义发生了尖锐的冲突，这场戏剧性冲突的命运是不可逆转的，如果忘记了这一点，哲学也就不成其为哲学了。"(摘自《保卫马克思》，商务印书馆，2010 年版，着重字体为原文所加。)

乡一国，如今却也讲求各国国民的交际和互助。便是智识的生产，也已经和物质的一样。各国国民智识的创作，已成了世界的公有物。"①52 正是这篇简短而颇具说服力的文章，最常被用来宣称马克思与 21 世纪的相关性。这是一篇短文，一份宣言，马克思越来越相信它需要以科学研究为基础。否则，主张其为真理的基础何在？马克思也愈发坚持认为，需要以科学揭开意识形态的面纱。

与这篇《宣言》相反，他最成熟的作品《资本论》几乎没有谈到全球化进程，也没有提及国际贸易和资金流动的全球特征，而这些似乎正是《宣言》的核心。1867 年出版的第一卷讲述了国家行为如何为资本提供了原始积累的历史，并讲述了工业社会那惊人的匮乏与恐怖。但其仍有缺憾，正如马克思的主要现代传记作者之一加雷斯·斯特德曼·琼斯（Gareth Stedman Jones）所指出的，这一卷作品没有阐明资本的"运动规律"。② 53 乔纳森·施佩贝尔对此表示赞同：经济学家马克思正在进行一场奥德赛式的艰苦跋涉，却从未抵达他的伊萨卡（Ithaca）③。54 恩格斯对一份大纲产生了一些忧虑："（大纲中抽象辩证的语调，当然会随着发展而消失，但）这确实是一个非常抽象的大纲。"55 第二卷和第三卷是恩格斯在马克思死后完成的，但它们也没有真正完成马克思生前的愿景。

---

① 本段译文摘自陈望道翻译的《共产党宣言》第一章。
② 在该书序言中，马克思表明："这部著作的第二卷将探讨资本的流通过程（第二册）和总过程的各种形式（第三册），第三卷即最后一卷（第四册）将探讨理论史。"但马克思最终未能实现这一计划。"在他逝世后，《资本论》第二册和第三册作为他的主要著作的第二卷和第三卷先后于 1885 年和 1894 年由恩格斯编辑出版。恩格斯没有能出版《资本论》第四册。"[参见《资本论》（第一卷），人民出版社，2004 年版。]
③ 指荷马史诗《奥德赛》的主人公奥德修斯要返回的自己的国家。

马克思的成就通常被认为是混合或综合了英国的政治经济学、法国的民主而激进的革命传统以及德国的浪漫主义。后者在马克思的早期著作中最为突出,在深奥的《1844年经济学哲学手稿》中尤为明显。马克思痛苦于德国在经济思想上的落后,抱怨政治经济学仍然是一门外国科学(eine ausländische Wissenschaft):"德国人依然只是小学生、模仿者和追随者,服务于大型外国批发企业的小零售商。"[56] 这种不同民族的知识传统对整合它们的工作造成了阻碍。特别是浪漫的德国人有一种异化的概念,它否认了人的真实本性,无法真正准确地记录在马克思所认为的对社会和历史进程的唯物主义描述当中。

在马克思关于危机的讨论里,联结不同分析模式的过程中存在的困难是显而易见的。出版体量庞大的《马克思恩格斯全集》(Gesamtausgabe,简称MEGA)的事业,直到最近才延伸到将马克思的思想轨迹中一个关键而决定性的环节包括在内,那就是他所做的有关1857年国际经济危机的笔记。它在2017年以《危机笔记》(Krisenhefte)为题出现在《马克思恩格斯全集》第四部第14卷中。这159页手稿里包含了对专业的经济和金融期刊以及统计数据的节选。第一册的标题是《1857年的法国》(1857 France),第二册是《关于1857年危机的笔记》(Book of the Crisis of 1857),第三册是《关于商业危机的笔记》(The Book of the Commercial Crisis)。这项统计学工作在一定程度上是托马斯·图克(Thomas Tooke)[①]

---

① 1774—1858,英国金融家和经济学家,19世纪中叶的英国银行派代表人物。他认为除黄金可作为交换手段之外,银行券及其他信用工具都可以作为交换手段,从而都属于通货。

和威廉·纽马奇合著的《价格史》（*A History of Prices*）的续篇。[57]让《危机笔记》如此发人深省的原因是，做这些笔记的同时，马克思正在以新闻式的通俗易懂的风格阐述什么是危机理论。他那时担任《纽约每日论坛报》驻欧洲记者，这项工作成为他那微薄收入中的很大一部分。当时他饱受身体不适、头痛、失眠、肝病、疖子和痈肿的折磨，而且在用有毒的砷剂治疗疾病。

马克思在这一关键阶段进行思考的结果是，它促使这位思想家发表了被忽视的柏林版本的1859年《政治经济学批判》（*On the Critique of Political Economy*）以及后来的《资本论》，但是有两个方面让他感到不满意。首先，他在这个阶段痴迷于数字，并认为比利时的数学家和天文学家阿道夫·凯特勒（Adolphe Quetelet）[①]为"社会物理学"这一新学科奠定了基础。马克思有一种直觉，即通过收集不同商品的价格——金融工具、股票和债券的估值，英格兰银行和法兰西银行的运营和储备，以及生产和就业方面的数据——他将能够揭开其中的联系并发现建立在实证基础之上的因果关系。他对价格波动的方式非常感兴趣，证明了价格不可能反映商品的不变的"使用价值"（Gebrauchswerth）。对数据的考察将揭示资本主义社会基本的和决定性的运行规律，但那时缺乏能够真正开展这种分析的统计学工具。

在每日到访大英博物馆阅览室的过程中，马克思很可能遇到过斯坦利·杰文斯，杰文斯也受到凯特勒作品的触动，并对数学运算

---

① 1796—1874，比利时数学家、天文学家、统计学家和社会学家，以将统计学和概率论应用于社会现象而闻名。

和微积分有着更深入的了解。与马克思一样，杰文斯研究了一串串长长的价格序列，并试图发现驱动商业周期波动的模式。他成了边际学派经济学之父。然而，马克思似乎没有接触过，也从未提到过他的作品。

我们或许太容易将现代的看法，尤其是现代技术带入19世纪中叶对联结和对应关系的搜索过程当中。一个手握统计分析软件甚至电子表格的当代学者，也许有能力从数据中发现更多的模式和关联，并在这种分析的基础上得出关于整体的经济趋势的一般结论。托马斯·皮凯蒂大胆地将他主要的，也是非常成功的作品以"资本论"为题目，从这个意义上说，他算得上马克思的真正传人。在对资本回报率 r 和增长率 g 的长期评估中，皮凯蒂确实发现了马克思一直在寻找的点金石，即长期的"运行规律"，观察到资本回报率在很长一段时间内持续超过经济增长，并进而导致不平等的加剧。在这种环境下，自我提升的唯一途径就是继承或结婚。从短期来看，勤奋可能发挥不了什么作用。在现代投资组合模型中，对资本回报率的预期超过了增长，但当时这种超越通常出自与无风险资产相关的某些风险溢价，而且在危机时期风险会增加。

19世纪50年代或60年代，在统计学上复制马克思确立的结论仍稍显困难，尤其是他在未曾出版的，后来又在1857—1858年放弃掉的《政治经济学批判大纲》（*Grundrisse*）的手稿中特别突出的主题——利润率下降的规律，以及工人阶级日益贫困的规律。一位富有同情心的马克思主义思想的阐释者大卫·哈维（David Harvey）评论道："不幸的是，他的论述是不完整的，也根本没有得到严格的说明……文本受困于各式各样的含混。"①58

马克思对政治秩序变化的条件越发感兴趣。他最初在1857年以为自己看到了国际资本主义的最后危机。他特别渴望展示1848年革命失败后出现的最有力的新政治形式——路易·拿破仑的第二帝国——是如何注定要崩溃的。在《新莱茵报》(*Neue Rheinische Zeitung*)上发表的关于1848—1850年法国事件的一系列文章的结尾,马克思建立了一个有关危机的国际传播的理论:"最初的过程总是发生在英国;英国是资产阶级世界的缔造者。资产阶级社会经常反复经历的周期的各个阶段,在大陆上是以第二次和第三次的形式出现的。首先,大陆对英国的输出要比对任何国家的输出多得多……因此,如果危机首先在大陆上造成革命,那么革命的原因将仍旧出在英国。"他预言:"新的革命,只有在新的危机之后才可能发生。但新的革命正如新的危机一样肯定会来临。"②59

但事实证明,国际经济和波拿巴主义最初都很有韧性,1857年或之后并没有出现全面崩溃。全球化的经济很快恢复其动态增长,拿破仑三世甚至试图在1867年的国际货币大会上为其运作制定规则,该会议旨在为单一的通用货币奠定基础,事实上还制定了一些将在国际金本位制中实现的运作原则。这位皇帝最终的衰落是因为外交政策上的误判,而不是经济危机的后果。

马克思1857年的分析并没有过于侧重未来《资本论》的关键要素,即消费不足理论或利润率下降规律。相反,马克思当时只是

---

① 此处译文摘自《资本的限度》,中信出版集团,2017年版。
② 本段两处译文摘自《1848年至1850年的法兰西阶级斗争》,人民出版社,2015年版。

简单地在同时代的商业周期的理论上进行建构。

1857年爆发的经济危机被称为第一次全球经济危机，这也符合一些传统马克思主义研究者的规范。[60] 不过，早在1825年，拉丁美洲主权债务崩溃的后果便呈现出全球性的态势，1837年起源于美国的经济崩溃也是如此。最重要的是，19世纪40年代末出现了一场全面的危机，但这场危机不完全出于生产过剩或消费不足。

1847年故事中的一个关键角色在十年后的1857年危机中再次发挥作用，那就是资金的紧张，这迫使作为世界上最强大中央银行的英格兰银行违反其自身规则。马克思从这些危机中看到了英格兰银行暂停1844年《皮尔法案》的关键教训，这一重要法案将英格兰银行的纸币发行限制在其黄金储备范围内。这看起来像是资本主义基础制度在设计上的重大失误，导致了系统性的紊乱。马克思对1857年的崩溃发表了评论："事实是，英国人很大程度上参与了在欧洲大陆和美国的海外投机活动，同时在国内，他们的剩余资本主要投资于工厂，因此，目前的动荡比以往任何时候都更具有产业危机的特征，进而给国家繁荣的基础造成打击。"[61] 正如马克思所认为的，国际资金流动为动荡提供了一个核心机制："假设美国崩溃给大不列颠造成的第一个反作用力表现为一场货币恐慌，继之以农产品市场的全面衰退，紧随其后是制造业的困境，那么此时产业危机站上高点，货币困境跌入谷底。"[62] 货币困境将引发一场全面危机。

马克思所观察到的货币混乱源于19世纪的货币政策对票据经纪人和银行处理汇票这一金融工具的一套复杂机制的依赖。票据的使用可能多种多样，它们可以关联跨洋运输货物这种真正的商业交易，但也往往仅是融通汇票那样的信贷工具。任何一位像巴尔扎克和特罗洛普之类19世纪文学家的读者都熟悉被拒付票据所带来的经济和感情上的痛苦。马克思从恩格斯的经历中汲取了大量信息，后者是一位知名的制造商，也是一位贸易商。正如恩格斯1857年写给马克思的信中所述："（商业世界依赖于）票据腾挪，通过向银行或兑开的票据出票，并根据相应安排，在到期之前或之后以另一张票据进行偿付，凭借这种方式赚钱是欧陆上的规则，也是这里的所有欧陆商行的做法。所有的佣金商行都这样做。"[63] 为了确保他在纽约的报社雇主寄给他的美元汇票在伦敦以英镑支付，马克思本人也体验过票据怎样以大幅折扣进行交易。

在1857年，马克思起初以为1848年似乎在重演，但他对那些将1848年视为法国大革命重演的梦想家不屑一顾，并嘲笑路易·拿破仑是真正的拿破仑的一个荒唐可笑的版本——历史第一次重演是悲剧，而第二次重演就是闹剧。1857年的商业衰退唤起了一句熟悉的抱怨："正如你所想象的，在过去一周里，面对来自英美两国的灾难性消息，商界的焦虑异常严重，这几乎可以和1848年革命后的情况相提并论。"[64] 马克思想到了相似之处，而机构行动者则想到了吸取有关危机管理的教训。

法兰西银行企图限制黄金出口，但马克思认为这一行动将是徒劳的："尽管如此，黄金仍会流出，如果还是像1856年（10月）的情况，那么麻烦就大了。"[65] 但事实上，正如现代经济史研究表明的，英格兰银行和法兰西银行在管理货币市场方面都越来越熟练。英格兰银行从对市场的紧急援助中获得的利润大幅增加。[66] 法国政府也意识到，它可以利用更大的预算开支来减轻危机的影响。

于是，这场危机最初看似是一种周期性现象，而当然不是资本主义的终结。正如年底时，当危机的紧张阶段过去后，马克思在《纽约论坛报》(*New York Tribune*) 上说的："（黄金）来到伦敦，货币市场的状况多少有所好转，美国的情况进一步改善，再加上其他一些有利的表现，给今日带来些许的快活，也希望我们距离萧条的最低点不远了。"[67] 他甚至阐释了一条普遍的规律："如果生产过剩和过度投机导致了一场危机，那么国家仍然具有的生产力和对世界市场的吸收能力……只会暂时从其达到的最高点回落，而经过为期数年的一些波动之后，标志一个商业周期内某个阶段的繁荣最高点的生产规模，就会成为下一阶段的起点。"[68] 这是一个有关商业周期，而不是全面崩溃的理论。

法国危机即将结束时，马克思摘录了《经济学人》上的一段话："所发生的倒闭情况在数量上并不可观，总额也并非巨大；没有丝毫恐慌的倾向，尽管情况似乎确实证明了恐慌是有理由的，又尽管法国人在此之前很容易因为一点小小的借口便匆忙陷入恐慌。"[69]

后来又发生了其他国际金融危机，诸如 1866 年美国内战所带来的，以及 1873 年那次更加严重而持久的危机，马克思对它们都进行了回望。《资本论》的第一卷中简要提及 1866 年的危机，描述了它的爆发如何"由一家大型伦敦银行的倒闭发出信号，紧接着是无数欺诈性公司的垮台"。[70] 那场危机导致英国特许经营权扩大，并促进了爱尔兰的佃户权利和地方自治，这是马克思非常关心的事业。到 19 世纪 60 年代末，马克思已经说服自己，渐进式的改良，特别是扩大投票权，以及成立工人联合会，将带来广泛而进步的政治改革。1873 年 1 月，在德语版《资本论》第二版的后记中，他预料全面危机即将来临："资本主义社会运行中固有的矛盾，通过现代工业运行其中的周期变化，给实用主义的资产阶级留下了最深刻的印象，而它的最高表现形式就是世界性的危机。那场危机正再次逼近，尽管它还处在初级阶段。"[71]

金融危机是否变得更一般、更温和、更不具变革性呢？1866年危机也见证了金融结构的变化，与银行相比，票据经纪人在伦敦货币市场中的作用已相当弱化。19世纪60年代之后，银行的发展大大提速。重要的社会主义思想家鲁道夫·希法亭（Rudolf Hilferding）[①]将马克思的分析拓展到金融部门，其1911年的《金融资本》（Finanzkapital）仍然是20世纪对马克思学说的最重要、最具影响力的修正。他关注的是金融制度如何导向一种更稳定的、更"有组织"的资本主义。他对马克思危机理论进行了奇怪的再加工，认为金融的复杂程度和大银行的崛起降低了发生投机危机的可能性。

非常严重的金融危机，特别是20世纪30年代初许多国家的银行倒闭大潮，或2007—2008年全球金融危机的动荡，最初都看似要杀死资本主义。政治层面的响应就是调整游戏规则，增强国家对经济的参与，加强监管。这些措施让政府中的社会主义政党陷入了严重的困境，促使弗里茨·塔尔诺（Fritz Tarnow）[②]在1931年莱比

[①] 1877—1941，德国社会民主党和第二国际的重要领导人，著名的奥地利马克思主义经济学家。希法亭在理论上对研究政治经济学很感兴趣，尤其对金融资本有深入研究，其主要著作《金融资本》是马克思主义经济理论的重要著作之一，对资本主义的经济危机和垄断问题进行了深入的分析。希法亭也是第二国际的权威理论家之一，被认为是马克思价值理论的继承者。他批评了第二国际中的机会主义和修正主义思潮，强调了工人阶级的领导作用和社会主义革命的必要性。

[②] 1880—1951，德国社民党著名政治家，积极的工会活动家，在魏玛共和国时期担任国会议员。

锡的社会民主党代表大会上提出一个惊人的观点:"现在我们站在资本主义的病床边,不仅是作为诊断者,而且是作为——我该怎么说呢——一个想要治愈的医生,或者一个即将接手的乐观继承人,对结局已迫不及待,并想用一点点毒药来促成它。"[72] 即使在重大金融危机之后,资本主义仍具有可塑性与适应性。其中存在的绝大讽刺是,在 1923 年和 1928—1930 年两次担任魏玛共和国财政部长的不同任期里,希法亭都曾试图拯救资本主义。特别是在德国恶性通货膨胀结束时,他是稳定措施的重要设计师。

对彻底崩溃的向往一直伴随着资本主义似乎陷入危机的时刻。我记得发生在 1987 年秋天的一次偶然会面,当时正值一场大规模的股市崩盘之后,其短期跌幅堪比 1929 年著名的华尔街崩盘,却没有造成多少严重的长期经济衰退。我在普林斯顿大学历史系所在的迪金森大楼(Dickinson Hall)外面的院子里,看到一位杰出的老同事、马克思主义历史学家阿尔诺·马耶尔(Arno Mayer)与刚刚退休的联邦储备委员会主席保罗·沃尔克(Paul Volcker)交谈,作为一位知识分子,后者也是一个身高两米的巨人。马耶尔说:"现在,资本主义终于寿终正寝了。"沃尔克笑着回应道:"嗯。"

在希法亭身后一个世纪,我们可以重新审视关于金融危机和资本主义崩溃的过时争论。今天,资本主义和社会主义这两个老对手正在融合,二者最初都被认为是在一个去中心化的、可以满足自发的需求和愿望的分配系统中,给予人们投入的机会与信息。当它们产生了政府系统本应监管和控制的权力集中时,二者便都具有了破坏性,而在实践中往往造成更严重的压迫。

寻求一种分散的和去中心化的互动机制,打破谷歌、脸书或亚马逊的庞大垄断，看起来像是回到了从前的梦想，即建立这样一种社会机制，能够在避免滑入政治滥用的情况下实现生产率的巨大增值。

《资本论》第一卷包含一些众所周知的闪光点，马克思在其中期待着"这个外壳炸裂，资本主义私有制的丧钟敲响，剥夺者被剥夺"的那一刻。这成为后来的"崩溃理论"（Zusammenbruchtheory）中所包含的正统观念的起源。现代解读者得出的结论是，这段话"与本卷的其余部分几乎没有关系"。[73] 它是19世纪40年代革命愿望的遗迹，是对在世界大灾难中重演法国大革命的变革时刻的渴望。理查德·瓦格纳（Richard Wagner）①也深受19世纪40年代幻想的影响，他有一个"漂泊的荷兰人"（Flying Dutchman）的渴望："当世界崩溃时，毁灭的号角何时响起？"资本主义的特征在于它取代了世界末日的愿景，为危机赋予了生产力和创造力。

---

① 1813—1883，浪漫主义时期德国作曲家、指挥家，其作品中有一部名为《漂泊的荷兰人》的歌剧。

第二章

『 有限的崩溃 』

1873年的金融危机给世界带来了"Krach"这个新词,其在英语化以后变成"crash"——崩溃,成为描述金融动荡的标准称谓。1873年1月,卡尔·马克思为德语版《资本论》第二版写了一篇后记,他在其中展望了即将到来的全面危机,相信它将"由于它的舞台的广阔和它的作用的强烈……甚至会把辩证法灌进新的神圣普鲁士德意志帝国的暴发户们的头脑里去"①。1 马克思在1859年出版的《政治经济学批判》(*A Contribution to the Critique of Political Economy*)在他的祖国基本上没有得到关注,而《资本论》在德国却打开了销路。举例来说,有一部《资本论》进入了德国的重要资本家和投机者——换句话说,就是那种"暴发户"——铁路倡导者贝瑟尔·斯特劳斯伯格的藏书。几年后,恩格斯写信给马克思,说他从一家二手书店挑选了一些德国历史方面的书籍,是这家书店在斯特劳斯伯格的丰富藏书进行破产出售时买下的。

到19世纪70年代,世界更加紧密地相互联系在一起。自1858

---

① 本段译文摘自《马克思恩格斯全集》第44卷,人民出版社,2001年版,第23页。

年以来，跨大西洋电缆一直在传送着新闻，而 1865 年的第二条电缆容量更大也更可靠。蒸汽轮船降低了大宗货物的运输成本，同时铁路剖开了一个个大洲的腹地。1869 年，苏伊士运河竣工，横贯美国大陆的铁路也钉下了最后一枚道钉。美国民族诗人沃尔特·惠特曼（Walt Whitman）在《向印度航行》(*The Passage to India*)中写道：

> 地球要被环绕，联成网络，
> 种族与邻居之间，相互嫁娶，
> 海洋将被跨越，远亲成为近邻，
> 一块块土地连为一体。

而在《致冬天的火车头》(*To a Locomotive in Winter*)中，他讴歌了"现代的典型！力量与运动的象征！大陆的脉动"。请看一组数据：1860 年美国铁路总里程 4.9 万公里，1870 年为 8.5 万公里，1880 年则达到 15 万公里。德国的相应数字是 1.1 万公里、1.9 万公里和 3.4 万公里；法国的数字落在后面，分别为 0.9 万公里、1.6 万公里和 2.3 万公里，奥匈帝国要差得多，只有 0.3 万公里、0.6 万公里和 1.14 万公里。正在成为欧洲粮仓的俄国，也在 1870 年和 1880 年分别达到 1.1 万公里和 2.3 万公里的铁路总里程。1871 年，美国联合太平洋铁路公司出版了一本宣传册，题为《通过太平洋铁路乘轮船环游世界》；而在 1872 年底，法国作家儒勒·凡尔纳（Jules Verne）开始连载其《八十天环游地球》，故事围绕伦敦改革俱乐部里发生的一个赌约展开。

为欧洲国家带来了正面供给冲击的正是惠特曼所谓"现代的典型"——19世纪60年代开放的世界经济，降低了跨洋运输成本的蒸汽轮船，带领作物走出大陆的铁道。贸易条件有利于西欧，使他们开始思考其影响。

19世纪70年代的"大萧条"直接源于正面供给冲击引起的乐观气氛：对新边疆的兴奋，加上法律方面的变化使许多欧洲国家的人们更容易创建公司，并引发了极度乐观、过度交易、公司组建的浪潮，还有投机行为。欧洲和美国的兴奋点都集中在铁路建设上，这显然是开辟新疆土以促进供给的方式。新的基础设施需要新的融资方式，而股份制公司使积聚大量资本成为可能。新兴股票市场在世界各地蓬勃发展，并吸入了大量中产阶级的储蓄，铁路股票在这些市场中占据重要地位。不利的一面是来自世界各地的供应进入市场所带来的通货紧缩的压力。

新的粮食与商品的供给似乎让一切皆有可能，助长这种情绪的各种政治变革包括美国、德国和意大利的内战或统一战争的结束，以及随之而来的房地产繁荣，尤其是在柏林、佛罗伦萨和罗马这些新首都，但也包括其他国家的首都。全世界都在通过投资展开竞争，包括纪念性建筑以及匆忙建起的工业城镇里的工人宿舍。起初，在一派欣欣向荣的急速上升期当中，各地的工资都在猛涨。

不稳定鼓励人们学习，尤其是学习当时显然居于全球金融和商业网络中心的英国，她看起来要比其他国家稳定得多。新兴的德意志帝国和明治维新后的日本都开始认真研究外国的制度，并使之适用于本国。这种吸收过程经常造成压力和反弹，德国人抱怨外国模式的盛行，日本知识分子哀叹"我们独特的方式和习俗"落在下风。德国人种学者和讽刺作家博戈米尔·戈尔茨（Bogomil Goltz）解释道："人是最高等的生物，德国人堪称最完美的人，因为他们实际上将所有国家最典型的品质、才能和美德集于一身。"哲学家黑格尔在海德堡的首次演讲围绕着德国人的"反射深度"。在日本，对于如何向一系列可供选择的西方模式——时而法国，时而德国——学习，人们有时抱怨，有时得意，而清政府统治下的中国似乎痴迷于模仿英国。[2] 在其他方面，军事上的弱国只是生搬硬套外国制度和外国"知识"，譬如 1854 年太平天国起义失败后，西方驻上海领事奠定的中国海关总税务司的模式，或 1881 年英法两国和其他债权人给奥斯曼帝国强加的国债管理处。

因此，同时存在着引起兴奋的各种原因。评论者和批评者很容易只关注其中某一种，分析人士有时会列出一长串促进繁荣的因素：铁路、轮船、法律、称职的行政部门、金本位制度、时代精神、国家意志。普鲁士王国的讨论往往集中在 1870 年公司法的修改上，它取消了创建公司所要求的政府许可，并适用于整个北德意志邦联，以及 1871 年后的德意志帝国。就像 1844 年英国的《股份公司法案》一样，这些变化释放出一大波往往投机性相当强的新建公司。伴随着德国统一而来的朝向金本位的过渡，以及对新稳定的承诺，引发了国际社会的普遍乐观，普法战争后法国以白银支付的赔款更是突出了这种极度兴奋的情绪。

这般兴奋情绪加剧了人们对货币的不确定感，朝着金本位的普遍转向有助于压低世界白银价格，一旦发生这种情况，没有一个国家愿意停留在银本位或双金属体制中。由于世界黄金产量正在下降，当时的人们很容易将贸易冲击主要视作一种特别的货币问题。

从 19 世纪 70 年代末开始，许多评论人士认为白银的再货币化可以成功地将全球价格水平从通货紧缩推入温和而健康的通货膨胀。通缩和停滞的争论在 21 世纪再次回响起来，彼时对通货紧缩的抱怨和现在一样掩盖了技术进步和生产的地理扩展在多大程度上产出了更多的商品，并使其价格更加便宜。

看起来，一个相互联结的世界需要某种单一的货币体系。19 世纪世界货币运动的高潮是拿破仑三世于 1867 年召集的国际货币大会。对于法国、比利时、意大利和瑞士之间已经建立的"拉丁货币联盟"，这次会议标志着它的基础原则的延伸。1863 年在柏林举行的国际统计大会已经提议，确定 1 美元等于 5 法郎、1 英镑等于 5 美元或 25 法郎。这样的重新定价意味着美英两国货币对应的金属等价物只有相对较小的变化，彼时英镑的票面价值是 25.22 法郎。通过改变硬币的重量形成换算整齐的等价关系是相对容易的。新的金币将包含 112.008 格令①黄金，而已有的英国金镑包含 113.001 格令黄金。因此，英国需要进行小幅贬值使本国硬币适应新的体系。

单一世界货币的吸引力在于，它可以在任何时候对价格进行简单的快速比较。早在 1848 年，约翰·斯图尔特·穆勒在《政治经济学原理》(*Principles of Political Economy*) 一书中便有意无意地指出，只有政治障碍才能阻止不可避免的世界货币统一："让我们假设所有国家都有相同的货币，因为这在政治进步的过程中总有一天会实现。"³ 沃尔特·巴杰特和他那颇具影响力的期刊《经济学人》极力支持一种看似常识性的解决方案："任何地方的商业都是

---

① 1 格令约合 0.065 克。

相同的，买和卖、借与贷，全世界都一样，所有与之相关的事情也应该处处一样。"⁴ 如此显而易见的呼吁被当时所有的权威专家接受。1866 年，美国国会铸币委员会（U.S. Congressional Coinage Committee）正是表达了这样的看法，他们认为"对于任何国家，建立这种统一性可能损害到的利益只有一种，那就是货币兑换商的利益，而这种利益对公共福祉没有什么贡献"。⁵

1867 年国际货币大会提议以 25 法郎金币作为新的全球货币的基础。在英国，皇家国际铸币委员会（Royal Commission on International Coinage）的报告显示，大多数与会者支持货币改革。斯坦利·杰文斯几乎在所有问题上都与穆勒意见相左，却也对此表示赞同，并在 1868 年写道："我非常赞成我们加入《货币公约》，甚至将金镑和 25 法郎金币同化，因为我认为金镑将成为全球主要的硬币和交换媒介。在我看来，世界各地都必须采用黄金作为未来的货币，而这一点如今得到了这项国际公约的认可。"⁶

黄金变成了事实上的世界货币，尽管各个国家的货币体系并没有被取代。而且，它立刻成为争议的焦点。经济历史学家马克·弗朗德罗（Marc Flandreau）从协调失灵的角度令人信服地解释了这种转变，法国以暂停银币铸造的方式对德国进行报复，同时试图保护其国内实行的双金属本位制。⁷ 瑞士专家卡尔·菲尔·赫尔佐克（Carl Feer Herzog）① 在 1871 年解释道："德国有 20 亿马克正在等待兑换成黄金……首先将通货废止的国家这样做只需付出很小的

---

① 1820—1880，政治家、经济学家，其在政治领域十分支持银行和铁路部门，在货币领域则是金本位坚定的支持者。

代价，而犹豫和等待者将承担先行废止所造成的全部损失，并为其他人买单。德国经济学家完全明白……他们的国家通过迅速采取行动将有何收益。"⁸法兰西银行对自己持有的大量可能贬值的银币忧心忡忡，这家银行害怕公众因为担心白银价格下跌而向他们挤兑。从这一点上讲，限制或暂停白银铸造业务似乎是合乎逻辑的。通过这种方式，法国的应对措施让世界走上了国际货币体系的一条新路，白银在这种体制中的货币作用有所下降。拿破仑三世的顾问米歇尔·舍瓦利耶（Michel Chevalier）指出，"就在其价值削弱并开启贬值过程的时刻"，各个国家在法律上或事实上转向某种标准会造成不稳定。⁹经济历史学家朱利奥·加拉罗蒂（Giulio Gallarotti）通过一种货币方面的"锁链囚犯"阐述了这一逻辑，它迫使所有国家朝着同一方向移动，尽管美国在后来被称为"73年罪行"（the crime of 73）①的事件中重返金本位。该事件在更大程度上并不是出于一系列的考量，而是因为内华达州卡姆斯托克（Comstock）矿脉的白银产量激增，其价格可能下跌。¹⁰

1873年后世界的主要特征是在价格显著下跌的同时产量却没有真正大幅下降。美国在南北战争后出现一段长期的价格下行，重演了1815年拿破仑战争结束后欧洲的通缩过程（见图2.1）。1873年金融危机后的美国经济衰退比较温和，工业产量与1856—1858年的峰值相比减少了10.5%，但远低于1892—1897年或1907—1908年的大幅衰退。¹¹失业率可能有所上升，但这一事件的最严重后果是对负债农民造成的影响，他们因粮食价格下跌而收入下降。在英

---

① 指1873年美国国会放弃白银，实际上使白银非货币化的决定。

国、法国和德国,工业产出根本没有减少,只是在 1876—1877 年的一年时间里出现了短暂停滞;农业生产指标则是继续大幅增长。经常用于指代这个时代的术语"大衰退"似乎用词不当。但它确实给股票价格带来惊人的波动和起伏。

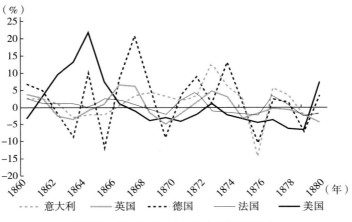

图 2.1 1860—1880 年的全面通胀/通缩

资料来源:根据全球金融数据计算得出。

1873 年,在德语中被称为"繁荣时期"(*Gründerzeit*)的公司创建周期的一派乐观情绪,随着北美和中欧几乎同时发生的股市大崩溃而结束。恐慌始于 5 月 5 日维也纳的崩盘,5 月 9 日再次爆发一轮冲击,银行和一些投机性的铁路公司股票受到尤为严重的影响。1873 年 9 月 18 日,一位主要的铁路建设者杰伊·库克(Jay Cooke)①破产后,美国发生了崩溃。伦敦几乎没有受到影响。柏林

---

① 1821—1905,美国金融家,在美国内战期间为联邦战争和战后美国西北部铁路的发展提供了资金。

市场在 10 月份才崩盘。在所有情形下，恐慌似乎都始料未及，而且传染性很强。正如当时一位美国评论员所说："华尔街的恐慌突然来临，仿佛晴天霹雳。没有精明的人能预见，也没有天才能避免。连一瞬间的警告都没有，它就在一小时内席卷了商人们的财富，让投机者灭顶，使寡妇和孤儿一无所有，令农民面如死灰，损害了这片土地上的每一家工业和机械企业。"[12]

站在其他金融中心的角度来看，维也纳好像世界的一个缩影，很大程度上是因为它就是这样宣传自己的。1873 年 5 月，世界博览会在奥地利帝国首都的普拉特（Prater）游乐园开幕。早在 1851 年，在水晶宫举行的英国世博会就被誉为制造业的奇迹，这座由玻璃和钢铁构成的宫殿代表了新的时代。维也纳正宣称自己承继了工业的衣钵。展览中心的钢制圆形大厅由苏格兰工程师约翰·斯科特·拉塞尔（John Scott Russell）和奥地利建筑师卡尔·弗赖赫尔·冯·哈泽瑙尔（Karl Freiherr von Hasenauer）设计，是世界上最大的圆顶。整个城市都被改造了，旧的城墙已被拆除，取而代之的是一条宏伟的环形大道和沿路的壮丽新建筑。新歌剧院于 1869 年开业，第二年，雄伟的"金色大厅"（Musikverein）落成。为了 1873 年世博会，符腾堡王子位于环形大道上的庞大宫殿被改造成了世界上最优雅的酒店之一——帝国酒店。博览会上最引人注目的是来自全球各地的铁路成就，包括杰伊·库克展示的北太平洋铁路延伸范围的地图。

5 月 1 日开幕的世界博览会促进了维也纳的金融繁荣。维也纳的重要报纸《新自由报》（Neue Freie Presse）批评了那些"针对欺诈和腐败的警告者"，并邀请全世界享受这座城市的"舒适习惯、美丽女人与欢快的歌曲"。[13] 博览会本身加速了过度膨胀，报界当时突然转向批评。正如《纽约时报》所说："起初，由于展览提供的便利性，再加上相信成千上万富有的外国人会像在巴黎或伦敦一样来这里购物，人们对展览满怀希望，许多公司在制造展览用品方面远远超出其能力范围。"[14]《纽约论坛报》于 5 月 1 日在头版发表了一篇文章，抱怨美国展览专员中普遍存在的"勒索和腐败体制"。[15] 这次活动一方面是为了庆祝弗朗茨·约瑟夫（Franz Joseph）登基二十五周年，却不祥地让人回忆起 1848 年的暴力场景，当时的局面让这位 18 岁的年轻人取代了他那迟钝无能的叔叔斐迪南（Ferdinand）①。糟糕的天气笼罩着弗朗茨·约瑟夫皇帝和伊丽莎白皇后主持的盛大开幕式。

5 月 5 日，从巴黎和法兰克福传到维也纳的股市报告是好消息，但从布达佩斯传来法匈银行的坏消息，随后几乎立即传来一家历史悠久的维也纳银行鲁索和梅耶斯贝格（Russo & Mayersberg）资不抵债的消息，引发了市场情绪的突然逆转。这就是一场"崩溃"。人们立刻把它归咎于一整套体制。作为对美国人发出的警告，《纽约时报》认为，维也纳交易所"毫无意义的行为"必然"导致灾难性的反应"。[16] 从金融机构的角度来看，当务之急是寻找能创造新的信心的救命稻草。5 月 17 日，罗斯柴尔德银行竭力主张，法国政治上的新态势——阿道夫·梯也尔的自由主义政府垮台，以及麦克马洪（MacMahon）元帅就任法兰西共和国总统以后的右倾趋势，能够"稳定国际金融"。奥地利财政大臣的干预"总体上成功地……维持了那些稳固性毋庸置疑的公司和企业"。[17] 但是出现了一波自杀

---

① 指奥地利皇帝斐迪南一世，1793—1875，1835 年登基，在 1848 年遭遇革命后退位。

潮——据称，5月和6月的每天晚上都有一些破产的投机者迈入多瑙河运河。其中有一个骗子，名字恰好叫摩登（Modern），他正好抓住这个机会销声匿迹，把衣服放在运河边，然后潜逃，隐姓埋名跑到了匈牙利。[18] 这场危机被用来对现有的政治制度提出严重的政治控诉。经济学家阿尔伯特·舍夫勒（Albert Schäffle）①曾在1871年短命的奥地利联邦主义内阁（反对德意志自由主义中央集权）中短暂地出任商务部长。他写下了这场危机的即时历史，并在其中不满地说，这场灾难还没有达到最严重的程度，并痛斥"共产主义和有产阶级实施的掠夺"。[19]

从表面上看，1873年的金融事件好像并不十分契合那些虚构的荒诞说法。《纽约时报》在维也纳的最初报道称："就股票投机而言，昨日的华尔街非常沉闷……昨天街上最重要的公告之一是，维也纳交易所正在发生恐慌，政府为解决金融困境实施了干预。"[20] 但是仿佛在很短的一段时间内就出现了某种强烈的跨大西洋联动。《纽约先驱报》在5月13日报道称，奥地利证券的价值损失了1亿美元，美国证券受到的影响也高达1000万美元，但真正严重的损失局限于美国铁路债券和"各种性质的不知名证券"。[21] 德国政府提议用法国的战争赔款买入证券，以遏制恐慌。[22] 许多评论人士的看法类似："维也纳和纽约一样名声不佳，对其市民来说是文明城市中最昂贵的地方，1弗罗林（florin）——通常被称作'古尔登'（gulden）的奥地利货币——在那里买到的东西比欧洲任何地方都少……我们

---

① 1831—1903，德国著名的社会学家和经济学家，是19世纪后期德国三大著名财政学家之一。

认为这很可能还不是灾难的全部。像维也纳这样膨胀的市场必将崩溃，柏林、汉堡和法兰克福的许多金融泡沫也会随之消失。奥地利帝国将开始一段严重的金融萧条时期，贬值货币的价值将大幅下降，这种情况并非绝无可能。"[23]维也纳交易所与法兰克福、汉堡和柏林的德国交易所之间存在一定金融联系。[24]但伦敦经受住了考验，没有任何危机的迹象。"当然，这份报告对投机产生了恼人的影响，英格兰银行再次提高贴现率的可能性被认为是不利的。当几乎其他大国首都个个置身金融灾难当中，伦敦的证券价格居然能保持在如此高的水平，这让华尔街的操盘手和金融家大吃一惊。"[25]

在发生崩盘的地方，它是一个巨大的扬弃过程，某些证券的价格大幅下跌，而那些公认稳健的证券几乎没有变化。铁路尤其如此，它是5月的维也纳以及那一年晚些时候纽约和柏林的关注焦点。在1873—1875年，整个美国的公司债券市场有36%处于违约状态，但评论人士指出，某些资产依然非常安全。《纽约时报》认为："事实是，在金融动荡时期，只有老牌的铁路公司才能履行其义务。"奥地利的价格变化凸显了不同品质之间的差异程度。5月1日，奥地利国民银行（Österreichische Nationalbank）的股价为947古尔登，10月13日为952古尔登，而领先的铁路股费尔南德北方铁路（Ferdinandsnordbahn）的股价仅从2250变为2010。相比之下，班克范恩银行（Bankverein）的股价从356降至92，奥地利通用建筑公司（Allgemeine Österreichische Baugesellschaft）则从262跌至39。

价格下跌幅度的差异迫切需要解释。分析人士尝试区分两类角色——在证券交易所拥有"固定席位"（*Schranken*）的成名公司和"侧座"（*coulisse*）上的角色，后面这种叫法取自巴黎证券交易所，用来描述推动市场的"众多大喊大叫和做手势的投机者"在证券交易所里的席位,这种活动蔓延到了邻近的咖啡馆和外省经纪人的办公室,其中包括"创客"与"斗士",也就是那些想参与游戏的人,以及认为自己可以对抗多头的人。[26] 舍夫勒将这一过程描述为资本缩减,"大鱼吃小鱼,小鱼吃虾米"。[27]

事实上,有一个故事先是引发了这种兴奋,然后让人们意识到这种兴奋可能只不过是一个泡沫。铁路和通讯位于这场狂热的中心。成立和在证券交易所上市的公司数量大幅增加,股价高企(见图2.2、图2.3)。内战之后,美国债券吸引了大量欧洲投资者。当美国铁路似乎过热时,这些参与者便转向欧洲证券。[28] 弱点集中于最大胆或最极端的边际投资者身上,如欧洲的贝瑟尔·斯特劳斯伯格和美国的杰伊·库克。有一些铁路公司,但不是全部,靠虚假承诺自吹自擂,面临着被曝光并遭唾弃的下场。

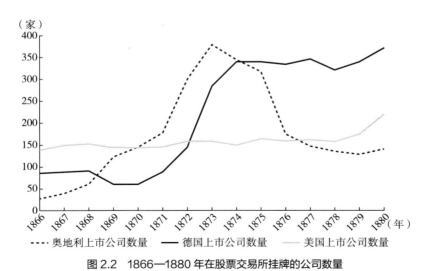

图2.2 1866—1880年在股票交易所挂牌的公司数量

资料来源:根据全球金融数据计算得出。

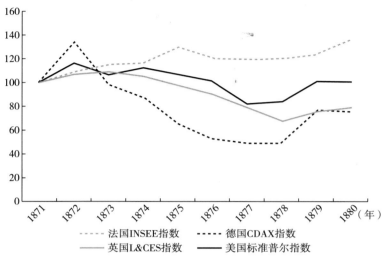

图 2.3 1871—1880 年法国、德国、英国和美国的股票价格
（1871 年的价格被设定为 100）

资料来源：根据全球金融数据计算得出。

1873 年初，新的德意志帝国看来经历了一场类似于曾爆发在奥地利的带有政治色彩的股票丑闻。2 月 7 日，自由党议员领袖爱德华·拉斯克（Eduard Lasker）在普鲁士议会下院发表演讲，对"斯特劳斯伯格体制"的腐败进行了严厉的谴责，并详述了高级贵族和政府重要人物的参与。斯特劳斯伯格是 19 世纪 50 年代英国一位相当成功的金融记者，他新创办了一份报纸，作为自由派的《经济学人》的更为保守的对手。他的欺诈行为在 1847 年被曝光，之后其不得不逃离英国，搬回了他出生的德国。他成为一个精力充沛的铁路和其他投机性建筑公司的金融家，其方法改编自他在伦敦的融资经验，但是顺应了 19 世纪中叶德国的现金短缺情况。他的公司将一条新铁路线的建设委托给一个"普通的企业家"，后者以远远超

出建设成本的价格出售股票来筹集所需资金。该业务给这位企业家带来了可观的利润，也给斯特劳斯伯格带来更大的利润。他还创办了工业企业，销售建筑所需的材料——钢铁、轨道和木材。这是一个同时引发投机性和政治性攻击的体制，拉斯克很高明地提出了这个问题。在1月份的首次演讲中，拉斯克表示，他不知道那些涉及腐败者的名字——"我不知道拐弯抹角的路径，它们太难追踪了。但我确信一点：在铁路特许经营权方面存在不正当交易。"[29]

斯特劳斯伯格是一个狂妄自大的建设者，这不仅表现在铁路方面。建筑师奥古斯特·奥尔特（August Orth）为其连接柏林和维也纳的主要铁路线规划了终点站格利策火车站（Görlitzer Bahnhof），斯特劳斯伯格又委托他跟进了一系列的设计。奥尔特建造了一个新的柏林牲畜市场、一个市场大厅——后来被改建为弗里德里希宫（Friedrichstadt-Palast）娱乐中心；以及斯特劳斯伯格自己位于威廉大街（Wilhelmstrasse）70号的宫殿，就在政府所在地，这座建筑后来成为英国大使馆。他还对波希米亚兹比罗夫（Zbirow）的一座中世纪城堡进行了大规模翻新，它位于一座巨大庄园的中心，这位金融家希望在这块地产上建造一座大型钢铁厂。

斯特劳斯伯格最成问题的一次行动是在罗马尼亚。这个国家，尤其是瓦拉几亚产粮区的肥沃田野，貌似就是欧洲粮食问题的答案，特别是1864年的土地改革提升了大型小麦种植区域的重要性。19世纪60年代，出口激增，粮价也同时飙升。[30]这位铁路企业家与包括拉蒂博尔（Ratibor）公爵和乌杰斯特（Ujest）公爵在内的重要的德意志贵族签约成立一个财团，通过发行由罗马尼亚政府担保的债券来建造多条铁路线。由于罗马尼亚刚刚被置于德意志统治者霍亨索伦-锡格马林根家族的卡尔亲王（Prince Karl）的治下，这位天主教徒与普鲁士和现在的德意志帝国王朝关系密切，因此该计划好像得到了官方批准。不幸的是，这些线路的建设速度赶不上竞争对手，奥地利金融家奥芬海默伯爵（Count Ofenheim）建立的企业，此人最终也因为弄虚作假而受审。在1870—1871年的普法战争期间，铁路债券似乎要出现违约时，俾斯麦提出了一项由其私人金融家格尔松·布莱希罗德（Gerson Bleichröder）和贴现银行（Disconto Gesellschaft）的阿道夫·冯·汉泽曼（Adolph von Hansemann）支持的一揽子救援方案。

拉斯克是汉泽曼的亲密政治伙伴。后来，身处一座条件相当舒适的俄国监狱里等待银行欺诈罪的审判时，斯特劳斯伯格为自己的行为进行了大量颇具说服力的辩解。反对拉斯克和汉泽曼的根本理由是"那又怎么样"：自由派与斯特劳斯伯格等政治保守派一样，也同样参与了证券操纵和推高价格。斯特劳斯伯格开始说，他的名字被与商业欺诈的夸张说法联系起来——"创业热、股票欺诈、金融危机、在特许权上的各种花招、股本的毁灭、质次价高的建筑。经济结构中一个重要分支的名声扫地，公众的意气消沉。"[31] 他想表明，事实上，所有大银行都在奉行"金钱至上"的原则，其采取的方式既不违法也不危险，但会诱使处境不妙的人采取人们所谓的欺骗手段——"戴着桂冠的坏榜样才是真正的诱惑者。"[32]

1873年金融危机后，斯特劳斯伯格勉强幸存下来；但攻击仍在持续，尖酸刻薄的言论也有所增加。在1875年发行量达到峰值38.2万册的德国重要流行杂志《凉亭》（*Die Gartenlaube*）中，反犹记者奥托·格拉高（Otto Glagau）写道："投机和诈骗是当今世上最强大的两股力量，令文明的人类叹息并呻吟，愤怒而消沉。投机和诈骗已成为一种非同寻常的陷阱，成千上万的人被网罗其中，社会群体惨遭洗劫——这便是现代经济科学所称的危机，它有时是一种贸易危机，有时是一场商业危机。在过去的四分之一世纪里，这种危机的出现愈加频繁，而且带有某种令人恐惧的规律性，傲慢的经济学家将其视为一种必要的恶，并把它解析为一种现代病，并为克服这种疾病提供'诊断'与'治疗手段'。"[33] 格拉高将他的文章重新整理成小册子，作为对犹太人阴谋的谴责，这一阴谋把波兰乞丐和受洗的牧师团结在一起。[34]

针对19世纪70年代的这出金融大戏，在美国人做出的响应中，对投机者的痴迷及其垮台是显著的特点。杰伊·库克相当于北美的斯特劳斯伯格，他们在铁路建设上的融资方式非常相似，只不过库克是为了北太平洋铁路。铁路是证券交易所活动的中心：在1873年，纽约证券交易所交易的公司债券中，96%是铁路债券，股票交易中66%是铁路股票。[35] 库克是南北战争中为联邦一方提供资金的主要角色，他利用其开发的政治人脉推动铁路穿越整个大陆，并进入墨西哥及加拿大。对斯特劳斯伯格式投机者的愤怒在美国的历史学传统中根深蒂固。举例来说，历史学家理查德·怀特（Richard White）给推动了新时代的铁路大亨们拟出了一份长长的控诉书："通过创建现代的企业游说，他们助力腐败，并改变现代政治体制。他们还利用这种游说展开彼此之间的竞争，继而发现这是一个昂贵且几乎不可能承受的负担。"[36] 在欧洲金融界，美国的西部就相当于斯特劳斯伯格的罗马尼亚。

库克的银行名为库克公司（Cooke & Company），它基于出售铁路债券的预期回报发放信贷。如果对债券的需求减弱，该银行将无法偿还债务。而铁路看起来越发不稳定。1868—1870年，每年只有一家公司违约；但是在1871年，有三家公司倒台，到了1872年则有12家。[37] 库克的北太平洋铁路公司是一家大型企业，所经过的地区大多不适宜居住。1872年，这家公司的一条铁路线在法戈（Fargo）进入了达科他领地，那是一个富裕的农业区，可能会满足欧洲对小麦的需求——这相当于斯特劳斯伯格基于罗马尼亚供应谷物的愿景。可是，联合太平洋铁路公司和中央太平洋铁路公司的替代路线已经在1869年完工，这条线路周围的定居点正在加紧建设。再往南还有密苏里太平洋公司的铁路网。北太平洋公司只是对铁路运力的一个微不足道的补充。

正是库克银行发生的挤兑，及其对北太平洋铁路债券的巨额风险敞口，在纽约引发了一场大规模恐慌。银行最初试图通过从一家共同清算所发行证券来应对紧急状况，它实际上相当于中央银行机构介入之前的最后贷款人。继而，处理全国各地存款的纽约大型银行便能够继续执行付款。股票市场首次因金融危机而停牌10天。随后，危机蔓延至费城和华盛顿特区。库克是内战期间美国政府的主要金融家（售出了5亿美元的债券），也是财政部长和后来的首席大法官萨蒙·波特兰·蔡斯（Salmon Portland Chase）的密友。事实上，蔡斯于1873年5月7日的去世，对库克来说可能比几天前的维也纳崩溃更是一场灾难。9月8日，纽约仓库与证券公司（the New York Warehouse and Security Company）和肯尼恩考克斯公司（Kenyon Cox），这两家与铁路金融相关的银行倒闭。9月18日，星期四，在库克位于费城奥贡茨（Ogontz）的那座有52间客房的意大利风格豪宅里，总统尤利西斯·S.格兰特（Ulysses S. Grant）在与库克共进早餐。而在纽约，一群匆忙集合起来的银行家敦促库克的纽约合伙人哈里斯·法恩斯托克（Harris Fahnestock）关闭库克银行。就在11点前，后面这次行动引发了恐慌，并一直延续到第二天，成为股票市场最早的"黑色星期五"。[38] 政府提供资金，遏止了恐慌，大幅损失仅限于铁路股票——"西部联盟铁路"从9月4日的92.5下跌到9月20日的54.25，"联合太平洋铁路"在同时间段从26.75下跌到18。就连库克的非金融公司看起来也很安全。阿尔夫雷德·B. 内特尔顿（Alvred B. Nettleton）将军代表北太平洋铁路公司的受托人发表了一份声明，在其中表示："北太平洋公司债券的内在价值和终极安全性并未因这次恐慌而受损。所有为赎回而抵押的财产依然存在。在当前的衰退和恐慌时期，最不明智的做法就是试图强制出售这些债券或任何其他铁路证券。"[39]

安娜·施瓦茨（Anna Schwartz）和迈克尔·博尔多（Michael Bordo）通过将"伪危机"和真实危机进行区分，对这些事件开展了有益的分析。在伪危机中，可能会出现资不抵债或缺乏流动性的银行，但在一个动态的、必然不确定的发展过程中，这种情况是不可避免的——这既不是引发金融恐慌的必要条件，也不是引发金融危机的充分条件。真正的恐慌发生在金融管理机构无法阻止货币存量突然大幅缩水的时候。根据这些标准判断，1847年无疑是一场真实危机，它以公共权力的失灵为标志。相比之下，1866年不是，1873年也不是，即便当时美国的情况最为接近真正的恐慌或危机，纽约证券交易所在惊慌失措的抛售后关闭了10天，且支付受限，但是付款很快重启，到10月22日恢复正常。全国大部分地区几乎没有受到影响，大幅动荡仅限于纽约、费城和华盛顿。伦敦从未出现过这种迹象，维也纳和柏林的市场也在持续运转。甚至作为美国现代化引擎的铁路也完全没有出现任何问题，正像历史学家玛丽·奥沙利文（Mary O'Sullivan）所指出的，类似宾夕法尼亚铁路这样的大公司在1866—1913年经常录得利润并支付稳定的股息。[40]

1873年的纽约恐慌只在很短的时间内算是一场施瓦茨－博尔多所定义的真实危机，由于银行不会承诺接受任何其他纸币，货币丧失可兑换性。纽约和内地银行限制以美元支付，货币升值。[41]但在纽约破产的大多数是经纪公司，而不是传统银行。[42]施瓦茨得出结论："真正的金融危机未必发生，因为有一个人所共知的解决方案，确保无论银行遇到什么困难，存款都可以随意转换成货币。"[43]在这段北美的短暂插曲之外，1873年的紧张局势并没有表现为任何兑付失败。杰出的金融历史学家查尔斯·金德尔伯格（Charles Kindleberger）[①]恰当地指出："奥地利与德国的金融危机主要是资产市场现象，与货币供应的制约只有很少或几乎没有关系。"[44]资产市场是由重新评估驱动的，但其针对的并非铁路投资的整体情况，而是铁路设施在边缘地区的补充，即斯特劳斯伯格的罗马尼亚帝国，或北太平洋公司对蒙大拿的渗透。现在，人们普遍意识到问题在边缘地区猛增，它改变了人们对金融如何与经济发展的宽广路径相互交叉的看法。

许多同时代人对金融发展持怀疑态度，而这场危机给经济和

[①] 1910—2013，美国最杰出的经济学家和经济史学家之一，也是二战后的"马歇尔计划"的主要构建者。金德尔伯格从历史角度研究经济问题，对20世纪30年代世界经济大恐慌历史起源有深入分析。他认为国际贸易可以增进各国经济福祉并带动世界经济持续成长，但在缺乏世界政府的条件下，国际经济体系的稳定运行需要有一个强有力的领导者或领导集团，有效提供国际公共产品。

政治心理带来了深刻影响。这些伤痕出现在了当时的流行文学中。1875年，英国小说家安东尼·特罗洛普出版了他最为黑暗而有力的小说《如今世道》(The Way We Live Now)，控诉了一场普遍的金融和投机狂潮如何席卷了各行各业的人们。在文学界，小说的"吹嘘"程度像股票市场上的股票，或者是那些依赖于未清偿债务的伦敦贵族俱乐部。小说的焦点从一位欺诈的女小说家转向一位重要的铁路实业家，他的项目和财富到头来全都化为乌有。特罗洛普在他的《自传》(An Autobiography)中写道：

> 然而，某一类程度尤为严重的不诚实正在变得日益猖獗且浮华，甚至蔓延到高位，以至于似乎有理由担心男女老少会被误导，以为既然不诚实能变得美妙，它也就不再令人憎恶。如果不诚实的人能够生活在一座华丽的宫殿里，墙上挂满名画，橱柜里盛满宝石，角落里到处是大理石和象牙，还可以举办阿比修斯式①的晚宴，坐在议会里，交易着数百万块钱，那么不诚实就不是可耻的，这样一个不诚实者也并非卑鄙的无赖。45

文学学者们试图为特罗洛普的非传统铁路英雄奥古斯塔斯·梅尔莫特(Augustus Melmotte)找到"现实生活中"的原型：有人认为是"铁路大王"乔治·赫德森(George Hudson)②；另一些人则

---

① 阿比修斯（Apicius）是传说中的罗马美食家。
② 1800—1871，出生于约克郡的英国著名铁路大亨，在19世纪中期的英国铁路建设大潮中发挥了重要作用，同时他的融资方式也造成了巨大的泡沫，最后导致他破产逃债，躲到了法国。

认为是保守党议员、银行家和骗子约翰·萨德利尔（John Sadleir），他在1845—1846年的繁荣时期发了大财，却在1856年服用氢氰酸自杀；这个人物的某些方面也来自德国保守党议员斯特劳斯伯格，他在19世纪60年代末到达巅峰，在房地产上疯狂积累，特别是定居在伦敦格罗夫纳广场来确立自身地位——梅尔莫特的官殿就位于格罗夫纳广场。

梅尔莫特出生在一个遥远的国家，完全不为人所知，特罗洛普暗示他可能是犹太人。他好像具有超人的品质，显然能够无中生有。他在格罗夫纳广场的房子是一个"仙境"，在这里金钱确实可以改变一切。金融与释放狂野的想象力息息相关——"从盐湖城到墨西哥的铁路无疑有着西班牙城堡的味道。我们遥远的美国西部兄弟应该富有想象力。墨西哥在我们中间没有商业安全的名声，也没有那种以时钟般的规律性创造4%、5%或6%收益的稳定性。"但这是一个虚幻的世界。最终，巨大的自然力让这个即将成为超人的人吃尽了苦头。梅尔莫特"研究了刑法，这样他就可以确信自己的最终命运。但他一直觉得，他可能会被环境带到比自己预想的更为危险的境地"，而风暴终将消散。[46]

特罗洛普喜欢用风暴来比喻金融，梅尔莫特的"生活在此之前就被类似的云层遮得一片黑暗，他挺过了随之而来的风暴"，以及"当然，迟早会有人带着雷电而来"。[47]他被毁掉了，用氢氰酸杀死了自己。风暴的比喻在金融文学中已经司空见惯。关于1847年和1857年英国股票恐慌，当时最生动的记述是《泰晤士报》记者撰写的，文章以这样一个气象学的类比开始：

在我们某一处海岸上的居民，他们观看着大潮的涌动，惊讶而愉快地望着海水的快速涨潮超出了它们惯常的范围，对这一现象的熟识丝毫不会减弱。当一道又一道的岩礁和宽阔的沙地消失在潮流之下，生命与活力取代了原本静止的东西，即使那不是绝对的单调，这个人也会不自然地体验到一种狂喜的感受，类似于来自非凡能量的展示。再一次，当古老的海洋以一种重构液体元素的宏大力量从远方召唤海水，这一批观众又发现，暴露在通常的退潮线以下的是一片空旷而贫瘠的废墟，这与之前的涨潮完全不相称，在很大程度上是由沉积物组成，它们只适合作为黏糊糊的怪物的安息地，并且污染了新鲜的空气。与此非常类似的是商业明显繁荣的高潮状态，特别是在我们与美国的关联性方面。[48]

在德国，有一本和《如今世道》相对应的书被命名为《暴风骤雨》（*Sturmflut*），出版于1877年，比特罗洛普本人的小说晚了两年。从书名到结论，作者弗里德里希·施皮尔哈根（Friedrich Spielhagen）[①]从未放松或抛弃同样的类比。投机就如同建造防御工事抵御大海，一场猛烈的风暴迟早会摧毁一切。人物们一次又一次地进行这种类比，在商业上"也如是"，一位睿智的普鲁士老公务员在小说中反复评论道："事情的正常发展路径以最惊人的方式被打断，洪水也在这里累积起来，然后在一场可怕的风暴中倾泻而出——一场黄金的风暴，女士们——从西到东。"[49]这部小说讲述的是在波罗的海一

---

① 1829—1911，德国通俗作家，被认为是德国自然主义文学的重要代表之一。他的作品主要关注社会底层人物的生活和命运，特别是对德国工人阶级的关注，被认为是德国社会小说的代表。

个德国岛屿上建造一条新铁路线和一个港口的计划。该计划的融资是由一个狡诈的金融家菲利普·施密特（Philipp Schmidt）与一个腐败缺德的懦弱贵族联手进行的。像大多数金融小说一样，施皮尔哈根的小说至少在当时的现实中有一定基础。1872 年 11 月 12 日至 13 日晚，波罗的海确实出现了一场可怕的毁灭性风暴，一年后证券交易所里发生的一场突如其来的崩盘，致使许多对铁路建设计划信任有加的贵族在这次崩盘中破产了。

小说的高潮部分是，在庆祝他新建的装饰华丽的城市宫殿竣工的奢华宴会上，菲利普·施密特露出了一个恶棍的本来面目。同一天晚上，一场洪水席卷了那个波罗的海岛屿——"今天，肆虐在众议院辩论中的那场风暴将摧毁许多股份制工厂的屋顶，动摇许多今天上午还在证券交易所稳固地占据主导地位的大公司，并击倒其他公司。"[50] 洪水是一次荡涤，冲走了腐败的一潭死水。在被暴风巨浪卷走之前，那个腐败而淫荡的贵族已经沦为一个瑟瑟发抖、语无伦次的废人。风暴过后，施密特露出了真面目，天空终于晴朗了。

直到今天，暴风雨和海浪的类比一直被广泛使用。1987 年 10 月 19 日的股市大崩盘，在某种意义上是第一次真正同步的国际金融崩溃，在这之前的 10 月 15 日至 16 日晚上，一个异常猛烈的温带气旋曾被英国广播公司最著名的天气预报员预先斥之为错误预警。10 月 19 日黑色星期一的早上，倒下的树木仍然阻止了一些交易员上班。气象预报和金融预测之间的相似之处绝妙得令人难以置信。在马丁·斯科塞斯（Martin Scorsese）2013 年讲述股市过度投机的电影《华尔街之狼》（*The Wolf of Wall Street*）中，主人公的游艇在地中海的一场风暴中倾覆，当时他为了转移非法所得而企图逃避边境管制。在批评那些处理亚洲危机的国际机构时,约瑟夫·斯蒂格利茨(Joseph Stiglitz)[①]将小型发展中国家描绘成"波涛汹涌的大海上的一叶叶小舟,即便设计合理、驾驶得当,它们最终也很可能在巨浪袭击下倾覆。但是,国际货币基金组织资本市场自由化项目将这些国家送上了出现裂缝的船,也没有救生衣或安全网,在未经训练的情况下就驶向了最狂暴的海域"。[51] 然而,波浪是可以进行科学的研究与理解的。到19世纪70年代,出现一个显而易见的问题:为什么经济学家不能投入金融波动的研究?

杰文斯探索波动与模式

19世纪70年代的形势最终看来不像一场全面危机。货币体系挺了过来,这次崩溃并非稀里哗啦的整体倾覆,不是社会和政治秩序的全面坍塌。没有出现持续的通缩,甚至股票价格也未普遍下跌。1873年甚至都没有被列入1834—1988年美国股市波动最大的100个月。[52] 一个新的思想流派将经济和金融发展描述为对主观评价的变化做出的反应,其中的波动看起来就像暴风雨中的海浪。这个新流派的创始人强调决策的个性或粒度,以及导致这些决策的信息输入,他们理所当然地怀疑古典政治经济学创造的大理论图景。在1871年的一次演讲中,英国银行家和统计学家威廉·纽马奇解

---

① 1943—,美国经济学家,对经济学做出了重要贡献,特别是在信息经济学和公共部门经济学领域。他提出了一些重要的理论观点和政策建议,包括对信息不对称和市场失灵的研究、对政府宏观干预经济的分析和对全球化和贸易自由化的批评等。2001年,其因对信息经济学做出的重大贡献,获颁诺贝尔经济学奖。

释了经济学如何转变为一门观察科学："最近，政治经济学也开始遵循所有其他知识门类的路径，尽可能抛弃了之前的一种先验的抽象与推论的特征，成为一门观察、体验、事实和归纳的科学，就像我们这个时代所有其他知识探索的学科一样。"[53]

马克思混合或综合了不同民族的传统——法国的革命传统、德国的哲学和英国的政治经济学。他相当准确地将自己的工作视为这三者的历史和科学巅峰。截至19世纪70年代初，恰好在这三种差异很大的文化中，同时出现了一个完全不同的针对经济发展进程的新视野。弗里德里希·哈耶克在有关奥地利经济学家卡尔·门格尔的一篇文章中写道："1871年，杰文斯的《政治经济学理论》（*Theory of Political Economy*）和门格尔的《国民经济学原理》（*Grundsätze*）都问世了，当时人们普遍认为那一年就是经济学发展的现代阶段的开端。"[54]门格尔、杰文斯和法国经济学家莱昂·瓦尔拉几乎同时地，且完全独立地得出了类似的见解，这通常被概括为边际主义，而他们的方法却来源于截然不同的传统和文献。这种方法的本质有时也被描述为主观主义，并与坚持对市场现象进行分解相结合。这几位新晋的经济学家对所谓永恒的价值基础的全面归纳持怀疑态度，并看到了一个观念不断变化的世界。他们可以被视为现代微观经济学领域的创始人，认为微观经济学的基本原理——多种多样的可分别解释的经济选择——是经济过程的基础。尽管其写作风格和学术影响非常多样化，但他们都像马克思一样，醉心于对价格的精准研究可能带来的发现，并对19世纪中叶的断裂后货币与财富的发展非常着迷。改变经济学的"边际革命"发生在19世纪60年代和70年代，三个标志性人物或多或少地同时但分别提出了一种价值决定的新学说。发现过程的不约而同看起来完全契合了市场所遵循的不协调推进和发现的理论。

在这一明显巧合的发现之后，关于究竟何种背景造就了边际主义，一场实质性的学术辩论开始了。当时是一种什么样的气氛？最合理和最传统的明智回答是，边际主义者调用了他们在自然科学中找到的概念，并且存在一种学科之间的"交叉授粉"。19世纪70年代的经济学创新者都痴迷于利用源于自然科学的类比。但这种解释并没有真正解决时机的问题，其数学基础是阿道夫·凯特勒和安托万·奥古斯丁·库尔诺（Antoine Augustin Cournot）①早在19世纪30年代的工作奠定的，还有一些边际主义的先驱，他们的想法根本没有流行起来。德国的赫尔曼·海因里希·戈森（Hermann Heinrich Gossen）②领先于那三位非常著名的边际主义者，经常出现在现今有关经济学思想的教科书中，但他在生前却一无是处。其短

---

① 1801—1877，法国数学家、经济学家和哲学家，数理统计学的奠基人。库尔诺对经济学的贡献主要在于他试图用数学方法解决经济问题，尤其是通过运用微积分和概率论等数学工具。他指出统计学的目的是协调各项观察，以确定除去偶然因素的影响之外的数字关系和显示出正常原因的作用。库尔诺对经济学的另一个重要贡献是他的边际效用理论。他最早提出了交换价值和边际效用的关系，但由于他用法文写作，所以当时并没有引起广泛的注意。然而，随着时间的推移，他的理论被重新发现并被认为是微观经济学和数理经济学的重要先驱。

② 1810—1858，德国经济学家，边际效益理论的先驱。其著作在问世后并未引起人们的注意，这主要是因为在当时的德国经济学中，历史学派占据了主导地位。戈森在失望与痛苦之余，在1858年要求停止发行并销毁余书，以致该书曾长期下落不明、埋没于世。在威廉·莱西斯与弗里德里希·哈耶克的总结下，戈森的理论被总结为三条定律：1.边际效用递减，即随着某商品消费量的增加，其带来的额外满足感会逐渐减少；2.边际效用相等，即在物品供给有限和人的欲望无限的情况下，应尽可能使各种欲望被满足的程度相等，从而使各类被享用的物品的边际效用均等；3.主观稀缺性在决定商品价值，即一个商品只有在可用供应少于满足需求所需的数量时，才具有正的边际效用。

暂的公务员生涯结束于 1847 年，并预感自己会因对学术和酒馆的过度沉迷而被解雇，遂选择提前辞职；1849 年，他转向了一次失败的保险销售活动，一年后便放弃了。和马克思一样，他用遗产来资助自己的写作，却无法找到出版商。他相信其 1854 年的作品《人类交换规律与人类行为准则的发展》(*Die Entwickelung der Gesetze des menschlichen Verkehrs, und der daraus fließenden Regeln für menschliches Handeln*) 可以使他成为又一个哥白尼，但他却在肺结核、精神崩溃、意气消沉和默默无闻中死去。最终，杰文斯将他视为先行者，这要感谢哲学家兼经济学家罗伯特·亚当森（Robert Adamson）在一家二手书店偶然发现了他的书，并将其送给了杰文斯。瓦尔拉斯也在《经济学家杂志》(*Journal des économistes*) 上写了一篇文章，题为《无名经济学家：赫尔曼·海因里希·戈森》(*Un économiste inconnu: Hermann-Henri Gossen*)。其作品中夸张的哲学和伪宗教或反宗教主张可能减弱了它的吸引力，尤其是自私会在地球上创造人间天堂的说法，以及宣称戈森是一种"新宗教"的"牧师"。[55]

这三位边际主义的创始人比戈森冷静得多，但仅以他们的脚踏实地并不能说明其影响。他们的工作引人入胜，因为可以被用来清晰简洁地解释 19 世纪 50 年代和 60 年代的其他难以理解的波动。经济学与自然科学的相似之处往往是通过对海浪的讨论而形成的。门格尔提供了最清晰的构想：

> 如果处于不同水位的两个静止水体之间的闸门打开，水面将会波浪翻滚，之后浪头逐渐消退，直到水面再度静止。波浪只是

我们称为重力和摩擦力的力量作用的表征。商品价格类似于这种波动,它是单个经济体之间财产分配的一种经济平衡的表征。驱使它们浮上表面的力量是所有经济活动的终极和普遍目标,即人们致力于尽可能完全满足自己的需求,并改善自身经济地位的努力。但是,由于价格是这个可以直接感知的过程中的唯一现象,也由于价格的高低可以精确地衡量,还由于日常生活不断将价格呈现在我们眼前,因此很容易错误地将价格高低视为交易的本质特征。而作为这种错误的结果,我们又会误将一次交易中商品的数量视为等量。[56]

不仅是从方法上,而且在命名上,斯坦利·杰文斯都应该被视为现代经济学的主要缔造者。和许多伟大的经济学家一样,他也是一个打破传统的人。在杰文斯之前,这门学科通常被称为政治经济学——英国大学的一些主要教席仍然保留这一称谓。杰文斯在《政治经济学理论》一开篇就解释说,这个标题具有误导性,而且是多余的:

> 在一些小的改动中,我可以提一下用"经济学"这个简单方便的术语来代替"政治经济学"。我禁不住想,最好尽快放弃我们这门科学的这个古老而麻烦的双单词名称。几位倡议者试图引入全新的名称,诸如"财富学"(Plutology)、"理财学"(Chrematistics)、"交易学"(Catallactics)。但我们何必还要找一个比经济学更好的名字呢?这个名字除了与旧称更为熟悉和密切相关外,在形式上与数学、伦理学、美学和其他各种知识门类的

名称完全类似，而且早在亚里士多德的时代便开始使用。[57]

政治经济学过于暗示了这是一门有关政治组织如何引导一般进程的科学，这种进程在本质上缺乏协商配合。

杰文斯观点的精髓在于需求的多样性。他在后来开始推广这种新方法时认为："我们的需求是多种多样的。稍许思考便会发现，我们通常很少想要某一种商品，而是更喜欢这种或那种商品的一部分……由同一本书的副本组成的一座图书馆是荒谬的。"[58] 价格行为的关键在于它们在多大程度上表达了相对偏好。19 世纪 70 年代初商业和股票市场的剧烈动荡告诉我们，价格不会只朝同一方向波动。分析人员的核心任务是解释为什么某些价格上涨，另一些价格下跌，然后确定这些信号传达了哪些信息。

杰文斯是英国一个新兴阶级——工业资产阶级——的有力代表，但也是新的一种较高修养的外省人的典型。相对于英国的政治和金融界，以及牛津和剑桥这种老牌大学的传统而世俗的权势集团，他的这种修养截然不同，而且比之更有文化。他的父亲托马斯（Thomas）是一位英格兰中部地区的富裕商人，后来搬到了繁荣的港口城市利物浦。托马斯热衷于工程改进，并认识第一条铁路的建设者罗伯特·斯蒂芬森和约瑟夫·洛克（Joseph Locke）。1815 年，托马斯本人建造了被认为是第一艘海上冒险的铁船。他的外祖父是利物浦诗人和文艺复兴学者威廉·罗斯科（William Roscoe），曾著有《洛伦佐·德·美第奇的一生》（*Life of Lorenzo de'Medici*）。父亲和母亲都属于唯一神教派，斯坦利·杰文斯保持着深厚的宗教信仰，同时也伴随着一种对有组织宗教的怀疑。他将这种宗教信仰与从父亲那里继承的对机械的迷恋结合在一起，并称颂1851年在水晶宫举行的世界博览会为这台硕大社会机器的完美形象。

在这个知识相当渊博的家庭里，存在着一抹躯体和精神疾病的阴影。斯坦利是托马斯和玛丽·安妮所生的第九个孩子，但此前只有三个孩子活过了婴儿期，而他的母亲在他十岁时也去世了。杰文斯的哥哥罗斯科（Roscoe）在母亲去世后陷入了无法治愈的疯癫；另一个哥哥赫伯特（Herbert）无法从磨难中平定下来，身体一直不好；妹妹亨丽埃塔（Henrietta）成年后的大部分时间都在精神病院度过。

杰文斯是一位博学家，他对逻辑、几何、气象学以及经济学、统计学和经济史学都做出了重大贡献。1856年，他在澳大利亚铸币厂担任化验官时，为了解铁路资金的问题进行了广泛的阅读，从而对经济学产生了兴趣。铸币局的工作使他接触到许多复杂的财务问题，这些都可以相对容易地用微积分加以解决。随着该项工作的完成，他有时间探索对其他知识领域的异常广泛的兴趣。

在这个英雄三人组中，杰文斯最早完成了清晰的价值决定学说。1860年，他从澳大利亚回来后，在给哥哥赫伯特的一封信中，呈现了对边际主义的第一个，从某些方面来讲也是最清晰的、最有说服力的描述：

> 在前一段时间，我已经大量涉足政治经济学方面的内容。幸运的是，我在过去几个月里毫不怀疑地得出了一些**真正的经济学理论**，它们是如此彻底和全面，以至于我现在读到其他关于这个主题的书时都会感到愤怒。虽然这一理论完全基于数学原理，但

我同时表明了计算数据是如何复杂到目前毫无希望完成。尽管如此，我还是从数学原理中获得了政治经济学家之前所掌握的所有主要规律，它们只是排列在一系列定义、公理和理论当中，几乎与很多几何问题一样严谨而相互关联。最重要的一条公理是，当任何商品，譬如一个人必须消费的日常食品的数量增加，那么从被使用的最后一部分中获得的效用或利益就会在一定程度上下降。一个例子就是从用餐开始到结束之间的乐趣减少。我的假设是，一般来说，**效用率**是商品数量的某种连续数学函数。事实上，这种效用定律一直被政治经济学家以更复杂的形式和名称表述为供求规律。可是一旦用简单的形式清楚地说明，它便呈现出整个主题。当然，大多数结论都是以始终如一的形式表达的既有结论；但就我所见，我对资本的定义和资本利息的规律是全新的。在其他什么人抢占优势以前，我不想在这些问题上无所作为，因而我会尽量在明年春天将它们发表。[59]

很明显，杰文斯要把自己塑造成一个创新者、一个知识创业者。

这一理论在1862年提交的一篇学术论文中得到更全面的阐述，该论文于1866年出版，是杰文斯在1871年出版的一本书中对于经济理论的首次全面阐述的核心。杰文斯后来经常指出这个年代顺序，例如在1874年给瓦尔拉斯的一封多少有些所有者口吻的信中，他谈到了这位法国人的开创性文章。一想到有些欧陆经济学家可能先于他获得这些发现，他便深感痛苦：

请接受我最衷心的谢意，感谢您好心地寄给我一本您的回忆录，并在信中非常礼貌地提示我予以关注。当收到您的信时，我确实已经在《经济学家杂志》上留意到您那非常了不起的理论。我对这个话题更感兴趣，因为在过去的十二年或更长时间里，我自己的思考一直引领我朝着同样的方向前进。我很满意地发现，虽然我的交换理论在英国发表时受到忽视或批评，但实际上被您的研究所证实。我不知道您是否熟悉我关于这个问题的作品。到1862年，我本人清楚地意识到了我的数学理论之全部要点……我想您会发现，您的理论与我的基本一致，而且证实了我的理论，尽管符号的选择不同，而且存在一些次要的差异。[60]

如果缺少了大量实证材料的积累，杰文斯就不可能对其直觉加以扩展，或者至少杰文斯无法成功说服其他人相信其方法的意义和用途。经济学家莱昂内尔·罗宾斯（Lionel Robbins）后来评论了杰文斯在"处理事实的能力"方面的"纯粹天赋"。[61] 其实，在初次尝试探索经济学理论时，杰文斯遭受的相当程度的冷遇给他留下了创伤，他将其归咎于过于抽象的方法。"相比于事实层面，我在理论上更为擅长；但是在通过十分漫长的过程确立其合理性之前，理论家们往往得不到太多支持。因此，从示意图、价格表等诸如此类的东西开始会比较好，这样你就永远不会被指责，说你的主张缺乏引证或对事实的了解。"[62]

追踪杰文斯的轨迹尤其引人注目。他得到公众广泛关注的第一部作品，涉及19世纪50年代在加利福尼亚和澳大利亚发现大量黄金之后黄金价格的相对波动。[63] 杰文斯从他在澳大利亚作为铸币局化验官的工作中获得了独特的见解，当时恰逢淘金热正在改变澳大利亚的经济。他首次精确计算出一个新矿的发现如何降低了黄金价格，或提高了以黄金标示的其他商品的价格。他再次用波浪的比喻加以阐释：

> 1853年前后，物价大幅提升，几乎是普遍上涨，这让我非常震惊，甚至怀疑是不是价值标准发生了变化。与此同时，后期的贸易萧条让价格充分降至可能达到的水平，就像退潮时一样，这在我看来就似乎令这个问题愈发成熟，可以得出结论。它表明，1858年的价格大幅上涨并没有，以后可能也不会得到任何同等幅度下跌的弥补。因此，价格的永久性上涨肯定可以视作黄金价值的下跌，而且这也有可能是因为黄金的发现。我估计下跌最少会达到9%，如果我的读者接受这一点，我会感到满意。但与此同时，我的个人观点是下跌幅度会更接近15%。[64]

扣动了公众心弦的第二部作品是一本关于煤炭未来的专著，重要的知识分子兼经济学家约翰·斯图尔特·穆勒和首相威廉·格莱斯顿在议会辩论中都曾经引用过它。这本书有力地证明了碳能源，尤其是煤炭在英国工业革命中的核心地位，但也解释了煤炭储量是有限的，其后果是英国的首要地位注定将黯然失色："煤炭本身就控制了足够多的铁或蒸汽，因此它掌控着这个煤炭时代。事实上，煤炭并不是等同于所有其他商品，而是完全高于它们。它是国家的物质能量，是广泛适用的辅助手段，是我们所有活动的要素。有了煤炭，几乎可以轻松取得任何成就；如果没有它，我们将重新陷入早期时代的艰难困苦中。"[65] 碳能源正在取代人力或畜力，成为经济发展的驱动力,但这种进步不会局限于原始环境,其中的边际成本,即森林砍伐后的木材短缺,推动了煤炭革命。边际生产成本会上升,而其他地方的生产将开启。于是,英国的煤炭就会变得相对昂贵。英国迫切需要建立一个缓冲,以对抗更不适合依赖单一能源的世界。杰文斯的答案是降低目前的公共债务水平,为未来煤炭产量的下降设置缓冲:"用于减少债务的年度拨款将服务于三个目标,为国家积累生产性资本,稍稍遏制我们目前的过快发展,并减轻国家的未来困难。如果毫不拖延地开始,并不懈地坚持下去,那么在我们面对的这一时段,目前将近八亿英镑的巨额债务便可能很轻松地减少到微不足道的规模,我们一定要相信,这段时期将是英格兰繁荣的高潮。"[66]

通过对价格的研究,杰文斯敏锐地意识到了全球发展所带来的影响。即使实际参与的程度不高,其他地方的发展也可能对投资者的心理产生重大影响。正如他对乐观情绪的出现进行的反思:"来自国外的冲动就像一枚火柴,点燃了投机阶层的易燃精神。许多泡沫的历史表明,刺激因素与信贷和价格的膨胀可能达到的愚蠢程度之间不存在一定的比例。简而言之,狂热是一种商业上的愚蠢行为的爆发,紧随其后的就是意料之中的崩溃。"[67]

杰文斯个人也深受商业周期的影响,对此给予了大量关注。1848年1月,在作物歉收和许多铁路公司倒闭带来的商业萧条中,他父亲的公司——"杰文斯父子公司"破产了。这一刻对这个12岁的孩子来说是惊心动魄的,他记得某个星期天的早晨,祖父和父亲没有去教堂,而是绝望地蜷缩在公司的一堆账本上。

通往边际主义的其他道路看起来更具学术性,也更加稳固。莱昂·瓦尔拉斯 1834 年出生于埃夫勒（Evreux），父亲是经济学家奥古斯特·瓦尔拉斯（Auguste Walras）。1831 年，后者在一本名为《关于财富的本质和价值的起源》（*Of the Nature of Wealth and the Origin of Value*）的作品中，开始创立他所认为的数学经济科学。莱昂 22 岁时，父亲"全面地引领我进入了他的交换价值理论和财产理论……在以一种清晰而迅速的直觉意识到其体系的真相时，我决定用我的一生来建立必要的演绎过程，将他的纯经济学原理与他的社会经济学结论联系起来"。[68] 他后来记录道："（是）我的父亲提供了这一体系所基于的经济学定义，是库尔诺为我提供了最适合确切表达它们的数学语言，而我自己则不仅做出了完整的阐述，而且严谨地证明了交换和生产中的自由竞争制度实现了效用的最大化。"[69] 瓦尔拉斯的方法更进一步让边际主义思维的应用结果成为一个可以用数学呈现的平衡体系。

卡尔·门格尔是一位律师的儿子，出身于哈布斯堡帝国一个低级贵族家庭，拥有埃德勒·冯·沃尔夫斯谷恩（Edler von Wolfsgrün）的头衔。他获得了克拉科夫（Kraków）雅盖隆大学（Jagiellonian University）的法学博士学位。他有意避开了数学，似乎不知道库尔诺的成果，而那给了瓦尔拉斯和杰文斯一个重要的工具。哈耶克错误地相信，门格尔"未曾对数学作为经济分析工具的价值做出任何评论。没有理由认为他缺乏技术装备或意愿"。[70] 事实上，在 1884 年写给瓦尔拉斯的一封信中，门格尔简单且相当无礼地说："数学方法是错误的。"[71] 根本的怀疑态度直接来自一种德意志浪漫主义传统。人的个性的重要性，以及发展阶段的特殊性质，加上地点和时间的差别，他在这些方面的观点使他怀疑现有的经济学通则。[72] 他对于商品的看法也有一种深刻的宗教神秘主义，这与杰文斯或瓦尔拉斯的看法截然不同——"一切令我们快乐、愉悦、进步的东西，我们在日常生活中都称之为善，上帝是至上之善。"[73]

通过对价格的研究，他也谈到了价值评估的问题。身为一个奥地利的公职人员，他负责为奥地利官方报纸《维也纳日报》(*Wiener Zeitung*)撰写市场调查。他后来曾说："正是在研究这些市场报告时，传统的价格理论与经验丰富的实干者所认为的，对确定价格具有决定性作用的事实之间形成的鲜明对比，令他大吃一惊。"[74]因此，股票市场及其变幻莫测催生了一门新兴经济学，其旨在解释行为差异，并阐明这些差异将如何影响投资者、生产者和消费者。他们不断变化的偏好随后产生新的信号。

为什么杰文斯及其同时代者的成就需要这么长时间才获得认可？有两个因素发挥了关键作用。首先，这些想法早已通过某种方式出现，而杰文斯只是部分地、不完全地进行了阐述。剑桥大学该学科的创始人阿尔弗雷德·马歇尔（Alfred Marshall）①在其综合与体系化方面的重要作品中，对于引用前人的成果是众所周知的吝啬。杰文斯被人忽视的第二个原因是，对于英国维多利亚时代中期那位伟大而困惑的理性生活大师约翰·斯图亚特·穆勒，他持有不同的观点。正是杰文斯对穆勒的反对使马歇尔更不愿意给予他褒奖。杰文斯自己也看到了问题所在，正如他在给瓦尔拉斯的一封

---

① 1842—1924，近代英国最著名的经济学家，新古典学派的创始人。在马歇尔的努力下，经济学从仅仅是人文科学和历史学科的一门必修课发展成为一门独立的学科。其代表作《经济学原理》标志着新古典学派的正式建立，该书将边际效用理论和生产成本理论加以整合，发展出了一套以"完全竞争一般均衡"为特征的完整、系统的经济理论体系。

信中所说："我毫不怀疑我们的努力最终会取得成功，但需要一些斗争，穆勒的门徒强烈反对就其学说进行任何创新。我已经因为对他发表的言论受到了支持其观点的报纸《伦敦审查者》（*London Examiner*）的严厉批评，但我还是要以丝毫不计后果的态度对穆勒提出批评。"[75] 另一方面，杰文斯指出了他是多么希望英国经济思想的"传统"轨迹能够改弦更张——"我开始非常强烈地认为，经济科学的真正路线是从斯密到马尔萨斯再到西尼尔（Senior）①，而从李嘉图到穆勒的另一个分支在这一学科中犯下的错误与其掌握的事实一样多。"[76] 但很快就有人开始反对边际学派，以及他们对个人选择的集聚所造成的波动的关注。全球化钟摆的下一次摆动将改变焦点，不再把国际贸易和资金流动的机制解释为向千百万人发布价格信号，转而将其视为提供一种集体重新分配资源的方式。

---

① 指纳索·威廉·西尼尔（Nassau William Senior），1790—1864，英国著名古典经济学家。他的主要研究领域包括纯经济学、价值理论、分配论（节欲论）和经济政策主张。他的经济思想深受亚当·斯密的影响，强调自由放任和竞争市场的优点，同时也提出了"节欲论"，认为节制个人欲望是促进经济增长和社会繁荣的重要因素。

第三章

『　大战与大通胀　』

第一次世界大战是现代全球化叙事中的一个转折点。它也为通货膨胀的致命影响做了一次最具破坏性的演示，那就是德国的恶性通货膨胀。在经济历史和分析中，它仍然和大萧条一样令人闻之色变。对这二者的记忆在政策制定者的心中挥之不去，它们甚至是不同代际和不同国家的人们的共同话题，虽然他们对那些政策灾难并没有体验或记忆。

第一次世界大战后，德国经历了20世纪最惊人的，也是最著名的通货膨胀，而包括奥地利、匈牙利和波兰等在内的其他中欧国家都有相似的经历。截至1923年11月，德国货币（马克）相对其战前价值已经贬值到一万亿分之一。在通胀的最后阶段，物价一日数变，店主们根据外币兑换比率即时调整他们的价格，一次购物就需要使用海量的纸币。

虽然德国的通货膨胀十分有名，但它还不是最极端的历史记录。第二次世界大战以后的匈牙利遭受过一场严重的货币贬值，而近来于2007—2008年发生在津巴布韦的贬值速度更快，日通胀率达到98%。在20世纪20年代的德国，最近的一项测算表明，每天最高的贬值率"只有"20.9%。作为一个重要的文化参照点，法国大革命期间"指券"（assignat）①的通胀率，每日最高达到4.77%。[1]德国的通货膨胀之所以具有如此的标志性，是因为它似乎与魏玛共和国的命运相关，后者在恶性通货膨胀结束后不到十年便垮掉了。早在魏玛共和国于1931年结束之前，作为其竞选活动的一部分，英国首相拉姆齐·麦克唐纳（Ramsay MacDonald）为了展示不负责任的财政措施的后果，挥舞着德国的通胀钞票警告说，需要一辆家具搬运车"在这个周末来领取薪水"。[2]因此，作为重要的历史论据，魏玛共和国的经验支持的是正统的财政观念，或者是如今经常被蔑称的"紧缩"政策。

伟大的战略思想家乔治·凯南惊人地将第一次世界大战概念化为"（20）世纪影响非常深远的灾难，该事件……居于西方文明失败与衰落的核心"。[3]这场战争改变了全球政治格局。哈布斯堡、霍亨索伦、奥斯曼和罗曼诺夫四大王朝帝国灭亡。也许英法两个帝国幸存下来并取得胜利的原因之一是，他们不能简单地被认为是王朝政体。毫无疑问，这场战争使美国走上了世界政治舞台。[4] 1919年的巴黎和会重新划定了版图。

这场大战也彻底改变了各国的经济状况，扩大了世界各地的生产规模。欧洲交战各方依赖全球范围内的粮食、原材料和人力资源。印度和日本的纺织品产量激增。北大西洋工业区和外围的农业区之间的区别正在消弭。现在似乎浮现出一个富足的世界，环绕着充满战火与毁灭的核心。在冲突的中心，除了物质上的巨大破坏；

---

① 指1789—1796年法国大革命时期发行的可作货币流通的有价证券。

更严重的是，由于参与了四年多的非生产性的、消耗性的冲突，各国丧失了发展的机遇和经济的增长。

欧洲生产资源的破坏代价高昂，政治斗争集中于如何分担这些成本。按照最简单的分析，有两种选择：通过某种国内安排强征这笔费用，或者努力让他人承担。用其他人的钱——这后一种选择看似一条摆脱穷困和短缺的神奇路径。战争将胜负两方区分开来，而战时宣传表明，胜利者可以将所有代价强加于失败者。战争改变了人们对全球化的观念，转而诉诸地缘政治架构。一想到要采取军事行动，就要先掷一下骰子了。《孙子兵法》里有一条警句："胜兵先胜而后求战，败兵先战而后求胜。"1914年的交战各方将胜利视作一笔生意的一部分，他们也会将胜利的代价强加到战败者头上。

不确定性和恐惧生成了关于打开军事僵局的新途径的种种幻想，人们绝望地搜寻新的工艺流程和机械装备。即使是利用人造人、机器人或类人生物的想法，也吸引了困惑与厌战的人们的想象力。[5]无声电影推动了这种幻象：保罗·韦格纳（Paul Wegener）和海因里希·加伦（Heinrich Galeen）1915年的电影《泥人》（*The Golem*）是这种想象力的一块最早的里程碑，该片也以《命运大师》（*The Master of Fate*）的名字流行于美国。1916—1917年，在德国出现的最成功的战时系列电影是奥托·里佩特（Otto Rippert）和罗伯特·赖纳特（Robert Reinert）的《类人生物》（*Homunculus*）系列，讲述了一个出自实验室的人造人因为没有情感而挣扎，只能被另一个人造人摧毁的故事。奇特的现实催生了古怪的虚构。

短缺

第一次世界大战是围绕着短缺和艰难而展开的。负面的供给冲击是展开全面战争的预测或计划的一部分。早在战争爆发之前，各国就制定了封锁战略，旨在让对方陷入饥饿而屈服。短缺将成为最重要的军事武器，克服短缺是胜利的关键。

短缺立即形成一种危机的气氛，急需得到缓解。它使民众士气低落，并促成抗议、示威，甚至暴力反抗。缓和短缺的紧迫性促使政策制定者匆忙做出糟糕的决定。此外，短缺促使每个受影响的人组织并动员起来寻求救济，这是一个能力最强和声音最大的人胜出的过程。于是它滋生出力量与叫嚷，以及派系斗争和政治分裂。

战争是一种非常突然的紧急状况，这种状况改变了决策的动态。在正常时期，战略构想的设计者必须进行长远考虑，顾及政策的可持续性。而在紧急状况下，短期内发生的情况会极大地影响长期的展望，并区分一种较好的或可容忍的未来与包含痛苦、艰难与羞辱的未来。因此，面对紧急状况时，即便所采取的措施不利于长期稳定，也必须加以施行，这一点很重要。政策制定者不得不赌上一把。医学上显然有类似的情形，面临一场医疗危机，患者会采用极端措施，即使药物或手术有诸多不良的副作用，但是能带来生存的机会。要想在战争中幸存下来，就需要非同寻常的手段。

1914 年，各国政府以惊人的速度切断了可能直接导致金融紊乱的来源。在美国，财政部长威廉·麦卡杜（William McAdoo）于 7 月 31 日关闭了纽约证券交易所，实施四个月的冻结期，防止外国持股者抛售股票后抽走美元。[6] 伦敦证券交易所于同日开始关闭五个月，财政部发行了小面额钞票作为应急货币，英格兰银行购买了大量票据。7 德国也暂停了黄金兑换，并发行应急货币；评论人士称赞中央银行的行长相当于金融界的一位"货币大将军"。8 避免金融恐慌的短期成效是显著的，没有人关心长期影响，因为人们预计战争会很短。无论如何，德国和英国的首要任务是获胜，而金钱只会有所助益。

第一次世界大战的交战各方出于不同的立场，于是可能生成不同的策略。西欧已经严重依赖进口食品，北美和俄国是主要供应商。俄国是一个庞大的粮食出口国，其贸易会被战争打断，而粮食出口收入的损失将造成工业品的短缺。俄国的小麦产量在战争时期下跌，在布尔什维克革命期间又进一步减少，从 1914 年的 2.27 亿公担（quintal）①下降到 1917 年的 1.66 亿公担再到 1920 年的 8700 万公担。9 美国将发挥粮食和其他原材料主要来源的作用。但是，如果不能出口其惯常的产品，那么欧洲交战各方又如何为进口筹集资金呢？虽然英国是一个主要的粮食进口国，但其拥有一支强大的海军，可以用来保卫海上航道。相比之下，同盟国的主力德国和奥匈帝国也是主要的粮食进口国，且其海上通道却很容易遭到封锁。显而易见，德国的计划制定者会拿出方案，比如意在缩短战争时间的臭名昭著的施利芬计划。但是，如果这些计划没有得到有效实施，有没有一个 B 计划，转向经济和社会的长期动员呢？

同盟国禁不住认为存在某种简单的解决方案，有可能通过它们扭转局势，对西欧实施封锁。由潜艇强制执行的贸易路线中断会让

---

① 公制重量单位，1 公担等于 100 千克。

英法两国挨饿吗？那种崩溃能很快发生吗？正是发动无限制潜水艇战的决定，影响了美国的中立航运，让这个国家在 1917 年 4 月卷入战争。长期致力于推动这一方案的德军最高统帅部一直认为，英国的崩溃将很快到来，而且是在大批美国部队抵达战场之前。

早在战争以前，每个决策者对动员和资源供应方面的不同意见就已心知肚明。对德国来说，农业保护的一个标准理由是维持高成本的生产，以确保在发生军事冲突时的供应。德国农民可能处于相对劣势，但至少供应渠道是有保证的。对英国来说，需要为一个无法自给的岛屿确保食物供应，这往往被视为一个帝国如何与母国捆绑在一起的问题。

激进的英国法学家弗雷德里克·哈里森（Frederick Harrison）曾写过德国的军事优势将如何给英国带来灾难——"饥荒、社会混乱、工业界和金融界的极大紊乱将是不可避免的结果。英国可能会继续存在……但在她重新开始自由生活之前，将不得不失去其无法供养的一半人口，以及无法保卫的所有海外帝国……当我们濒临难以言说的毁灭风险，为国家生存而进行殊死搏斗，直面最具破坏性的残酷战争，那些有关紧缩、和平与兄弟情谊的美好话语显得多么的无聊。"[10] 德国的威胁将调动英国人做出同样的响应。

英国打算实施的封锁源于海军部的计划，该计划意在规避一场传统战争的需要——包括组建一支英国不曾拥有过的大型陆军。海军的拥趸在战争爆发前几年就明确提出了他们的观点，饥饿将是英国的主要手段。海军情报总监查尔斯·奥特利（Charles Ottley）爵士写道："在一场旷日持久的战争中，我们的海上力量如同一盘大磨，尽管它们可能只是缓慢地将德国人碾碎，但是会将他们碾得

'非常碎'——汉堡的街道上迟早会长出野草，而且将出现普遍的匮乏。"莫利斯·汉基（Maurice Hankey）上尉，这位杰出的战略家曾担任帝国国防委员会的海军助理秘书，得出结论："鉴于我们的海上优势，向法国提供援助的恰当方式就是向德国施加足够严峻的经济压力，以至让她无法继续战争。"[11]

当然，在一段时间内，还不清楚将发生短期抑或长期的冲突。事实上，为什么战争必须缩短，最常见的观点在于断裂的供应链无法保持现代工业社会的活力。记者诺曼·安杰尔（Norman Angell）著名的《大幻觉》(*The Great Illusion*) 一书精彩地呈现了这一问题。如果出现战争：

> 由于我们建立在信用之上的金融和工业的国际化和微妙的相互依赖，德国资本将消失很大一部分，德国人的信用也会崩塌。对德国来说，重拾信用的唯一手段是结束英国的混乱局面，其方式只能是结束造成这种混乱的先决条件。此外，也因为我们建立在信用之上的金融所具有的微妙的相互依赖，入侵者对私人财产的没收，无论是股票、股权、船舶、矿山，还是任何比珠宝或家具更有价值的东西——简而言之，与人民经济生活息息相关的任何东西——会给入侵国的财政带来不良反应，使这种没收给入侵者造成的损失超过了被没收的财产的价值。[12]

因此，在一个商业繁荣的时代，通过发动战争来摧毁一个国家的财富是极其愚蠢的——"德国将失去对其花费多年心血艰难打造的世界贸易的控制。"安杰尔引用了德国作家的话，他们认为"德国人毫无疑问正在赢得这场和平竞赛的战争，如果他们把斗争从德国拥有确凿优势的战场转移到冲突结果肯定至少是悬而未决的战场，那将是愚蠢的"。[13]

这种反思的确十分符合德国人的商业思维。德国经济学家卡尔·赫弗里希认为战争必须是短暂的，他写道："无论如何，那必须是一场什么样的战争，才能阻止我们通过陆地和海洋边界进口粮食？即便为了考虑到这样一种可能性……以无限的猜疑看待我们的外交政策。"几年以后，已经成为德意志银行的一名银行家的赫弗里希深入参与了德国中东政策的制定，他重申了这一观点，作为从日俄战争中吸取的一个教训。[14]

战争爆发后，约翰·梅纳德·凯恩斯对他在布卢姆斯伯里团体（Bloomsbury group）①中的伙伴大卫·加内特（David Garnett）②传达了以下观点：

> 他非常确信，这场战争不会持续超过一年，交战各国也不会因此而毁灭。他解释说，这个世界非常富有，而幸运的是，其财富是一种无法迅速实现战争目标的财富。它是以资本设备的形式用于制造东西的，对发动战争毫无用处。他认为经过大约一年的时间，当用尽了全部现有财富，列强便不得不开始讲和。我们无法利用兰开夏郡的棉纺厂来帮助我们的海军封锁德国，德国也不能利用其玩具制造商的工厂来装备她的军队。[15]

---

① 英国20世纪初一个以"无限灵感，无限激情，无限才华"为口号的知识分子小团体。
② 1892—1981，英国现代作家，被称为布卢姆斯伯里团体的"最后成员"。

有关短期战争的看法并没有得到普遍认同。特别是，军方比经济学家更为悲观，但总的来说，对于怎样为冲突买单的问题，将领们拿不出什么好的答案。总参谋长赫尔穆特·冯·毛奇（Helmut von Moltke）①预见到："这场战争将演化为一场世界大战，英国会介入。只有少数几个人能设想这场战争的范围、持续时间和结果。至于这一切如何结束，现在没有人知道。"毛奇还预测"文明的欧洲国家将分崩离析"。[16] 战争爆发后不久，毛奇便精神崩溃。接替他的埃里希·冯·法金汉（Erich von Falkenhayn）将军在1914年8月预测，战争至少要持续一年半。[17]

在1914年8月，人们立刻想到的是如何安排后勤供应，以维持前线的大量人员和马匹，其他一切都是次要的。只有随着战争进程的拖延，更大的供应问题才变得突出起来。后方饥饿的家庭会危及士气——通过收到的信件或短暂的探亲，士兵会因为看到家人遭受的苦难而士气低落。

食品问题很快就出现了。在战争的头几个月，奥匈帝国面临着明显的饥荒危机，因为俄国迅速占领了其重要产粮地加利西亚的大部分地区。1915年4月，奥匈帝国发放了面包和面粉的配给卡，随后又在1916年实行了糖、牛奶、咖啡和猪油的定量供应。截至这一年，维也纳已经形成一套大众厨房系统，即"公共汤厨"（*Volksküche*），以养活老百姓，大片的城市绿地也被用来种植蔬菜。反对暴利和投机的抗议活动愈演愈烈，对当局来说，这似乎是转移

---

① 1848—1916，德国陆军大将，出身于德皇威廉二世的侍从武官，在第一次世界大战爆发时担任德国总参谋长，负责战争初期的德军指挥，后因战事不利被解职。因为他的叔叔此前也曾担任总参谋长一职，为了加以区别，一般称他为"小毛奇"。

不满的一个方便之道。1917 年 1 月，投机者名单被打印出来并张贴在柱子上。当局还试图禁止排长队，但收效甚微，人们经常彻夜排队等待商店早上开门，这样的长队被认为是混乱的根源。[18]

德国也在步奥匈帝国的后尘。按照热量值计算，战前德国有十分之一的食品是进口的，但是 27% 的蛋白质和 42% 的脂肪来源依赖进口。1915 年 2 月实行了面包卡，始于柏林的配给制很快扩展到其他城市和大多数其他食品。加之食品价格的上限，结果是在一段时间内，供应问题似乎得到了控制。但价格掩盖了质量的恶化，面包里掺杂土豆粉，牛奶被稀释，或用烧焦的橡子代替咖啡。"代用品"（*Ersatz*）这个词主导了战争期间的消费体验。芜菁是一种广泛使用的替代品，它变得如此普及，以至于 1916—1917 年那个异常严酷的冬天被称为"芜菁之冬"。由于作物缺乏硝酸盐，农业产量下降，因为硝酸盐在当时是生产炸药的必需品。1916 年，土豆的收成只有和平时期的一半。到 1917 年冬天的又一次歉收之后，一些城市的每日人均热量供应已降至 1000 卡路里。孩子们被送到农村，甚至在 1917 年被送到荷兰或瑞士这些中立国家。

"跳一支波罗乃兹舞"变成了排队的委婉说法。人们站在队伍中间，互相抱怨着官僚机构的无能。这样的队伍成为社会激进主义的重要场合。在当时的维也纳，排队这件事变成一触即发的热点。由于消费品市场的无政府状态，人们的不满愈发强烈，要求制定更多更好的计划，以确保更公平的分配。[19] 黑市迅速增加，带来对市场操纵和投机的谴责。1915 年 10 月的柏林利希滕贝格区（Berlin-Lichtenberg）和 1916 年 6 月的慕尼黑市中心都发生了暴乱。1916 年 5 月，维也纳也出现骚乱。到 1917 年春天，布尔什维克革命的消息很可能点燃德国城市里的怒火。1918年6月，在配给减少后，大量维也纳居民以有组织的对抗姿态进入周边的农村，夺取囤积起来的食品。[20]

食物短缺对德国人的世界观和消费的中心地位带来了长期影响。[21] 一切都围绕着粮食，不仅是革命政治，也包括家庭政治。自觉贵族化的德国小说家托马斯·曼（Thomas Mann）曾记录，与妻子卡蒂亚（Katia）因黄油使用量引发的争吵破坏了他的早餐。当他们家分到一颗无花果时，他把它给了最喜欢的女儿埃丽卡（Erika），并向她的兄弟姐妹解释说，这就是如何习惯不公平的一堂启蒙课。[22]

作为一项历史共识，战争期间食品配给的失败被认为是人们对政治不再抱有幻想的主要原因，也是暴力和极端激进主义的推动因素。一些作者试图对此进行反驳，声称政府运作得相当好，并且围绕着标准化的汤料配给——"杂烩炖菜"（*Eintopf*）——建立了某种新的主张人人平等的战时社会主义共识。同样明显的是，除了短暂的短缺时期，德国人在第一次世界大战中基本上没有挨饿。历史学家阿夫纳·奥弗尔（Avner Offer）提供了1917年和1918年德国中年男女两性平均体重的详细表格，其中并没有下降的迹象。他还引用了德国人的书信，解释了没有高脂肪食物和啤酒并不是多大的困难。[23] 耶鲁大学教授拉塞尔·亨利·奇滕登（Russell Henry Chittenden）被认为是现代生物化学之父，也是美国食品利用咨询委员会的成员之一，他建议将低蛋白饮食作为一种更健康的生活方式，并认为普遍接受的饮食标准太高。这场战争可以被粉饰成一场健康生活的实验。

1919年，年轻的英国经济学家克劳德·吉尔博（Claude Guillebaud）

访问了柏林,并报告说:

> 我在街上遇到的绝大多数人外表都很好,这让我颇为惊讶。如今,在柏林很少见到胖子,但同时,人们脸上也没有明显的饥饿和疲惫的表情。大部分中上层阶级看起来健康状况相当正常,他们的脸也没有凹陷或显出清癯。穷人当然在更大程度上表现出匮乏带来的影响,尽管食物短缺和战败的沮丧情绪夺去了很多人努力工作的欲望和能力,但至少从外貌上看,大多数成年人还远远没有挨饿。穷人的食物很单调,令人难以下咽,却至少足以让老人和病人之外的健康成年人维持生活。[24]

医院里面肯定出现了饥饿,医院的工作人员提供了生动的描述,说明患者如何不被允许出去呼吸新鲜空气,因为他们会抓住未成熟的水果、栗子,甚至牧草和杂草,试图满足根本无法忍受的饥饿。营养不良也带来了健康问题。肺部疾病,尤其是肺结核患者增多。健康状况恶化也源于工作条件,在重型冶金和制造炸药的过程中,许多工人遭受了硝酸盐化合物、三硝基甲苯、三硝基苯甲醚、二硝基苯或三硝基苯酚、萘和酚类化合物的毒害。伴随战争的结束与和平的最初几年,在一个又一个波次的传染中,因战时环境的遗留问题,人们对于流感的易感性也在提高。

营养状况改变了世界观。中下阶层和中产阶层恰恰失去了使他们的生活方式有别于工人阶级的元素,"*gut bürgerliche Küche*"(体面的工人阶级餐馆的标志)随着和平而消失。战时消费者利益委员会在战争期间的第一次调查报告了"中产阶级受到的磋磨和只有

'富人和穷人'的'野蛮'经济的兴起"。²⁵ 因为预计未来粮食会短缺，1915 年初，在所谓的"杀猪行动"（*Schweinemord*）① 中，生猪数量大幅减少，保存不当和罐装技术不足导致大部分猪肉被浪费。短缺的气氛造成民众迁怒于他人——先是针对提出屠宰生猪建议的"专家"，而后又很轻易地转向 200 多万名战俘，因为他们需要和德国人一起吃饭。仇外心理与饥饿和疾病一起蓬勃发展，给未来绘制出一幅心理地图。

俄国拥有庞大的粮食供应区，不应该出现严重的粮食短缺。既然俄国有大量的谷物产出无法出口，其本应有更多的粮食可用于国内生产。瓶颈是由糟糕的物流条件造成的。与其他交战国家不同，俄国的牲畜数量增加，加剧了粮食压力。1916 年的统计显示，牛的数量增加了 25%，绵羊和山羊的数量也提高了；不过收成仍然相当充足，1917 年的收获量仅比 1914 年的水平降低 12%。但是对于城市和工业中心的粮食供应却彻底失败，因为那里的人口因弹药生产的需要而迅速增加。举例来说，1916 年 12 月，彼得格勒收到的粮食比计划制定者认为的需要量少了 15%。政府将这种局面归咎于运力不足和铁路车厢的短缺。原本该有足够的车厢，但由于军方需求，也因为其他障碍，它们没有到达正确的位置。短缺影响了一切，于是产生了这样一种看法——铁路工人没有赶来，因为他们没有工作所需的鞋子。结果就是，俄国的大部分收成都被老鼠吃掉

---

① 由于食物供应短缺，德国官僚机构将对猪的饲料投入视为对粮食的浪费，遂下令屠宰约五百万头生猪。但由于战争所导致的金属短缺，大量猪肉因未能获得合格的封装而被浪费。这导致猪肉在黑市上的价格飙升，农民更愿意将被限价销售的粮食作为饲料，加之许多小农场将猪粪作为肥料来源，德国的粮食供应在此次行动后反而进一步短缺。

了。[26] 城市粮食短缺和糟糕的食宿条件在很大程度上构成了1917年的革命叙事。反对沙皇的革命始于俄历2月23日，即公历3月8日。在彼得格勒，数万名妇女用"打倒高价"和"打倒饥饿"的口号进行抗议，那正是1915年以后几年里，帝国各地已经出现的"集市骚乱""饥饿暴乱""集体迫害"和"妇女暴乱"的高潮。[27]

在未被占领的法国和英国，没有危及生命的短缺，但还是出现大范围的短缺和民众抗议。巴黎在1917年才开始定量供应食糖，1918年才实行面包配给，而英国则迟至1918年2月才实施配给制。但英国的农业部门已大幅缩减，并将战略赌注押在始终能够通过进口来供养自身上。其运输能力的很大一部分（按重量计算为17%）用于运送粮食。[28] 战争立即造成了混乱——海运能力短缺，继而又是码头装卸工人不足，这意味着由于卸货需要更多的时间，船只要在港口停留更长时间。到1915年初，贸易委员会得出结论："食品价格的上涨幅度如此之大，严重威胁着民众的福祉。"[29] 物价正在上涨，主因是各个盟国卷入了一场彼此争夺粮食的竞购大战。其后果不仅是一系列针对粮食价格、粮食供应等问题的委员会的出现，还催生了一个相当重大的决策——将争夺扩展到东方，以确保获得大量剩余的俄国粮食。除非博斯普鲁斯海峡掌握在友好国家的手中，否则俄国粮食无法通过黑海进入地中海。结果就是英国决定对奥斯曼帝国发动达达尼尔战役，虽然险些取得成功，但最后仍以可耻的失败告终。正如首相赫伯特·阿斯奎斯（Herbert Asquith）在给女友的信中所说："毫无疑问，我们终于开始感受到战争的压力，主要是因为所有用来运送食物的德国船只都被俘获或扣押了，海军部已经征用了我们自己的1000多艘船只进行运输。此外，澳大利亚的作物已经歉收,俄国的收成非常好,却遭到封锁,除非我们能够控制君士坦丁堡并打通黑海。"[30]

到1916年,英国的储备已经耗尽,如何补充短缺成为一个关键问题。肉类短缺持续扩大,部分原因在于需要以高于平民标准的水平供养军队,以及缓解法国肉类短缺的需要。[31] 生猪数量也大幅减少,一场翻耕运动也将大批牧场变为耕地。限量供应的替代方案是向国外借款,寻求外国援助,作为一种为大规模进口带来的贸易赤字提供资金的方式。这些进口不仅是为了完成战争,也是维持平民士气所必需的。1917年,政府发起了一场"全民斋戒"运动,宣布国王乔治五世的饮食比正常时期减少四分之一。演讲者分散到全国各地,提倡限制饮食。不过这些尝试并未见效。1917年底,大规模的示威活动爆发了,其中夹杂着暴力抗议。[32]

战争的代价

战争,尤其是长期战争的代价太大,在其爆发后将带来无法承担的负担。人们普遍认为,一场代价高昂的全面战争最好是以一种未来的留置权来提供资金,也就是通过借款。然而,从某种意义上说,战争的代价必须当即支付——要发射炮弹,要供养士兵,要发放军饷,还要建造战地医院。制造炸药的硝酸盐不能同时用于为耕地施肥;前线士兵吃的牛肉不能喂给开采煤炭的矿工,可煤炭却又是推动战时经济动员所必需的。总之,必须减少与军事需求竞争的其他非军事商品的消费。关于这些应该如何实现,尤其是如何进行借贷和税收的最佳组合,引发了激烈的争论。也许只好通过课税或征收来剥夺民众的消费手段，才能约束遭受剥夺的消费者；或者，人们可能会自愿推迟消费，购买债券或其他工具（即便是持有现金也可以），这将使他们有权获得未来的商品，从而减少其他竞争消费者可获得的商品。是被拿走一些东西更好，还是得到一个价值不确定的承诺，并对承诺能否实现充满疑虑更好呢？

在法国大革命和拿破仑战争之后，英国的古典政治经济学处理了战时财政或资金问题，长期战争很是昂贵，但是它们的相关成本低于20世纪的全面战争。这里只是给出一个大致的范围，法兰西战争的每年平均战争支出占其最后一年GDP的12%，而第一次世界大战的相应比率则是32%。[33] 伟大的经济学家大卫·李嘉图认为，直接征收或课税是最谨慎的选择。为支付战争债务的未来利息而长期征税将减少"国家资本"。

> 战争税带来最大优势是几乎不会给国家产业造成永久性的破坏。我们的商品价格不会受到税收的干扰，或者如果的确有干扰的话，也只是在战争期间，当一切都受到其他因素干扰的时候。在和平开启时，每样东西都将再次回归其自然价格，对各种商品征税的任何直接影响，更不用说其间接影响，都不会诱使我们放弃自己拥有特殊技能和设施的工作，转而从事需要同样技能和设施的其他工作……让我们在困难出现时应对它们，并使我们的财产不会承受永久的负担。除非我们曾经参与这些从前的补救措施，否则我们永远无法感受到这种负担会是多么沉重。[34]

他又补充了一个务实的论据：

为了和平的持续，最安全的办法就是把向人民申请征税以支持战争的必要性强加给大臣们。让这笔偿债基金在和平时期积累到一定可观的金额，而微小的挑衅就会诱使他们进入一场新的竞争。他们会知道，稍加处理，便可以将这些偿债基金用于筹集新的补给品，而不是用于偿还债务。现在，当大臣们希望征收新税，以创建一个新的偿债基金，以替代他们刚刚花掉的那笔基金时，他们口中往往要说："这会让外国尊重我们；当他们知道我们拥有如此强大的资源时，便会惮于羞辱或激怒我们。"[35]

由人民持有的巨额债务将是国家自信与坚定的表现，李嘉图的这种论点也许是一种彻底的颠覆。第一次世界大战的交战各方将其债券的发行视为重要的宣传时刻，并且仔细观察对手的债券发行，以调查其士气状况，进而研究其全面动员的投入程度。

在李嘉图的观点问世一个世纪之后，剑桥大学经济学家阿瑟·庇古（Arthur Pigou）[①]几乎是准确地呼应了李嘉图的论点，他和李嘉图一样并非军国主义者，对军事动员的范围持不信任的观点。他补充了一系列与社会正义相关的考量因素——战争将为建立更加平等的社会创造一个机会，这最好通过税收来实现，而不是通过用国家未来财富中的大量份额来回报那些富有的债券持有人。"在

[①] 1877—1959，英国著名经济学家，被视为剑桥学派的正统人物及主要代表。其在著作《福利经济学》中分析了污染企业负外部性以及将相应的成本内化，对外部性问题做了进一步分析。他还提出了"庇古税"的概念，即通过对产生负外部性的生产者征收税收或对产生正外部性的生产者给予补贴，使得外部性内在化。这一概念是克服市场失灵的各种理论中较有影响的一种理论。

政府所需的资金中，富人必须以这种或那种方式比穷人提供更多，非常富有的人必须比中等富裕的人提供更多。而且提供的资金不仅须随财富的增长而按比例增加，还要累进增加。"[36] 战时财政涉及社会分配的一个基本问题："在决定通过税收和贷款为战争提供多少资金的过程中，政府的根本原则就是针对不同财富等级的人最终如何正确分担战争成本而做出的判断。"[37]

在 20 世纪，作为新兴国内政治活动、工人阶级和社会主义政党崛起的一个结果，出现了一个新的实际情况需要考虑，它关乎减少借贷，因为这种借贷有利于富裕的食利阶层。正如庇古所说："在当前这种罕见的灾难性战争中，非常富裕的人和一般富人应该承担比（和平时期的）比例大得多的实际负担。可以通过一种办法，而且只有这样一种办法能够产生如此结果。用于战争的资金中，从高收入人群那里借入的资金比例应该大大降低，而从他们那里收取的某种形式的累进税所占的比率应该大大提高。"[38] 这个问题在 1914 年之前就已经存在了。随着更昂贵的基础设施和社会支出，政府的开支已经增加。1892 年，德国经济学家阿道夫·瓦格纳（Adolph Wagner）① 构想出他的政府活动日益增加的规律，[39] 这也被他称为文化发达国家在经济上的愈发"共产主义化"。截至 20 世纪初，列强之间日趋激烈的军备竞赛增加了另一项开支，支付这笔账单在政治

---

① 1835—1917，德国财税学家和经济学家，被认为是社会主义经济学和公共财政学的先驱。他主张平均地权论，也是"瓦格纳法则"的提出者。瓦格纳法则描述了国家经济发展过程中政府支出与国民收入之间的关系，通常被用来解释国家在经济增长过程中政府支出扩大的原因。该法则主张随着国家经济的发展和人民收入水平的提高，政府支出在国民经济中所占比重也会逐渐增加。这主要是由于公共服务需求的扩大、国家功能的扩大、收入再分配需求的增加以及政府自身的发展需求。

上引发越来越多的争议。

针对战争融资的两种原则或途径彼此冲突：一种是倾向于债券融资，因为它是证明财政实力的最佳标志；另一种是以社会公正的名义推动提高税收。对后一种做法的大力抵制很少被认为是反对更正义、更公平的社会，或是反对向流血牺牲、目睹家人惨遭杀害，以及承担代价的那些人给予恰当补偿。相反，理由在于这样一种观念，就是征税会弱化对人们参与战争努力的激励。企业不会那么爱国地转向战时生产，工人们也会士气低落，因为工资袋中被拿走的部分太多，或者啤酒的消费税太高。有关平民士气重要性的辩论导致对借款的重视程度有所提高。至关重要的是，不要以过度削减消费来降低士气。这种情形会妨碍税收的增加。

英国出现了税收的大幅增加，1英镑的所得税从1先令2便士升至6先令，并对超额利润征税。从1914年到1918年，从所得税和财产税获得的财政收入增加了两倍，占比从3.0%提高到9.6%，但这还不足以支付一场至少消耗了50%GDP的战争。因此，对未来的投注或抵押扩大了，1914年的国债总额达到7.06亿英镑，到1916年增至21.9亿英镑，1919年则高达74.81亿英镑。

战争贷款在伦敦证券交易所的发行是一次重大的宣传活动，有精心策划的宣传口号。"英国君主（sovereign）将获胜"，这是一个文字游戏，因为"sovereign"这个词既代表英国的1英镑金币，也是君主的意思，同时还指拥有主权的人民。1914年11月宣布的第一笔借款为3.5亿英镑，票面利率3.5%。随后第二笔9.01亿英镑的借款在1915年6月推出，票面利率为4.5%。为了激励买家对未来抱有信心，第一期债券的持有人获准转换他们的证券；1917年6

月,当第三笔借款以 5% 的利率发行时,其中也包含了同样的条款。这种做法之后招致大量批评,指责债券持有人得到了超额回报。战时首相大卫·劳合·乔治(David Lloyd George)后来承认,战争债券的高收益使"所有企业,无论是工业、商业还是国有企业"的资金都很昂贵。[40] 苏格兰独立工党政治家汤姆·约翰斯顿(Tom Johnston)于 1931 年短暂担任内阁大臣,并在第二次世界大战中重新担任苏格兰事务大臣。他在 1934 年写下一份针对"金融家们"的生动控诉。他引用了战时金融媒体上兴高采烈的大标题——"金钱终于得到了尊重"——作为"金钱力量的控制者"发挥作用的一个例子——"他们随着德军在战场上的每一次进攻和德国 U 型潜艇在大海上的每一场战役,向同胞提出冷血的要求。他们组织创造出不必要的数亿债务,并推高了利率。"[41] 约翰斯顿的书得到了资深的社会主义者西德尼·韦伯(Sidney Webb)的大力支持。

英国及其盟友还有其他办法解决他们的战时需求,但那也是以高利率为诱饵向外国买家出售证券的一种方式。在战争的头几年,英国的债务增加主要通过发行短期借款来应对,但是到了 1915 年,另一种可能的选项似乎难以避免了。关于限制了军事行动的炮弹短缺的一场辩论困扰着这个国家。权衡的结果显而易见,就是亟须减少消费。凯恩斯此时已是财政部官员,他写下一份备忘录,提出了这样的观点:"如果没有征用私人收入的政策,另一种选择就只能是大幅削减军队开支并继续向盟友提供补贴。"[42] 这可以通过外来资金支付原料,以解除这些限制。随着贸易逆差的增加,英镑兑美元汇率从 1914 年 12 月开始恶化。起初,英国还可以通过出售政府征集的外国证券来弥补贸易逆差。当这一来源耗尽后,英国开始国际借款。最初的经历令人十分泄气,英法两国于 1915 年末在美国市场上的大规模债券发行并不理想。尽管其 5.46% 的票面收益率很高,而且通过定价其实际收益率达到 6.75%,⁴³ 但由于赫斯特报业集团①及亲德和亲爱尔兰的团体的引导,美国(尤其是中西部)对此展开了激烈的辩论。直到 1917 年 4 月美国参战后,才出现了一种真正更胜一筹的机制,美国财政部敦促美国人购买"自由债券"来表达爱国态度。第一期债券发行于 1917 年 4 月 28 日,也就是美国宣战的几天以后,其收益率却相当令人失望,仅为 3.5%;第三期和第四期债券的收益率涨到 4.25%,因此取得了令人瞩目的成功。在整个战争过程中,英国在美国市场上成功筹集了 12.92 亿英镑。

同时从英美两国借款的法国迅速进入了外债市场,其对外融资的操作早在冲突的头几个月就已开始。截至 1915 年,英国不仅和法国,也包括意大利——实际相当于让该国参战的一种贿赂,以及日益绝望的俄国达成了资助协议。

法国的税率远低于英国,战前根本没有所得税,1914 年实行所得税的举措直到 1916 年才生效,而且税率相对较低,只有 2%,低收入群体则更低。和英国一样,她也实行了战争利得税。

战壕另一边的情况看起来截然不同(见图 3.1)。与法国和英国不同,德国没有现成的外部资金来源,尽管在战争开始的时候,一些德国金融家希望在纽约的德裔美国人能伸出援手。1914 年 3 月底,德国公共债务总额不及 GDP 的 40%,主权债务则不到 GDP 的 10%。在其中央政府的债务中,超过 90% 表现为长期借款的形式。

---

① 该集团创始人为威廉·赫斯特,其在一战期间持亲德立场。

德国似乎在降低债务，她在战争期间的加息幅度看起来比英国小，但却带来了沉重的利率负担。到 1919 年，与战争相关的债务占到了 GDP 的 50% 以上，其中近 40% 是短期的。1918 财政年度，即从 1918 年 4 月到 1919 年 3 月的债务利息支出几乎吞噬了 80% 的正常岁入。德国公共债务的显著特征是，从一开始就被隐瞒，因而对其承诺的规模无法进行真正的量化，这与英国的传统——强调财政的透明度——形成了鲜明的对比，而且大笔的公共债务似乎推高了借贷成本。就在战争开始时，根据 1914 年 8 月 4 日的一项法令，德国政府发行了贷款凭证（*Darlehnskassenschein*），理论上以工业和农业资产为担保的小面额贷款证明，它们实际上算是一种平行货币，但没有出现在合并债务或银行票据发行的统计数据里面。

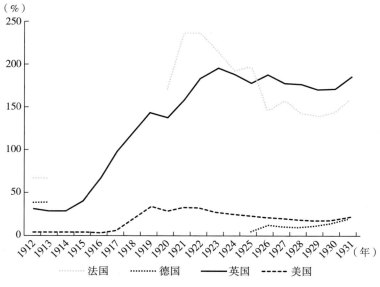

图 3.1　1912—1931 年公共债务占 GDP 的比例

资料来源：国际货币基金组织历史公共债务数据库。

与战争期间大幅提高税率的西方列强形成鲜明对比的是，德国在战前刚刚开始征收重要的新所得税和财富税。1913 年，德意志帝国议会通过了一项非经常性的军备税（*Wehrbeitrag*），其中包括对不动产价值征税，从小型资产的 0.15% 一直到最高税率 1.5%，对收入的税率从 1% 直升到 8%。在和平时期主要依靠海关税的中央政府收入，到战争期间突然崩溃了。但人们非常不愿意进一步增税，财政部长在 1915 年告诉帝国议会，加税既不合理也不得人心。1916 年，战争利得税姗姗来迟，随后是烟草和卷烟税；税率在 1917 年又获提高，而且也开始对中央银行征收一项税。

财政部长卡尔·赫弗里希一直是以下这一观念的主要支持者——德国是从一种拥有独特财政实力的状态起步的。在战争的第二年结束时，他仍然坚持这一立场，选择债券而非税收来展示德国在调动资源方面的实力，能够出售债券就相当于公众投出了信任票，并使得富裕阶层与祖国的命运联系在一起。1915 年 3 月，他告诉帝国议会：

（一次）战斗将决定这场民族斗争的结局，不仅要动用战争武器，还要依靠经济和金融武器。敌人已经认识到这对他们和我们意味着什么。到目前为止，我们一直处在金融斗争的最前线，我们的对手中没有一个的表现能达到我们的水平。在没有任何诡计或欺骗的情况下，我们在三次大规模债券发行中取得了越来越大的成功，共筹集了大约 250 亿马克。法国在她唯一的重要国内债券发行中，连 100 亿马克的战争开支，即所谓的胜利债券，都未能完成。到目前为止，英国已经筹集了 180 亿至 190 亿综合债券，而我们是 250 亿。我们用第二期的结果击败了英国的第一期债券，用第三次的结果胜过了她的第二期。到目前为止，英国还没有跟进我们的第三期债券，其短期债务正在无限地增长。到本月底，包括五年期美国债券在内，她的债务距离 150 亿美元就不远了，而且或许已经超出了这一数字。尽管如此，英国财政大臣还在迟疑不决。[44]

赫弗里希最著名的承诺是，这场冲突最终不会让获胜的德国人民付出太多代价：战败国将支付一切费用。

因此，就目前而言，剩下的唯一途径是通过信贷方式将战争费用的最终解决推迟到和平到来。今天我想再次强调，如果上帝赐予我们胜利，从而让我们有可能按照我们的生活需要塑造和平，那么我们在考虑其他每件事情时就不能、绝对不能忘记这个代价的问题。我们应当给未来的我国人民留下（一份有力的协议）。（非常准确！）我国人民未来的生活水平必须尽可能免受战争造成的巨大负担的影响。（非常准确！）发动这场战争的人已经率先背上了数十亿的沉重包袱。（非常正确！）但愿是他们，而不是我们，拖着它过上几十年。（非常好！）先生们，我并不是没有意识到，战争已经极大地削弱了我们对手的财政，这将使我刚才提到的那项负担变得异常艰难。（非常恰当！）但朝着这个方向可能发生的事情一定会实现。（太棒了！）[45]

支付手段可能是战争赔款，也可能是领土割让。赫弗里希所属的那一群人希冀着战后德国领导下的中部欧洲，再加上比利时——最主要是因为她的港口。此外，他对独立的乌克兰的广袤领土愈发感兴趣，那里将满足德国的粮食需求。同样的承诺也可以用来建立和约束盟友。1917年2月，在臭名昭著的齐默尔曼电报①中，德国貌似向墨西哥呈上了得克萨斯、新墨西哥和亚利桑那这三块领土，前提是墨西哥在未来与美国开战时加入德国一方。与此同时，德国人的金钱将被用于暂时的用途：

> 先生们，重要的是要向全体人民表明，这场战争比以往任何一次都将漫长，不仅要付出血与铁，还有面包和金钱。为了这场战争，不仅要实行普遍兵役制，还要有全面的金融征募，储蓄的义务和普遍的支付义务。（非常正确！）任何人都不应该逃避这种征募，即使那些最卑微或最渺小的人。浪费必需的食物的人，或是不能放弃自己的存款的守财奴，并不比逃避兵役的开小差者好多少。[46]

应征便意味着签署债券。1914年第一批债券的名义收益率为5%，十年后可转换为4%的普通债券。这是一次成功，当时仍在德意志银行工作的赫弗里希宣布，它筹集到的资金是预期的两倍。1915年2月，其重复了同样的操作。1915年4月，他还试图在美国筹集1000万美元，但是操作不成功，也没再重复。德国情报局

---

① 1917年1月，德国外交部长齐默尔曼发给驻墨西哥大使的电文被英国截获并破译后交给美国，其中拉拢墨西哥共同对付美国的内容在美国国内引起极大反响，对促使美国加入战争起到了重要的作用。

在纽约发布了赫弗里希在帝国议会的讲话。⁴⁷ 优秀的德国银行家马克斯·瓦尔堡（Max Warburg）游说了他那位有影响力的弟弟保罗，后者已经移民到大西洋彼岸，成为联邦储备委员会系统的创建者之一。《纽约时报》相对有利地报道了德国债券的发行，但只是提到外国的需求是"合理的"。⁴⁸《华尔街日报》为参战各国的每日开销做了一个计算：德国需要800万美元，奥匈帝国需要400万美元；而英国高达1000万美元，法国865万美元，俄国则是850万美元。⁴⁹ 1915年5月7日，卢西塔尼亚号（Lusitania）被德军潜艇击沉，此次事故造成128个美国人丧生，德国利用纽约货币市场的任何现实机会都化为泡影了。

与德国相比，1915年初奥地利战争借款的失败被普遍视为这个老迈帝国正在分崩离析的一个迹象。特别是，尽管神职人员在讲坛上发起运动，要求爱国奉献，但捷克的实业家和大地主只购买了象征性的金额。⁵⁰

赫弗里希认为限制工资和利润的举措削弱了动员的努力。他极力抵制实业家理夏德·默顿（Richard Merton）提出的建议，反对限制生产商在合同定价方面的自由裁量权。在正式提交了一份关于定价的长备忘录后，默顿被派往前线一个特别危险的战区进行实地调查。在赫弗里希看来，任何替代自由市场的方案都需要一种不可能的"无私精神、义务感和从属关系"。新的税收将导致德意志帝国"在可预见的未来不可能发动新的战争，除非它完全基于一套国有化经济的基础"。⁵¹ 税收会非常清晰地提醒人们战争的代价与痛苦——更好的办法是采用分期付款的方式打仗，正如路易-费迪南德·塞利纳（Louis-Ferdinand Céline）于1936年发表的那本小说的标题——《分期死亡》(*Mort à credit*)。

在排除了实行有效的税收措施的可能性，同时无法通过对外借款或赢得战争从外部获得额外的实际资源后，便只剩下通胀这个唯一途径来解决冲突成本的问题。于是，在德国，战争资金筹措并未带来政府实际债务的大幅上升，因为货币贬值抵消了一部分战争的费用。这种机制一直延续到战后。在德国，包括中欧其他地方，尤其是奥地利和匈牙利，它催生了恶性的通货膨胀。

一般通货膨胀与恶性通货膨胀

抵制恶性通货膨胀需要英勇的政治行为，废除现有的债权就要被迫承受现实的财政负担。只有一个国家——新兴的捷克斯洛伐克——进行尝试并取得了成功，然而其税收措施并不被欢迎，担任财政部长的保守派自由主义经济学家阿洛伊斯·拉欣（Alois Rašín）也在 1923 年被暗杀。1919 年 1 月，拉欣向外交部长爱德华·贝奈斯（Edvard Beneš）抱怨说："人们以为自由意味着不纳税，也没有人在实施税收政策上采取任何行动，所以我不知道该如何进一步应对。国家危在旦夕，因为社会上的大多数人把它当作所有问题的奇迹般的解决者。每个人都想要就业和生计支持，简而言之，他们想要由政府开支承担其生计。"[52] 其实捷克斯洛伐克的稳定工作并不难，因为那里有很大一群被视为外国人的富有的不动产持有者，包括来自旧的君主政体的贵族和通常讲德语的地主，他们的土地可以收归国有，用作财政稳定的基础。简单说，有一个内部的敌人能为改革和稳定承担代价。1919 年 4 月 16 日的第 215 号《征收法案》只允许单一所有者保留 150 公顷的农业用地和 250 公顷包括森林在内的其他土地，超过这一限制的土地将被没收。截至 1922 年，共有 1730 名业主的 122.9688 万公顷农地和 273.3376 万公顷非农地被征用，占捷克斯洛伐克全部土地的 28.2%。这些土地中有一部分被归还，但大部分由政府卖给了小规模的持有者，目的是建立一个繁荣的捷克农民阶层。[53]

可以用一种类似于战时推算的方式对通货膨胀进行合理解释，它是一种把成本强加于他人的办法。这种倾向在德国人的讨论中尤为明显，他们将通货膨胀视为摆脱《凡尔赛条约》所强加的战争赔款方案的一个办法。德国总理威廉·库诺（Wilhelm Cuno）[①] 在 1923 年 7 月私下承认，当德国恶性通货膨胀达到不可救药的极端阶段时，"我们的愿望自然是先处理赔款问题，然后再解决税收问题"。[54] 即使是通胀过程本身，也包括首先引诱轻信的外国投资者购买德国纸币，并希冀在汇率复苏后获得收益。到 1921 年 10 月，《华尔街日报》猛烈抨击了它当时所谓的"巨大骗局"，其中有 500 亿马克的钞票最终落入了美国投资者手中，而这些钞票对他们来说分文不值。[55]

战后中欧的一般通货膨胀与恶性通货膨胀有两个根本原因，包括战时收入分配变化带来的低储蓄率，以及糟糕的货币和财政政策。第一次世界大战的结果是收入的减少和储蓄率的大幅下降。与此同时，至少在一段时间内，德国人能够维持他们的生活水平，并实现巨额贸易逆差。他们之所以拥有这种难得的优势，是因为世界

---

① 1876—1933，德国政治家、商业家，曾任德国（魏玛共和国）总理。在法国和比利时军队因德国拖欠战争赔款而占领鲁尔地区时，库诺决定实行消极抵抗政策。为了偿还国家债务，德国政府大量印刷货币，导致恶性通货膨胀达到顶点，库诺最终被迫辞职。

其他地区的投资者曾一度投入资金购买德国的资产，包括现金、证券、房地产。英美两国的投资者都在下注于德国的复苏。毕竟，在1914年之前，德国曾经和美国并肩作为世界上最强大的两个经济体。直到德国通货膨胀的相对较晚阶段，也就是1922年的夏天，外国人才发现德国不太可能偿还所有对外债务，包括战争赔款。1922年发生的一次政治事件——外交部长瓦尔特·拉特瑙（Walther Rathenau）于6月24日遇刺——凸显了魏玛共和国的政治不稳定。从那一刻起，外国人不再想要购买德国资产，早期的大规模资本流动戛然而止，马克一落千丈。德国人对通货膨胀的讨论很大一部分是通过国家与外部世界的关系来表达的，这种关系愈发被视为敌对的与恶毒的。1923年初，德国未能交付作为赔款的煤炭，法国的回应是对鲁尔河谷实施军事占领，妄图夺取煤炭和其他资源，德国政府控制价格发展的能力在这一刻完全消失了。德国政府随后向鲁尔区的工人和企业支付了停工的费用，而财政缺口是无法弥合的。

因此，驱动通货膨胀的第二个因素是德国政府和德国中央银行的政策。这两者都对政治考量高度敏感，都担心失业率上升可能会破坏岌岌可危的政治秩序。于是，他们愿意在财政和货币政策方面采取一切行动来抵消任何形式的经济增长放缓。政府通过大规模的预算赤字来保持国有铁路和邮政系统的就业，并创造更多的购买力。它一直在寻找新颖巧妙的办法来执行反复的财政刺激，并由中央银行将这些刺激措施货币化。同样重要的是，大型工业生产商要求继续以低利率获得廉价的央行信贷，而低利率很快就荒谬地变成了现实意义上的负利率。直到1922年夏天，中央银行的贴现率一直保持在5%。央行的行长是一位名叫鲁道夫·哈芬施泰因（Rudolf

Havenstein）的普鲁士年迈官僚，他吹嘘自己成功地建立了 132 家新印刷厂，再加上作为银行自有设施的 29 家印版制造商和 30 家造纸厂，以此满足对新货币的巨大需求。他找到了越来越多的巧妙方法来刺激银行以愈加可疑的证券向大企业放贷。他一再解释说，让印钞机持续运转是一项爱国义务。简而言之，这就是当时被称为"哈芬施泰因看跌期权"的东西，类似于 21 世纪初的"格林斯潘看跌期权"，即中央银行将利率维持在足够低的水平，使德国企业能够继续扩张。

从长远来看，通货膨胀摧毁了德国人的储蓄，并使不稳定的魏玛民主国家的经济容易受到更大冲击。它也在大众和政治心理上产生了巨大影响，试图通过重新评估某些资产而非其他资产来补偿德国通胀中的失败者，让一个集团与另一个集团对立，并促使人们相信政治是有组织的利益集团之间的协商。

价格的不断变动，投机带来财富与损失的戏剧性故事，让普通德国人，以及中欧人变得脆弱和神经质。价格的疯狂改变了两性关系。男人和女人都认为对方锱铢必较、物质主义，对任何浪漫关系也不再抱有幻想，[56] 钱才是最重要的。由于这与有关犹太人在金融行业占据主导地位的陈词滥调不谋而合，通货膨胀的不确定性便助长了反犹主义。后来，一些敏锐的观察者，如科学家及作家埃利亚斯·卡内蒂（Elias Canetti）[①] 得出结论，正是大通胀使大屠杀成为可能，因为在它所创造的世界里，巨大的数字看似并不真实，也难

[①] 1905—1994，英国作家、评论家、社会学家和剧作家，于 1981 年获得诺贝尔文学奖。其作品探讨了人群的情感、权力的精神病理学以及个人与周围社会不一致的地位。

以理解。[57] 官僚主义者在没有考虑到人类后果的情况下，径直写下了难以置信的巨额数字。

值得思考的是，到底是一种什么样的机制，将不稳定的价格转化为破坏性的、最终简直是蓄意谋杀的社会行为。在稳定时期，我们希望商业交易中的每个合作伙伴都相信价格是公平的，双方都能从这种交易中受益。我买了一顿饭来填饱肚子，作为回报，餐馆老板得到金钱去满足他们的需求。当价格变动时，我会因为不得不支付更多而沮丧。餐馆老板也生气，因为我支付的钱已经买不到那么多的东西了。我们都认为自己在交易中吃了亏，被某种邪恶的力量操纵了。我们也为利用别人来尽快扔掉我们的钞票而感到愧疚，开始认为自身的行为是一种投机而贪婪的方式。于是，第一次世界大战后，身处货币紊乱时期的非犹太德国人开始从事那些他们认为与犹太人相关的活动，他们痛恨自己违反了传统的行为规范，并通过谴责与金融和金钱相关的团体，将这种强烈的情感外化。也有针对流动性的集体抵制，尤其是在德国新的东部边境，外国的波兰和犹太商人被刻画为正在利用德国人。但随着马克相对于强势外币的贬值，来自西欧和美国的外国游客似乎也在柏林和其他地方过起了奢华的生活，他们也招致了怨恨。

通货膨胀破坏了伦理价值，也腐蚀和削弱了政治结构。德国曾经像现在一样是一个联邦国家。联邦制度取决于对财政收支分配的精准规则，而在通货膨胀的过程中，税收和政府开支的实际价值持续存在不确定性，给联邦的各个成员单位带来了与公民生活中所经历的相同失意感。税收似乎流向了联邦中心——柏林、莫斯科（对于日后衰落的苏联来说）、贝尔格莱德（对于日后处于压力之下的南斯拉夫而言）。另外，开支似乎与靠近联邦政府所在地的距离有关。这样的解读助长了分离主义。在恶性通货膨胀的那一年，在"红色百人"（the red hundreds）这一激进的左翼政权治下的萨克森州试图脱离。巴伐利亚州则转向极端右翼，1923年11月，阿道夫·希特勒发动了一场失败的政变。莱茵兰分离主义者希望能和法国达成自己的安排。

对于获得信贷的推测和政府的印钞机强化了分离主义趋势。德国中央银行以非常负面的实际利率扩大信贷，等同于提供补贴。但只有那些能够表明其对于国家的重要性以及与柏林政治进程密切相关的公司才有机会获得这种补贴，其他人都是受损的。

随着政治瓦解的继续，税款征收变得愈加困难，尤其是在较远或偏远的地区，而支出同时也在减少。因此，地方政府有巨大的动机来发明新的财政机制。

在1923年夏末到秋季，这一倾向几乎导致德国的分裂，其后来也造成了苏联和南斯拉夫在冷战末期的解体。达成或信赖现金及信贷交易的能力崩溃，随之出现了囤积，乌克兰于是从1990年起停止向俄罗斯供应粮食。各国央行青睐关系密切的企业，中央联邦政府随后将所有的混乱和失序归咎于外部世界或国际社会。对塞尔维亚来说，通货膨胀的根源在于国际制裁。苏联的崩溃也很快生出一种俄罗斯受到迫害的叙事——俄罗斯的敌人实施冷战策略，与这些敌人合作的，是米哈伊尔·戈尔巴乔夫领导下被认定叛国的、将苏联"出卖"给西方的苏联领导层。塞尔维亚和俄罗斯对通货膨胀和经济脆弱性的解释看上去非常接近魏玛领导人及其日益激进的反对派不断重复的对"体制"的反对，也就是外国势力或国际秩序通过难以承受的巨额赔款制造了通货膨胀。通胀导致少数群体成为目标，但也让那些针对不公正国际秩序的愤怒爆发。

除了捷克式的大规模没收，只有1922年奥地利和匈牙利以及一年后的德国发生的那种严重经济和政治崩溃，才能为有效的货币和金融稳定奠定基础。所有这些国家都曾讨论过国有化问题，但是被拒绝了——在很大程度上是因为这种操作会给战争赔款的债权人抢夺资源提供一个简单的口实。当然，这一论点是由现有的财产持有人以非凡的勇气提出来的。整个辩论在政治上留下了永久的印记，攫取特定群体的资产便会结束每一个财政难题，这一想法在日益壮大的反犹太主义运动中发挥了重要作用，为纳粹侵占财产的政策奠定了基础。

起初只是经济学思考上的错误，最终却导致了暴力政治的灾难性爆发。对这一变化轨迹负有责任的，莫过于最终失败的德国战时财政动员策略的谋划者——财政大臣卡尔·赫弗里希。

力不从心的经济学家：卡尔·赫弗里希

甚至在第一次世界大战和恶性通货膨胀的灾难之前，德国就对货币和金融稳定有一种独特的痴迷。托马斯·曼1909年出版的第二部童话小说《陛下》(*Königliche Hoheit*)夸张地描绘了德国人的这种主流心态。继他那本绝妙的处女作，讲述了一个商业家庭衰落的《布登勃洛克一家》(*Buddenbrooks*)之后，这部新作开篇讲述一个德意志传统的小邦国——一个大公国和她的经济，后续内容转向乐观，并以一个圆满的结局给人带来惊喜。这位亲王开始阅读有关政治经济学的书籍，进而说服一位美国女继承人——其父亲以安德鲁·卡内基为原型——他真的是像她一样把全体人民的利益放在心上，此时国家才得到了拯救。她嫁给了大公，这个国家的债券收益率下降，繁荣再次来临。政治经济学居于德意志人治国才能的核心，但如果经济学书籍出现错误，会怎么样呢？卡尔·赫弗里希成为一种德国金钱观念的最重要的鼓吹者。

1872年，赫弗里希出生于一个商人家庭。在伴随德意志帝国诞生而来的商业和政治热情中，他的父亲于此前一年在德国西部风景如画的普法尔茨林山（Pfälzerwald）边缘的家乡，魏恩施特拉瑟地区诺伊施塔特（Neustadt an der Weinstrasse）创办了一家纺织厂。因此，这个儿子实际上是繁荣时期的企业家热情的产物。小的时候，他早熟，爱争论，多少有些欺负弟弟妹妹们。显然，在玩锡兵游戏时，他总要坚持站在德国一边。

他是家里第一个上大学的人，在慕尼黑攻读法律，然后通过一位家庭朋友认识了斯特拉斯堡的政治经济学教授格奥尔格·弗里德里希·克纳普（Georg Friedrich Knapp）。这位教授对经济史感兴趣，并于1891年出版了一本极有影响力的《货币国定论》（*The State Theory of Money*）。这部作品充满了一些奇怪的新词汇，用以描述为什么是政府创造了金钱。克纳普把自己定义为票券论者或唯名论者，是那些主张贵金属自身拥有价值的"金属论者"的对立面。这种新的经济学语言取自希腊语，很容易受到嘲笑和模仿。其有关货币发展阶段的理论如下："首先，我们姑且假设支付手段的物质原生性，因为只有物质的支付手段才允许代偿使用；其次是形态，只有有形的支付手段才能予以公告，因此才是票券式的；最后，只有对于票券式的支付手段，原生的物质基础才会消失。因此，它们本身就可以是自生的。"[58] 克纳普在德国以外的声誉一直不甚了了，但随着他被广泛视为经济学家 T.E. 格雷戈里（T. E. Gregory）所谓的"造成通货膨胀灾难的主要智识因素"之一，他的声誉变得越来越成问题。[59] 霍华德·埃利斯（Howard Ellis）对德国货币理论的研究给出结论："我们永远不要因克纳普的'货币国定论'而心生疑虑，以为格雷欣法则（Gresham's law）[①]有时会不会直接阻碍各国政府的意愿，或者如果国家的货币贬值到无可救药的地步，贸易会不会完全拒绝使用这种国家货币。"[60]

但克纳普将国家视为货币过程之中心的看法契合了当时的需要，也就是希望国家对货币拥有主权，并将其视为权力斗争的工具。这种看法尽管存在诸多问题，但它会定期地回响起共鸣，通常是在对于全球化的方向产生怀疑的时候。克纳普有关国家如何创造货币以及他对其美妙后果的解读，在结构上与今天支持所谓现代货币理论（Modern Monetary Theory，简称 MMT）的观点类似。克纳普以两种截然不同的方式看待金钱。首先，是国内通货，他称之为自生的货币。

> 与其总是只强调自生货币的缺点，不如偶尔也想一想它还能做些什么。它让我们摆脱了债务，但无论是谁解除了债务，都不需要长时间思考自己是不是也收到了什么东西。最重要的是，它

---

① 即所谓"劣币驱除良币"法则，最早由英国16世纪的商人和金融家托马斯·格雷欣（Thomas Gresham）提出。

使我们摆脱了对国家的债务，因为作为发行者的国家显然承认，身为接受方，它允许自己顺应这种支付方式。这个国家的税收越多，这种情况就越有意义。通过创造自生的支付手段，国家将偿还债务的能力赋予了这些手段。

其次，有一种国际货币，或者正如克纳普一贯所谓的泛政治货币，只能通过"外汇管制"或"超级外向管制"加以管理。[61] 他坚决反对认为国内货币形势与汇率之间存在某种联系的任何观点。

19世纪末发展起来的这一分析对应着当代美国的现代货币理论，其核心基础是货币主权的概念。现代货币理论的主要支持者、经济学家斯蒂芬妮·凯尔顿（Stephanie Kelton）向今天的美国读者提供了克纳普观点的一个语言精简的压缩版，即国内货币有助于解放的优势直接源自它属于国家的责任。货币和政府债务不应被视为国家的负债，要求公民在未来缴纳更高的税，而应被视作让公民能够实现梦想的资产。其作为债务的一面是虚构的，并不重要。"如果我们愿意，只需简单地按一下按钮，就可以立即还清债务。"再说一遍，"明天就可以还清全部国债，我们谁也不用掏一毛钱"。政府的支出能力是无限的，所有受到限制的都是经济结构中的生产资料。"资金并非制约因素，真正的资源才是。弥补医疗不足需要更多的初级保健医生、护士、牙医、外科医生、医疗设备、病床等。"[62]

但随之而来的是一个关键的限制条件：凯尔顿和克纳普一样"超级外向"。她接着断言，只有能够控制外汇市场的国家才能获得这种了不起的恩宠。她真是太像克纳普了！这句话的含义就是，借入本国货币的国家具有很大的，也许是无限的回旋余地。50年前，只有少数相对富裕的工业国家能够借入本国货币的长期借款。其他人则遭受了巴里·艾肯格林（Barry Eichengreen）和里卡多·豪斯曼（Ricardo Hausmann）所定义的"原罪"，其市场对货币的稳定缺乏信心，并依赖于以外币计价的债务。[63] 现在，墨西哥等大量中高收入国家能够以本国货币长期借款。但问题并未止于政府借贷，如果一个经济上极其重要的公司集团进行大笔的借贷，无力偿付的威胁可能会给政府带来插手救助的隐性责任。从这个角度来看，除了美国以外，大多数国家，也许是所有国家都不再拥有真正的货币主权，现代货币理论就成了一种纯粹的美国信念。例如，按照现代货币理论的方法，英国看起来似乎拥有货币主权，但是存在大量的美元私人借款，因此她便暴露在政府无法操纵其价值的外币面前。美国的形势则截然不同。从这一观点来说，美国的长期贸易赤字不是问题，它只是世界其他国家持有美元的愿望造成的。如果私营部门出现赤字，那是因为政府允许其赤字低于贸易逆差。因此，预算赤字或财政开支便有了相当大的扩张空间。再强调一下，这是一个美国所独有的问题。

针对这种货币分析方法，存在一种更基础的反对意见，那就是它只能适用于一个基本封闭的经济体。20世纪初的批评者很快指出，克纳普完全没有注意到货币供给的局限性问题。埃利斯正确地得出结论，这项工作是"没有实际价值的"。[64] 但这种无价值却带来了巨大的灾难性后果。

在克纳普的监督下，赫弗里希完成了一篇博士论文，并以《1857年德奥货币联盟的后果》（*The Consequences of the German–Austrian Currency Union of* 1857）为题目发表。克纳普对他的门徒颇为看好，并将他推荐给了自己从前的学生卡尔·冯·卢姆（Karl von Lumm），这位帝国银行统计部的负责人，实际上是该银行的首席经济学家。赫弗里希的个性与克纳普截然不同。留着教授胡子的克纳普是一个温和而超凡脱俗的人，总是沉迷于自己新创造的经济术语的荒谬词汇中；而固执的赫弗里希总是想成为所有活动的中心，从根本上讲是一个政治动物。克纳普很乐意在远离政治中心的斯特拉斯堡担任教授，赫弗里希则不顾一切地想到柏林去坐上权力的宝座。他很快就成为一个拥有天赋和能力的金本位鼓吹者，随后遭到了民粹主义者和平均地权论者的攻击，这些人想要一种银币和不断上涨的价格，认为这样可以减轻他们的债务。这就导致他与克纳普的决裂，后者对黄金并没有那么迷恋。这位年轻人在写作上很有才能，以"机关枪般的速度"口述，并培养出高超的辩论才能——克纳普非常不喜欢，并对此提出警告。赫弗里希正确地认识到，任意铸造银币并不能解决德国谷物种植者的基本问题——他们的高成本。他还对德国的价格、工资和借贷成本进行了相当深入的探讨，并认为，结束金本位制将导致一场"致命的经济和社会灾难"。[65] 与德国主要的双金属主义者之一，保守党国会议员奥托·阿伦特（Otto Arendt）的激烈争论导致了一场诽谤诉讼，并几乎使赫弗里希失去了第二个博士学位，即大学授课资格（habilitation）。此时，他试图将自己的学术研究成果综合成一本系统的论述著作，一本有关货币的教科书。

赫弗里希的《金钱》（*Das Geld*）拥有巨大的影响力，经过了无数次再版，并不断进行修订，以解释直到20世纪20年代初发生在货币现实中的巨大变化，其中最后一次是在1923年，当时德国遭受了恶性通货膨胀的灭顶之灾。这部作品在很多方面都延续了克纳普的世界观，赫弗里希一直在为其进行争辩的金本位制的起源正是克纳普的历史性著作的主要议题。

《金钱》的独到之处在于，它在很大程度上将金钱视为一种商品，促进了国内和国际的商业活动，因此和运输有某些相似之处。赫弗里希几乎没有涉及边际效用。相反，金钱"以完全等同于所有其他具有媒介或代理性质的商品的方式满足需求"。[66]

赫弗里希一再试图以克纳普式的方法将不会产生社会和政治失稳扰动的一种货币秩序定义为理想的秩序。

> 于是，货币价值的变化，无论是朝着哪个方向的，都会产生某种条件，造成收入和财富分配的重要改变，干扰所有经济考量的基础，进而带来社会经济生活的紊乱。因此，无论是出于经济体系的利益还是为了正义，保持货币价值尽可能稳定似乎都是最可取的，也就是说，保持决定货币兑换关系的因素尽可能固定……货币带来的影响力越小，经济生活过程受货币的影响越小，货币就越接近通常被称为"货币价值稳定"的理想状态。[67]

一种纸质货币在理论上也许是可取的，因为它有可能建立一种价值稳定的货币，使其免受贵金属的发现所带来的变幻莫测的影响。但是在实践中，赫弗里希在其作品的早期版本中写道——这些文字一直保留到最后一版，历经了马克纸币和德国大通胀：

> 因此，在纸质货币的情形中，货币方面发生的变化总体来讲

会更直接地影响它与其他商品之间的兑换关系。而出于同样原因，相比由适当组织的银行机构进行补充的金属货币的那种情形，它的影响更大。

与金属货币相比，我们从纸币中发现了一种货币组织，以纯理论的视角来看，它似乎将货币价值的控制权交到了国家手中。在这样一种安排里，货币供应并不取决于或多或少超出我们能力范围的某些现象，诸如贵金属的产量或此类金属的国际流动。事实上，它完全仰赖于那些负责发行纸币的政府的意愿。这种货币安排的本质使其貌似在任何时候都可以实现货币供应和需求之间的绝对平衡，从而确保价值的稳定，使货币完全独立于任何经济现象。[68]

这可能看起来很有吸引力，而且"一种纯粹而简单的纸质货币在某种意义上构成了货币历史发展的顶点"，但是其结果将推动不同利益的出现和激烈的分配争夺：

即便对国家本身来说，不受限制地凭空创造货币的可能性也太具诱惑力了，我们无法笃定权力不会为了财政目的而滥用。除此之外，尤其是在出现经济争议的时代，相关利益方之间会展开斗争，而在没有客观标准的情况下，这场斗争的结果将是预先设定的，但不是经由理性与正义，而是通过暴力。一方面，我们应该让所有欠款人为最大可能的货币发行量和最大可能的货币价值贬损而斗争；另一方面，也应该让债权人和所有领取固定薪酬、股息和工资的人对保持和提高货币价值感兴趣。相较于各种利益群体之间的任何其他经济冲突，围绕货币价值展开的斗争都更会导致经济和社会生活中的道德败坏。这种破坏性的争议不可能完全避免，否则我们就不应该有"货币问题"。但是为了尽力避免它，我们可以让货币的价值依赖于某一种贵金属，而这种贵金属的价值不在各个经济群体的影响范围以内，与迄今为止在任何其他商品中观察到的情况相比，它的性质为自身价值的大致稳定提供了更大的安全保障。[69]

上述这段话是一个可怕的预期，指出通货膨胀何以强化了某些利益集团，诸如行业利益协会、工会、农民组织等，它们都能够对政治进程施加压力，可以轻易推动软弱的政府，无论是担心如何维护对战争的支持的战时政府，还是面临战败带来的失望与幻灭的新兴的魏玛共和国政府。

赫弗里希从学术生活中投入了德国的殖民地机构，然后进入德意志银行，在扩张德国的海外影响力方面，这家重要的银行寻求与政府建立紧密的联系。1906年后，他成为德意志银行推动和资助柏林–巴格达铁路的主要筹办人。1905年12月，天主教中央党议员马蒂亚斯·埃茨贝格尔（Matthias Erzberger）在帝国议会对德国的殖民政策进行大力抨击，重点针对赫弗里希全面管理和为之公开辩护的北喀麦隆铁路。带着对埃茨贝格尔的蛊惑人心之辞的轻蔑，他退出了帝国议会委员会的讨论，并强烈地感觉到，议会政治是在浪费资源，妨碍了行政机构。

此时此刻，赫弗里希对德国面临的一切可能性都充满了热情。1912年9月，赫弗里希在第四届德国银行家大会上发表了一次热情洋溢的演讲，因此而闻名全国——"历史上没有哪个国家可以凭借身穿粗毛衬衣并勒紧腰带取得任何成就。进步需要生活的享受与创造的热情，而这些都是我们不希望失去的。"[70]

他继续从事统计学和经济学方面的工作，尤其是着力于大肆宣扬德国的潜力。他对德国国民收入做了一个开创性的调查，其第四版结果于1914年6月发表，赫弗里希在开头部分添加了一个序言，论述了金融准备与财政动员的问题。他的意见是："毫不奇怪，在我们这个最大限度动员一切力量为国家的自保和世界影响力而斗争的时代，财政力量也是这场大博弈的重中之重，而那些觉得自己在经济方面强于我们的国家此时正打算在政治考量中利用其优势。短短几年前，我还听到外国人反复言道：'你们德国人在财政上无以为继了。'"[71]赫弗里希接着对比了德国和法国，后者曾以其成熟的财政制度而自豪，现在却发现自己因军事预算而捉襟见肘。他认为这本书的使命就是指出德国的实力，只有这样才能让别人"为了世界的利益，不要再幻想击败德国，通过军事力量、协议和联盟无法达成的这个目标，同样不可能借由财政政策实现"。[72]

不出所料，在赫弗里希看来，所谓和平，以及法国要让德国付出代价的《凡尔赛条约》，都只是战争的延续。正如他在有关货币的新版教科书中所说："当时创造的所谓'和平'就像是形塑了这一和平的克里孟梭先生所形容的，不过是'延续战争的另外一种方式'。"货币体系只是政治利益的一种公开冲突："取代了战前通过黄金的使用进行协调的国际货币体系，我们现在有了一个互不相干的，没有任何平衡的，囊括了各个国家体系的一团杂乱的混合体。"[73]

赫弗里希现在把自己变成了民族主义的右翼政治家。战前的民族自由主义取向被纳入其中,旧观点中只剩下对税收的强烈敌意。他利用自己流利的笔法和宣传才能策划了反对共和国早期主要人物的运动。他"情不自禁要写一篇有关德国议会制政府的讽刺文章",并且对"令人又敬又怕的德意志帝国,我们从前的伊甸园与未来的极乐世界"满怀渴望。[74] 作为战前反对帝国主义的天主教中央党成员,埃茨贝格尔曾将赫弗里希视为殖民主义者,并攻击这个担任战时财政部长的人,现在他签署了《和平条约》,然后试图制定一项金融稳定方案。赫弗里希攻击埃茨贝格尔,说他这个人不诚实,是帝国的破坏者(Reichsverderber),并以这样一个问题结束自己的讲话——"埃茨贝格尔这颗毒瘤会毁掉德意志民族和德国人民吗?"[75] 随后进行了诽谤审判,在身为民族主义分子的法官们主持下,法庭得出结论,赫弗里希已经证明了他受到的指控很多是出于利益冲突,并仅以诽谤罪对他处以微不足道的 300 马克罚款。埃茨贝格尔在政治上身败名裂,审判结束几个月后,他被名为"执政官组织"的一个恐怖团伙的两个年轻军官暗杀。

赫弗里希从未停止对魏玛政府的攻击。1922 年,他特别抨击了外交部长瓦尔特·拉特瑙的"履约"政策,即支付战争赔款并展开谈判,以期获得更有利的解决方案。1922 年 6 月 23 日,他在国民议会讲道,为什么"一个放弃了主权的重要属性的德国政府应该接受叛国罪的审判"。第二天早上,在前往外交部的路上,当拉特瑙的汽车在柏林格鲁内瓦尔德(Berlin-Grunewald)转弯时被"执政官组织"(Organisation Consul)枪杀。对于政府来说,赫弗里希显然就是真正的凶手。这位经济学家继续像往常一样在国民议会就座,尽管大会主席建议他离开。约瑟夫·维尔特(Joseph Wirth)总理为拉特瑙做了一篇感人的悼词，在结束时对赫弗里希及其政党说："敌人站在那里，他正在德国人民的伤口上滴下毒药。敌人就站在那里，毫无疑问，这个敌人站在右翼。"[76]

果然，赫弗里希的恶毒言辞引发了可鄙的暗杀，但这并没有结束其职业生涯。相反，拉特瑙被暗杀后，这个人在德国恶性通货膨胀的最后阶段发挥了核心作用，他的稳定计划中设想出的新货币基于有关黑麦产量的一项抵押贷款。临时钞票已经发行，但在中右翼联盟的推动下，最终出台了围绕金本位货币的一种更传统的稳定方式。它得以施行的前提就是按照1924年的道威斯计划达成了解决战争赔款的新方案，而赫弗里希将其视为"第二个凡尔赛条约"，并继续大肆煽动反对它。他写道："如果德国人民重新遭受这些诅咒，他们将永世不得翻身。"[77]1924年的前几个月，他多次前往意大利，主要是出于健康原因，但也是为了去拜访意大利独裁者贝尼托·墨索里尼。赫弗里希死于4月24日凌晨，在瑞士的一场严重的铁路事故中化为灰烬，当时他乘坐的米兰—巴塞尔北行快车撞上了开往米兰的火车。他的职业生涯就这样结束了——它始于出自政治实用主义的对货币性质的错误解读，认为其乃国内分配斗争的来源；而后又认为国际机制，即战争，可以改变平衡，进而生成可以治愈所有国内创伤的资源。赫弗里希是一位悲观的经济学家，他将主权货币的逻辑带到了极端的、毁灭性的终点。

第四章

『　大萧条　』

对于我们如何看待全球化，大萧条仍然是一个具有决定意义的事件。它似乎造成了一种彻底的反转，恰如我在2001年所说的"全球化的终结"，转向另一种被称为闭关自守、经济民族主义和以邻为壑的政策。那些大萧条时代的思维模式挥之不去。20世纪30年代，一些作家把那些现象称为"资本主义的终点"，这也是德国记者费迪南德·弗里德（Ferdinand Fried）1931年的一本轰动之作的标题。他解释了世界经济和债务如何相互联系，以及不同社会如何通过脱离贸易和金融化的世界经济来摆脱债务。[1] 弗里德为"新"保守派的，或者说是革命派的刊物《行为》（*Die Tat*）撰稿，很快变成了纳粹的同情者，跻身党卫队，又在战后重新成为中右翼报纸《世界报》（*Die Welt*）的首席经济撰稿人。[2]

两次世界大战之间的经济衰退似乎颠覆了传统的经济学。因此，理解是什么造成了大萧条这样的冲击，已经成为本·伯南克口中念念不忘的宏观经济学的"圣杯"。可是，我们从中世纪的传说中知道，骑士们几乎永远不会成功。[3] 就像阿尔弗雷德·丁尼生（Alfred Tennyson）在《骑士加拉哈德》（*Sir Galahad*）中写下的：

"哦，正义而忠诚的上帝的骑士！前进吧！奖赏就在眼前。"加拉哈德只是瞥见了圣杯。

从某种意义上说，当代解析探究的答案显而易见，大萧条是随着世界大战后的大规模混乱，也就是一场供给冲击而发生的。这是第一次世界大战带来的去全球化分裂的一种延续，而复苏或重塑国际主义的失败努力又令其愈加严重。最明显的是，战争扰乱了欧洲的工农业，并导致制造业和种植业向其他地方扩展。从这个意义上说，军事冲突扩大了19世纪末的局部全球化，后者曾经仅仅围绕资本和人员朝着欧洲人定居的温带国家流动，却让全球大部分地区处在发展的边缘地带。印度和日本的纺织品产量大大增加。相较1914—1915年，印度纺织厂1917—1918年的产量增长了42%。[4] 1913—1929年，日本的棉布产量增长4倍，纱线产量翻了一番。[5] 1913—1918年，棉纺织品出口额增长了10倍。[6] 欧洲以外的粮食产量提高了，南半球从1914年的575万吨上升到1920年的882万吨，北美的产量亦有所增加。[7]

战争结束后，欧洲的复苏到来，农田再次施肥，作物产量增加，似乎出现了生产过剩，供过于求。这有可能推动了支出或消费热潮。在20世纪30年代，一些高度依赖进口的工业国家，尤其是英国，从衰退中实现经济复苏的原因之一就是，随着进口食品的成本下降，贸易条件得以改善。但是在20世纪20年代，偿还战争债务的高昂支出限制了需求，这些资金付给了那些非消费的食利阶层，他们才是庇古明确定义的英美战争融资的主要受益者。战时的供给冲击就这样变成了需求不足的问题。

两次世界大战之间的衰退是一种世界性的现象，但是所带来的影响随国家而异，因而各国的政策选择也迥然不同。审视一些地方的政策制定，无非就是准确地分析政策为何受到限制和阻碍。那些高负债国家便是如此，她们所面临的只有极具吸引力的和政治上令人不快的选择。⁸ 为了获得出口优势或是来自国外的需求而进行贬值将会增加外币计价的债务负担，所以货币贬值之后不可避免地会出现违约。但这种趋势会限制为包含必要进口在内的贸易进行融资。因此，像阿根廷等债务水平高到难以应对的国家，他们的经济战略家，如劳尔·普雷维什（Raúl Prebisch）①便得出结论，只有进口替代的长期发展战略才能提供一条救赎之路，即提高国内需求水平。普雷维什在20世纪30年代开发出一套广泛而复杂的外汇管制系统，为了制定一项使农业生产者摆脱商品价格低迷陷阱的战略，他认为这种管制至关重要。即使在貌似有更多政策选择的地方，也出现了强有力的激励措施来切断与导致通货紧缩和经济衰退的外部系统的联系。

英国的传统经济思维将影响世界关于危机应对策略的辩论，而她在解决经济困境方面似乎有着更多选项，但是其自身在很大程度上却没有意识到机会。这种分析从经济衰退中脱颖而出，并与剑桥大学经济学家约翰·梅纳德·凯恩斯持久地联系在一起，反映了英国尤为特殊的客观环境。这个国家的经济长期处于相对下行之中，

---

① 1901—1986，阿根廷著名经济学家，是20世纪拉美历史上"最有影响的经济学家"，被公认为"发展中国家的理论代表"。普雷维什最为人熟知的理论贡献是"中心—外围"理论。他认为在传统的国际劳动分工下，世界经济被分成了两个部分：一个部分是"大的工业中心"；另一个部分则是"为大的工业中心生产粮食和原材料"的"外围"。在这种"中心—外围"的关系中，"工业品"与"初级产品"之间的分工并不像古典或新古典主义经济学家所说的那样是互利的。

在全球经济衰退之前就存在重大的结构性问题。20世纪20年代中期，在将近1200万参保劳动力中，超过125万工人失业；四分之三的人从事传统支柱产业，尤其是棉花和羊毛制造。[9]除了削减成本——特别是降低工资而非投资于提高生产力——政治领袖们无法想象还有什么其他解决方案。来自钢铁世家的英国首相斯坦利·鲍德温（Stanley Baldwin）解释说："这个国家的所有工人都应该接受降薪，以帮助稳定各行各业。"[10]汇率的选择无疑增添了压力，1925年，政府按照战前的比率将国家带回了金本位和黄金可兑换制度，并造成通货紧缩的长期压力。但是这可能犯了一个错误，原因是当时有这样一种心态，无论选择何种平价也要努力恢复战前汇率的表面确定性。于是这个国家很容易受到金融挤兑的影响，而正是这种固定汇率提供的简单目标推动了挤兑。

20世纪20年代，甚至在经济衰退之前，当时的英国就已经尽显疲态。这与世界上另外两个主要工业经济体德国和美国形成了鲜明对比。20世纪20年代末，基于对更美好未来的期许，以及对合理的技术未来的梦想，大量的外债推动德国经历了一场经济繁荣；[11]而此时的美国，创造了大规模的金融繁荣，促进了世界进步，看似一片兴高采烈。实际上，这些流入资金导致德国暂时停止支付战争赔款，或者至少没有出现转移支付净额。[12]日本也在建立一个强大而充满活力的出口产业。在20世纪20年代末，苏联希望通过强行的急速工业化来摆脱停滞。在缺乏活力的英国，凯恩斯认为他不仅为英国的萎靡不振提供了解决方案，而且拿出了一个更广泛、也许是全球适用的政策框架。在他的代表作《就业、利息和货币通论》（*The General Theory of Employment, Interest, and Money*，后简称《通论》）出版前夕，他便在1935年写给乔治·萧伯纳的一封信中说："我相信自己正在写一本关于经济理论的书，它会在很大程度上改变世界对经济问题的思考方式，但我想并不会立即带来改变，而是在未来10年内。"[13] 简单来说，他认为英国的问题需要全球性的解决方案。

全球化的繁荣

在咆哮的20年代，美国是由繁荣驱动的。事事顺遂，机会无限。通过对报纸内容进行计算机分析，可以找出心理或情绪影响市场的那些时刻。[14] 在快速扩张的乐观阶段，这些报道的一个不变主题是公共部门的财政状况良好，美国的债务与公共财富的比例是所有工业大国中最低的，利率也是最低的。[15] 1926年，正值宣布脱离英国独立150周年之际，一些热情洋溢的文章阐释了美国的成功故事："用一句话来比较这两个国家，美国现在的人口是英国的三倍，财富是英国的五倍，收入是英国的六倍……福特公司今年的利润是9400万美元，英国没人能领悟这样一个事实，该数字超过英国最大汽车制造商资本的三倍以上……美国的财富在过去的十几年里翻了一番，这是欧洲从未有过的进步速度。与这些空前绝后的数字相比，英国的进步好似'穷人的简短年报'。"[16] 这类文章对美国的商业信心和投资行为产生了明显的影响。对美国领导全球的新能力，美国投资者信心满满。

还有一个好消息是，20世纪20年代中期的欧洲似乎正在摆脱战时的破坏，而且战争赔款这个最为首要的政治问题有可能得到稳妥的解决。¹⁷ 新闻稿明确将新的投资环境定义为"乐观"和"愉快的气氛",而令人宽慰的还有欧洲政治局势的稳定,这一定会让欧洲重归国际金融经济体系。¹⁸ 国际化带来的情绪生发出强大的自信。20 世纪 20 年代中期,人们对欧洲的,尤其是德国的公司进入美国资本市场展开了广泛的讨论。¹⁹ 于是,明尼阿波利斯的西北国民银行行长爱德华·V. 德克尔（Edward V. Decker）的观点被引用,有关"农场主、银行家、商人、铁路工人,我们正在学习开展更多的合作,我们要结成统一的战线向前迈进,相信并期待在未来几年我们将分享世界的繁荣昌盛"。²⁰

在咆哮的 20 年代的最后几年,当情况开始变糟时,却并未出现明显的灾难性消息。分析人士花费了大量的时间徒劳地寻找 1929 年 10 月美国股市崩盘的确切导火索——但无论是否冒了烟,都没有找到那把枪。²¹1929 年初,通用汽车公司的阿尔弗雷德·斯隆（Alfred Sloan）宣布:"总的来说,大多数生产线的业务都很好,而且会更好。制造商、批发商和零售商没有在信贷上过度扩张。行业没有受到过去时而出现的生产过剩的影响。在今年的商业道路上,我只看到了好的迹象。"²²

1929 年 2 月,报纸上出现了大量暗示焦虑或回避的措辞,主要与美联储通过限制经纪人贷款（broker loans）①来遏制过度繁荣有关。2 月 11 日,《华尔街日报》上每天的八卦和新闻专栏《市场同步》（Abreast of the Market）解释道:"情绪总体上仍持续悲观。有

---

① 指银行对证券经纪人和自营商以所持证券作为抵押的贷款,其中要收取一定的保证金,也就是说购买证券不能全部用来向银行贷款,其中必须使用一定比例的自有资金作保证,超过自有资金的部分由银行提供贷款。

一种感觉是，联邦储备委员会的最新警告比过去一个月的警告吸引了更多的关注。因此，人们注意到了全面整顿的趋势，尤其是在那些一贯直言不讳持乐观态度的局外人中间。保守派观察人士打算继续支持在出现机会时获利回吐，因为他们认为，在市场达到合理购买的水平之前，股票可以在更合理的价格上回购。"[23] 报纸报道了国民城市银行报告中发出的"警报"，有关"出于投机目的而发放的不受监管的非银行贷款的异常增长，并不是因为经纪人贷款的规模本身就很危险，而是因为非银行贷款人对货币市场几乎没有任何责任感，可能在即时通知下立即提取资金，从而把维持货币市场平稳的责任推给银行"。[24] 有人抱怨纽约联储"沾沾自喜的沉默"，担心它根本没有遏制市场繁荣的工具。[25] 其他担忧还包括铁路合并遇到的困难，例如反对将切萨皮克—俄亥俄铁路与巴尔的摩—俄亥俄铁路合并。[26]

创新与心理学一起推动了20世纪20年代的狂热。投注未来、看跌和看涨期权的新变体猛增。还出现了一些新概念，投资人和专家本杰明·格雷厄姆（Benjamin Graham）凭借推广价值投资的理念成为权威。还有各种各样的动机引起误导和行为不端，格雷厄姆后来回忆道："大多数客户的手下都为其委托人运营全权账户，这让他们有权在没有特别授权或指令的情况下按照自己的喜好买进或卖出。"这些人与客户分享一半的利润，但是不承担损失。[27] 于是，他们有极大的动机承担更多的风险，并将成本转嫁给他人。

在两次世界大战之间，最具创新性、最为全球化的企业家之一是商人兼工程师伊瓦尔·克雷于格。他出生于1880年，在回到祖国瑞典之前曾游历过很多地方。他在瑞典和另一位工程师保罗·托尔（Paul Toll）创办了一家建筑公司，名为克雷于格－托尔公司。就在第一次世界大战之前，他接管了两家处境艰难的火柴公司，并通过一家新的瑞典火柴股份有限公司（Svenska Tändsticks Aktiebolaget）主导了瑞典的火柴制造业。20世纪20年代初，他看到了在美国筹募资金的机会，为瑞典的克雷于格－托尔公司和国际火柴公司，以及总部位于列支敦士登的控股公司大陆投资公司创建了美国子公司。他用来自美国的资金收购被低估的资产，主要是在通胀中摇摇欲坠的中欧地区的火柴制造业。从20世纪20年代中期开始，克雷于格开始向政府放贷，通常附带一个条件，即他的火柴公司应当获得垄断权。向克雷于格借款的国家包括借入了7500万美元的法国，还有希腊、厄瓜多尔、拉脱维亚、爱沙尼亚、南斯拉夫、匈牙利、玻利维亚、危地马拉、波兰、土耳其和罗马尼亚。

1929年10月，克雷于格决计要撬开欧洲最大的障碍——德国市场，并与资金紧张的德国政府谈成一笔1.25亿美元的贷款，利率为6%，以换取火柴专营权。这笔资金将通过一种债券和期权结合的全新手段从美国市场筹集。10月24日，美国媒体上出现一则大幅广告，同时以新闻报道的形式进行宣传，在政界获得了额外的吸引力，因为拟议的火柴垄断为把廉价的苏联火柴挤出德国市场提供了一个手段。克雷于格－托尔公司的增资计划将为每三份已持有的权证按照23美元的价格配售一个权证，当时每份权证的价格是36美元。当分红比例超过"一般的"5%时，这些权证就相当于和普通股平权的债券。在过去十年中，分红通常为25%，因此它的可能收益率就是5.9%。这则消息起到了推波助澜的作用，《华尔街日报》披露该公司持有大量的木材和纸浆，并宣称资产负债表上的所有资产都是"在保守的基础上"进行估值的。[28] 不幸的是，10 月 24 日在纽约市场上不是一个寻常的日子，它后来被称作"黑色星期四"，成为股市崩盘的开始，出现了创纪录的股票交易量和几起投机失败的自杀事件。接下来的周五，克雷于格向他的美国银行家李·希金森（Lee Higginson）的波士顿银行发去的电报令人大吃一惊，他在其中提出，要为他的瑞典联合企业接管美国承销银行购得的一半债券。美国银行家们对这次意外的救援惊讶不已。例如，担保公司的约瑟夫·R. 斯旺（Joseph R. Swan）轻声说道："他表现得真是太慷慨了，而且，我认为，很明智。"[29] 结果是，这次发行取得了巨大成功，价格在 28 日星期一表现良好，而这又是华尔街历史性大规模抛售的一天。

克雷于格看起来好像很了解这种心理，甚至能够驯服最狂野的市场。每一个遇到他的人都提到了他那种不同寻常的说服力。他的一位瑞典同事卡尔·贝里曼（Carl Bergman）后来写道：

> 伊瓦尔身上有一种奇特的崇高气质。我觉得他能让别人做任何事情。他们为他而倾倒，无法抗拒那独特的魅力和吸引力。这就是他的秘密，他作为领导者的心理素质，他非凡的直觉。他能立刻抓住东西。最重要的是，他身上有一种与众不同的东西。我在纽约多次见过摩根的眼睛，就像燃烧的炭火。但伊瓦尔的眼睛不一样，是另一种气质。尽管它们又细又小，但如果他愿意的话，似乎能用这双眼睛把你看穿。[30]

与克雷于格打交道的德国财政部官员汉斯·沙费尔（Hans

Schäffer），对这位非常富有的人在柏林请自己吃一顿简陋而朴素的饭菜感到惊讶，没有吹嘘喝不完的香槟，只有一连串优美的措辞。[31]像贝瑟尔·斯特劳斯伯格一样，克雷于格在斯德哥尔摩、巴黎、柏林和纽约都有住宅，在瑞典还有乡村隐修之所。精心设计的"火柴宫"位于斯德哥尔摩市中心的西花园街（*Västra-Trädgårdsgatan*）15号，是一座新古典主义的四层建筑，有125间办公室，由浅色大理石和花岗岩建造，围绕着一个开放的马蹄形庭院。院里矗立着神话人物的雕像，中心是卡尔·米勒斯（Carl Milles）创作的狄阿娜（Diana）[①]青铜雕像，单腿站立，昂首向天。会议室由表现主义画家伊萨克·格吕内瓦尔德（Isaac Grünewald）装饰。为了强调他的全球性帝国，克雷于格在自己的硕大房间里摆了一座世界时钟。[32]

1931年夏天，在银行和信贷大崩溃后，克雷于格似乎是唯一有能力拯救世界的人物。在新成立的总部位于巴塞尔的国际清算银行，即所谓央行中的央行，比利时银行家埃米尔·弗朗基（Emile Francqui）提议成立一家私营上市公司，筹集资金救助陷入危机的国家，克雷于格在最初的讨论中发挥了重要作用。

然而，1932年，克雷于格帝国瓦解了。他试图通过其电报公司L.M.爱立信（L. M. Ericsson）与摩根大通和国际电话电报公司（International Telephone and Telegraph Corporation，简称ITT）达成协议，但是他歪曲了爱立信业务的财务状况。在伪造的基础上，国际电话电报公司购入了60万股爱立信股份。克雷于格先是企图以英语和瑞典语之间的翻译问题作为解释，但随后从纽约逃往巴

[①] 北欧神话中的一个女神，相当于希腊神话中的阿耳忒弥斯（Artemis），代表月亮。

黎。3月12日,绝望的他在公寓中死于枪伤。他的床边放着一部带有预言性质的小说;通过这本书,苏联作家伊利亚·爱伦堡(Ilya Ehrenburg)讲述了一个有着斯堪的纳维亚名字的商人建立了一个威胁苏联体制的火柴帝国,最终在巴黎的一间公寓里死于心脏病发作的故事。克雷于格的哥哥付出一番漫长的努力,要求将他的死亡宣布为谋杀。克雷于格死后,事情已经很清楚,他试图质押的大量意大利政府债券是伪造的。他哥哥坚称,那些只是一笔可能的贷款的样本草图。墨索里尼否认对克雷于格的交易有任何兴趣:"就算是要饿死,我们也永远不会从法国借一个里拉。"[33]

整个克雷于格集团是否资不抵债尚不清楚,作为主要债权人之一的李·希金森毫不奇怪地坚称,有关事项经过了恰当的评估。瑞典火柴公司幸存下来,被瓦伦贝里(Wallenberg)家族收购。律师弗兰克·帕特诺伊(Frank Partnoy)近年对克雷于格的研究得出结论,违约的出现是以甩卖价格处置资产的结果,就像2008年的雷曼兄弟一样,这件事情中的破产可能是用来迷惑人的。[34]克雷于格的故事表明美国新的全球参与程度,它取决于魅力超凡的外来者编织的故事。

在整个这一阶段,政治领袖们认为他们可以通过乐观的声明带来信心的回归。1929年11月,赫伯特·胡佛(Herbert Hoover)总统宣布削减个人和公司税,之后又试图打消人们的疑虑:"我们所面临的是增长与进步的问题。"他用了一个平和的心理学术语"消沉",而不是更惊人也更流行的"崩溃""危机"或"恐慌"。[35]1929年11月的崩溃后,著名的货币和商业经济学家欧文·费雪(Irving

Fisher)①指责"暴民心理",坚称这场恐慌"首先并不是市场价格水平畸高"。³⁶ 心理学分析的结果是,最终"大萧条"②听上去很快就比危机或恐慌更糟糕,并成为政策制定者的一个避讳,他们在处理 20 世纪末的问题时转而使用了更温和的"衰退"。

在 1929 年 12 月的国情咨文中,胡佛指出,现在危及商业信心的正是过去崩溃的记忆:

> 突如其来的失业威胁,尤其是人们又回忆起从前在安全性低得多的金融体系下发生的崩溃所带来的经济后果,一起造成了不必要的悲观和恐惧。根据我们的记忆,过去的类似风暴导致了建设项目紧缩、工资降低和工人停工。其结果自然是,全国各地的商业机构倾向于暂停其继续和扩展业务的计划与动议,而这种放任自流的犹豫本身便有可能加剧成为大萧条,造成大量的失业和痛苦。因此,我与商业机构以及各州和各地方当局制定了系统性的自愿合作措施,以确保全国的基本业务照常进行,工资及其带来的消费能力不会降低,而且尤其应当努力扩大建筑工程,目的是帮助平衡其他方面的就业不足。³⁷

但胡佛完全没能在一个被经济危机撕裂的国家创造出这种合

---

① 1867—1947,美国经济学家、数学家,经济计量学的先驱者。费雪认为可以保持总体物价水平的稳定,而价格水平的稳定会使得整个经济保持稳定。他将资本定义为任何能够产生一段时间内净收入的资产,并表明该资产的价值可以根据该资产产生的净收入的现值来确定。费雪还反对传统的所得税,而主张对消费征税。

② "大萧条"(depression)在心理学上本意是消沉、抑郁或沮丧等情绪。正是因为用它来形容 1929 年开始的经济危机,它才有了大萧条、经济衰退的含义。

作。像他这样的承诺,尤其是当她被翻来覆去地重复时,大胆的希望便沦为虚妄之辞。到承诺无法兑现时,信心就会迅速削弱。纽约证券交易所副总裁理查德·惠特尼(Richard Whitney)曾在1929年10月试图通过大放厥词来安抚市场,但在9个月后的第一次公开声明中,他只是说恐慌会造成"整个社会的一种强烈幻灭感",而"没有提出任何实际措施来阻止恐慌或尽可能降低其威力"。[38]

人们普遍不确定如何解读新闻。于是,在1930年春季,当有争议的《斯穆特-霍利关税法案》(Smoot-Hawley Tariff Act)似乎肯定会通过成为法律时,关于它对经济到底是有利还是有害,出现了意见分歧。[39]《华尔街日报》认为,通过这项关税税则将消除疑虑和障碍——"在未来几天内对关税做出最终处置,将结束几个月来围绕该法案的不确定性,有望对商业活动产生明显的刺激作用。这是消息灵通的政府高级官员的观点。"[40]但几天前,纽约的投资和商业银行机构多米尼克和多米尼克公司的一份报告表明,加拿大和阿根廷可能会采取报复,并主张美国的持续繁荣取决于外国市场——"我们的工厂已经供应了96%的国内消费,我们的生产商必须寻求外国市场来吸收不断增加的产量。"[41]事实上,当然没有人能够**知道**这份税则会对世界经济或美国贸易造成何种影响,而这样以无知为借口就激发了人们的担忧和希望,并造成市场波动。作为担心和恐惧升级的另一个例子,经济下行中木材价格的暴跌被归咎于苏联的阴谋——"以低价商品入侵美国和其他所谓的资本主义国家,对其经济结构实施大规模攻击,这显然是俄国人计划的一部分。"[42]

凯恩斯将华尔街的崩盘作为其控诉美国资本主义的核心。从他的角度出发,问题在于估值体系,以此得出的价值与长期生产效率缺乏必要或直接的对应关系。由于大众参与股市的程度如此之深，美国的波动性是独一无二的，而更排外或"贵族化"的市场则不会那么脆弱。凯恩斯对一位来访的美国金融家说："他们都是非正常的，甚至是非人性的；他和他的朋友都有黑帮心理。"[43] 凯恩斯后来在《通论》中总结道："即使在金融领域之外，美国人也容易过分地痴迷于发现平均意见所相信的普遍观点，而这种国民性的弱点在股市中遇到了克星。"

自 1929 年到 1932 年，美国 GDP 下降了三分之一，从 1031 亿美元降至 580 亿美元。这种大幅下跌在多大程度上是股市崩盘的结果？道琼斯指数在 1932 年 7 月跌至 40.56 的低点。长期衰退的结果是财富的大量流失，对消费产生了直接影响，需求减少。由于证券交易所的崩溃，投资者（有时被描述成 60 万寡妇和孤儿）损失了 200 多亿美元。这是一笔巨大的财富，但它仍然不足以说明需求的崩溃和 GDP 萎缩何以达到如此规模。

资金紧张

20 世纪 20 年代，在经济崩溃前的世界里，金融业是由伊瓦尔·克雷于格之流的传奇人物主导的，而政客们经常看起来好像不明所以。金融家的魅力可能会通过信贷的魔力来提高需求，但随后金融家们被拉下神坛，什么也没有留下。胡佛在其唯一一届总统任期结束时，看上去已名声扫地。在英国，拉姆齐·麦克唐纳首相明显已筋疲力尽，事实上，他正处于阿尔茨海默病的早期阶段。德国总理海因里希·布吕宁（Heinrich Brüning）①并不了解德国经济崩溃的金融因素，当他后来逃离纳粹政权流亡到美国并撰写回忆录时，他依靠的是和那位对银行崩溃负有最直接责任的金融家雅各布·戈尔德施密特（Jakob Goldschmidt）的谈话。⁴⁴ 银行的倒闭，而非股市恐慌，是跨大西洋两岸大萧条的主要驱动力。

不同寻常的是，1929年10月美国的崩溃并没有造成欧洲或亚洲其他股市的巨大恐慌，而来自华尔街的消息只是让那些地方日益黯淡的经济形势更加晦暗的又一个因素。在资本流动性非常大的这样一个世界里，令人惊讶的是，不同的股票市场竟如此互不关联，各个市场只是将1929年10月的事情视作纯粹的美国现象——一种源于美国人心理特点的现象。美国对进口的需求下降和资本输出的下降把萧条传播到了其他国家。英国和德国股市的走势紧密地相互关联，但与华尔街无关（见图4.1）。

当一切看起来都不确定时，行为模式就会回到从前。1929年10月，纽约市场预计摩根大通会出手相救，因为这家银行曾在1907年的恐慌中出手。于是，在黑色星期四，摩根派出纽约证券交易所副总裁理查德·惠特尼（Richard Whitney）来到交易所，对美国钢铁公司（U.S. Steel）做了后来非常有名的一次出价。当他在下一个周一没有重复这一动作时，才真的出现恐慌。

---

① 1885—1970，他于1930—1932年担任德国总理，是魏玛共和国时期在任时间最长的总理。他是德国历史上一个有争议的人物，其实行的紧急状态法和针对纳粹党的模棱两可政策导致了魏玛共和国的灭亡。

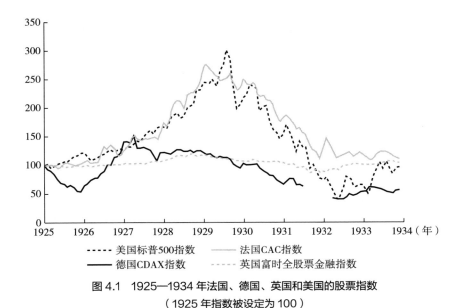

图 4.1 1925—1934 年法国、德国、英国和美国的股票指数
（1925 年指数被设定为 100）

资料来源：根据全球金融数据计算得出。

本·伯南克对大萧条时期金融不稳定状态的研究得出结论，美国是政策中的酌量因素严重破坏稳定的唯一国家，因为在其他地方，政策受到凯恩斯的"黄金脚镣"——金本位制度的逻辑约束，巴里·艾肯格林非常清晰地阐述了这一点。[45] 也许法国拥有大量盈余也符合美国的立场，带来很大的政策回旋余地。因此，问题变成了为什么金本位制在 1914 年前的时代运行得相当好（至少在工业核心地区是如此）。然而，外围国家往往因为金融冲击而被迫脱离金本位制。在战前的世界里，英国曾试图稳定这一体系，而在两次大战之间，孤立主义的美国和恐惧德国复仇主义的法国选择退出建设性的国际政治活动。

在对 20 世纪 20 年代新秩序的思考中，一个卓有成效的途径是，战后为何有更多的国家成为"外围国家"。也就是说,这些国家为债务所困,无法控制自己的需求,依赖于国外的资金来源。德国在 19 世纪末无疑属于核心地区的一部分,但由于战争与和平方案的双重代价而被赶出了这一核心。在一派繁荣的时刻,资金流入外围,而贷款范围的增加提振了核心地区的信心。债务的积累导致了"惊恐"和危机,因为已经很明显,债务是以正在崩溃的价值观为基础来担保的。这适用于南美洲和中欧的国际债务人,其中德国是迄今为止最大的一个。但它也适用于国内。在美国,这种疲软在农业各州最为明显,美国 45% 的农场所有者拖欠付款,相当于农场抵押贷款债务总额的 52%,[46] 个人债务总额大幅减少,从大萧条前的 270 亿美元减少到 1934 年的不足 90 亿美元。[47]

随着价格下跌,生产商不得不销售更多产品以偿还债务,他们的努力进一步压低了价格,形成了恶性循环。

使大萧条真正"大"起来的最后一击是发生在中欧的一系列具有传染性的金融危机。1931 年有一些非常偶然的事情,至少它们的起源是偶然的。银行业危机最终在美国大萧条的恶化中扮演了重要的角色,但大多数美国银行的脆弱性是因为它们都是小型的地方银行。然而,在欧洲,危机的决定性阶段是随着大型银行的倒闭而到来的,这给各国政府带来了很难应对的政策困境。1931 年夏,欧洲银行倒闭的样板反过来又转化成对美国经济的新冲击,面对投资者和储户的恐慌,部分主要的货币中心银行也变得脆弱不堪。不幸的是,在对美国大萧条的描述中,欧洲崩溃的影响,以及它在煽动金融不确定性和导致银行收回贷款方面发挥的作用,很少得到充分考量。事实上,正是 1931 年夏天的国际恐慌将美国的严重衰退转变为大萧条。[48]

在 1930 年至 1931 年的冬天，许多内部人士，尤其是颇具影响力的苏黎世银行家费利克斯·索马利（Felix Somary），在金融专家的圈子里对威胁德国和意大利银行系统的危险发出了严峻的警告。他还告诫说，克雷于格的帝国即将崩溃。[49]在这种情况下，欧洲重大问题的第一个真正迹象出现在小国奥地利，而不是其北方或南方的邻国。

奥地利银行业的问题可以追溯到第一次世界大战的结果和多民族的哈布斯堡帝国的解体，留下了一个被轻蔑地称为"讲德语的奥地利"的侏儒国家。帝国的大银行需要适应奥地利人缩小了的生活环境。1929 年，政府向奥地利最大、最著名的联合信贷银行施压，要求其合并一家资不抵债的机构——土地抵押银行（*Bodenkreditanstalt*）。所有其他的奥地利银行都拒绝参与这笔交易，无疑是因为土地抵押银行状况不佳。但是联合信贷银行因被收买而做出默许。这项交易的一个秘密部分是，奥地利国家银行将在以伦敦市场上的银行为主的外国银行进行存款，并将之充当贷款来增援联合信贷银行。如此一来，这些金额在国家银行的资产负债表上可以显示为外汇储备，同时作为对最大商业银行的支持而重新利用。英格兰银行行长蒙塔古·诺曼（Montagu Norman）在意识到英国银行崩溃后面临的风险敞口时，将这笔钱称为"污点资金"。[50]

但这家商业银行的亏损还在持续增加。1929 年后，联合信贷银行随时都有可能破产。1931 年 5 月，联合信贷银行的管理层开始要求对其资产进行调查，因为他们认为"鉴于持续的工业衰退，有必要对债务人进行保守的估值，以建立一份可信的资产负债表"。他们发现信贷损失达 5200 万先令，工业参与中损失了 2800 万先令，土地抵押银行交易造成的亏损更是高达 6000 万先令。[51] 我们至今也无法彻底搞懂，董事们为何会生出这种突如其来的诚实冲动，要在最糟糕的时刻对其资产进行市场估值。最有可能的解释是，新的领导人佐尔坦·哈伊杜（Zoltan Hajdu）曾有过某种宗教皈依经历，他也将自己视为反对该银行前管理层的神圣工具。尤其是 1930 年 7 月被赶下台的腐败至极的弗里德里希·埃伦费斯特（Friedrich Ehrenfest），他从银行获得了大量未经授权的贷款来丰富自己的个人投资，此人的行为后来成为政府针对联合信贷银行管理层的诉讼案件的核心。[52]

联合信贷银行的故事是信贷乘数收缩过程的一个典型，它被牢牢锁定在和许多大型工业客户的关系当中。但由于存款流失，联合信贷银行削减了对较小客户的信贷，这些小客户不仅是经济生活的核心，对政治活动也至关重要。德国也出现了这种常见的模式，破产的银行（且不成比例地削减了对中小客户信贷）成为政治极端化过程的驱动因素。在出现了破产银行的城镇中，支持纳粹党的选票数量陡增。[53]

危机向德国的蔓延并非不可避免。尽管是奥地利的邻国，德国却很少直接参与奥地利的金融。事实上，德国银行持有的联合信贷银行存款不到 4%。但德国银行看起来类似于奥地利银行，因为它们的资本基础在 20 世纪 20 年代初的一般通货膨胀和恶性通货膨胀中受到了侵蚀。除了刚刚开始的银行业危机之外，德国政府试图与奥地利谈判建立关税同盟，并坚持重新谈判战后的赔款解决方案，继而又引发了一场货币危机。

直到 1931 年 7 月初，德国政府和作为德国中央银行的帝国银行（*Reichsbank*）都或多或少地明确宣布：他们不会任由德国的一间重要银行倒闭。[54] 只过了几天，帝国银行发现显然无法从英美两国的中央银行得到支持，其随后便采取了完全相反的立场，不得不袖手旁观，任由德国的信用体系像纸牌屋一般倒塌。因而在 1931 年爆发了一场激烈辩论，涉及监管、金融机构与国家的关系以及公有制。关键的讨论在 7 月 11 日到 12 日的那个周末展开，争论的焦点是政治或外交上的不确定性在多大程度上造成了恐慌的结果，或者它是否源于德国银行体系中根深蒂固的特有问题。由于潜在的脆弱性，任何负面消息都可能成为一个临界点。

在这些有关德国银行业未来的争论中，关键人物是雅各布·戈尔德施密特，他是达姆施塔特国民银行（简称达纳特银行）的负责人，也是一位大师级的商人——截至 1931 年，他任职于 123 家德国公司的董事会。其交际甚广，在公开讲话中自诩为 20 世纪 20 年代德国的全球化和开放思想的主要倡导者。他以传教士般的热忱解释道："追求个人利益是经济发展的主要驱动力，对工人和雇主都有着同样的影响，会通过个人的提升造就更高形式的合作。"其中一个关键部分是让德国融入国际经济——"我们依赖世界的信用，这种信用必须基于对于体制与方法的信心。这个世界必须能够公开而清楚地看到影响个人和社会行为的发展。"[55] 但现在，一道异常刺眼的光芒照在了戈尔德施密特帮助缔造的那个非常不稳定的世界。

在 1931 年 6 月和 7 月初，达纳特银行显然已损失了大量资金，特别是受到重要纺织品生产商北方羊毛公司的牵连，关于这家公司破产的流言正在传播，且瑞士一家报纸对此进行了报道。5 月 11 日，就在那家奥地利银行倒闭的当天，戈尔德施密特已经发现了在北方羊毛公司上的损失程度，并了解到另一家德累斯顿银行（Dresdner Bank）也向这家公司提供了大量信贷。

海因里希·布吕宁总理是一位非常虔诚的天主教政治家，他后来认为，银行本应通过扩大彼此之间的存款担保网络来恢复信任。这个想法可以追溯到瑞典银行家马库斯·瓦伦贝里（Marcus Wallenberg）[①]的一个建议。在如何解决银行问题方面，他发现瑞典有一个很好的先例——1920 年，瑞典商业银行（Svenska Handelsbanken）在瑞典其他大型银行的共同担保下获得救助。但事实上，甚至在听取其他德国银行家的意见之前，参与其中的主要公职人员以及德意志银行的行长就已经表示，这个源自达纳特银行的计划是行不通的。

7 月 13 日，政府宣布银行业放假，然后以政府资金修复主要银行。德国金融体系的崩溃对伦敦一些特定的商业银行产生了直接冲击，但对参与银行贷款和中欧债券发行的美国大型金融机构没有实质性影响。[56] 尽管如此，一个大国的金融崩溃发出的信号是意义深远的。公共开支和公共债务融资的必要性可能会排挤掉私人信贷，作为一个典型案例，德国各级银行被迫持有短期政府债务，且只得为此削减其他资产。这一教训适用于信贷受限的德国，但不太适用于美国，因为美国应有更多财政上的回旋余地。

在一个新闻及其情绪效价都已全球化的世界里，来自世界上其他地区的坏消息可能会推动美国的预期。在 1931 年，情况尤其如此，当时有两波不同的焦虑浪潮：一波是在 2 月份，主要关注国内

---

① 前文所提到的收购了瑞典火柴公司的瓦伦贝里家族中的一位重要成员。

财政问题,彼时倾向保守的投资者担心政府为应对大萧条而增加开支;另一波发生在 6 月和 7 月,在《纽约时报》的头版上发挥了重要作用的国外消息主导了情绪向悲观转变。两波讨论都朝着同一个方向发展,呼吁人们注意政府开支的危险。

1931 年 2 月,国会展开了是否向战争老兵提前给付津贴的辩论,出于对债券市场压力走重的担忧,负面报道骤然激增。这可能与大萧条时期欧洲各国政府的财政努力异曲同工。比如,有篇新闻报道列出了"全国工业和金融界领袖表示,一致反对兑现退伍军人保险调整凭证的提议"的细节。[57]新闻界还深入探讨了对国会调查的担忧,卡特·格拉斯(Carter Glass)①领导的一个委员会对 1928 年和 1929 年推动投机活动猛增的"经纪贷款/为他人贷款"进行了调查。[58] 1931 年夏天,来自欧洲金融界的噩耗加剧了普遍存在的焦虑。

银行危机和股市危机在一个复杂的传导渠道中相互输送。股市恐慌导致的财富收缩减少了个人和公司藉以借贷的抵押品,从而推动了大萧条时期典型的信贷非居间化的进程。银行放贷减少,随着贷款账簿的削减,他们迫使借款人将股票和其他资产变现,进一步驱动价格走低。欧文·费雪当时把这一过程认定为债务通缩,本·伯南克后来则把它构建为一种信贷渠道的传导机制模型。

国际救援?

能不能采取协调一致的国际努力来防范、阻止或扭转需求的崩

---

① 1858—1946,美国民主党人,参议院南方集团领袖,是罗斯福新政的主要反对者。

溃呢？那将需要重启信贷引擎。在这个没有人准备承担风险的世界里，这架引擎正在噼啪作响地熄火。似乎只有法国和美国这两个顺差大国的政府拥有较大的回旋余地，但二者却都无所作为。在意识到大萧条使欧洲变得更加危险、更具威胁性，且巴黎给予的任何国际支持可能只会加强法国的敌人后，法国的行动受到了束缚。美国则受困于经济衰退的国内后果，并将银行家们视为一个谋取暴利的国际性团体。

胡佛总统尝试了一个大胆的开局，他在1931年6月20日提议将政府间对赔款和战争债务的偿付暂停一年。这对美国金融界来说貌似是一个好消息。华尔街股市上涨，媒体起初对这个"为缓解国际不确定性和世界经济衰退而可以采取的一项最有效措施"弹冠相庆，但悲观和通缩的预期显然已根深蒂固，"投机圈子已经堕入一种绝望的心态"。[59] 当德国的局势恶化而非改善时，短暂的乐观情绪破灭了，来自美国的国际行动看来指望不上了。

在德国银行业危机期间，唯一现实的选择是法国可能会筹集资金提供帮助，但这是一根很难抓住的稻草。德国财政部的最高官员正在推动这一解决方案，并通过金融和新闻两界的中间人与法国的右翼强人皮埃尔·赖伐尔（Pierre Laval）[①]进行了一些非正式接触。甚至在德国银行业危机爆发之前，随着紧张情绪的加剧，新的国际银行——总部位于巴塞尔的国际清算银行（Bank for International Settlements，简称BIS）——曾考虑过一项由克雷于格参与的计划，

---

① 1883—1945，法国政治家和国务活动家，在法兰西第三共和国和维希政府中三次出任总理。

让私人银行家加入一个国际协调的救援机制，即后来所谓的金德斯利计划（Kindersley Plan）。国际清算银行的某位官员写信给克雷于格说："我们的法国朋友对这个建议有些'不安'，因为在他们看来，这就像是英国的一种手段，目的是将资金从法国市场转移到一家主要由非法国人士管理的公司。"[60] 这些探索性的讨论最终石沉大海。

1932年1月，凯恩斯对汉堡和柏林进行了短暂访问，他问德国听众："我们能否防止现代资本主义的金融结构几近完全崩溃？"答案在于资产价格结构。"事实表明，金融恐慌的直接原因是显而易见的。它们不只表现在商品的货币价值，而是在几乎每一种资产的货币价值的灾难性下跌中均有表现，这种下跌已经发展到了如此地步，甚至于以包括银行存款在内的各种货币债务为抵押的资产，其可变现的货币价值已不再等同于这些债务的金额。"[61] 在商品价值下跌的影响向经济的其他方面传递的过程中，金融机构居于中心位置。凯恩斯将取消债务视为缓解压力的一种方式。或者还有另一种选择，就是转向货币扩张或通货膨胀：

于是一个进程被开启，它最终可能会缓解通货紧缩的压力。问题是，在金融组织和国际信贷体系被压力摧毁之前，这一切是否有足够的时间发生。如果如愿，那么就为全世界采取资本扩张和提升价格的一致政策扫清了道路，人们可以简单称之为通货膨胀。因为我能想到的唯一替代解决方案是债务的普遍违约和现有信用体系的消失，然后在全新的基础上予以重建。[62]

由于国际救援行动是不可行的,或者说已经失败了,唯一的选择似乎是回归经济民族主义。这样就可以辩称贸易保护是一项次好的政策,而对于政策和金本位约束造成的货币紧缩,这种机制则能够限制其传染性的蔓延。1931 年的金融危机后,各国都采取了更激进的行动减少其暴露于国外的风险,更多地实施了数量限制——配额,并提高了关税。[63]

限制资金流动作为一种选择也很有吸引力,尽管危机的严重程度已经破坏了任何大量新资金流入债务国的前景。因此,资本控制实际上仅限于阻止资本外流——将借入的资金局限在债务人当前的封闭经济中。

全球化的其他方面也在走下坡路。限制人口流动似乎是对经济不确定性的一种合乎逻辑的反应——20 世纪 20 年代,在大萧条之前,包括法国和美国在内的许多国家已经系统地引入了这种限制——对于衰退的焦虑只会加剧控制移民的压力。

多边解决方案还有希望吗?国际合作的高潮本应出现在 1933 年的伦敦世界经济会议上,[64] 但它几乎是注定要失败的。货币专家认为,通过协议实现货币稳定非常可取,但首先需要就消除贸易壁垒达成针对大萧条期间引入的所有高关税和配额协议。贸易专家同时开会,并得出了与此成镜像的论点。他们一致认为保护主义是一种显而易见的弊端;但他们也认为保护主义是必要的,如果没有货币稳定,就无法加以解决。只有在一个坚定的、准备牺牲其特殊国家利益的大国领导下,打破由此产生的僵局,才能挽救这次会议。但这样的领导是不可能出现的。在经济困难时期,各国政府不愿作出可能带来短期代价的牺牲。即便其结果是长期的稳定,但直接的政治后果也是无法容忍的。在不利的经济环境下，感到脆弱与不安的政府难以割舍公众的支持。

面对不可避免的失败，与会各方纷纷寻找替罪羊。1933年的会议看起来像是一部经典的侦探小说，其中各方都有理由充当嫌疑人。英法两国放弃了国际主义，采用了被称为"帝国优先"的贸易体制，这有利于他们庞大的海外帝国。德国总统刚刚任命阿道夫·希特勒组建激进而好斗的政府。德国代表团由右翼煽动家阿尔弗雷德·胡根贝格（Alfred Hugenberg）率领，他虽然不是纳粹分子，却想要表明自己实际上是一个比希特勒本人更顽固的民族主义者。日本政府刚刚向伪满洲国驻兵。在伦敦的所有列强中，美国看起来是迄今为止最理性、最国际化的。她有了一位颇富魅力的新总统，被视作亲英派和世界主义的灵魂。富兰克林·罗斯福采取了积极行动应对大萧条，并努力重整失败的美国银行体系。罗斯福不知道在会议上该采取什么路线，他的顾问们分别提供了前后矛盾的建议。最后，他失去了耐性，宣布美国目前无意稳定美元。1933年7月3日发表的这条广播消息被称作"爆炸性新闻"。罗斯福谈到有必要恢复"一个国家健全的内部经济体系"，并谴责了"所谓国际银行家的过时的迷恋"。[65]

每个人都假装对国际主义的失败感到震惊。而与此同时，他们很高兴找到了一个可以为会议的失败负责的人。会议的垮台和罗斯福的"爆炸性新闻"受到了凯恩斯的热烈欢迎。1933年7月4日，他在《每日邮报》上发表了一篇庆祝文章，题为《罗斯福总统极为正确》。[66] 凯恩斯和罗斯福是一个去全球化的政治新时代的缔造者。

魔术师：凯恩斯

爱德华时代的剑桥洋溢着欢愉、乐观、理智而自信的氛围，凯恩斯正是在其中成长起来的。他的父亲约翰·内维尔·凯恩斯（John Neville Keynes）是一位大学教师，不仅是数学家、经济学家，还是一位有影响力的大学行政管理者。按照剑桥的思维方式，每个问题都有一个可以通过分析和反思辨别出来的答案。凯恩斯的现代著名传记作者罗伯特·斯基德尔斯基（Robert Skidelsky）曾提到了"出自某个地方的傲慢"。[67] 凯恩斯的第一位传记作者、经济学家罗伊·哈罗德（Roy Harrod）以一种独特的方式开始了讲述："如果我实现了自己的目标，凯恩斯的毕生工作将在一定程度上被视为剑桥文明的一种表现，无论是他的稳定与自信还是在他的进步性方面。"但他随后又添上了特别忧伤的一笔，因为这是一种正在衰败褪色的文明，便有了一个问题："在适当的时候，这份毕生的工作是否一定要被视为一种正在迅速消逝的文明的灿烂余辉，抑或它可能是英国文明的某个阶段及其下一阶段之间的联系，跨越了一段混乱与不确定的时期？"[68]

经过了世界大战，在整整一代才华横溢的年轻人去世之后——也是在战前的现实和英国之全球优势的确定性同样消失之后——潜在的乐观主义让凯恩斯显得特立独行。他的门徒科林·克拉克（Colin Clark）后来写道："当时除凯恩斯以外的大多数英国经济学家处在极度悲观的情绪当中，这可能是第一次世界大战的苦难尚未散尽的余波，他们的许多朋友都在战争中丧生。他们的悲观情绪不仅是因为无法抵抗世界性衰退的影响，还由于衰退开始之前的英国经济状况。"⁶⁹ 其英国背景，以及大战带来的普遍的消沉情绪，对理解凯恩斯的思想演变很关键。他想为英国的经济停滞提供有效的解决办法。与此同时，他也念念不忘国际体系的脆弱与失败，以及挽救或重塑国际秩序的外交努力之伪善。

凯恩斯因其 1919 年底出版的关于巴黎和平进程的精彩著作《〈凡尔赛和约〉的经济后果》（*The Economic Consequences of the Peace*，后简称《经济后果》）而在公众面前崭露头角。他对巴黎和会及其钩心斗角深恶痛绝，辞去了英国代表团的职务，返回伦敦和剑桥。他需要把巴黎的"迷雾和污浊空气"换成布鲁姆斯伯里团体和哲学家 G.E. 摩尔（G. E. Moore）的剑桥大学少数知识分子圈子的道德氛围。1919 年 7 月 8 日，在凯恩斯从财政部辞职，同时《凡尔赛和约》文本发表之后，布鲁姆斯伯里团体的弗吉尼亚·伍尔夫（Virginia Woolf）在日记中写道，凯恩斯正遭受着幻灭的折磨，"巴黎和会的阴郁而羞辱的场景令他失望，人们在那里无耻地表演，不是为了欧洲，甚至也不是为了英国，而是为了他们自己在下次选举中重返议会"。⁷⁰ 五月底，在与从前的浪漫伴侣、布鲁姆斯伯里团体的邓肯·格兰特（Duncan Grant）的通信中，凯恩斯写道："在过去的两三周里，我和其他人一样痛苦。令人愤慨的和约是不可能实现的，它只会带来不幸。"⁷¹ 几周后，凯恩斯在纸上写下了他的回应，这是出自其坚定信念的一部作品。

他认为这是一个结构性和经济性的挑战，而问题在于心理和个人层面。接下来，书中最引人注目的一个部分是关于协约国领导人的随笔。凯恩斯尤其将他的作品视为一出悲剧——毕竟他引用了莎士比亚的《麦克白》——伍德罗·威尔逊这个人的悲剧。威尔逊是第一位在任期间访问欧洲的美国总统，最初的形象是一个要重建欧洲，恢复被摧毁的文明的人："当总统乘坐乔治·华盛顿号（George Washington）向我们驶来的时候，他在全世界人民的心目中和希望里占有多么重要的地位！"[72] 然后，凯恩斯对这项和平条约的幻想破灭了。在凯恩斯眼中，它仿佛就是基于法国人的惩罚和复仇的想法。因此，凯恩斯需要寻找背叛的根源，并在总统的长老会派的性格缺陷中发现："总统怎么了？是什么样的软弱或不幸导致了如此反常和意外的背叛？"[73] 在凯恩斯的解读中，威尔逊的观念和理想以及它们的被出卖成为问题的核心，而这正源自他长期以来所坚持的信念。这一点在《通论》的结论段落中得到了最好的阐述，即引领世界进程的是思想而不是利益。

凯恩斯的作品成了畅销书。在第一次印刷的两万册很快售罄后，新一轮的印刷量加到了三万册。《经济后果》至今几乎一直在重印。奥斯汀·哈里森（Austin Harrison）在《英语评论》（English Review）上称赞它为"绝对的权威"，然后又在《星期日画报》（Sunday Pictureal）上以《推翻条约还是崩溃》为题进行推广。[74]

《经济后果》中最具体的政策建议是为重建发起国际贷款。凯恩斯设想的贷款数额为两亿英镑，相当于彼时英国 GDP 的 3.6%。这一建议本来是现实的，但要将其付诸实施，需要的不仅仅是一本书。它的根本思想是为重建任务调动利益，而非思想。1919 年末的阿姆斯特丹，以凯恩斯为核心的一群银行家和金融家在荷兰著名银行家赫拉德·菲塞林（Gerard Vissering）的家中会面，草拟了一个替代的救援和复苏机制。这群人希望通过向国际联盟提交报告并组织一次来自世界各地的金融头脑会议，将能够理清战后解决方案的混乱，并使欧洲经济重新走上繁荣的道路。他们强调了政府债务危机的基本事实，对这一危机来说，"即便不是唯一的补救措施，减少过度消费、增加生产和税收也应被认为是最有希望的手段"。阿姆斯特丹商讨的核心有一个特别的问题，其也是替代凡尔赛所采取的战略的一种尝试，即德国乃至整个中欧都需要筹集到大量的外部资金，才能从枯竭的战时经济过渡到和平时期。

阿姆斯特丹的这群人里有一位颇具影响力的成员——纽约的国民商业银行行长詹姆斯·亚历山大（James Alexander），他提出了一种创新的方式来处理欧洲重建所需的资本流入。欧洲沉重的债务负担和不稳定使得向欧洲国家和企业放贷的前景极其危险。为了降低违约风险并扩大欧洲各个风险类别的贷款范围，亚历山大支持将欧洲的所有信贷需求汇集在一起，经过证券化以后出售给美国投资者。换言之，美国投资者将从所有欧洲借款人的利息和本金支付形成的现金流中买下一个份额的权利，而不是与欧洲的每个借款人达成单独的借款安排。除此之外，债务需要有高价值抵押物的有力支持，以便既能在违约时为贷款人提供一笔资产，也可以从一开始就降低借款人违约并牺牲抵押物的动机。亚历山大写道："（美国商品的）欧洲单个买家必须准备好对其全部资产进行总体抵押。他的贷款应该进一步得到一个本国银行财团的支持，并在可能的情况下由政府担保加以强化。"[75]

即使有创新的金融设计，战争赔款和协约国之间的债务议题也缺乏明确的结果，这给投资界带来了巨大的不确定性。即便欧洲证券由合法估值的欧洲资产支持，但毕竟欧陆内部才结束了一场可怕的战争，报纸还在报道大西洋彼岸的争执，所以仍然不清楚普通美国投资者是否会坦然地"做多"欧洲。为了积累欧洲所需的资本，必须动用全国各地普通美国人的储蓄。在这种情况下，普通的美国投资者是那些平凡的美国农民、小商人或在职的专业人员。面对形形色色的投资者，欧洲证券无论提供何种理论上十分可行的抵押物，其在现实中的销售仍是困难重重。

1920年1月16日，备忘录的副本被发送给除法国以外的主要中立国和协约国政府（除了法国，因为那里尚未收集到足够的签名）。凯恩斯对于有多大机会获得政府支持并不乐观，他在1月31日给菲塞林的信中写道："我对任何满意的结果都不抱太大的希望。"[76] "很明显，"凯恩斯继续说道，"美国人决心袖手旁观，再加上法国令人非常不满的局势，这使得任何其他国家采取行动（帮助重建欧洲经济）看起来都是一项非常沉重的任务。"[77] 作为凯恩斯的众多预言之一，他总结道："所有这些都使得局势在好转之前变得更糟。"[78]

1919年12月12日，凯恩斯发表了《经济后果》这篇悲叹之作，并随之发现自己陷入了政治困境。一份如此严厉和讥讽地批评美国政府的小册子怎么可能说服华盛顿表现出善意和慷慨呢？凯恩斯写信给英国驻国际联盟的主要代表罗伯特·塞西尔（Robert Cecil）勋爵，就自己是否应该签署这一团体的备忘录征求对方意见。塞西尔特别关注华盛顿对凯恩斯作品的反应。"我承认我有点担心（《经济后果》）在威尔逊总统及其随行人员的心目中造成的影响，"他在致凯恩斯的信中写道，"他是一个自视很高的人，你在书中对他的描绘不太可能满足他的自负。据说他很'记仇'。正像你所指出的，我们必须呼吁美国人的慷慨，而如果他们的政府反对我们，我们无疑将会失败。"1920年1月6日，在给凯恩斯的另一封信中，塞西尔重申了他的立场:"我们对一个非常重要的结果抱着几乎难以实现的愿望,决不能放弃任何机会。"凯恩斯的签名"可能会惹恼某些拥有强大影响力的人"。[79]

凯恩斯的注意力从国际问题转移到了国内,这里还有更多可以改变或好好做一做的事情。针对20世纪20年代英国的经济衰退及随后的大萧条,他首先研究了货币与总体经济表现之间的互动作用。在1930年的《货币论》(*A Treatise on Money*)中,他把重点放在反思货币管理不善如何对经济的信用基础造成破坏。这在很大程度上推动了一场争论——1925年英国回归金本位制时,对平价的错误选择是否导致英格兰银行采取了过于严格的货币政策。

20世纪20年代,作为剑桥国王学院的财务顾问,凯恩斯应用了一种信贷周期投资理论。他也以伦敦和剑桥经济服务局创始人的身份向更广泛的受众宣传了这一理论,以此用来选择如何在股票、固定收益和现金之间配置投资。其实这并不算是一种能带来显著成功的策略。[80] 于是凯恩斯开始重新考虑他的立场。

凯恩斯在自己的分析中越来越多地应用双重假设。一方面,他不喜欢金融市场偶然的交互作用所产生的不稳定,总是一阵繁荣后又是一场崩溃;另一方面,他也对战时的德国和后来墨索里尼治下的意大利,以及苏联的系统性规划可能会起到的作用表示赞赏。到1932年,他得出结论:"现代两次最特别的政治运动,从道德和情感上完全相反的两极完成了他们的任务,在一个至关重要的问题上应该达成了一致,那就是必须用理智与审慎为核心的国家计划取代19世纪那种为人所欣赏的混乱无序。这是一件意义非凡的事情。"[81] 1932年,他还对热钱的涌动发出警告:"(由政府任命来调查工业衰退之根源的）麦克米伦委员会指出，在紧急情况下，英格兰银行的财力可能不够充裕，无法应对与外汇投机者和国际上的安全至上者有关的大量宽松货币。这些人近来在世界各地翻云覆雨，令这样或那样的银行系统都陷入困境。"[82]

最大的谜团似乎是，美国在欧洲列强血流成河之后占据了强大的主导地位，但为什么这样一块繁荣之地却如此容易崩溃。根据《货币论》的概念框架，有人可能会提出一个论点，即中央银行正在实施一个错误的政策体制。事实上，这一想法后来成为米尔顿·弗里德曼和安娜·施瓦茨在他们的《美国货币史》（*Monetary History of the United States*）中的著名分析的核心。在战争失利和赔款体制的代价之下，不难解释为什么德国会如此悲惨。但美国一定是为其思维方式所困，固执地沉迷于个人主义，它似乎是美国人的性格和美国生活方式的核心。凯恩斯说道：

> 现代世界里什么样的经济事件最令那些极其迟钝的观察者感到吃惊？是生产物质财富的非凡能力，尽管那是我们在战争期间发展起来的，是以随后的破坏为目的的。而今天的情况恰好相反，在富足中挨饿，我们竟无法将我们双手生产的食物送进自己的嘴里，这真是难以置信。因为战争是我们国家有史以来最接近计划体制的一件事情。环境不利，过于匆忙，仓促的急就章不可避免。然而，它让我们看到了现代化生产技术的潜在可能性。另一方面，当今，正是在美国，民族传统与计划观念尤为对立，且政府的组织形式最不适应临时的规划，经济体制的失灵与其机会相比最为明显。[83]

凯恩斯随后思考了个人在大众心理面前的无能为力，并选择了一个非比寻常的例子——瑞典"火柴大王"伊瓦尔·克雷于格。基于一种巧妙的关联，此人建立了新的火柴垄断，以筹集金融贷款换取他的公司获得供应火柴的特许权。克雷于格机制貌似以一种最巧妙的方式，实现了凯恩斯-菲塞林集团在1919年提出的愿景，建立一个稳固的欧洲企业，作为美国贷款的保障。克雷于格的远见和大胆给凯恩斯留下了深刻的印象，他渴望从这个人的失败中吸取一个直接的教训：

> 但在目前这样一个时刻，对于世界各处的国家计划来说，最突出的机会在于避免或缓解工业不景气，这种不景气让世界创造财富的潜力遭受了巨大损失。在这里，我们再次遇到了一个完全超乎个人范畴的问题。个人的无助是灾难性的，正如今天这世界上到处都是的大量例证所表明的。一个人其实什么也做不了，无论他的欲望多么强烈，或他的个人利益多么迫切。在一场无法控制或引导的洪水中，他只能和所有的伙伴一起随波逐流。如果不是从中心发起的一致行动，任何事情都无济于事。今天，在伊瓦尔·克雷于格先生的不幸去世中，我们看到了说明个人之无助的一个沉痛典型，无论他多么强大、多么伟大。他可能是其所在时代最具建设性商业智慧的人，他的各方面活动符合最广义的公众利益。他在战后世界的混乱中构想出自己的使命，即在资源过剩的国家和迫切需要资源的国家之间提供一个渠道。他为自己构筑了坚实的基础，用所能得到的保护措施包围着自己——也因此遭受着可能被无知者误解为普通赌徒的痛苦命运——但事实上，他

在一个冰冻世界的冰山之间崩溃了，没有一个人能在这样的世界里解冻并恢复温暖的正常生活。资本家努力获得"流动性"（人们所用的一种委婉的称呼），其实质是把他们的朋友和同僚推进冰冷的溪流中，同时有些更谨慎的人又依次从后面推着他们，这种景象称不上有教化意义。[84]

对凯恩斯来说，19 世纪的金融风暴现在已经变成一个冰冻世界里的冰山。

凯恩斯因此不愿接受小幅度的改革方案。早在 1929 年，作为自由党竞选纲领的一部分，他就倡导一项大规模的公共工程计划。1932 年，他致信保守党议员哈罗德·麦克米伦（Harold Macmillan），后者是出版凯恩斯作品的出版社的共同所有者，正迫切希望能有一些其他方案替代大萧条期间的紧缩：

> 我的主要感受是，您对发挥国家的投资职能的建议还不够大胆。您试图尽量减少国家必须发挥的作用，努力通过私营企业和补贴相结合的方式来取得成果，我怀疑这在当前时期是否可行。如果所需的激励规模适中，您的策略可能会起作用。但在当下，即使有国家的全部力量支持，想要实现足够的投资额也是非常困难的。[85]

解决办法只能来自一种国家机制。在一个金融不稳定的世界里，各国需要让自己脱身，以便实施合理的计划。施行关税是次要的，作为爱德华时代的自由主义者，凯恩斯认为贸易限制是一种低级的监管方式。1932年，在渥太华举行的大英帝国经济会议上，英国的自由贸易承诺行将走到命中注定的尽头时，他将英国预算中增加的关税描述为"一流的诅咒"，并表示"增加关税令人反感，尽管它可能是必要的"。他希望，除了食品税之外，转向高关税的行动能"到此为止"。任何关税可以做到的事情都可以通过汇率贬值更好地实现。[86] 然后凯恩斯沉入一项重要的反思，有关国际贸易成为需求不足的罪魁祸首。在1933年的一篇文章《国家自给自足》（*National Self-Sufficiency*）中，他解释了环境是如何变化的：

> 但是，国家的努力高度集中在获取海外贸易上，外国资本家的资源和影响力对一个国家的经济结构的渗透，以及我们自己的经济生活对波动的外国经济政策的紧密依赖，目前还没有明显地看到所有这些能够捍卫和保障国际和平。根据经验和预测，更容易提出相反的论点。因此，我赞同那些将国家间的经济纠葛尽量减少而不是最大化的人。思想、知识、科学、款待、旅行——这些东西从本质上都是应该国际化的。但只要合理和方便就应当可能地让商品在本土生产，最重要的是，金融应该以国家为主。然而，与此同时，试图让一个国家摆脱纠缠，就应当缓慢和谨慎。它不应该被连根拔除，而要像驯化植物那样使其慢慢朝着不同的方向生长。

现在，他回顾了战前全球化的轻快脚步，将1914年灾难的起源解读为贸易的冲突："经济国际主义时代在避免战争方面并非特别成功。"因此，"与1914年相比，更大程度的国家自给自足和国家间的经济孤立，比相反的情形可能更有助于和平事业"。[87] 所以，国家间的和谐需要限制全球往来。

作为对凯恩斯后危机思想最重要但也是最有问题的阐述，1936年的《通论》被深深的紧张情绪撕裂。其思维方法可能指向两个方向。第一个方向是建立一种能够相对容易地应用于政策制定的知识框架。在20世纪30年代那种情形下，凯恩斯引领了新的综合方向，并被约翰·希克斯（John Hicks）①和罗伊·哈罗德迅速阐释。[88] 在希克斯的解读中，从长远来看，资本的边际生产率会下降，但政府的行为可以推动经济达到更好的平衡。

凯恩斯在《通论》中提出了一个观点，即如果各国不再在贸易上竞争，就可以达成国际和谐：

> 我已在前一章中指出，在国内的自由放任政策和19世纪后半叶正统的国际金本位制度下，除了通过市场竞争外，政府没有任何手段来缓解国内的经济困境。除了在收支账户上改善贸易平衡的措施外，所有利于改善长期或周期性就业不足的措施都被排除在外。因此，尽管经济学家习惯于称赞现行的国际体制带来了国际分工的成果，同时协调了不同国家的利益，但其中也隐藏着一种不太好的影响。那些政治家被常识和对真实事态的正确理解所打动，他们认为，如果一个富裕的老牌国家忽视了对市场的争夺，其繁荣便会一去不再。但是，如果各国能够学会通过其国内

---

① 1904—1989，英国经济学家，他在20世纪30年代开始发展凯恩斯主义经济学。1972年，因其在一般均衡理论和福利经济学理论上的贡献，希克斯被授予当年的诺贝尔经济学奖。

政策为自身提供充分就业——我们必须补充一句，如果她们也能在人口趋势上实现平衡——就无需任何重要的经济力量将某个国家的利益与其邻国对立起来，也就仍有可能实现国际分工，并在适当条件下提供国际贷款。但那便不会再有紧迫的动机，让某个国家需要将其商品强加于另一个国家或拒绝邻国的供应，其目的不是为了使这个国家能够支付其想要购买的东西，而是要有意打乱收支平衡，从而形成对自己有利的贸易平衡。[89]

凯恩斯理论的另一个观点是，世界将出现极度的金融不稳定。这一机制在大萧条中摧毁了国际体系，并在20世纪70年代后重新出现。凯恩斯主义的这种逻辑后来由海曼·明斯基（Hyman Minsky）①阐述得最为清晰。[90]在20世纪30年代，凯恩斯主要设法解决英国的一场争论：部分英国经济学家将大规模失业现象视为商品的长期供过于求和人类需要完全得到满足的指征；在反驳这一想法的过程中，出现了另一种说法，即问题是由投机和商业失误造成的。其结果是，数量的调整不是为了清理市场而进行的有效价格调整，而是藉以恢复均衡的途径，但这只是一种次优的均衡。伊丽莎白和哈里·约翰逊（Elizabeth and Harry Johnson）总结道，凯恩斯提供了

---

① 1919—1996，美国经济学家，激进的凯恩斯主义者。明斯基的研究试图对金融危机的特征提供一种理解和解释。他指出在经济景气时期，当公司的现金流增加并超过偿还债务所需，就会产生投机的陶醉感，于是当债务超过了债务人收入所能偿还的金额时，金融危机就随之产生了。作为此类投机性借贷泡沫的结果，银行和货方会收紧信用，甚至针对那些能够负担借款的公司，随之，经济就紧缩。对这种金融体系从稳定到危机的缓慢运动的揭示使得明斯基为人所熟知，而"明斯基时刻"一词，也专指明斯基学术贡献中的这一方面。

"一种股市投机者的资产价格与价格变动理论"。[91]

消除金融不稳定需要更为激进的方法。如凯恩斯在《通论》中所说:"从根本上解决困扰现代世界经济生活的信心危机的唯一方法是,让个人在消费其收入和要求生产特定的资本性资产之间别无选择,尽管这种资产只是基于不可靠的证据,但给他留下的印象是最有前途的投资。"[92]

为调和政策取向与潜在的深刻脆弱性这一两难困境,需要努力构建一个不存在金融不稳定的国际秩序。这便是第二次世界大战期间,凯恩斯为迎接战后秩序而给自己定下的任务。

在解决两次大战之间的经济问题上,凯恩斯的核心地位缔造出一个有力的神话——这位无所不知的大师能从象牙塔里想出一个巧妙的解决方案。约翰·希克斯对《通论》的评价为"肯定超越了杰文斯式的革命"。[93]凯恩斯的作品有一种神奇的特质和魅力。他的第一位传记作家——其称得上对凯恩斯极其崇拜——经济学家罗伊·哈罗德在1944年于布雷顿森林召开的联合国国际货币会议上谈到凯恩斯时完美捕捉了这种情绪。那次会议为多边形式的战后国际复苏制定了精确的制度性计划。凯恩斯"总是准备好他那精美润饰的语句;即使在最深奥的问题上,他也能用闪电般的速度发现反对意见中的任何矛盾之处,并带着表面的温和以讽刺的、有时甚至是冒犯的语句予以指出"。[94]令人惊讶的是,在传记性和分析性的论述中,"神奇"一词的使用频率如此之高。关于《通论》,斯基德尔斯基写道:"凯恩斯是一个神奇的人物,正应当恰如其分地留下一部神奇的作品。"[95]美国的政策制定者阿道夫·伯利(Adolf Berle)和哈里·德克斯特·怀特(Harry Dexter White)对英国经济学家莱昂内尔·罗宾斯（Lionel Robbins）说："你们的凯恩斯男爵肯定喷香水了。"96 罗宾斯原来是一位自由市场主义者，后来戏剧性地转向了凯恩斯主义，他用更夸张的措辞表达了同样的想法。他在华盛顿的一次晚宴后写道："（凯恩斯）利用我们生活和语言的古典风格，但它是被一种非传统的东西贯通的，一种独特的超凡脱俗的品质，人们只能说它是纯粹的。当这位像上帝一样的来访者放声歌唱，金光四射的时候，美国人坐在那里如痴如醉。"97

全球化的暂停

1935年，凯恩斯在给乔治·萧伯纳的信中谈及在未来十年内彻底改变世界处理经济问题的方法，但当时他无法想象1939年后席卷世界的战火的范围与规模。他曾满怀希望却也不无担忧地设想，以英国为首，包括法国、苏联和美国在内的和平国家集团将"总体强大到只有疯子才会与之对抗"。98 但显然，这只是一厢情愿，它并未解释怎样将美国或苏联纳入这样一个和平联盟。

在20世纪30年代末和第二次世界大战中，困扰世界的问题是如何重振往往在不同国家表现出明显差异的资本主义，而非如何恢复全球化。凯恩斯对恢复国内管理体制的可能性持乐观态度。国家经济管理将解决短缺和盈余，而某种国际机制能确保国际贸易的影响不会造成干扰或破坏。

凯恩斯为资本主义理念进行辩护，并将自己视为一个能让患者恢复健康的医生。"一个人与其专横地对待同胞，不如去针对自己的银行余额。尽管后者有时被谴责为前者的一种手段，但它有时至少是一种替代方案。"这是理性的声音,但在 20 世纪 30 年代,替代方案的吸引力是多重的。在整个欧洲,旧的精英们都投奔了新的信仰。人称"红色伯爵夫人"的匈牙利伯爵夫人凯瑟琳·卡罗伊(Catherine Károlyi)回忆起她访问剑桥大学的情景:在那里,一名年轻的共产主义学生向她解释说,当革命来临时,牛津和剑桥的旧大学应该被完全夷为平地,这非常令人遗憾,却是"势在必行"的;亦有操着浓重的上流社会口音的英国大学生将苏联称为"应许之地"。[99] 英国中产阶级完美无瑕的小说家芭芭拉·皮姆(Barbara Pym)在她的学生时代,曾戴着纳粹的徽章在牛津四处走动,并前往汉堡观看希特勒的演讲——"我觉得他看起来干净利落,给我留下了深刻的印象。"[100]

凯恩斯根本上的乐观主义与伟大的奥地利经济学家约瑟夫·熊彼特(Joseph Schumpeter)①的悲观形成了鲜明对比。也许是受一系列个人悲剧事件的影响,熊彼特对政治与经济发展的相互影响形成了一种非常悲观的看法。资本主义曾经作为创新的巨大引擎,在其早期作品中被誉为"创造性的毁灭",而现在它正在自我毁灭。他的观点是在第二次世界大战期间发展起来的,当时他发现美国的政策和自己的想法有着显著的差异,并担心苏联即将接管欧洲。他首先提出一个响亮的问题:"资本主义能存在下去吗?"答案是:"不,我认为它不能。"他接着解释说,作为个人观点,这个问题是"无趣的",然后他用引号在资本主义的消亡前面加上了"不可避免"一词。[101] 其主要论点是,资本主义激起了知识界的强烈反对。

---

① 1883—1950,美籍奥地利政治经济学家。熊彼特的经济观点强调了创新和创造性破坏在经济发展中的作用,以及企业家的核心角色和经济周期的存在。这些观点对于理解经济发展的动态性和不稳定性,以及推动创新和经济发展具有重要的启示意义。

"不同于任何其他类型的社会,资本主义正是凭借其文明固有的逻辑,不可避免地在社会动荡中创造、教育并资助既得利益者。"[102] 熊彼特还指出了其他推动消亡的机制,商业企业随着传统的家族式结构受到压力,开始变得官僚化,正在失去推动资本积累的家庭动力。"随着家庭动机提供的驱动力下降,企业家关注的时间范围大致缩小到了他的预期寿命。而且他现在可能不再像从前那样愿意履行赚钱、储蓄和投资的职能,即使他不认为应该担心这样做的结果只会使他的税单膨胀。他陷入了一种反储蓄的心态,有了愈加强烈的意愿接受出于短期想法的反储蓄理论。"[103] 公司生活侵蚀了创新的过程,"因此,现代公司虽然是资本主义发展的产物,但它使资产阶级的思想社会化,不断地缩小资本家的驱动力范围,不仅如此,它最终还将扼杀其根源"。[104] 熊彼特的分析表明,资本主义是如今已被侵蚀的其他社会结构和行为的产物,"资本主义秩序不仅倚靠着那些超越了资本主义的材料构成的支柱,而且从超越了资本主义的行为模式中汲取能量,这种模式必然会被同时摧毁"。[105] 总之,结果证明马克思是正确的。凯恩斯认为过度储蓄和投资不足导致了经济停滞,熊彼特则认为储蓄不足是破坏资本主义的动因。

战后,熊彼特发现了一种新的动力机制,它对商业结构和创造力的侵蚀至关重要。在为1949年的新版《资本主义、社会主义和民主》(Capitalism, Socialism and Democracy)添加的注释里,熊彼特对战后的通货膨胀发出了警告:"长期的通胀压力可能在官僚机构最终征服私营企业制度的过程中发挥重要作用,由此产生的摩擦和僵局将被归咎于私营企业,并被用作进一步限制和管理的依据。"[106]

熊彼特一直关注彻底的结构性断裂,即不连贯性。他认为自己提供了新古典主义传统的一个反面。瓦尔拉斯描述了稳定状态中的事件。就连凯恩斯也给出了一个基本静止状态的分析。[107] 相反，熊彼特坚持问道："事情是如何变得不同的？"然后他得出结论："当世界上发生一些全新的事情时，我们面对的是一个谜。"[108]

在许多方面，熊彼特的悲观想法比凯恩斯更接近于20世纪中叶的中欧在经济和政治上存在的混乱现实。但是，如何让世界更像凯恩斯所希望的那种稳定世界呢？

关键在于限制资本流动。这个主题在20世纪30年代便已强烈地浮现出来。美国财政部官员哈里·德克斯特·怀特在新政早期就开始辩称，有必要恢复均衡。汇率、价格水平和国际收支的稳定将意味着"相关国家中最高的、最广泛的繁荣程度"。[109] 在1935年和1936年的一系列备忘录中，同样来自美国财政部的弗兰克·科（Frank Coe）和劳克林·柯里（Laughlin Currie）提出，只有在资本管制的情况下，这种新的均衡才有可能实现。[110] 一直存在一种倾向，认为新政为世界其他地区提供了一种模式。[111]

怀特在1942年认为："有这样一种情形，许多国家常常发现是她们自己造成了不得不采取管制措施的情况，而且所有国家偶尔都会遇到这种情形。"不稳定性的问题在20世纪30年代一直是限制妥善制定政策的核心——"资本外逃经常发生，尤其是在动荡时期，其动机要么来自从外汇投机中获利的前景，要么是避免通胀的愿望，要么是逃避税收或法规的影响。几乎每个国家都曾一度对投资的流入或流出实行控制，但是缺少了他国的合作，这种控制是困难而昂贵的，且容易出现很多规避行为。"[112] 从资本流动中受益的是少数富裕的精英阶层，这部分美国人口在20世纪20年代购买外国债券造成了灾难性的后果。管制效率的提高意味着流动资本所有者的自由度降低——"有5%或10%的人在外国拥有足够财富或收入并在海外持有或投资其中一部分，这种政策会给他们的财产权构成另一种限制，但这一限制很可能是为了人民的利益而实施的，至少是在政府有权判断的那种利益的范畴里。"[113]

与此同时，凯恩斯认为，战时英国在完善资本管制的应用方面"走了很长的路"，可以作为世界其他国家的榜样。[114] 对这些有关资本管制的信息提供了学术或智识上的支持的，包括大部分内容由拉格纳·纳克斯（Ragnar Nurkse）①撰写，并于1944年发行的国际联盟出版物《国际货币经验》(International Currency Experience)，以及1945年类似的国联出版物《战后世界的经济稳定》(Economic Stability in the Post-War World)。纳克斯的书从布雷顿森林体系解决方案背后的两次大战之间的经验中提炼了一系列的教训。在国联、从衰退中吸取的教训及新秩序这三者之间，其实存在着强烈的个人联系。事实上，纳克斯获得了在布雷顿森林创立的国际货币基金组织的高级职位，但是他表示拒绝，而去担任了哥伦比亚大学的校长。但他在国联的一些同事确实加入了国际货币基金组织。其中一些人，特别是荷兰的雅克·波拉克（Jacques Polak），认为国际货

---

① 1907—1959，爱沙尼亚裔经济学家。在经济学研究中，纳克斯重新强调了外部经济的重要性：所进行的投资越多，每项投资也就变得更加可行。他还提出了"贫困恶性循环论"：发展中国家在宏观经济中存在着供给和需求两个恶性循环。从供给方面看，低收入带来的低储蓄能力引起资本形成不足，资本形成不足使生产率难以提高，低生产率又造成低收入，这样周而复始完成一个循环；从需求方面看，低收入意味着低购买力，低购买力引起投资引诱不足，投资引诱不足使生产率难以提高，低生产率又造成低收入，这样周而复始又完成一个循环。两个循环互相影响，使经济状况无法好转，经济增长难以实现。

币基金组织是两次大战之间的国联经验与工作的延续和扩展。[115]

纳克斯认为,两次大战之间的汇率选择是错误的,但纠正这些错误的努力只是让情况变得更糟。为了获得短期贸易优势,各个国家竞相贬值。实际上,汇率过于频繁的调整是国际贸易体系遭到破坏的一个主要原因。"汇率调整越频繁,在资本流动及贸易流动方面的不平衡趋势便会更为加剧,劳动力和其他资源的内部移动会愈发频繁并令人不安;汇率风险对外贸的阻碍也就越来越严重。"[116]

新的共识已纳入布雷顿森林各项协定和国际货币基金组织的《协定条款》。虽然这些条款通常要求迅速恢复贸易支付,即经常账户交易,但第六条第3款批准对资本流动进行无限期的管制。在20世纪90年代,展开了一场围绕是否用资本账户自由化条款取代该款的长期争论。布雷顿森林体系的观点绝大多数是关于政府在国家重建中的影响力。伦敦的《观察家报》解释了英国的立场:"欧洲很少有国家准备将重建完全交给竞争性的私有企业。"[117]作为布雷顿森林"四大国"之一,中国和俄国也都推动了这一愿景。实行计划经济的俄国在协议的语言中做出了诸多让步,凯恩斯也确实曾抱怨:"安抚俄国人并把他们拉进来一直是美国政策的关注点。"[118]怀特在会议开始时对媒体说:"遭受损失的只有……那些在战前像'秃鹰'一样抓住外汇大幅波动机会的投机者。该基金组织……将结束这种投机行为。"[119]

所以,布雷顿森林会议是一次真正的国际活动。事实上,它仍然是旨在重塑世界货币秩序的唯一成功的会议,而此后的多次尝试都失败了。会议在新罕布什尔州山区的一个偏远位置召开,远离战时的溽热和没有空调的华盛顿,财政部长小亨利·摩根索(Henry

Morgenthau, Jr.）甚至对自己没有带羊毛袜表示遗憾。[120] 会议之所以成功，是因为它没有试图为政府行为强加一个整体模式或模板。

各个国家的发展为一个更美好、更稳定的世界奠定基础，这并非纯粹是美国的想法。1918年，孙中山写出了《实业计划》（*International Development of China*），列出"人民的四项重要必需品——衣、食、住、行"，提出了一个"各个资本供应大国的政府必须同意共同行动，统一政策，组成一个国际组织"的方案。这是一种从外国银行家手中夺取控制权的方式，这些银行家在战前曾任意胡为。正如他所说："在我的国际发展计划中，我打算将中国所有的民族产业打造成一个由中国人民所有的巨大的信托，并由国际资本提供资金以实现互利。"[121] 基于历史学家弗雷德里克·派克（Fredrick Pike）所总结的"应受到谴责的商业文明"，[122] 拉丁美洲和美国的愿景也有着共通之处。这些共同点为美国和拉丁美洲国家在20世纪30年代深入合作奠定了基础，当时美国担心纳粹在西半球展开经济渗透。墨西哥人欢迎美国通过拟议中的美洲银行等机构为公共部门的发展提供资金的想法，该银行在诸多方面展现出世界银行的蓝图。正如墨西哥经济学家兼公务员亚历杭德罗·卡里略（Alejandro Carrillo）在1941年所说："我们在墨西哥非常反对自由资本家进入这个国家，以任何他们认为最好的方式投资；因为我们相信这种投资往往会扰乱墨西哥的经济生活，而不是助力其发展。"[123] 国家主导的投资是另一回事。

布雷顿森林体系的这些新说辞可以追溯到新政初期，1933年7月罗斯福在伦敦世界经济会议上向世界各地的经济决策者发出的"爆炸性消息"，当时他抨击了"所谓国际银行家的过时的迷恋"。[124]

财政部长摩根索在布雷顿森林更明确地呼吁将"谋取暴利的放贷者从国际金融的圣殿中赶走"。"布雷顿森林会议提出的这项制度确实会限制某些私人银行家一度对国际金融的控制,"他在闭幕词中解释说,"资本和任何其他商品一样,应该摆脱垄断控制,并按照合理的条件提供给那些将其用于公共福利的人。"[125] 工会组织美国产业工会联合会的政治行动委员会制作了一本小册子,对政府给予布雷顿森林协议的支持进行了论述:"我们深知上一次战争以后国际金融的历史——由'恰当的人'和'恰当的保障'来管理。我们得到了什么?我们得到了世界性的萧条和法西斯主义的兴起,以及人类历史上最惨烈的战争。"[126]

在国家计划的基础上重建世界的愿景遭到了有力的抵制。美国共和党、金融利益集团和大部分媒体都反对布雷顿森林计划。《纽约时报》解释说,这些计划并没有对各国政府破坏稳定的通货膨胀政策"实施任何真正的控制",并认为美国最好通过平衡自身的预算来为国际合作和稳定做出贡献。

> 从几个方面来讲,这次会议的开局都很不幸。尽管稳定的汇率和世界的货币可靠性问题很重要,但对于各个国家来说,要想决定在什么水平上固定并稳定其本国货币单位是不可想象的……每个国家都应该放弃这样一种错误的想法,即通货膨胀或贬值对自己有利,或者当它竖起巨大的关税壁垒、补贴出口、阻止货币外流时,抑或当禁止本国公民出口黄金、资本或信贷时,自己的国家就可以获利。简而言之,每个国家都应该放弃对邻国发动经济战争时能够有所收获的错误想法。

同样,《华盛顿邮报》得出结论:"如果各国遵循合理的政策,平衡预算和调整贸易平衡",布雷顿森林体系"便是不必要的"。[127]

除了贸易支付问题外,布雷顿森林方案排除了其他全球化机制。一些小国家抱怨说,贸易被完全排除在议程之外。他们意识到,随着机床的主要替代供应商德国和日本已经被战争摧毁,战后世界的贸易很可能由美国主导。这些国家抱怨说,贸易不平衡"几乎必然会形成具有破坏性的趋势,有可能摧毁任何计划"。[128] 直到 1945 年 12 月,也就是战争结束后很久,美国才发起成立国际贸易组织的倡议,却为时已晚。其他国家要求豁免和保护,美国国会随后因老盟友的忘恩负义而感到被疏远。没有任何组织来监督贸易的自由化,直到冷战以后才建立了世界贸易组织。相反,贸易自由化基本上发生在双边贸易安排中,这些安排可以在一项全面协议,即《关税及贸易总协定》(General Agreement on Tariffs and Trade,简称 GATT)的框架内实现多边化。欧洲国家在 20 世纪 50 年代末才开始放开贸易支付,即经常账户支付,而日本迟至 1964 年才这么做。世界其他地区直到很久以后一直维持外汇管制。在 GATT 项下进行了数轮重要的关税削减,最引人注目的是 20 世纪 60 年代初的肯尼迪回合,但关键产品,纺织品和农产品,很大程度上仍在谈判框架之外。

贸易的增加是 1945 年后全面复苏中的重要增长引擎,但在 20 世纪 70 年代之前,贸易在世界产量中所占的份额一直远低于 1913 年 (13.4%) 或 1929 年 (10.8%) 的水平。1950 年,这一水平为 6.5%,到 1960 年上升到 8.1%,1970 年是 9.5%。重新全球化的主浪潮——也许可以被描述为过度贸易——是后来才出现的。

世界看起来也没有对大规模的人口流动敞开大门。最初,作为战后解决方案的一部分或前殖民地独立的结果,有大量的人口获得重新安置。截至 1950 年,总共约有 1200 万来自捷克斯洛伐克、苏联和波兰的德意志人迁移;还有印度次大陆的穆斯林和印度教徒,据估计,那里的"流离失所者"在 1000 万人至 2000 万人之间。这些流动构成了劳动力市场的根本改变。20 世纪 50 年代德国的经济复苏是被驱逐者流入的主要受益者。[129] 法国和英国的流入移民主要来自帝国或前帝国。美国劳动力市场因非裔美国人从过去的南方向北"大迁徙"而发生了变化。但是站在 20 世纪 40 年代和 50 年代的角度看,大规模的国际人口迁移不太可能持续出现。一时间,移民到美国的人数和世界各地的难民人数都很低。

全球化因战争及其结果而受到限制和阻隔——最大规模的(也许是第一次真正意义上的)全球战争也没有反转 20 世纪 30 年代的逆全球化趋势。布雷顿森林体系是全球连通性和相互依存性的产物,但它并没有,甚至无意重建一个全球化的世界,那样一个世界现在被广泛视为 19 世纪世界观的遗迹。

对全球的相互关联性持怀疑态度的一个主要原因是为世界带来根本变革的非政治发展——技术。20 世纪的国际历史可以用两条 U 形曲线来描述。第一条是全球化的曲线:在第一次世界大战之前有着很强的相互关联性,而在两次大战之间的大萧条和第二次世界大战中崩溃,然后从 20 世纪 70 年代重新开始。第二条曲线看起来像是前一个的镜像:它是美国生产力增长的一个倒 U 形曲线,或者说是领先世界的和最具活力的经济体的生产潜力的曲线。在两次大战之间,尽管美国经历了大萧条,但生产力激增,第二次世界大战使增长速度更快。20 世纪 70 年代之后出现了经济增长放缓,正像经济学家罗伯特·戈登（Robert Gordon）所分析的那样，当时的全要素生产率的增长仅相当于 1920—1970 年取得的非凡纪录的三分之一。[130]

对这两条 U 形曲线的联动存在三种解释：技术变革、战争和去全球化的逻辑。

首先，20 世纪中叶美国的超常发展是由巨大的技术变革推动的（见图 4.2）。以电气化以及汽车和卡车运输业的发展为首的全面创新改变了经济。经济史学家亚历克斯·菲尔德（Alex Field）称："总体来说，1929—1941 年是美国经济史中技术进步最快的时期。"[131] 很多公司扩大了研发活动，甚至在大萧条之中建立了许多新的实验室。电话、汽车、电器、公用事业、通信等行业都已成熟，并在相互作用的同时改变了人们的生活。在城市中，截至 20 世纪 30 年代末，几乎所有的美国家庭都通了电，94% 的家庭有自来水和排污管道，80% 有室内冲水马桶，58% 有中央供暖，56% 有冰箱，还有许多家庭安装了洗衣机；在农村，拖拉机给生产效率带来彻底的转变。

大萧条的痛苦经历并没有让美国这台发明机器放慢速度。如果说有什么不同的话，那就是 20 世纪 30 年代后半叶的创新步伐加快了。[132] 然后，战争带来了新的推动力。为了制造 B-24 轰炸机，亨利·福特在密歇根州建设庞大的柳溪工厂。从 1941 年 3 月开始，该工厂用了不到一年的时间就建成了，并于 1942 年 5 月生产出第一架飞机。根据最初的设计，其将以每小时一架的惊人速度生产轰炸机，但是这一速度经过了很长时间的努力才最终达到。在这个典型的边干边学的例子中，生产效率逐步提高——1943 年 2 月达到每月 70 架，1943 年 11 月是每月 150 架，1944 年 8 月达到每月 432 架的峰值。[133] 战时生产模式创造了一个新的样板，可以用于创造消费繁荣。

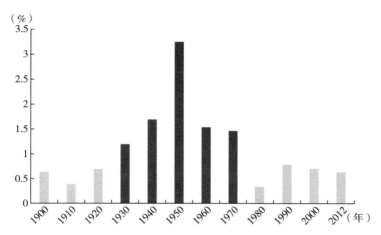

图 4.2　1900—2012 年间，按照每十年统计的美国全要素生产率的年增长率

资料来源：Robert J. Gordon, "The Turtle's Progress: Secular Stagnation Meets the Headwinds," in Coen Teulings and Richard Baldwin, ed., *Secular Stagnation: Facts, Causes and Cures*, London: CEPR, 2014, p.53。

其次，国际政治更加有力地推动了生产效率的引擎。作为一个有力的证明，第二次世界大战代表了一个经济奇迹，将美国经济从20世纪30年代末长期停滞的威胁中拯救出来。[134]

最后，还有一种去全球化的逻辑为工人带来了真正的改善，他们得到新出现的对国际流动性的限制的保护。在20世纪30年代，由于新移民在工作上缺乏竞争力，工会更容易组织起来并推高工资。高高的关税壁垒使美国制造业能够将所有可用的创新引入美国工厂，而无须过去几十年中已普遍存在的外包。移民和进口商品缺乏竞争力，提高了收入金字塔底部的工人工资，并导致了20世纪40年代、50年代和60年代收入分配的显著"大压缩"。罗伯特·戈登得出的结论是，正是广泛的去全球化奠定了美国此次大发展的基础。[135] 换句话说，从切断劳动力市场到进一步移民，随之出现了一种需求推动，它可能促进更深入的技术变革。需求管理，先是作为反周期的抗衰退政策，然后是军事动员过程的一部分，为生产力与生活水平的普遍提高奠定了基础。战争带来的家庭储蓄在 1945 年后被花在了战争期间无法获得的消费品上，这是"被压抑的需求"的经典案例。但即使在战后奇迹中，美国在两次大战之间生产效率的超常增长率也有所下降。

后两种影响，即世界大战和去全球化带来的一次性收入增加，不能一轮又一轮地重复。然而，20 世纪中叶在地理和距离方面的创新似乎呈现了新的机遇。这些改进从根本上区别于 19 世纪的创新——沃尔特·惠特曼所称颂的将世界联结在一起的铁路和蒸汽船。相比之下，20 世纪的创新让生产更加本地化。电能远距离分配动力，因此生产不需要集中在机械动力传输所需的大型建筑里，大型电机或涡轮机的动力通过皮带和滑轮传输。不同于铁路构成的主干系统，公路网络更像是毛细血管。1925 年，美国成立了州际公路联合委员会，并于 1926 年 11 月启动了一项计划，目的是通过为大约 13 万公里的高速公路提高等级，对交通基础设施进行合理化。[136] 19 世纪的技术让人类跨越世界，20 世纪的工业革命让技术更加个性化和特别化，个人或家庭拥有了电话、汽车、冰箱、收音机、洗衣机。

然后，在特别化和物流创新奠定的基础上发生了其他一些事情。战争需要有政府管理的高效后勤。在政府的协调下，第二次世界大战实现了前所未有的全国资源的动员。1940 年 5 月 26 日，罗斯福总统在炉边谈话中宣布，美国政府将"利用美国制造商的高效机械设备"，在未来 12 个月内生产 5 万架战斗机，以应对全球战争

"即将到来的风暴"。"政府与工业界合作,决定要提高这方面的能力,以满足我们的需求。""因此,合众国政府随时准备提供必要的资金,以帮助扩大现有工厂,建立新工厂,雇用数千名必要工人,开发数百种所需原材料的新供应来源,以及发展快速大规模运输物资的工具。当下,我们正在华盛顿夜以继日地制定所有这一切的具体细节。"[137] 战争显示了美国政府惊人的能力。

在20世纪30年代,其他一些国家就已经看到了美国的这种潜力。无论是苏联还是纳粹德国,都将福特生产方式(Fordism)①视作国家经济建设的一种方式。历史学家斯特凡·林克(Stefan Link)② 在最近的一本书中展示了苏联和德国的工程师如何痴迷于美国的技术并寻求类似的转型。[138]

如此一来,全球化的倒U形曲线和美国生产主义的正U形曲线紧密地交织在一起。美国后来成为世界其他国家的榜样或模板,不单出自其新兴政治霸权的地位(尽管这对宣传这一愿景有很大帮助)。1945年后的全球化与其说是通过贸易、人员甚至资金的大规模流动,不如说是通过思想的流动。美国作为一个拥有巨大内部市场的庞大经济体,从来不曾特别依赖对外贸易——从这个意义上说,其也从未非常全球化。美国对20世纪中叶世界发展的主要贡献是证明了美国梦可以作为大萧条的解药。

最开始,大萧条是一个需求短缺的故事,这使得对这场灾难展

---

① 指由美国福特公司开始施行的一种生产方式,其特点是等级分明、层层服从、部门之间没有横向联系的、流水线式的线性生产组织形式。

② 美国达特茅斯学院副教授。这里提及的他的最新作品应是出版于2020年的《打造全球的福特方式》(*Forge Global Fordism*)。

开经济分析非常必要，并引发了大规模的公共部门动员。此类动员只能在国家背景下进行，并且显然和军事动员一样危险。它可以在其他地方被模仿，带来破坏性。或者，在一个更和平的背景下，它可能会导致军事动员的平民化，即坚持每个国家都需要自己的计划、自己的未来经济愿景、自己的航空公司，甚至自己的汽车生产商。那才是发展，甚至是快速发展——这种说辞在20世纪40年代流行起来。这是一种缺少了大规模全球化的发展，却正是凯恩斯博士所要求的。

第五章

『　大通胀：20世纪70年代　』

第五章　大通胀：20 世纪 70 年代

大通胀始于经济过热，其结果造成了大范围的短缺和价格上涨，摧毁了人们对政府的信心。这是一场由充足与过剩造成的危机，引发了对全球化的重新思考。20 世纪 60 年代，国际贸易不断扩大，人们对如何掌控和引导人类社会普遍持乐观态度。由此而来的一派振奋情绪指向了从宏观经济管理机制中压榨出更多的增长以确保经济开足马力。人们狂妄自大地相信政府能够实现其目标。需求的上行压力最终造成了供给方面的制约，然后在 20 世纪 70 年代发生了一场供给冲击。

美国的失业率大大低于一种"自然失业率"的当代估值，在 1965 年和 1966 年为 5.7% 左右。[1] 消费品价格通胀率从 1965 年的 1.7% 上升到次年的 3.0%，到 1970 年升至 5.9%。1969 年，美联储收紧了政策，进而在 1970 年形成一场温和的衰退，但这对抑制通胀压力几乎没有作用。有一种货币政策上的悖论：过于稳定的货币造成了对投机无风险的虚假保证，从而推动形成了极易崩溃的泡沫。这种陷阱性的财政版本出现在 20 世纪 60 年代末的乐观氛围中，即遵循凯恩斯的"食谱"进行的财政微调，将确保每一次衰退或经济疲软的

发生都能通过积极的需求管理予以抵消。一切似乎皆有可能，而事实并非如此，分析人士随后开始重新发现"令人不快的算术"。²

各国政府起初认为他们需要采取更多行动。即使是宣布将遵循保守的自由市场原则的政权，包括理查德·尼克松总统治下的美国政府或爱德华·希思的英国保守党政府，最后也很快实施了管制和约束来追求持续的繁荣，但都以失败告终。尼克松的价格管制的效果是鼓励了更多的消费，更多的进口，但最后还是出现短缺，尤其是在1972年至1973年的那个冬天发生的取暖用燃油不足。事件发生的年代顺序很重要，因为20世纪70年代的许多神话都源于人们相信世界其他地区，尤其是石油生产国（但也包括其他商品的供应国），他们滥用了自己的市场地位。事实上，他们是在对美国和许多其他西方国家推动的发展做出响应，这些国家也踏上了同样充满自信的扩张道路。最初，它让人们很容易认为石油生产国是"事件当中的明显而首要的恶人"。³ 然而，更现实的观点认为，油价是对全球供需关系，尤其是对20世纪60年代后期和70年代初期的全面经济扩张做出的反应。⁴

从美国人用来描述他们对世界看法的简单词汇的变化中，我们可以看到新的经济冲击带来的困惑。美国人在印刷品中使用"进步"一词的频率高于"危机"，这与20世纪德国人的悲观形成了鲜明对比。但从1967年起，"进步"的使用迅速减少，而"危机"的使用则增多了。（1967年后，法语或德语中的"进步"也招致了越来越多的反对，尽管法国的衰退开始得更早。）1966年之后，美国人，至少在印刷品中，"进步是好的"这句话的使用开始变少。根据谷歌的N元语法查看器的数据，这种情况在20世纪70年代变得更糟。越南、汽油短缺、水门事件和滞胀,这些加在一起便构成了全国性的信心缺失。

最终导致20世纪70年代的悲观与不安的决定性经济参数在于国内的高通胀、高失业率和低增长的结合。这种困境的驱动因素是人们普遍相信,经济增长能够提高生产效率,实现更多增长,并因生产率的提高而压低价格。尼古拉斯·卡尔多(Nicholas Kaldor)①开发的一个很有影响的模型着眼于技术进步与增长率之间的长期关系,并衍生出一个"技术进步函数"。扩张的制造部门将带来更高的增长率,继而还有更高的工资,这是一种自我维持的良性循环。[5] 颇具影响力的经济学家罗伊·哈罗德随后得出了合乎逻辑的推论,更强劲的需求增长可能会降低而不是提高通货膨胀。[6] 这些乐观的预期却令人大失所望。

此前,决策层认为通胀与增长之间存在一种由菲利普斯曲线定义的协调关系,该曲线是新西兰经济学家威廉·菲利普斯(William Phillips)发现的一种关系。在其最初版本中,它是工资与就业之间的关系。高速增长或就业率上升将引发工人短缺和工资压力,后者又转变为物价的上涨。经济冲击将减少用工需求,导致工资下降和价格上涨速度放缓。对于世界上的主要工业经济体来说,这种关系可以在20世纪60年代的经验中得到清楚的证明。然而,在20世纪70年代,尽管失业率很高,工资却仍在继续上涨。凯恩斯的调整理论依赖于工薪阶层的非理性的或随意的行为:在最初的想象

---

① 1908—1986,匈牙利裔英国当代经济学家,新剑桥学派的主要代表人物之一。其经济学研究覆盖了厂商理论、福利经济学、资本理论、国民收入分配理论、经济周期、经济增长、国际贸易理论、货币政策、税收政策。

中，工薪阶层患上了一种"名义工资错觉"，没有注意到通货膨胀正在侵蚀他们的实际收入，而较低的实际工资形成了较高的就业水平。如果这种名义错觉随着更高的通胀水平而消退，那么就需要对调整问题给出新的答案。工资方案只能受到纪律、指导方针甚至管制的约束。放款人也有自己的幻觉。通胀率的升高将实际利率压低到所有历史趋势以下，甚至跌入负区间，由此减轻的政府债务助长了赤字无关紧要的错觉。

新的菲利普斯关系也是巨大的技术和经济变革未得到充分重视的结果。新兴技术使富裕国家能够进行新的生产活动，并向服务业转型。但新的经济活动所需的劳动力并不是现成可用的，从一个地区到另一个地区的大量人口转移与强调充分就业的政策并不相容。这个问题得到了最敏锐的分析，不是针对西方的市场经济，而是在苏联的计划经济领域内，雅诺什·科尔奈分析了为什么不可能有一个真正同时消除过度需求与过剩供给的经济体系："'最优化'是不可能的，我们希望充分就业，但我们不希望劳动力短缺。它们是连带产品，似乎必然会一起出现。"[7]

增长与生产效率

尽管通货膨胀问题的根源在国内，但它引发的争论和反应却是针对外部政策，体现在对于本国经济与世界其他地区关系的影响上。美国首当其冲。1971 年 8 月，尼克松总统突然终止了美元的黄金可兑换性——此命令当时仅限于外国的官方机构，同时对工资和价格实行 90 天的冻结，并对进口商品征收 10% 的附加费，以"确保美国产品不会因不公平的汇率而处于劣势"。从 12 月份开始，就出现了旨在帮助美国生产商的新汇率。

尼克松的商务部长彼得·彼得森（Peter Peterson）在 1972 年末发布了新的能源倡议，并警告称，支付进口石油的资金将会短缺，这将推动在出口收入上的竞争。如同在 19 世纪 40 年代有关欧洲饥荒的混乱辩论中，石油取代了玉米所占据的位置（见图 5.1）。正如彼得森所言："一种结果将是，所有主要逆差国家都会发现自己被迫进行一场疯狂的、自相残杀的争夺，不仅为了能源，还为了获得外部收入来支付账单。这可能造成的极其激烈的竞争不仅是在制造业出口上，还包括从长远来看可能会损害各方利益的那些出口补贴。""比较优势正在消失，"在补充完了这一观点后，他以讽刺的口吻结束了演讲，"低价能源的时代几乎已经结束。大力水手正在耗尽廉价的菠菜。"[8] 甚至在一年之后，当尼克松谈到当时已显而易见的"能源危机"时，他还解释说："我们更深层次的能源问题不是来自战争，而是来自和平与富足。我们今天正在耗尽能源，因为我们的经济大幅增长，也因为在繁荣时期曾被视为奢侈的东西如今被当作必需品。"禁止将煤转化为煤气，降低飞机油耗，全国范围的限速，并减少取暖油消耗，尼克松宣布的那些措施也像早先的食品限制一样，被宣称为实际上有益于健康："把你家里的取暖器调低至少 3℃，这样我们就能让全国日间平均室温降到 20℃。顺便说一句，我的医生告诉我，在 19~20℃ 的环境中，你真的会比 24~25℃ 的时候更健康，这种健康价值会让你觉得低一些的室温更舒适。"[9] 而在对一个全球化的世界感到不适时，人们总是很容易将外部世界视为新痛苦的源头，尤其对那些想推卸责任和指责的政客来说。

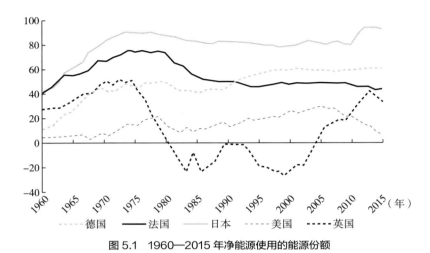

图 5.1　1960—2015 年净能源使用的能源份额

资料来源：世界银行资料。

当时，对危机或困境的最明显解释是，欧佩克那些主要位于中东的产油国造成了供给冲击。欧佩克提高石油价格，然后将石油作为政治武器的举动，发生在尼克松冲击引发的货币混乱的背景下。围绕美元建立的平价体系于 1971 年 8 月崩溃，到了 1971 年 12 月，史密森学会货币会议上恢复该体系的尝试不仅令人难以信服，而且十分短命。由于石油通常以美元计价，石油生产国首先希望保护其出口的实际价值，然后在 1973 年 3 月，当复原的平价体系最终解体时，他们意识到提高石油价格既可以作为经济武器，也可以充当政治武器。于是出现了一种新兴的"石油民族主义"。1974 年，欧佩克国家的石油收入增加了两倍，达到 1080 亿美元，占世界出口总额的八分之一。所有主要的工业国家都严重依赖于石油进口。

油价上涨可以被视为征收了一项减少财富和收入的新税。因此，工业国家大多决定不立即做调整。大部分国家的直接反应是顺应这次冲击。货币和财政上的适应措施推动了通货膨胀，1974年美国的通胀率上升到11.0%，在第二次石油危机后的1980年又提高到12.0%。其他一些国家的通胀率也有所上升：在英国，1975年的消费者价格指数（consumer price index，简称CPI）通胀率是24.2%，1980年为18.0%（见图5.2）。各国采取不同的策略减少燃料进口，法国推动核能作为碳能源的替代品，英国在北海开发油气田，德国人和日本人普遍接受更高的燃料经济性。只有美国认为她不需要采取行动，一场燃油经济性运动直到20世纪70年代末才姗姗来迟地启动。经过20世纪70年代，轻型日本汽车的生产数量从240万辆增加到640万辆，使这一分支形成巨大的出口商机。

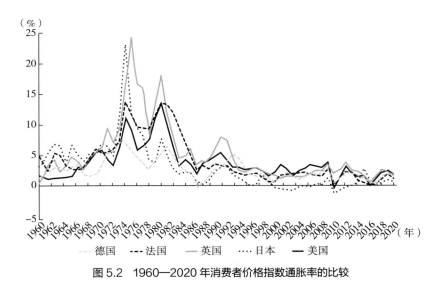

图5.2　1960—2020年消费者价格指数通胀率的比较

资料来源：世界银行资料。

短缺的言论再次浮现于各处。一些进口国实行"无车日"，以此作为定量配给汽油消费的一种方式。当时出现了"加油站恐慌"。美国黑人激进分子认为,削减供暖会造成"贫民区的流感蔓延",杰西·杰克逊(Jesse Jackson)牧师声称,能源危机将是"为进一步侵蚀黑人权利进行辩护的万能借口"。[10] 短缺的远远不只是燃料。在某种程度上(其实是在很大程度上),它是政府政策的结果。根据尼克松价格管控的第四阶段措施,从 1973 年 8 月起,某些"旧的"石油价格受到控制,而另一些"新的"则不受监管,对于农业、卫生和应急服务的供应被视为优先,但卡车运输业被排除在外,这些分配看起来具备合理的优先性。卡车司机做出愤怒的回应,公开冲突爆发,武装分子挥舞着棍棒和枪支。到 1974 年,其他商品也变得稀缺。纽约的肉类供应量下降了 40%,其他地方则储存起定量供应的产品,如牛肉、鸡蛋和面粉等。[11]

1972 年,罗马俱乐部(Club of Rome)① 发表了一份极具影响力的报告《增长的极限》(*The Limits to Growth*),以马尔萨斯式的方法对比了人口和需求的指数增长与世界上不可再生资源的有限供应。这份报告基于麻省理工学院的杰伊·福里斯特(Jay Forrester)开发的方法,对一系列反馈循环和交互作用进行了计算机建模。世界体系的基本行为模型设定为人口和资本的指数增长,随后是崩溃。这种模式清楚地表明了长期的不可持续性。该报告最后发出一个严峻的警告:"增长阶段不可能再持续一百年。同样,由于系统的延迟,假如国际社会等到这些制约确定无疑的显现,那就等得太久了。"[12] 还有一些关于日期的猜测。资本会越来越多地用于资源开采,其结果将是:从

---

① 成立于1968年的一个国际性民间学术团体,也是一个研讨全球问题的全球智囊组织。其宗旨是研究未来的科学技术革命对人类发展的影响,阐明人类面临的主要困难以引起政策制定者和舆论的注意。

2015年左右发生人均工业产出的崩溃；大约自2020年起，开始呈现教育和卫生支出的下降，死亡率会上升；从2030年起，全球人口将下降。站在2022年的角度来看，该预测似乎有着惊人的先见之明。

罗马俱乐部为避免威胁而推荐立即实施的调整，是否本应当发生在20世纪70年代这一时刻呢？石油生产国对沮丧的氛围满不在乎。沙特石油部长谢赫·艾哈迈德·扎基·亚马尼（Sheik Ahmed Zaki Yamani）的观点被多次引用，他认为"石器时代不会因为世界上的石头用完而结束，石油时代也不会因为我们的石油耗光而结束"。[13]他被引用的这句话不仅变成了石油生产国的一句口号，而且是石油工业以及那些支持这一基础世界观的政客们的口号。实际上是专注于增长的政治机构推动了持续增长。在国际上，随着本国在石油、粮食和其他大宗商品上的支出增加，各国发现国际收支平衡承受很大压力。由于无法从国外购买关键商品，各国政府不得不做出艰难的选择。许多国家尝试定量配给稀缺商品，决定谁什么时候可以开车，或者是否应该向护士支付比教师、警察或公务员更高的工资，但是这些国家都失败了。

应对稀缺的直接和本能反应便是保护主义。英国的国际收支问题比其他地区出现得更早，在所有主要政党支持下，政府尝试了一场"购买英国货"运动。领导人鼓励国民佩戴印有英国米字旗和"我支持不列颠"字样的贴纸和徽章。新闻大亨罗伯特·马克斯韦尔（Robert Maxwell）①派发了印有同样口号的T恤衫，但这些衣服

---

① 1923—1991，英国报业巨头。1987年，其因财务欺诈和挪用公款被起诉并被判有罪，其公司也随之破产。

却是在葡萄牙制造的。20世纪70年代中期,政府短暂地陷入了工党左派所说的"紧缩经济",并实行了大范围的进口限制。在美国,人们对日本人的竞争感到极度焦虑,1981年,华盛顿强迫东京签署了一项限制日本汽车出口的协议。然而,此举适得其反。鉴于新的"自愿"数量限制,日本生产商只是将重点从廉价、节能的汽车转向了豪华汽车。

对于贸易保护主义,最广泛的理论依据是在凯恩斯和凯恩斯主义的发源地剑桥大学被提出的。应用经济学系,尤其是系主任温恩·戈德利(Wynne Godley),这位才华横溢且学识深厚的人,还曾是考文特花园皇家歌剧院的首席双簧管演奏家,他坚持关税和贸易保护的必要性。1975年,该系的《经济政策评论》(*Economic Policy Review*)声称:"除了引入某种形式的进口限制,现在似乎没有其他办法同时改善当前的通货平衡,并将失业数字维持在100万以下。"[14] 正如戈德利后来所说,20世纪60年代的繁荣发出了错误的信号:"人们被这样一个事实误导了,即在繁荣时期,售卖外国商品比自己制造商品更容易找到资金和工作。"[15] 他的同事弗朗西斯·克里普斯(Francis Cripps)解释道:"为了让贸易体系再次增长,你必须找到某种办法来转变优势的平衡,让最需要增长的人能开始或多或少得到他们的贸易份额。然后整个贸易体系才能重新起飞。"[16] 当时的想法是在保护主义的帷幕后面迅速提高产能。以下则是1976年被提出的一条建议:"如果能够达成任何可行的安排,消除国际收支对未来需求增长的障碍,英国经济就应该可以度过一段非常快速的增长期。依据过去的表现,这将使英国经济以每年5%或更高的持续增长率维持多年。这将为工业和经济转型提供机会,解决目前存在的关键结构性问题。"[17]

这个激进的建议没有得到重视。事实上，20世纪80年代初，伊朗革命造成的第二次石油冲击袭来之后，剑桥大学的观点转向了对整个国际体系的关注，并认为更高的石油价格，甚至更高的整体商品价格，将是促进新型增长的一个途径。"很高的世界油价将为发达国家减少能源消耗提供更有力的诱因，并将有助于许多国家开发更难开采的石油贮藏和其他天然能源。"[18]

随着进口商品成本的增加，各国政府不想强行调整并压缩工资和收入。有一种常见的历史解读，认为美联储曾受到理查德·尼克松和后来的吉米·卡特的威逼，被迫推动通货膨胀。爱德华·纳尔逊（Edward Nelson）最近对米尔顿·弗里德曼和美国货币争论进行的广泛研究驳斥了这种说法。美联储主席阿瑟·伯恩斯（Arthur Burns）① 是一位无可挑剔的正统货币论者，也是弗里德曼早年的老师、朋友和一个父亲般的角色，他一直坚称美联储决心防止一场新的螺旋上升的通货膨胀，但他对通胀如何产生有一种错误的理论。他相信自己会成功，因为他所倡导的价格和工资管制将遏制可能由一次性冲击产生的工资推动效应。还有一个如何衡量的问题，即美联储基于扩张空间或产出缺口的评估，其结果其实远远大于后来使用修正值计算出来的结果。[19] 直到1981年，美联储才通过提高利率来应对通货膨胀，以维持实际利率，以及预期的未来利率保持正

---

① 1904—1987，曾在1970—1978年担任美联储主席。伯恩斯认为通货膨胀主要来自工会和企业的垄断，以及财政赤字过大等一次性因素。他在担任美联储主席期间采取了一系列措施来控制通货膨胀，例如在1972—1974年大幅加息，但后来又过快转向减息，导致通胀复炽且势头更猛。这一政策转变使得美联储在控制通胀方面受到了一些批评。

值。[20] 所以说，美联储带着错误的理论进入了 20 世纪 70 年代的大通胀，弗里德曼的声誉建立在他预测了通货膨胀的糟糕结果。美联储引发的通胀破坏了稳定，尤其是在 20 世纪 70 年代末，它还削弱了美元作为国际货币所发挥的作用。

在通胀发展的初始阶段，以股票价格为首的资产价格上涨，但随着对通胀过程的认识沉入市场心理，1972 年后美国和英国的市场出现了震荡。相反，日本则是戏剧性的飙升，德国也在后来出现了较为温和的上升（见图 5.3）。

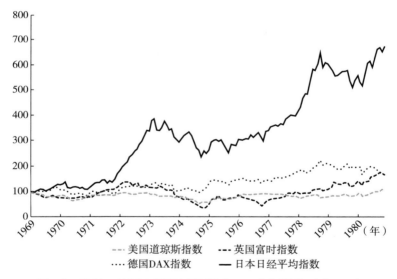

图 5.3 1969—1980 年股票市场指数（1969 年指数被设定为 100）

资料来源：根据全球金融数据计算得出。

在欧洲，尤其是法德两国，通货膨胀在很大程度上被理解为通过国际货币体系由外部输入的。20 世纪 60 年代，法国决策者和理论家抨击了美元在国际货币体系中的作用，总统乔治·蓬皮杜（Georges Pompidou）①向财政部部长瓦莱里·吉斯卡尔·德斯坦（Valéry Giscard d'Estaing）②施压，要求他在国际货币基金组织年会上解释"你不能按照有缺陷的时钟调节手表"，21 埃贡·佐门（Egon Sohmen）③等德国经济学家认为通货膨胀是输入的，联邦银行（Bundesbank）作为很有影响力的德国中央银行欣然接受了这一评论。

1973 年 5 月，德国联邦银行看到了结束与美元的固定汇率联系并开始实行某种货币管制的机会。它的举动并没有受到所有德国人的欢迎——银行业担心会出现银行倒闭，出口企业担心汇率升值——但央行坚持行动。从 1974 年起，联邦银行就根据一个央行货币的目标范围运作，这是一种狭义的货币供应量衡量标准，被认为是向市场和协调工资谈判过程中的各方传达适当通胀目标的一种方式。后来，由于通货膨胀率远低于美国，利率也因此更低。德国人认为，最初的成功使他们能够将 1973 年晚些时候的油价上涨单

---

① 1911—1974，法国政治家，曾任法国总统（1969—1974），在其执政期间，通过推动法国工业、农业现代化进一步发展，法国经济取得了长足的进步。同时，在其任内，其通过让法郎贬值来缓和财政问题，以此达到收支平衡；为应对通胀问题，其颁布新《银行法》来禁止国家直接向中央银行借款，法国从此大量依靠境外资本和负债维持自身经济循环。

② 1926—2020，法国政治家，曾任法国总统（1974—1981）和法国财政部长（1962—1966，1969—1974）被誉为"现代欧元之父"。在他担任财政部长的第一个任期内，法国实现了 30 年来的首次预算平衡；但他的国际经济政策（包括他试图限制美国在法国的经济影响力），以及他其他保守的金融措施导致了法国经济衰退。

③ 1930—1977，出生于奥地利的著名经济学家，曾在美国求学和执教多年，后来回到德国，最后执教于海德堡大学。在他短暂的 19 年学术生涯中，其积极倡导灵活的汇率、竞争和市场机制，他关于灵活汇率的开创性著作极大地推动了美国经济舆论的重心转向浮动汇率制度。

纯地视作一次性事件，并对其做出顺应，从而经历了1970年世界经济衰退的一个温和版本。[22]

不同的响应在关于政府的能力与效率的辩论中占据了突出地位。企图通过管制来解决能源问题和价格通胀问题的失败，让主持这种策略的领导人名誉扫地。在美国，杰拉尔德·福特总统被不公平地描绘成一个可笑的人物：他在深夜喜剧节目中被呈现为在高中打了太多橄榄球或者不能一边走在街上一边嚼口香糖的人，此外还有更粗鲁的嘲讽。他的继任者吉米·卡特看起来更倒霉。在一个戏剧性的反省时刻，他取消了原定于1979年独立日的演讲，而是前往戴维营（Camp David）待了10天，在那里邀请了来自全国各地的美国人向总统诚恳地介绍他们的观点。然后，他在7月15日的电视讲话中介绍了成果。这次演讲被称为"信任危机"演讲——亦被称为"忧患"演讲，尽管卡特没有使用这个词。他首先举出一个直截了当的批评："一位南方州的州长说：'总统先生，你不是在领导这个国家，而只是在管理这个政府。'"然后他的下嘴唇颤抖了一下，又引用了其他人的话："这是一个很好的例子：'大胆一点，总统先生。我们可能会犯错误，但我们已经做好了试验的准备。'""信任危机"正击中了"我们的国家意志的内心、灵魂与精神。从对自己生命意义的越发怀疑中，在我们国家失去统一目标的过程中，我们可以看到这种危机。我们对未来信心的削弱有可能摧毁美国的社会和政治肌理"。[23]

对这次演讲的最初反应是热烈的，民意调查显示，人们普遍赞赏这种坦率的评判。然而，一旦尘埃落定，坦率的声明便将卡特定义成一个失去控制的领导人。这也是1980年总统竞选的主题，许多人举着"ABC"①的牌子，意思是除了卡特之外任何人都行。最终，共和党的挑战者罗纳德·里根非常有效地利用了"忧患"这一主题。通货膨胀是控诉的核心，它在1980年初已经达到了18%。正像里根在与卡特的决定性电视辩论中指出的那样："他把通货膨胀归咎于人民，归咎于欧佩克，归咎于美联储系统，归咎于美国人民缺乏生产效率，然后他指责人民生活得太好，而我们必须分担短缺，我们必须做出牺牲，习惯于用更少的钱生活。我们不会因为人民过得太好而遭遇通货膨胀，我们遭遇通货膨胀是因为政府过得太好。"²⁴ 政客们普遍抨击通货膨胀，同时却又不知如何是好，因为通胀放缓的进程看起来艰难而乏味，而手忙脚乱的操作和乏善可陈的政策结合在一起令这一过程看上去毫无成效。

由于保守党和工党政府都严重依赖价格与工资管制，英国政府看起来更加无能。1974年，工会，尤其是煤矿工人工会造成了全国性的瘫痪，保守党首相爱德华·希思（Edward Heath）②在与其进行了激烈斗争后，呼吁提前举行大选，以解决"谁治理英国？"的问题，但选民拒绝了他。取代希思的工党政府同样致力于工资和价格管制。无论是保守党还是工党，工资指导和管制都涉及不可能的选择。是护士比老师更有价值，还是警察比煤矿工人更有价值呢？裁决的过程引发了分配冲突，也导致工资逐渐小幅上涨，因为总有某个群体指向另一种解决方案，并宣称他们需要更多。解决方案的时

---

① 即"Anyone But Carter"。
② 1916—2005，英国保守党政治家，英国第46任首相（1970—1974）。在其任首相期间，英国加入了欧洲经济共同体，并向北爱尔兰派军。与此同时，英国饱受经济问题困扰。经济改革的失利，再加上不断的工会抗议以及罢工行动，导致希思政府于1974年2月解散。

间间隔造成了越级提升的可能性，这增添了不满情绪，加剧了问题的政治化。

到 1976 年，随着英国成本的爆炸式增长，出现了一场货币危机。为了应对紧迫的国内危机，财政大臣丹尼斯·希利（Denis Healey）从希思罗机场返回，他原本要从那里起飞去参加国际货币基金组织年度会议。后来，在 1978 年与 1979 年之交的冬天——一个"不满之冬"——发生了罢工和短缺，街上堆着无人清理的垃圾，尸体等待下葬。1979 年 1 月 10 日，晒成了棕褐色的詹姆斯·卡拉汉首相从加勒比海瓜德罗普（Guadeloupe）的一次国际会议上回来了。他在落地时说的一句话被错误地引用，这也变成了他的政府，事实上也是旧的工党的一则讣告。流行小报《太阳报》（*Sun*）用它作为通栏大标题："危机？什么危机？"卡拉汉的原话其实是："我不认为世界上其他人会同意混乱正在攀升的观点。"他表示，对混乱攀升的解读是"相当狭隘的观点"。[25] 卡拉汉最终深感沮丧：他觉得他被自己这一方，被他为之奉献了政治生命的工会运动深深辜负了。[26] 广告代理萨奇公司（Saatchi & Saatchi）设计出一句非常有杀伤力的双关语："工党不行"（Labour isn't working）①，对保守党的竞选起到重要的推动作用。

不仅仅是政党和政府不行，资本主义制度貌似也失灵了。希思将罗荷集团（Lonrho）的小罗兰（Tiny Rowland）②丑化为"资本主义的不可接受的面孔"。罗兰的父母是德国人，在第一次世界大战期间印度的一个拘留营生下了他。他是一个特立独行的"海盗"，曾推

---

① 亦含"工人没有工作"的意思。
② 1917—1998，英国企业家，他以其在非洲复杂的商业利益、与许多非洲领导人的亲密关系及与军情六处在后殖民英国于非洲的外交政策方面的合作传闻而闻名。

动自己的公司在非洲进行疯狂扩张。作为一个罗德西亚①白人农民，他开始弥合"大英帝国的终结和国际公司的崛起之间的商业鸿沟"。[27] 罗荷集团在南非推动一个耗资巨大的扩张项目，开辟了一个名为西部铂金（Western Platinum）的新矿场，并押注于动荡的大宗商品市场。1973年，董事会曾试图驱逐罗兰，但未能成功。然后，他买下了英国一家重要的报纸《观察家报》，希望能获得更好的宣传。

意大利和德国也都有各自的忧患，由持续的恐怖主义威胁驱动的"动荡年代"。在德国，威胁主要来自左翼的赤军派（Red Army faction）；而意大利的情况则更为复杂，那里既有新法西斯恐怖主义，也有红色旅（Brigate Rossi）的活动，还有关于情报部门参与其中的传言。1974—1976年担任意大利总理的阿尔多·莫罗（Aldo Moro）——一位试图与共产党建立稳定联盟的基督教民主党人——被"红色旅"绑架，并在做了55天的人质后遭到杀害。意大利和英国都要求国际货币基金组织在1977—1978年谈判达成一揽子计划，以施加一些外部纪律。

与英国和意大利领导人相比，德国总理赫尔穆特·施密特看起来更坚定地把控着局势。但让他一直感到沮丧的不仅是民主制度的生存能力，还有，也就是西德可能会像魏玛共和国一样的征兆。他对自己党内的反对派感到愤怒，并多次认真考虑辞去总理职务。人们称他为"实干家"。1962年2月，他在应对汉堡的一场大洪水中，就以能干和非意识形态的管理而闻名。他嘲笑许诺和宏大愿景：

---

① 位于南部非洲的英国殖民地1965年11月11日单方面宣布独立后取的新名，沿用至1979年5月31日。1980年4月18日再更名为津巴布韦。小罗兰于1948年移民至此。

"任何有幻象的人都应该去看眼科医生。"① 1974年4月,在成为总理前不久,施密特撰写了一份以《经济文件》(*Ökonomisches Papier*)为题的备忘录,警告石油冲击与导致通胀的国际货币发展的后果。他担心"工业社会内部的民主结构会破裂",尤其是在依赖出口赚取支付进口所需货币的国家——日本和欧洲。这一预测"并非世界末日的幻象,而是世界经济的真实可能性"。作为总理,施密特不断推动"通过国际行动稳定国家经济和世界经济"的必要性。他开始谈论"全球经济治理"的需要。[28] 在接受《明镜周刊》(*Spiegel*)的长篇采访中,他解释说,从经济上看,德国是世界强国。他还在以第三人称谈到自己时强调:"在过去三年里,现任总理一直忙于处理世界经济和货币问题,从这个意义上说,他为该领域的重要判断带来了幸运的先决条件。"[29] 他认为自己是一位"世界经济学家",并以慈父般的口吻向美国总统提出建议。[30] 石油生产国在其他国家的投资,是让阿拉伯领导人"意识到他们在做什么"的好方法。比如在德国,石油国家开始投资汽车工业。"人们认为,如果外国人下注于德国工业,这个世界就要完蛋了,但事实并非如此。"[31]

日本经历了其自身特有的对政治活动的普遍怀疑。20世纪70年代初是价格疯狂的时代,1974年的消费物价上涨了23.2%。田中角荣(Kakuei Tanaka)② 政府曾承诺制定一项雄心勃勃的基础设施

---

① 原文中,作者用同一个词"vision"先表示"愿景",后又用它表示"幻象"。
② 1918—1993,日本政治家,日本第64、65任首相(1972—1974)。其在担任首相期间,试图通过"日本列岛改造计划"这一大规模的基础设施建设来刺激经济增长,但这一计划并未完全解决日本经济对外依赖性和产业结构问题,加之不完善的计划方案和财政限制,该计划遭遇重重阻力;日本经济在其执政期间也表现出增长放缓、通货膨胀上升等问题。

投资和发展计划——日本列岛重建计划，但他本人却在 1974 年因腐败丑闻而下台。他的继任者三木武夫（Takeo Miki）①为人清廉，深受公众欢迎，但失去了自己政党的支持。然而，在实现日本经济的现代化和转型的过程中，日本经济团体联合会（Keidanren）和日本经营者团体联盟（Nikkeiren）等大型商业协会的协调行动弥补了政治上的游移不定。

因此，20 世纪 70 年代是主要工业国家的通货膨胀状况迥异的十年。德国看起来与众不同，其在 1974 年的通胀率只有 7.0%，而意大利是 19.2%，英国是 15.9%，美国为 11.0%。即便是以稳定为导向的瑞士，其通胀率也高于德国。这种分野是随着美国政策导向的重大调整才开始改变的，它是对货币政策进行理性的重新评估的结果，也是因为美元疲软削弱了美国在世界上的地位。美英轴心从国际上通胀方面的佼佼者变成了稳定的中心，但是通胀放缓是一个漫长而痛苦的过程。

1979 年 10 月 6 日，美国联邦储备委员会新任主席保罗·沃尔克宣布重新调整政策，"强调储备的供应量，并通过储备机制限制货币供应量的增长"，目的是"在较短的时间内更坚决地控制货币供应量的增长"。联邦基金名义利率目标从 1979 年 9 月的 11% 左右大幅提高到 1980 年 4 月的 17% 上下。其结果是一场严重的经济衰退，美联储则以降息作为回应。1981 年，出现了新的紧缩政策和另一次经济衰退，之后联储将联邦基金名义利率从夏季的 19% 降至年

---

① 1907—1988，日本政治家，日本第 66 任首相（1974—1976）。其在担任首相期间，专注于净化政界和政治改革，因政治姿态被人称为"绿色三木"，后因治理腐败损害党内大派系利益而被迫下台。

底的14%。1982年夏天，该利率进一步下降，达到10%左右。

在玛格丽特·撒切尔的新政府领导下，英国为了抑制通货膨胀，于1980年3月转向中期金融战略，本着"控制货币供应将在一段时间内降低通货膨胀率"的原则，为四年内的主要货币目标——英镑的广义货币供应量（£ M$_3$）——制定了一系列逐年下降的目标区间。美国和英国的做法最初都引发了广泛的批评，尤其是因为在通胀放缓的过程中出现了货币快速增长。例如，对英国来说，从1980年1月到1981年7月，主要的货币供应衡量标准，£ M$_3$增长了34%。沃尔克后来回顾了中央银行和货币政策在促进稳定方面的成功，解释说："记录很清楚，尽管国内外做出了各种努力，但各国央行并未找到货币主义的圣杯。最终，如果没有高失业率、经济衰退和利润紧缩的痛苦过渡期，似乎没有哪个深陷其中的国家能够缓解通胀。"[32]

沃尔克对货币目标制的做法不再抱有幻想，尤其是在卡特政府黯然衰落，罗纳德·里根在1980年11月大选中获胜之际。11月，这位首席银行家哀叹道：

> 我认为我们现在所看到的，一般来讲就是人人皆知的经济复苏与货币目标之间的冲撞。从某种意义上来说，这些目标的限制性太强，除非通货膨胀的势头下落，否则复苏是不可能的。我没想到这么早就进入了（这个阶段），但现在已经到了。许多人急不可耐地评论说，这些目标降低了对经济扩张能力的限制。鉴于所有的不确定性，我怀疑他们还会继续这么做，伴随着我们既定的那些目标，直到通胀下降。从任何角度来看，这都是一个令人非常不满意的情景，除了我们一心一意地想要达成目标。[33]

于是，他开始改变主意，但是还不清楚美联储应当遵循什么样的方针。

12月份，沃尔克曾在联邦公开市场委员会（Federal Open Market Committee，简称FOMC）的会议上直言不讳地表示，"当我们谈论可信度时，我认为对这些货币目标的强调太多了！"他变得越来越激动，最后爆发了：

> 当我聆听人们谈论可信度和他们对通货膨胀的灰心丧气时，我知道他们的确非常沮丧——特别是当你远离货币市场分析师的时候。关于美联储的政策，我听到他们对去年的说法是："你们在冬天时让我们濒临险境，我们有点担心。我们以前也有过这种经历，但两个月后就烟消云散了，什么也没有发生。"他们没有看到货币供应量的下降，并且说货币市场挣脱了所有压力，正在全速前进……他们认为今年可能会取得一些成果，两个月后市场会再次缓解，他们说："我们不应该担心。"我们还听到了什么例子呢？克莱斯勒。一家大公司陷入困境，政府介入，就像几年前纽约市陷入困境时一样。今年春天发生的事情是我们在一个大宗商品市场遇到了灾难。我至少参与了其中的一部分，但我不会牵连到你们中的任何人。人们对此非常担心。最后是亨特兄弟（Hunts）出手相救。我们默许他们做那件事。我们为什么会默许呢？因为我们在担心美国第二大经纪公司，而美国最大的经纪公司也紧随其后。还至少有一家美国最大的银行处于潜在的危险当中。不管怎样，资金还是有所缓解，也许这不会发生……实际上，对此有一种说法是，他们认为如果货币目标与经济中的实际

问题之间存在冲突,我们将做出让步,无论我们是在目标之内还是之外。即使他们相当老练,也不会轻易就能将这些目标转化为自己的行动。³⁴

沃尔克确实表示他认为有必要避免过度需求。

联储政策的关键取决于转变市场的心理。正如沃尔克在1980年12月的会议上提出的问题,白银价格的剧烈波动始终是一种困扰,昭示了人们对通货膨胀的担忧程度。得克萨斯三兄弟,石油大亨之子纳尔逊·邦克·亨特（Nelson Bunker Hunt）、威廉·赫伯特·亨特（William Herbert Hunt）和拉马尔·亨特（Lamar Hunt）,他们垄断白银市场的企图让这场狂热愈演愈烈。1979年初,白银价格为每盎司① 6美元上下,亨特兄弟在夏末开始大量买入白银。1980年1月21日,纽约商品交易所禁止交易商在期货市场上获取新头寸,并提高了保证金要求。白银价格由此短暂飙升至49美元,然后回落至37美元。³⁵ 这是创纪录的单日跌幅。亨特兄弟随后以40美元的单价买进500万盎司,威廉·赫伯特·亨特猛烈抨击了"不切实际的保证金要求",说它造成了"市场流动性不足"。³⁶ 3月底,他们未能按照要求追加1亿美元保证金,亨特兄弟破产,累计负债约10亿美元。沃尔克得意扬扬地解释了他将如何"期待清算"亨特兄弟们的白银。他现在宣称:"对这种（过度投机）行为的最佳防范一定是市场自身的纪律。"³⁷ 针对强大利益集团的敲诈勒索,市场可能就是一种防范机制。

---

① 此处所用应为金衡盎司,1金衡盎司≈31.10克。

一旦大宗商品威胁消除,通货膨胀就会下降,部分原因是白银泡沫的破裂,以及相关的金价回落,这表明美元是无可替代的。到 1981 年 7 月,沃尔克报告了"在通胀及通胀心理方面的一些向好的迹象"。对通货膨胀的遏制发生在急剧衰退的背景之下,按照美国国家经济研究局的计算,衰退的持续时间从 1981 年 7 月持续到 1982 年 11 月。在 1981 年 11 月和 12 月,失业率达到战后的峰值,失业人数占劳动力总数的 10.8%。鉴于银行业的严重问题,美联储开始略作转变,其原因包括 1982 年 6 月宾州广场银行(Penn Square)的垮台,以及随后 1982 年 8 月墨西哥债务危机的爆发,后者至少部分源于美联储收紧利率。此时,沃尔克开始从对货币总量增长的担忧转向更直接地关注利率目标。[39] 但是他在政策立场上的突出一点是坚定地承诺将货币政策与财政政策分开。因此,在 1982 年 8 月,随着墨西哥危机的发展,他拒绝考虑与国会就降低利率达成协议,即便国会同意缩减预算规模。[40]

看似自相矛盾的是,石油冲击到头来造就了更广泛的全球化,而不是转向经济民族主义。推动这种新关系的一个机制就是金融革命,它将石油生产国积累的巨额盈余转移到大型国际银行的可贷资金中。基本上不受政府直接控制的离岸国际资本市场的发展是这一时期的重要金融创新。资金的可用性为希望推动发展和增长的世界各国政府创造了资源,因而国际需求猛增。如英国工党的"紧缩经济"一类的替代战略,看起来像是一种切断了通向市场与繁荣的道路的机制。

贸易增长的可能性也仰赖于技术。20 世纪 50 年代引入了标准化集装箱,国际商业革命的这一基础创新可以加快港口的装卸速度，继而允许直接向用户和分销商运输。[41] 1962 年，新泽西州的伊丽莎白港务局海运码头成为美国第一个集装箱港口。从 1966 年开始，美国和英国之间有了班轮服务，英国的第一个专用集装箱码头于 1967 年在费利克斯托（Felixstowe）启用。但集装箱运输是在 20 世纪 70 年代开始腾飞的。直到 1973 年，美国货物贸易中集装箱的运输量才超过传统的散货船。之后，20 世纪 70 年代的竞争加剧，发货人对承运人的压力推动运费下行。然而，一直到 20 世纪 90 年代，集装箱船舶的体量才大幅增长。[42]

能源危机中，最明显和最直接的胜利者是日本的汽车生产商。作为这一行业中相对的外来者，摩托车制造商本田于 1973 年发明了一种新的"分层燃烧"发动机，提高了汽油中混合空气的比例，从而实现了显著的燃油经济性。这家公司随后大举进入汽车制造业。作为一个能源局限性远比美国明显的国家，日本迅速成为燃油经济型汽车的首要来源，彼时这种汽车的竞争力显然超过了美国的"油老虎"。从 1975 年到 1980 年，日本汽车在美国的年销量从 80 万辆上升到 190 万辆，作为对日本汽车进口激增的直接反应，截至 1980 年，20 万名美国汽车工人失业。同样的挑战也出现在英国。英国在 1965 年进口的第一辆日本汽车——大发公司的康柏（Compagno）——在当时反响不佳，只卖出了六辆，评论家们认为它"技术上退步了"，并抱怨它的"百公里加速时间长得无法计时"。[43] 但是后来日本车的销量激增，英国汽车生产商在外国竞争面前的表现乏善可陈。

在新的推动力方面，汽车是最明显的例子。企业必须学会在质量和创新上展开有效竞争，而这只有在开放的市场中才能实现。同样通过竞争实现开放的过程在其他地方也很明显。假如美国人想要一些安慰，他们可以求助于葡萄酒。1976年的巴黎，在一个英国高端葡萄酒销售商组织的盲品会上，九名法国评委认真比较了参赛的顶级产品的质量。美国产品在白葡萄酒和红葡萄酒两个类别中都超过了法国产品。为《时代》杂志报道这一事件的美国记者喜欢重复评委们的意见——针对来自纳帕蒙特莱纳酒庄（Napa Chateau Montelena）的最佳白葡萄酒，他们说："啊，回到了法国"；而对于昂贵的法国巴塔梦拉榭1973（Bâtard Montrachet'73）则说："那绝对是加州的，没什么味道。"这篇报道也以"巴黎的评价"作为标题。[44]

对于霸权国家来说，学习总是更加困难的。保罗·克鲁格曼（Paul Krugman）①喜欢评论说："作为一个国家，我们往往不愿意从外国经验中学习。"[45]20世纪70年代使这种学习成为必要。但在这个过程中，将学习包裹在一个乐观的外壳中是有帮助的。罗纳德·里根宣扬"美国的清晨"；当时尚未执政的玛格丽特·撒切尔也解释道："我们不希望党内存在悲观主义者。"[46]

因此，20世纪70年代的危机带来了与19世纪40年代相同的认识——开放造就韧性，而且需要为贸易扩张提供资金。最终的影响是显而易见的，商品贸易占全球GDP的比例从1970年的9.5%增长到1980年的14.9%。更引人注目的是同期商品和服务贸易的增长率，从1970年的12.1%提高到1980年的18.2%。[47]再次回到了全球化的周期。

20世纪70年代，在工业经济之外的其他领域也发生了变化。

---

① 1953—，美国经济学家。作为自由经济学派的新生代，其主要研究领域包括国际贸易、国际金融、货币危机与汇率变化理论。2008年，其因在贸易模式上所做的分析工作和对经济活动的定位，获颁诺贝尔经济学奖。

许多国家看到了在国际市场上获得廉价资金以便迅速发展工业产能的机会。国际货币基金组织调整了方向，通过一项新设立的石油基金，向受石油危机影响的较贫穷国家提供较低或最低的贷款条件。但大多数中等收入国家更容易从美国、欧洲和日本的银行获得银团贷款，并发现扩张的机会。他们拒绝任何形式的监督或控制，因为他们开始与进口产品竞争并开拓某些出口市场。巴西财政部长马里奥·恩里克·西蒙森（Mario Enrique Simonsen）[①]认为，国际货币基金组织不应试图向私营部门提供"判断、分析和预测"。[48]

即使在没有大规模借贷的地方，态度和方向也发生了变化。以杰格迪什·巴格瓦蒂（Jagdish Bhagwati）[②]为首的印度年轻经济学家们，对那些能从国际贸易限制规定中获利的游说团体和特殊利益集团造成的寻租行为提出了批评，但当时没有足够的政治动力克服这种许可证或管制制度的受益方累积起来的权势。[49]到20世纪90年代初，财政部长曼莫汉·辛格（Manmohan Singh）[③]问道："韩国有什么印度没有的东西呢？"然后他开始制定开放和改革的计划。[50]

最引人注目的变化发生在中国。1978年11月，邓小平访问了新加坡，对这个国家的开放和现代化留下了深刻印象，并开始考虑

[①] 原文如此，应为Mario Henrique Simonsen, 1935—1997。在经济学领域，其坚持采取拉丁美洲的立场，利用国际研究者熟悉的方法对高通胀和债务等问题进行讨论。

[②] 1934—，印度裔美国经济学家，以其对国际贸易和经济发展理论的贡献而闻名。作为自由贸易和经济全球化的有力倡导者，他尤其反对将劳工和环境标准纳入自由贸易协定，并认为通过公众对违规公司施加压力，可以更好地保护工人和环境。

[③] 1932—，印度经济学家、政治家，曾任印度总理（2004—2014）。其在担任印度财政部长期间（1991—1996），进行了前所未有的经济改革，打破了束缚印度经济增长的种种枷锁，使印度经济步入高速发展的轨道，被誉为"印度经济改革之父"。

应用那些外国模式。他后来认真思考并总结道:"新加坡的社会秩序算是好的,他们管得严,我们应当借鉴他们的经验,而且比他们管得更好。"[51] 中共十一届三中全会制定了经济现代化计划。出于对技术专业知识的需求,也由于将中国的管理者与华人移民创建的"大中华"国际网络联系起来的吸引力,出现了向民营企业的转变。正如邓小平所说:"只要没有继续剥削,资本家的帽子为什么不摘掉?"[52]

所有这些扩张、自由化和开放都是在相对较高的通胀水平下展开的。通货膨胀最初可能确实使生产调整变得更容易,因为相对价格可能很容易变动,不会引发人们对价格和工资削减的担忧,但其前提是在一定程度上,至少名义工资的幻觉依然存在。一旦这种幻觉消失,通胀只会产生对价格的困惑和关于未来投资的不确定性。对抗通货膨胀很快成为产业界的主要政策问题,考验着政府处理开放所带来的利益的权限与能力。克服通货膨胀成为"重构民主资本主义"的基础,许多观察者后知后觉地对这一点持怀疑态度,因为他们将之视作"新自由主义"或"带来致命后果的学习过程"的破坏性实验的开始。[53]

控制通胀

凯恩斯不支持通货膨胀,他并不是所谓的通胀论者。在第一次世界大战结束时,凯恩斯对协约国那些和平缔造者的主要指责是,他们使中欧陷入了混乱和通胀。他引用了列宁的一句话:"摧毁资本主义制度的最好办法就是使其货币贬值",然后描绘了这一过程将如何让"所有经济规律的力量都指向毁灭"。[54] 在第二次世界大战中，他对后方计划的最重要贡献是《如何支付战争费用》(*How to Pay for the War*)这篇文章，将提高税收作为避免消费者购买力过度膨胀的关键机制，那样的结果将是不可避免的通货膨胀。一个更好的、更可持续的方案是将大规模消费推迟到实现和平以后。[55] 经济学家罗伊·哈罗德回忆起他与凯恩斯的第一次会面。当时，在伦敦布卢姆斯伯里区戈登广场（Gordon Square）46号那座房子里，他被引入二层的一间陈设简单的现代派的起居室里。凯恩斯带着"抑制不住的兴奋"谈到了各种想法和时势。接着，他阐述了科林·克拉克的理论："没有一个国家会容忍税收收入超过其国民收入的一定百分比，而如果不得不承受更大的负担，它几乎会自动摆脱通货膨胀的困境。"[56] 凯恩斯身后的批评者构陷的一句中伤之辞便是，凯恩斯是一个通胀论者。

需求管理本可以作为有效的反通胀手段，但由于推高需求的巨大政治压力，它最终沦为一种软弱无力的工具。通货膨胀成了致力于创造后凯恩斯主义世界的新权威们关注的核心。针对这一引领了20世纪70年代的思想体系，最突出的反对声音来自米尔顿·弗里德曼和弗里德里希·冯·哈耶克这两位思想家，他们经常被污蔑为提供了破坏性的新自由主义。保罗·克鲁格曼将弗里德曼描绘成现代的罗耀拉（Ignatius Loyola）①——"弗里德曼的追随者充当了一支有纪律的忠诚军队，引导着一场凯恩斯主义者的异端邪说的宽泛却不完整的倒退。"[57] 按照历史学家佩里·安德森（Perry

---

① 1491—1556，天主教耶稣会创始人，并任总会长。其制定"会规"，强调会士必须绝对服从会长，无条件地执行罗马教皇委派的一切任务，使耶稣会成为教皇反对宗教改革、扩张天主教势力的重要工具。

Anderson)①的看法,哈耶克是"顽固右翼"的邪恶四重奏之一,其"声音响起在总理府中"。58 玛格丽特·撒切尔读过哈耶克最著名的政治著作《通往奴役之路》(The Road to Serfdom),作为20世纪70年代牛津大学的本科生,她喜欢从手提包里拿出《自由秩序原理》(The Constitution of Liberty)说:"**这就是我们的信仰。**"59

然而,在政策方面,这些新权威们发挥的作用微乎其微。罗纳德·里根没有采纳弗里德曼的建议废除美联储,撒切尔夫人也忽视了哈耶克的观点,即结束通货膨胀的最佳方式是将货币政策委托给一家独立的中央银行。有一个领域的政策倡议直接源自弗里德曼/哈耶克的观点,那就是英国的国营产业私有化的重要性。这二人创造的知识氛围远比任何具体的政策措施都重要。

尽管这两个人物都在芝加哥大学任教很长时间,都是自由市场思想体系的热情倡导者,但他们不仅性情不同,而且在基本观点和应对方法上也大为不同。他们都是由大萧条塑造的,但方式截然不同。弗里德曼出生于1912年,在1928—1932年上大学,那正是美国经济史和政策制定最低落的时期。他后来解释道:"我的父母非常贫穷,他们从未有过今天可以被视为(高于)贫困线的收入。我父亲在我15岁时去世。此后,母亲通过经营一家小型零售商店来维持这个家……我从未从父母那里得到过一分钱,却一路努力读完了大学……我是在1929——1932年上的大学,恰逢历史上最严重的萧条。"60 他父母微薄的存款被投资于规模较小,但是听起来好像

---

① 1938—,当代著名的马克思主义历史学家,思想家和活动家,其兄长为美国著名学者本尼迪克特·安德森。

很重要的合众国银行。这家银行主要为纽约的移民提供服务，但其在 1930 年 12 月倒闭，而且没有存款保险。弗里德曼后来的学术文章展示了他——可能是错误地——认为的，一家失去流动性但有偿付能力的银行的破产，是大萧条历史上的关键事件。正是由于纽约金融当局的反犹主义，该银行没有得到流动性支持。[61] 他必然会关注银行倒闭的影响与货币当局的无能。

相比之下，哈耶克出生在 1899 年，其在第一次世界大战后的大范围通货膨胀和恶性通货膨胀时期曾在维也纳学习。他于 1921 年获得法学博士学位，1923 年获得政治学博士学位，然后在路德维希·冯·米塞斯（Ludwig von Mises）①的支持下，担任新成立的商业周期研究所的所长。他应当时的自由市场知识分子莱昂内尔·罗宾斯的邀请来到英国，在伦敦经济学院任教。1931 年 9 月的一个周末，哈耶克乘港口火车来到伦敦，在抵达时发现英镑已经脱离了金本位制，他的工资也因此大幅贬值。毫不奇怪，他一生都痴迷于围绕通货膨胀和国际货币关系的问题，而且他在两次大战之间的中欧叙事中看到了一个对英国的严峻警告。他在 1938 年成为英国公民。弗里德曼可能曾将喜欢古典参考文献和拉丁语引述的哈耶克视为一个贵族人物，这与弗里德曼所清晰阐释的，更为大众化的，甚至是无产阶级化的关注有着内在的冲突。聆听或阅读弗里德曼总是很容

---

① 1881—1973，20 世纪著名的经济学大师和自由主义思想家，奥地利学派第三代领军人物。米塞斯致力于古典自由主义的复苏，其经济观点主要包括对货币和经济的深刻理解。他认为市场是有效的，价格体系是指导资源分配的最好方式；他还强调经济计算的重要性，认为只有货币才能进行有效的经济计算，计划经济则由于缺乏价格体系而无法准确地进行经济计算。

易，而哈耶克那种从来就不简单的文字在晚年变得更加纠结复杂。

哈耶克对大萧条的解读也与凯恩斯或弗里德曼大相径庭。1931年1月，他前往剑桥发表演讲，向一群震惊的听众解释了赫伯特·胡佛和亨利·福特，还有持消费不足论的经济学家威廉·特鲁芬特·福斯特（William Trufant Foster）和瓦迪尔·卡钦斯（Waddill Catchings）这些人宣扬的，被他称为"新福音"的观点有何缺陷，这些人认为可以通过增强消费者购买力或注入"额外资金"来抵制大萧条。哈耶克解释说，这种在剑桥大学得到大量同情的观点，"多年来已经成为现实政治的默认基础"。他为此提出了一个复杂的模型，其中的问题是由完成投资或生产要素的时间滞后造成的，并认为对生产要素的需求是"通过授予生产的额外信贷而人为增加的"。但最糟糕的后果是消费者需求"被权威性的影响人为地、不断地增加"。[62] 这一论点看起来像是重申了杰文斯所坚持认为的，生产的时间跨度会造成实质性的价格波动。在哈耶克的说明中，大萧条之所以如此严重，是因为美国货币当局在1927年阻止了繁荣的自然结束，并进行了"有意的尝试……以一切可能的方式阻止正常的清算过程"。[63] 这些主题基本上是对哈耶克在1932年的《价格与生产》（*Prices and Production*）一书中的更广泛讨论的预演。这本书同样强调了形塑生产结构的相对价格的重要性，以及对"额外信贷给生产带来误导"的同样警告。价格平均值不能成为判断货币政策立场的令人满意的基础。[64] 在这次剑桥讲话中，哈耶克补充道："我们很可能正处于资本主义的一次危机中，但这并不是因为资本主义体系已经被证明失败，而是因为十多年来我们一直在有条不紊地摧毁资本。"[65]

凯恩斯没有出席哈耶克的书所基于的那次1931年演讲，但他的弟子理查德·卡恩（Richard Kahn）①打破了冰冷的沉默，提问道："您认为如果我明天出去买一件新大衣，那会提高失业率吗？"哈耶克回答说："是的，但需要很长的数学论证才能解释其原因。"[66]另一位凯恩斯主义者，匈牙利人尼古拉斯·卡尔多最初是哈耶克的弟子，后来令人震惊地彻底推翻了哈耶克的论证，这显然与剑桥或芝加哥两派关于经济运行的观点都有所不同。

哈耶克最清晰易懂的作品是1944年的《通往奴役之路》，与其说它是对纳粹或苏联经济的分析，不如将其看作对20世纪20年代魏玛德国的混合经济如何导致经济和政治崩溃，进而使纳粹上台的分析，以及它如何能给战后的政策制定者发出警告。

和凯恩斯一样，弗里德曼不相信哈耶克是一位真正的经济学家，并确保他没有得到芝加哥大学经济系的教职，而是被任命为高水平的跨学科思想工厂——社会思想委员会的成员。在芝加哥，哈耶克曾参加过一次弗里德曼的研讨会，目睹了一场关于英国货币供应的讨论，但给他的印象是令人对技术细节感到厌烦，所以他再也没有来过。[67]另一方面，弗里德曼也像凯恩斯一样钦佩哈耶克的政治哲学方法，尤其是对《通往奴役之路》之中那些思想的阐述。他认为："就个人而言，哈耶克是一个可爱的人，一个纯粹的知识分子。他对于真理和领悟都非常感兴趣。他在这方面与米塞斯有很大不同。"[68]

弗里德曼和哈耶克之间有一个基本的共同点，双方均认为20

---

① 1905—1989，英国经济学家。其对经济学最显著的贡献便是他的乘数原理，即研究总支出增加与国民生产净值（产出）增加之间的关系。

世纪 70 年代的问题根本上源于政府的错误干预。1973 年 11 月，在"赎罪日战争"（Yom Kippur War）和第一次石油危机之后，弗里德曼明确以哈耶克那句"通往奴役之路"来捍卫市场会对价格信号做出反应的观点，而对这些信号的干扰会弄巧成拙，因为那会产生不良影响：

> 石油问题特别清楚地说明了价格体系如何促进自由与效率，如何使我们千百万人能够为了我们的共同利益自愿地相互合作。它同样显示了为什么价格体系的唯一替代方案是强制和使用武力。政府对石油的分配和定量供给是对石油危机的自动响应，它标志着我们在通往奴役之路上已经走了多远。这并不能阻止更高的价格，事实上是更高的价格起到这种阻止作用，但你可以肯定，实施配给的政府会把这个功劳据为己有。[69]

1974 年春天，随着美国和西欧许多国家的天然气管道发生混乱，弗里德曼强调了美国和德国做出的截然不同的反应："在阿拉伯人减产后，德国并没有对石油产品实施价格管制。起初确实限制了周日驾车，但很快就取消了这种限制。石油产品的价格跳涨 20%~30%，但没有出现长长的队伍，也没有失序。贪婪的消费者发现，以痛苦最少的方式节约石油符合他们自己的利益。贪婪的石油大亨发现，确保那些有能力和愿意支付这种价格的人能够获得石油产品也符合他们自己的利益。"[70] 这种国家间的比较看起来像是在政策设计和政府能力方面开展的一次恰当的自然实验。

对于政治行为导致的价格信号扭曲或颠倒对经济的影响，尽管他们有着大致相似的担忧,但弗里德曼和哈耶克从不同的分析角度看待这个问题。弗里德曼认为,根本问题表现在可以简单地衡量为通货膨胀或通货紧缩的价格变动上。因此便有一个简单的补救办法:以近乎机械的方式控制货币增长。他更喜欢某种政策规则,比如将货币供应量的扩张持续保持在2%的幅度。相比之下,哈耶克试图考察为决策提供了架构的政治和社会秩序,并对研究宏观经济总量和变量的任何宽泛方法持怀疑态度。对他来说,奥地利学派传统的核心在于价格的差异化运动。任何时候,当价格或多或少地朝一个方向均匀移动时,都表明存在着会产生错误信号的扭曲。经济主体需要不断变化和差异化的价格走势,才能对不断变化的世界做出决定。

在1953年的《实证经济学方法论》(*The Methodology of Positive Economics*)中,弗里德曼认为科学的目标是"原则上独立于任何特定的道德立场或规范判断"。[71] 一个假设,无论其假定的情况多么不切实际,只要能生成更好的预测,它就是好的。"理论被视为一系列严肃认真的假设,要根据它对所要'解释'的那一类现象的预测力来判断。只有事实证据才能表明它是'对的'还是'错的',或者更好的说法是,暂时'被接受'为有效的还是'被拒绝'。"[72] 因此,举例来说,"关于(边际主义者)双方争论的文章,在我看来,很大程度上忽略了边际分析的含义与经验的一致性这个主要问题,却集中在一个基本上无关紧要的问题上,也就是商人是否真的通过咨询日程、曲线或显示边际成本和边际收入的多变量函数来做出决定"。[73] 或者,更惊人的是,弗里德曼认为,没有必要假设存在完全自由竞争,以使马歇尔的经验观察成为价格确定过程结果的有用指南。重要的是要着眼于实证发展，然后得出可能直接用于更好决策的经验主义结果。

相比之下，哈耶克认为，研究动机和知识如何被建立对于分析过程并制订恰当的应对措施而言是至关重要的。他强调人类意识在包括经济学在内的所有社会科学中的核心地位。"可以毫不夸张地说，在过去的一百年里，经济学理论的每一项重要进展都是主观主义进一步的持续应用。经济活动的对象不能用客观的术语来定义，而只能根据人类的目的，这是不言而喻的。"[74] 他认为货币和某种语言类似，它被用来以价格告知和转达人类的需要，而这些价格是人类会对其做出反应的信号或标志。因此，他很少关注制定政策的规则，而更多关注经济主体在其中展开互动的机制。

弗里德曼 1967 年在美国经济学会发表的主席致辞被广泛视作"宏观经济研究历史上的转折点"。[75] 这次报告立足于他的方法制定了一份货币政策的指南，即一套政策规则。其核心分析点涉及经济活动，即就业及利率的自然水平的存在。自然利率与市场或名义利率存在显著差异，"货币当局只能以通货膨胀使市场利率低于自然利率，也只能以通货紧缩让市场利率高于自然利率"。[76] 在任何时候，存在一定水平的失业，其性质是与实际工资率结构的均衡相一致。[77] 由此，货币政策不应试图通过小幅调整来改变就业水平："我们只是了解得不够，在发生轻微扰动的时候无法识别，也无法准确预测其影响，或者需要何种货币政策来抵消其影响。"[78] 针对整个 20 世纪 50 和 60 年代的数据中出现的菲利普斯曲线——在其中，物价上涨降低了失业率——弗里德曼预测，如果决策者遵循传统的凯恩斯主义思想并开始充分利用它，这条曲线就会失效。[79]

弗里德曼的这段分析获得相当大的支持，因为演讲遵循了埃德蒙·费尔普斯（Edmund Phelps）①提出的关于菲利普斯曲线长期垂直性的独立论点，它是基于在工资决定过程中双方的无知这样一个论据。[80] 预期是费尔普斯论点的核心，它等于预见了后来在20世纪70年代发生的理性预期革命的许多主题。

在致辞的最后一部分，弗里德曼得出一条规则："货币当局应该在其能够控制的幅度内自我指导，而不能超越其控制幅度。假如，就像当局经常做的那样，将利率或当前失业率作为政策的直接评判标准，它就如同一辆定位在错误的星球上的太空车，无论其导向装置多么敏感和复杂，一样都会误入歧途。货币当局也是如此。"[81] 通过采取在特定货币总量中实现稳定增长率的公开政策，中央银行可以避免大萧条这种经济发展的大幅波动。他认为，与精确的货币总量一样，精确的增长率不如某些既定和已知的增长率重要。[82] 在脚注中，他建议以2%的增长率作为一种合适的指引。

历史对此次主席致辞的这一部分却并不怎么友善。马丁·艾肯鲍姆（Martin Eichenbaum）②将其斥为"糟粕"。[83] 弗兰科·莫迪利

---

① 1933—，美国经济学家，被誉为"现代宏观经济学的缔造者"。费尔普斯的研究方向主要集中于经济增长、通货膨胀、就业、财政和货币政策等方面。他最重要的贡献在于提出了经济增长理论，他继罗伯特·索洛之后，对经济增长的动态最优化路径进行了分析，提出了著名的"经济增长黄金律"，从而正式确立了经济增长理论。此外，他还将基于理性预期的微观经济学分析引入就业决定理论与工资—价格动态均衡，并提出了经济增长的资本累积黄金定律等。2006年，其因在宏观经济跨期决策权衡领域所取得的研究成就，获颁诺贝尔经济学奖。

② 1954—，美国经济学家，其研究领域包括货币政策、商业周期、汇率和国际金融等问题，主要关注货币政策和商业周期的相互作用，以及汇率和国际金融市场的问题。

亚尼（Franco Modigliani）①接受自然利率的假说，但补充道："弗里德曼在那篇论文中还说了其他不正确的话。"[84] 回想起来，这些应对方法看起来极为模糊。说采取什么样的货币措施并不重要，这好像一种无稽之谈，当中央银行在20世纪80年代初试图采取类似货币目标制的措施时，对于应该采取哪种货币措施，他们在争议不断的分歧中饱受困扰。[85] 货币总量的表现方式不同，金融创新数量惊人，比如计息支票账户，或以美国的术语叫作"附息支票账户"，它似乎违反了货币不计息的传统假设。

弗里德曼一直认为，实证观察可以用来做出更好的政策规则。主席致辞中的实用建议直接来自《美国货币史》的分析，即收入和货币存量这两者的变化之间存在很清晰且长期的历史性关联。统计工作表明，"货币乘数"，即收入变化的百分比与货币存量变化的百分比之间的比率，在很长一段时间内是多么的稳定，这个数字在美国大约为2。中央银行确定的储备基数通过"货币乘数"决定了货币存量，而货币存量又通过货币流通速度决定了名义收入。货币和存款之间的比率在较长时间段内也相当稳定。[86] 从英国的历史数据中，也可以得出货币需求函数高度稳定的观点，虽然这只是一个很初步的观点。[87] 但从20世纪70年代开始，大西洋两岸的这种关系发生了意想不到的变化，货币流速变得很不稳定。[88] 弗里德曼方法在计量经济学方面受到相当大的冲击。[89] 因此，芝加哥学派的观点集中在衡量储备基数上，它和其他货币总量的关系在历史上是明确

---

① 1918—2003，意大利裔美国经济学家，现代金融学的奠基人之一，研究领域涵盖了公司金融、资本市场和家庭理财等方面，其最著名的理论是"生命周期假说"，并因此获颁1985年诺贝尔经济学奖。

的，但随着它开始在政策中发挥作用，这种关系变得不稳定了。

与安娜·施瓦茨共同撰写的《美国货币史》一书构成了弗里德曼在政策辩论中最令人瞩目的遗产。这在一定程度上要归功于韦斯利·米切尔（Wesley Mitchell）①开创的商业周期研究的传统。弗里德曼后来回忆了米切尔的理论工作是如何始终与其实证工作相互交织，并对所研究的现象进行了"解析描述"。90 有人批评它没有充分解释银行危机是如何独立发生的，认为这本书的核心论证旨在资本主义或金融体系绝非天生的软弱，而导致银行倒闭的剧烈货币紧缩是由美联储系统的政策失误造成的。作为总体结论，它也被批评为"充满了意识形态色彩"，或者是对弗里德曼那本畅销的宣言，1962年的《资本主义与自由》（Capitalism and Freedom）中已经出现的结论的重述："事实是，大萧条与其他大多数严重失业时期一样，是由政府管理不善而非私营经济固有的不稳定造成的。"91 批评者还抱怨说，《美国货币史》的中心命题建立在"乏味的统计技术和历史分析之上，而这些技术和分析被当时的一些顶尖经济学家认为是过时的"。92 克鲁格曼确实在其引人注目且令人反感的讣告中不满地说："随着时间的推移，弗里德曼对这个故事的描述变得更加粗糙，而不是更巧妙，最终只能说它们开始像是知识上的不坦诚。"93

弗里德曼正确地攻击了生成菲利普斯曲线的实证观察，这一过程中含有一种讽刺意味。他认为这些不一定总是成立，并开发了一个基于类似的收入和货币实证关系的模型。就像菲利普斯曲线一样，

---

① 1874—1948，美国经济学家、教育家，制度学派的重要代表人物，其研究重点在于经济周期、劳动经济学和货币问题等领域。他强调对经济现象的实证研究，主张从具体经验出发，通过对实际数据的分析和归纳，总结出经济规律和理论。

该模型正确地描述了 20 世纪 50 年代和 60 年代的现实；但也像菲利普斯曲线一样，这种关系在 20 世纪 70 年代及以后却表现不佳。

弗里德曼在伦敦以哈罗德·温科特讲座（Harold Wincott Lecture）的形式发表了他的反革命宣言，声称凯恩斯会同意自己的观点："如果凯恩斯今天还活着，他无疑会站在反革命的最前线。你决不能根据他的弟子来评判一位大师。"[94] 这一信息看起来并不明确：货币政策具有强大的影响力；但与此同时，它不能作为一种强有力的政策管理工具。"经济衰退是货币政策有效性的悲剧性证明，而不是其无能的表现。但是对思想领域来说，重要的不是什么是真的，而是什么被认为是真的。"之所以需要不断提及大萧条，是因为参考长期数据系列和常数，比如观察到的货币需求函数，不会说服听众相信最重要的信息。"尽管如此，不能指望广大公众理解海量的统计数据。某个戏剧性的事件在影响公众舆论方面要比一堆容易理解但不那么戏剧性的事件更为有力。"货币之所以不适合微观管理，是因为即时操作对利率产生钟摆效应："这种机制的一个重要特征是，货币增长的变化对利率的影响起初是朝着一个方向，但之后便会朝着相反的方向。更快的货币增长最初往往能降低利率。但是随后，当它增加了支出并刺激了价格上涨，也会导致贷款需求的增加，这就经常会提高利率。此外，物价上涨将开启实际利率和名义利率之间的差异。"在这里，弗里德曼似乎正在转向预期如何左右政策影响的理论，也就是对更高通胀的预期将推高名义利率。总的教训十分清楚："从我迄今为止所陈述的观点来看，只有货币数量比产出增长更快才会产生通货膨胀，从这种意义上说，任何地方的通货膨胀都始终是一种货币现象。然而，货币增长还有许多不同的可能原因，包括黄金开采、政府开支融资和私人支出融资。"他本可以再补充说，所有这些原因都更有可能发生在混乱和不确定的时期。

弗里德里希·冯·哈耶克做出的某些分析似乎与弗里德曼的观点类似。他对通胀论倾向的批判看起来很像弗里德曼的版本，后者催生了理性预期建模。只有当人们无法正确理解基本的经济过程时，通货膨胀才能成为一种刺激因素。"因此，通货膨胀至多只是一种昙花一现的刺激，而且即便只是这样一点点有益的影响，也只有在某些人始终受骗上当以及某些人的预期蒙受不必要的落空的情况下才能持续下去。通货膨胀的刺激作用来源于它所制造的错误。这一点尤其危险，我们必须予以明辨，因为小幅度通货膨胀所导致的后患，只能凭靠更大幅度的通货膨胀才能抵销。"①95 这种观点的起源可以追溯到哈耶克早期的著作，尤其是让他声名鹊起的作品《价格与生产》（*Prices and Production*）。从表面上看，这部在大萧条的危急时刻发表的作品是对取消主义立场的极端表述："因此，长期'调动'所有可用资源的唯一方法是，无论是在危机期间还是之后，都不要使用人为的刺激因素，而是把它交给时间，通过缓慢的过程使生产结构适应可用于资本目的的手段，以实现一劳永逸的解决。"96 哈耶克将价格变动作为信息的关键来源，并认为"假设只要货币价值稳定，我们就可以忽略货币的影响"只是一种妄想。97 因此，其对数量理论存在相当多的怀疑，认为这种理论导致了"货币理论与一般经济理论主体的隔离。"98

---

① 本段译文摘自《自由秩序原理》，生活·读书·新知三联书店，1997年版，译者邓正来。下文几处这部作品的译文亦摘自此译本，不再一一注释。

然而，和弗里德曼一样，哈耶克在其战后著作中认为，是当局在货币政策上的响应，而不是单个主体的行为引发了通货膨胀。"人们有时把这个进程描述为：工资的提高，直接导致了通货膨胀，然而我们需要指出的是，这种观点并不正确。如果货币和信贷的供应量没有扩大，那么工资的增加将迅速导致失业。但是，有一种学说认为，金融机构有义务提供足够的货币以确保在任何特定的工资水平上的充分就业；在这种学说的影响下，从政治上将必定会发生如下的情况，即工作的每一轮增加，都一定会导致进一步的通货膨胀。"[99] 另外，推动这一进程的不只是货币政策响应，而是有组织的利益集团倾向于在竞争性的抬价过程中推动工资上涨。因此，通货膨胀并非主要是或仅仅是一个货币过程。1960年，哈耶克无法想象工会的权势在深度衰退和高失业率下被瓦解：

尽管工资与通货膨胀之间的竞相提高很可能会持续一些时日，但是它不可能无限期地延续下去，因为人们渐渐会认识到无论如何都必须终止这两者间的竞赛。我们必须否弃那种通过引发广泛且长期的失业来打破工会的强制性权力的货币政策，因为它会给政治和社会造成致命的伤害。但是，我们仍必须及时地从根本上遏制住工会的权力，如果我们做不到这一点，那么工会迅即会面临这样一种要求，即人们会针对工会的问题要求采取一系列其他救济措施。然而，这些措施的实施，对于个别工人——若不是工会领导人士——来讲，较之要求工会服从法治更令人厌恶：因为这种呼吁很快就会变成要么要求政府来确定工资，要么要求完全取缔工会。[100]

到了 20 世纪 70 年代，这一解读便看似一个预言。

具有更明确的政治性和社会性的通货膨胀理论依赖于哈耶克在经济学知识上的独特方法。"长期以来，对自发秩序的研究一直是经济学理论的特殊任务，尽管生物学从一开始就关注我们称之为有机组织的那种特殊的自发秩序。"[101] 该方法基于这样一种信念，即社会知识是在一个社会过程或市场中，通过多种多样的参与者的互动和学习而积累起来的。"我的主要论点是，经济学中的形式均衡分析实质上包含的那些同义反复可以转变为某种命题，它能告诉我们关于现实世界中因果关系的一些东西，而前提是我们能够用关于如何获得和交流知识的明确陈述来填充此类形式命题……经济学理论中的实证要素……由关于获取知识的命题组成。"[102] 1960 年的《自由秩序原理》(Constitution of Liberty) 旨在阐明形成自发秩序所需的哲学与制度，通过这种秩序，"一些人对另一些人所施以的强制，在社会中被减至最小可能之幅度"。[103] 这是对任何个人或当局自以为多知多懂的警告。"苏格拉底认为，承认我们的无知乃是开启智慧之母，苏氏的此一名言对于我们理解和认识社会具有深刻的意义。"[104] 哈耶克不喜欢包括货币总量在内的总量思维。他不满于对社会现象的科学主义方法导致了他所谓的工程学方法，工程师"并未参与到其他人可以做出独立的决定的社会过程当中，而是生活在自己的独立世界中"。[105]

如此一来，弗里德曼所秉持的货币数量理论只是危险的现代谬论的一个典型，其根源在于人们倾向于大数思考：

> 我所抱怨的不仅是各种形式的（数量）理论过度侵占了货币

理论的中心地位，还包括由它生成的观点积极地阻挠了进一步的发展。这一特定理论的有害影响一点也不小，它造成当下货币理论被隔离在一般经济学理论的主体之外。因为，只要我们在价值解读上采用不同的方法，认为价值不受货币的任何影响而存在，并在货币对价格的影响上也采取不同方法，情况就永远不会改变。然而，假如我们试图在货币总量、所有价格的总体水平，或许还有生产总量之间建立直接的因果关系，那么我们所做的也不过如此。[106]

哈耶克认为，货币不仅仅是政府或公共权力机构的产物，因此不可能通过政策行动简单或轻易地加以控制。他想走得更远，剥夺政府发行货币的所有权力，转而创建他所谓的货币的"耦合秩序"①，他想用这个词代替"经济"一词，来描述一种更少协同的自发"秩序，这种秩序是由市场中许多单个经济组织的相互调适所带来的"。[107] 显然，发展私人货币的可能性在21世纪20年代比20世纪70年代更加现实。

所需要的是某种机制或组织框架，用于交换多种多样的价格信号或者货币。"现代商业的组织已在很大程度上依赖于信贷机构，而且我们也确实不知道还有什么与其存在实质性差别的货币机制可用以替代它们；再者，历史的发展也造成了这样一些环境，在这些环境中，信贷机构的存在，致使我们必须对货币制度与信用制度间

---

① 为了描述市场秩序以防止与狭义的"经济"混淆，哈耶克根据希腊语引入了"耦合秩序"的概念，这是一种特殊的、由无数单个经济之间彼此协调产生的自发秩序。

的互动作用施以某种深思熟虑的控制。"[108]

哈耶克偶尔会对世界失去了金本位制度表示怀念："在今天，则很可能有更多的人会认为传统金本位制的弊端被严重夸大了，从而他们怀疑放弃这一制度是否真是有益之举。但是，这并不意味着于当下重建这一制度就是一项现实可行的方案。"国际金本位制度的运作建立在某些可能已经不复存在的态度和信念之上。"它的有效运作，在很大程度上是因为人们普遍认为，被逐出金本位制之外乃是一种大灾难，并会给国家带来耻辱。然而，如果人们已经知道各国都不打算为维持这一标准而采取某些颇具痛苦的措施的话，那么金本位制作为一种只能同甘而不能共苦的制度就不可能产生什么影响。"[109]

哈耶克对凯恩斯《通论》的不满与其概念框架有关，同样，根本的反对意见是针对它过度依赖宏观经济总量。"真正的问题是我们当前所说的宏观分析的有效性，我现在觉得，从长期来看，《通论》的主要意义似乎是，它比其他任意一部作品都更能决定性地推动宏观经济学的崛起和微观经济学理论的暂时衰落。"[110] 问题是，弗里德曼和哈耶克似乎都没有提供一个具体的替代工具包。事实上，他们均明确表示，任何这样的工具包都是危险的，很可能会被滥用，其中哈耶克的意见有着更深厚的哲学基础。弗里德曼的建议确实很有挑衅性，他说应该直接废除美国联邦储备委员会。他有时会想把自己定性为"冷静的无政府主义者"。[111] 他后来陈述："美国没有一个机构的公众地位如此之高，表现却如此糟糕……它为20世纪70年代的通货膨胀提供了资金。总的来说，它的记录非常糟糕，其作用弊大于利。"[112] 罗纳德·里根在美国财政部第一次见到保罗·沃尔克时告诉对方:"我收到了几封信,他们提出了我们为什么需要美联储的问题。"沃尔克回答说:"不幸的是,我们是目前对抗通货膨胀的唯一力量。"[113] 他说得对。20世纪70年代的辩论结果对财政问题更为明确,哈耶克在这个问题上一直是个固执的警告者。正如艾肯鲍姆所言:"现在人们普遍同意,反周期的酌量财政政策既不可取,在政治上也行不通。"[114]

弗里德曼和哈耶克是知识分子的挑衅者。当他们似乎转向政策建议时,结果却是极端的,不太可能实现的,诸如废除美联储,或是作为弗里德曼日益担忧的突出问题的毒品合法化,又或是哈耶克版本的竞争性非政府货币。但他们所引发的辩论都更为广泛,并逐渐被明显失败的知识分子主流所接纳。最核心的观点是罗伯特·卢卡斯(Robert Lucas)①和托马斯·萨金特(Thomas Sargent)②提出的理性预期。在弗里德曼和哈耶克的愿景中,这只是一种信念,即经济主体对他们在政府政策中看到的新信息和贴现率变化做出反应,最明显的就是在劳动力市场行为中,工人对通货膨胀率很敏感。卢卡斯和萨金特比弗里德曼更进一步,他们认为从大规模宏观经济模型中得出的政策结论对预测毫无用处,因为不断的新信息形成了反馈循环。这一分析与哈耶克对宏观预测的极端怀疑是一致

---

① 1937—2023,美国著名经济学家,芝加哥经济学派和理性预期学派的代表人物之一。卢卡斯提出了理性预期假说和新古典主义宏观经济学的核心理论,二者均对传统的凯恩斯主义产生了冲击。1995年,其因对理性预期假说的应用和发展所作的贡献,获颁诺贝尔经济学奖。

② 1943—,美国经济学家,理性预期学派的领袖人物,为新古典宏观经济学体系的建立和发展作出了杰出贡献。2011年,其因对宏观经济中因果的实证研究,与克里斯托弗·西姆斯共同获颁诺贝尔经济学奖。

的。但在卢卡斯开发的结构中,它让自己适于和凯恩斯主义的传统进行结合。新凯恩斯主义者可以采用理性预期的框架,并利用它在不完全或部分信息和不完全竞争的基础上详细阐述一种有关僵化出现原因的理论。这种僵化可能会促生暂时的,之后可以通过货币行动予以抵消的需求短缺。基于新的共识,各个中央银行使用动态随机一般均衡(Dynamic Stochastic General Equilibrium,简称 DSGE)模型来指导自己的行动,以此作为形塑预期和稳定效果的一种方式。其结果是较低的通货膨胀率和宏观经济的持续稳定增长,这看起来非常令人敬佩,并在 2008 年之前几乎达成了普遍的共识。

20 世纪 80 年代的总体变化,降低流动性,提高开放性——更多的全球化——似乎源于一种新的制度设置,它创造了稳定,并提供了一个松散的知识支撑框架。其核心是价格的自由决定对于市场运作的关键作用。相比任何精确的政策制定,它更有可能被认为是弗里德曼和哈耶克最明显的政策影响。前者突然对政策产生了实际影响,而后者完全放弃了所有此类想法。经济学家罗伯特·蒙代尔(Robert Mundell)[①]在 1981 年得出结论:"今天,在 1981 年,美国没有金本位制,也没有凯恩斯的商品本位制,或者弗里德曼的纸币本位制。她有的是一种沃尔克本位制。但谁能在撒切尔本位制、沃尔克本位制或中曾根本位制的基础上预测英镑、美元或日元的未来价值呢?"[115] 弗里德曼的教诲作为应对通胀技术的指南没有什么作用,但它们对此前美国以为拥有最好的政策和理论的自满情绪产生

[①] 1932—2021,加拿大裔美国经济学家,被誉为"欧元之父",其在经济学领域的主要贡献在于最优货币区理论和政策实践。1999 年,其因对不同汇率体制下货币与财政政策以及最适宜的货币流通区域所做的分析,获颁诺贝尔经济学奖。

了惊人的冲击。更广阔的世界能提供商业和企业如何发展的实际演示。弗里德曼还有力地阐述了哈耶克完全赞同的一个简单观点，即竞争是创新的驱动力。这与寻求通过开放和学习实现技术与生产的现代化尤其相关。两位思想家描述并赞扬了将推动新一波全球化的力量，但没有分析可能把控或引导全球化的制度机制。

第六章

『　大衰退：2008 年　』

罗伯特·卢卡斯 2003 年在美国经济学会发表的主席致辞以这样一个命题开始：出自大萧条的忧虑之中的现代宏观经济学"在最初的意义上……取得了成功，从所有实用目的来看，其预防衰退的核心问题已经得到解决，而且事实上已经解决了几十年"。当时，这似乎宣示了一种广泛的理论共识，即大规模经济衰退的时代已经永远结束。2008 年之后，这种看法受到了普遍的嘲笑；但到了 2021 年，它又经常得到不无赞许的引用。[1] 大萧条曾是一场全球化的危机，2008 年出现的强烈而可能无解的危机感不可避免地带来了历史的类比。但是在 2007—2008 年全球金融危机之后的大衰退中，全球化受到了质疑，却没有被推翻。在某种程度上，它获得了拯救或复兴，直接的推动力来自各国的中央银行。可以说这些机构现在是政策制定的核心。

　　2008 年，一场显然源自美国的金融冲击导致全球需求和国际贸易骤然崩溃。它对美国在全球经济中的领导地位构成了挑战，这种地位不仅是布雷顿森林体系的设想，也是自 20 世纪 70 年代以来在货币问题上盛行的,由经济学家约翰·威廉姆森(John Williamson)①创造的术语"缺乏有效组织的体系"的真正基础。从大萧条这一明显类似的需求崩溃中吸取的教训包括:在救助银行,使用货币政策提供流动性,财政刺激以及一致同意保持市场开放等方面采取前所未有的行动与协调。但是,最初显然取得了惊人成功的这次干预所带来的政治经济影响却遭到了抨击。如果财政努力实际上主要是为了拯救银行,那难道不是一种由纳税人出资的对罪犯与恶棍的奖励吗?

为了使之区别于两次大战之间的"大萧条",传统上将此次危机称为"全球金融危机"或"大衰退",但其实二者还是有很多可兹类比之处的。许多政策制定者把它归咎于全球化。譬如,时任英格兰银行行长默文·金(Mervyn King)②便说:"危机的缘起在于我们无法应对中国、印度和前苏联的国家进入世界贸易体系所带来的影响,用一个词来说,就是全球化的后果。"² 全球化进展得太快了。20 世纪 20 年代,同样的奇迹以信用结构的崩溃和需求的急剧收缩而告终。20 世纪 70 年代,经济过热造成引起通货膨胀的信贷累积,以及对政治体制的大量不确定性和怀疑,但没有出现崩溃。奥斯卡·霍尔达(Òscar Jordà)、莫里茨·舒拉里克(Moritz Schularick)和艾伦·M. 泰勒(Alan M. Taylor)认为,全球化金融

---

① 1937—2021,英国经济学家,"华盛顿共识"的主要倡导者。在经济学领域,其贡献主要集中于开放条件下的宏观经济理论、汇率理论、国际资本流动和经济发展等领域,创立了"基本均衡汇率""汇率目标区"等理论。

② 1948—,英国经济学家,曾任英国央行行长(2003—2013)。在其任央行行长期间,英国央行采取了一系列重要的货币政策措施,如维持低利率、实施量化宽松等,以应对英国经济的困境。

带来的宽松货币条件是泡沫和资金紧张的关键触发因素,金融的结构性变化放大了这一效果。³ 进入新千年,旧的系统不再奏效,出现了故障。这场新的危机是全球化的终结,还是资本主义的终结呢?与20世纪20年代相类似的崩溃似乎不可避免。在大萧条时期,货币当局失败了,并被指责非法干预了政治活动,包括限制了政治行动的"银行家的敲诈"或"金钱之墙"(mur d'argent)①。大萧条之后,各中央银行被国有化,并受到严格的政治管控。现在,他们决心把两次大战之间的教训付诸实践。

不同于19世纪全球化浪潮的核心比喻,现代金融困境的重要类比不再是巨大的海洋风暴或威力无穷的巨浪,而是"泡沫"这一更无害甚至更有吸引力的形式。普林斯顿大学经济学家马库斯·布鲁纳迈尔(Markus Brunnermeier)② 解释说,泡沫是指"市场参与者正确或错误地认为资产价格波动过大……结果往往是,但并非总是,在泡沫破裂时价格大幅下跌"。他们的资金主要来自债务。⁴ 2007—2008年的金融危机之后,这个词进入了流行文化。在2015年的电影《大空头》(The Big Short)中,演员玛戈·罗比(Margot Robbie)坐在满是泡泡的浴缸里,手里端着一杯香槟解释道:"(大银行)依靠出售一笔笔的(抵押贷款)债券获得的2%手续费赚了

---

① 该词由法国激进党领袖、在"左翼联盟"执政期间担任国家领导人的爱德华·赫里欧(Edouard Herriot)发明。彼时赫里欧主张征收资本税,大垄断资本家遂制造经济混乱,使政府财政陷于困境,该词便被用来比喻20世纪20年代大垄断资本家对社会改革的抵制。

② 1969—,德国经济学家,其研究重点是国际金融市场和宏观经济,特别强调泡沫、流动性、金融和货币价格稳定以及数字货币。他对泡沫的研究表明,泡沫往往由金融市场的失衡引起,这些失衡可以通过货币政策进行调节。他提出的货币政策框架强调了货币政策应该以稳定物价和金融稳定为目标,并且应该具有前瞻性,以应对未来的经济不确定性。

几十亿又几十亿的美元。但后来抵押住房资源开始枯竭。毕竟，房子只有那么多，拥有足够好的工作来买房子的人也只有那么多。没错，所以银行开始用风险越来越大的抵押贷款来填充这些债券，这样他们就可以维持造利机器的运转，对不对？顺便说一句，这些有风险的抵押贷款被称为次级抵押贷款，所以每当听到"次贷"这个词，你就会觉得恶心。"但政策共识认为，在发现全面的通胀风险之前，中央银行没有必要对泡沫采取行动。在所谓的"大缓和"（Great Moderation）①时期，通货膨胀和价格波动似乎已被消除。央行行长们用一个新的缩写词"NICE"来形容他们的天下是"非通胀持续扩张"（Non-Inflationary Continuing Expansion）。

千禧年的全球化涉及许多相关现象，最重要的是新兴制造中心的产量扩张。正如第一次世界大战期间一样，全世界的供给都在增加。争论往往集中在这些世界经济体系的新晋国家中最大的那一个——中国，整个过程被描述为一种"中国效应"或"中国冲击"。[5]新兴生产国，即新兴经济体，拥有巨额的贸易顺差，部分原因是它们希望积累储备，以避免迅速扩张的东亚经济体在20世纪90年代的厄运——当时那些国家经济过热，出现了大量逆差，进而产生了大量以美元计价的外债。亚洲危机对政策的影响体现在对压低汇率的持续关注，政策手段通常体现为非正式和未经宣布的盯住美元的方式。另一种解释认为，中国和其他新兴经济体的储备积累的幅度是不合理的，肯定还有另一种动机，就是要在贫穷的国家为尽可能多

---

① 也有人将之译作"大稳健"，指的是从20世纪80年代中期到2007年发生金融危机之前，美国宏观经济波动率下降，保持低通胀和经济增长的时期。

的人创造就业机会，这些国家有大量潜在劳动力被锁定在生产率较低的农业活动中。许多新兴市场经济体的确秉持出口导向型的增长理论，采取了战后的德国和日本，以及20世纪60年代后的韩国所开创的模式。强力的出口引发了与过去相同的担忧，当时美国的政策制定者告诉德国和日本，并不是世界上的每个国家都能实现顺差。

不断扩大的顺差对应着较高的储蓄水平。如果世界上的新兴工业地区的消费水平更高，这种顺差就会消失。但是，在那些缺乏有效的养老社会保障和公共医疗服务不健全的国家，新的生产工人担心他们的未来。此外，企业和政府也存在抑制需求的高水平储蓄，这导致较富裕、较老的工业国家呼吁这些新晋国家应采取更多措施来提振全球需求，进而促进增长。

新的全球化的经济体中顺差相当于某些，但并非所有的主要工业国家的逆差。这种现象在美国和英国最为明显，得到的分析也最多。21世纪初，时任国际货币基金组织首席经济学家的肯尼斯·罗戈夫（Kenneth Rogoff）[①]就扩张性的"布什经济学"发出警告。当时，在2001年和2003年大规模减税的推动下，政府的财政状况从2000年占GDP1.2%的盈余转变为2003年的相当于GDP4.7%的赤字。罗戈夫推测："暂且假设我们谈论的是一个发展中国家，它的经常账户年复一年地存在缺口……预算的数字从黑色变为红色……不受限制的安全开支，以及因资本流入而膨胀的实际汇率。考虑到所有这一切，我认为可以公平地说，我们会非常担心。"[6]英国的默文·金

[①] 1953—，美国经济学家，其研究领域涵盖了国际金融、货币政策、财政政策、经济增长和发展等各个方面，长期以来一直坚定地批评将流动性注入体系作为启动全球增长的手段。

也发出了类似的警告。危机发生后,他将整个问题比作一个简单的数独游戏,由亚洲的高储蓄者对阵英美的低储蓄者(见表6.1)。

正如金所说,这个简单表格中的九个数字不能独立地选择。经济学家的数独比普通的数独更简单,因为只有三个数字可选。如果两组国家都想要更高的或充分的就业水平,而高储蓄一组的目标是外贸盈余,那么从数学上来讲,低储蓄的一组无法以减少贸易逆差为目标。金还补充说:"要么贸易赤字必须保持在高水平,但事实证明这不太可能持续,要么必须采取其他措施。经济学家的数独表明,这本质上是一个政治问题,而不是技术问题。"其中的低储蓄国家,也就是他本人所在的英国,或者美国,就需要停止扮演"终极消费者的角色"。[7]

表6.1 "经济学家的数独":2008年数据(单位:10亿美元)

	国内需求	净贸易	GDP
高储蓄国家	18000	1000	19000
低储蓄国家	28500	−1000	27500
总计	46500	0	46500

资料来源:默文·金在埃克塞特大学的讲话,2010年1月19日。

对金融界来说,全球化意味着一些特别的东西,而不仅是制造业的延伸。金融体系看起来很稳定,美国认为大萧条时期包括存款保险在内的银行业立法已经解决了银行挤兑的问题。英国则可以表明,自1866年以来,甚至可能自1825年以来,都没有发生过大规模的或全面的银行挤兑。从以前的崩溃中吸取的有关金融动荡的教训,因而被人们忽视或遗忘。美国正在制造债务,然后以之提振需求,并毫无顾忌地将之出售给世界其他地区,且不限于鼓励出口的超级工业化国家。雷曼兄弟那些夸夸其谈者们不无残忍地说:"雷曼的金融界人士试图解释全球化的必要性,是希望混淆赤裸裸的事实,而不是强调使我们与众不同的宏大的世界扩张战略。这意味着要在全球各地甩卖担保债务凭证(Collateralized Debt Obligations,简称CDO),特别是在欧洲和日本。"雷曼的理查德·富尔德(Richard Fuld)认为,全球化意味着"与美国市场分离,因为它不再拥有无上的权力"。[8]高盛集团(Goldman Sachs)的交易员轻蔑地将天真的欧洲银行和投资者称为"布偶",后来他解释道:"获得一个经验不足的客户如同拿到一块金牌。在华尔街赚钱最快的办法是把最复杂的产品卖给最缺乏经验的客户。"[9]全球化可以使人们有更大机会获得缺乏经验的客户的资金。关键的一环是欧洲银行购买美国证券,继而让他们可以在美国货币市场上融资,这类融资很大程度上是来自美国散户在货币市场基金中的投资。[10]

最终酿成了美国的信贷结构。毫无疑问,2007—2008年震惊世界的危机源于过度膨胀的金融体系。当时,它像是一场房地产价格暴跌带来的集体的神经崩溃(见图6.1)。不可思议的是,作为美国房地产市场中相对较小的部门,次级抵押贷款方面的损失竟会导致金融中介机构的普遍崩溃。整个金融界俨然成为一片雷区,没有人知道未爆炸的引爆装置在哪里,因此金融参与者和零售储户无法信任任何人。纵向一体化的大型复杂金融机构,通常包括抵押贷款的设立和重新包装,因而都很脆弱。他们的资产通过内部算法确定的价值不够清晰,也不存在市场价格。然后崩溃发生了。银行间市场已经枯竭,尽管那曾是一个仿佛取之不竭的绝对安全的流动性池,但现在银行不愿意暴露在其他金融机构突然出现的未知风险中。

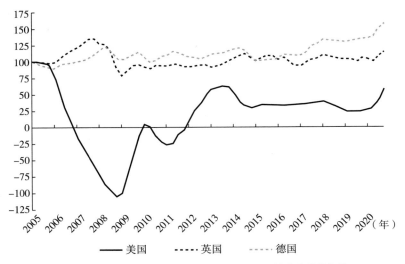

图 6.1　2005—2020 年，德国、英国和美国的住宅价格指数
（2005 年指数被设定为 100）

资料来源：圣路易斯联邦储备委员会联储经济数据。

作为这场金融危机的标志性事件，雷曼兄弟的破产发生在 2008 年 9 月 13 日至 14 日的那个周末，其破产申请是 9 月 15 日星期一上午提出的。在戏剧性的周末谈判之前，这场慢动作般的崩溃就已经开始了。随着前一个星期出现资金枯竭，所有人都清楚地看到，雷曼兄弟将倒闭，因为其他银行已经与其做出切割。周一上午，对于美联储和财政部让一家机构倒闭的决定，包括更倾向自由市场的《华尔街日报》和更加自由主义的《纽约时报》在内的主要报纸都表示欢迎。雷曼毕竟不是一家花旗集团那样的大银行，而且市场应该惩罚不端的行为。只有当雷曼兄弟的破产显然会连带造成美国国际集团（AIG）破产时，当局才认为他们有义务介入以避免一场全面崩溃。因为后者是一家非常大的保险公司，具有无可争议的系统重要性。

　　资金冻结的结果是经济突然下滑。由于无法获得普通商业信贷，交易开始收缩。2009年10月，美国失业率飙升至10%的峰值。制造业下降约20%，新房建设下降80%。显然存在着巨大的产出缺口，也就是经济活动大大低于潜力。国际货币基金组织2009年10月的《世界经济展望》(World Economic Outlook)计算出来的产出缺口为德国-3.6%、英国-4.9%、美国-4.5%。经过2020年的修订，同样的数字被重新计算为德国-3.8%、英国-3.056%、美国-7.403%。所以，美国的崩溃程度在当时被低估了。

　　这种修订在一定程度上是基于西方经济增长路径的向下调整，欧洲经济体（尤其是英国）的调整幅度比美国更为显著。这场危机带来了长期的创伤，影响了经济增长的机会，并将经济推上一条缓慢的路径。在欧洲，危机持续的时间越长，经济低迷造成的长期损失就越大。在经历过重大银行危机的国家，产出的损失和迟滞的生产率增长体现得尤为明显，这种影响在欧元区特别显著。[11] 冲击影响了收入和财富分配，因而在政治上鼓动了民粹主义者对精英经济管理的不满。在老龄化经济体中，与危机前的平均水平相比，那些在危机初期就遭受较大产出和就业损失的国家的收入不平等加剧。[12]

　　危机感的另一个驱动因素是世界经济地理的根本转变。中国在过去四十年中的发展是世界经济史上持续经济增长为时最长、速度最高的时期。随着时间推移，中国将超过美国的预估日期不断被修正。2003年，高盛的一份报告估计将是2041年；到2007年，在严重的金融危机之前，这一数字被修改为2027年；金融危机后，《经济学人》给出了一个计算结果，显示的日期是2019年。2014年，英国《金融时报》（*Financial Times*）宣布："根据世界领先的统计机构预测，美国正处于失去世界最大经济体地位的边缘，很可能今年就会落后于中国，比人们普遍预期的要快。"[13] 2020 年，据英国的一家经济咨询机构——经济与商业研究中心（Centre for Economics and Business Research）——预测，中国将在 2028 年之前超过美国，因为中国在当时的新冠疫情大流行中呈现了更强的复苏态势。

回想起来，2007—2008 年的经济崩溃似乎是一场债务危机。努力争取置业只是一个方面，那些消费者发现他们可以使用杠杆来获得资产和他们曾经认为负担不起的生活方式。[14] 不断上涨的房地产价格将使这成为一个安全的赌注，因为房地产的价值会不断增加，并使债务更加负担得起。

低利率鼓励各个国家以及个人和企业借贷。但与 20 世纪 70 年代不同的是，较贫穷的或新兴的市场经济国家的政府并没有急于借款，部分原因是 1997—1998 年东亚危机凸显了负债的危险。某些最严重的失衡发生在工业界，因为各国央行采用了使债务变得更加负担得起的解决方案。

官方的响应经历了两个阶段：首先是"巨型火箭筒"①救援，然后是对财政成本以及政治成本的考量。在 2007—2008 年的突然冲击之后，救助银行的金融部门成为人们关注的焦点。美国财政部和美联储计划采取措施收购问题资产，以便给市场一个发挥作用的机会。但估值是一项非常复杂和耗时的工作，因此美国政府转向了英国首创的更为简单而效果显著的办法：利用政府资金对银行进行资

---

① 指政府出台激进的经济刺激措施，如大规模量化宽松等手段。

本重组,使其能够承担最终的损失。¹⁵ 这应该会提振信心,就像是在治疗心脏病发作,金融服务和心脏一样,需要按摩以恢复循环。

许多富裕国家也在重复同样的做法。当时,我们无法判断长期的财政会产生何种。毕竟,可以想象的是,银行资产的价值能恢复,政府最终可以从此类交易中获利。这样的结果在美国和瑞士发生了,但是在英国或爱尔兰却没有。¹⁶

然而,对各国政府来说,即时的财政救助看起来像是一场公共关系的灾难。银行在很大程度上是出于不正当的诱因导致危机的,这些银行及其员工通过此类诱因获取利润,但现在却提议将损失社会化,难道他们不应该受到惩罚而非奖励吗?

有人或许会说,更好的方案可能是减少美国家庭或是那些希腊之类的高负债国家不可持续的高债务。当债务无法清偿,市场的回答难道不是采取"折价"的方式吗?后来,阿蒂夫·米安(Atif Mian)和阿米尔·苏菲(Amir Sufi)在一本很有影响力的书①中的确认为,美国高负债家庭的核心问题在于:引发次贷危机的抵押贷款应该被减记,而这种纪律措施的应用将阻止贷款人在未来的过度借贷和不当行为。¹⁷ 很多分析人士,特别是肯尼斯·罗戈夫和卡门·莱因哈特(Carmen Reinhart)②在国家债务问题上也提出了类似

---

① 阿蒂夫·米安是普林斯顿大学经济和公共政策教授,阿米尔·苏非是芝加哥大学布斯商学院金融学教授。这里提到的书应该指的是二人合著的《房债》[*House of Debt: How They (and You) Caused the Great Recession, and How We Can Prevent It from Happening Again*]。

② 1955—,古巴裔美国经济学家,曾任世界银行副行长和首席经济学家,主要研究领域为国际金融和宏观经济学。她在资本流动、汇率政策、银行业与主权债务危机、蔓延效应等领域著述颇丰,研究成果加深了经济学界对发达经济体和新兴市场的金融危机的理解。

的观点。2010年5月,当希腊金融危机在国际舞台上爆发时,国际货币基金组织的重要官员也提出了同样的观点,并征求了世界上首屈一指的债务核销专家,佳利律师事务所(Cleary Gottlieb)的李·布赫海特(Lee Buchheit)的建议。阻止采取这一措施的原因是害怕它会引发市场传染,担心其他类别的债务和其他国家会受到影响,恐怕债务重组会摧毁一个处在不稳定平衡中的纸牌屋。在美国家庭债务的问题上也有相似的论点,很明显,问题不仅在于次级抵押贷款债务,而且更广泛地存在于价格较高的那部分房屋。在那些因高收入和高信用评分购买导致房价不成比例地上涨的地区,违约比例也有所上升。[18] 在危机期间,债务核销的后果看起来太过复杂。最好是增加购买力,提高资产价格,停止对基础价值的任何质疑。于是,解决债务危机的最简单方法就是增加更多的债务。

作为一项替代方案,通过财政措施支持消费者是复原的关键一步,这在政治上也是必要的,政策制定者可能吸取了大萧条的教训。在危机的最初阶段,对需求不足的应对是传统的凯恩斯主义的刺激手段。2007年12月19日,前财政部长,后来成为贝拉克·奥巴马顾问的萨默斯,呼吁采取大规模刺激措施,称其目标应该是"及时的、有针对性的和暂时的"。[19] 财政部长汉克·保尔森(Hank Paulson)①宣布了一揽子的刺激计划:"我们的经济增长速度低于预期,这意味着我们需要迅速行动,制定一套临时而简单的计划,以便迅速实施,有效促进今年的经济增长并创造就业,而且其规模

---

① 1946—,美国经济学家,曾任美国财政部长(2006—2009)。在担任财政部长期间,其实施了一系列措施来应对全球金融危机,包括加强金融监管、改革银行制度和推行经济刺激计划等。

要足以扭转事态。"[20]2008年11月,就在大选之后,奥巴马的过渡团队提出一项3000亿美元的刺激计划,一个月后又将该计划提高到6000亿美元。伯克利的经济学家克里斯蒂娜·罗默(Christina Romer)[①]根据产出缺口的计算规模,提出了一项更大的1.7万亿~1.8万亿美元的一揽子计划,但萨默斯表示反对。当这个数字降到1.2万亿美元时,萨默斯告诉她:"1.2万亿美元是不切实际的。人们会认为我们拿不到。"因此,这个数字又降到了8000亿美元。[21]7870亿美元刺激计划的细节很快敲定,并于2009年2月17日启动,被称为"美国历史上最大范围的经济一揽子计划"。[22]奥巴马总统在丹佛的自然与科学博物馆签署了这项立法,意在强调其中有多少支出用于绿色就业。[23]

回顾过去,民主党人批评该方案不够充分,规模太小,时任副总统乔·拜登后来指出:"我们为此付出了代价,而具有讽刺意味的是因为我们过于谦恭。"民主党参议员查克·舒默(Chuck Schumer)得出结论:"(我们)大幅削减了刺激计划,并在衰退中待了五年。"另一位有影响力的民主党人吉姆·克莱伯恩(Jim Clyburn)认为:"奥巴马犯下的最严重错误之一(虽然可能不是最严重的),在我看来,那就是完成了《复苏法案》(Recovery Act),却没有向人们解释他做了什么。"[24]

需要财政刺激的主张也在国际层面被提出来。2009年4月,国际货币基金组织认为:"(财政刺激)即使不增加的话,至少也要持

[①] 1959—,美国经济学家,曾任美国经济顾问委员会主席(2009—2010),通过研究货币政策对经济周期的影响,以及财政政策对稳定经济的作用,其为宏观经济学的发展做出了重要的贡献。

续到 2010 年，有财政空间的国家应该随时准备根据需要推出新的刺激措施来支持复苏。这应当尽可能成为一项共同的努力，因为一个国家的措施会有一部分效果溢出边境，给全球经济带来好处。"²⁵ 为了确保持续繁荣，有必要将需求国际化。

然而，世界以惊人的速度从需要财政刺激来应对新一轮大萧条威胁的国际共识，转变为对于债务增加和财政不可持续威胁带来的长期影响的担忧。这种反转的原因可以归结于金融市场的心理，政策研究人员的工作，政治操纵，对危机和反危机措施的单纯疲劳，以及对银行救助中资金使用的普遍不满。

第一种解读集中在金融市场，债券卫士们（bond vigilantes）① 都是大坏蛋。他们的咒语是比尔·克林顿的顾问詹姆斯·卡维尔（James Carville）经常引用的一句话，他用这句俏皮话回应了1993—1994年债券收益率的快速飙升："我曾经认为，假如有转世，我来生要做总统、教皇或一个超级棒球击球手，但现在我想以债券市场的身份回来，那就可以恐吓每一个人。"²⁶ 在 2009 年的年中，债券市场开始变得吓人。2008 年 12 月 18 日收盘时，十年期美国国债的收益率为 2.77%，从这个月到来年的 4 月，这一收益率有所下降，但其从 4 月下旬开始上升，并在 6 月 10 日收于 3.98% 的高点。5 月 21 日，穆迪投资者服务公司（Moody's Investors Service）宣布，在美国金融状况恶化的背景下，由于需要借款 2 万亿美元（相当于 GDP 的 14%），该公司"相信"美国的 AAA 债务评级不会"得到

---

① 指那些对债券发行方的政策不满的债券交易商，将抛售大量债券作为威胁或惩罚手段，以此打压债券价格，提高债券利率，增加发行方的融资成本。他们通常认为政府应该通过财政政策来控制通货膨胀和债务水平，以维护经济稳定和长期增长。

永久的保障"。[27]

爱德华·亚德尼（Edward Yardeni）声称自己在 1984 年创造了"债券卫士"一词，他对 2009 年美国国债收益率的上升评论道："未来 10 年的 10 万亿美元恰恰表明华盛顿真的失控了，而且没有任何财政纪律。"投资经理兼债券专家比尔·格罗斯（Bill Gross）声称："债券市场出现了六个月前没有的内生的通货膨胀溢价。"有趣的是，随着中国的顺差累积并以美国政府证券的方式持有，这个市场经常以中国为典型。温家宝在 2009 年 3 月份表示，其对中国 7679 亿美元的美国国债投资"有些担心"。报道援引美联储前主席艾伦·格林斯潘的话说："收益率价差的扩大意味着通胀溢价正在提高。如果我们试图做得太多、太快，最终将面临更高的实际长期利率，这将阻碍经济的复苏。"[28]《华尔街日报》评论："我们正在观看美联储主席本·伯南克和也被称作金融市场的债券投资者之间的一场摊牌，这么说并不过分。如果有疑问，就把赌注押在市场上。"[29] 在新墨西哥州的里奥兰乔（Rio Rancho），奥巴马说："我们不能继续只从中国借款。我们必须为这笔债务支付利息，这意味着我们正在用越来越多的债务抵押我们孩子们的未来。"美国债务的外国持有者最终会"感到厌倦"。[30]

第二种解读认为，正是政策辩论在学术上的表达改变了人们对政府超支危险的看法，尤其有一本影响甚广的书可能发挥了关键作用。2009 年 9 月，卡门·莱因哈特和肯尼斯·罗戈夫发表了他们那本讽刺性标题的研究作品《这次不同》（This Time Is Different）。在某种程度上，这本书对复杂的金融危机造成的损害程度，以及复苏所需的漫长时间——历史平均值为七年——发出了严厉警告。读者不可避免地会问，有没有捷径可以更快地实现恢复。这本书根据几个世纪以来的银行业危机，尤其是主权债务危机阐述了当代的问题，从而为后金融危机的辩论构建了框架。在每次崩溃之前都会有一波极度的兴奋，债券销售人员会告诉他们的客户，"这次不同了"政府真的可以信守承诺。[31] 但政府当然没有做到，几个世纪以来，崩溃和违约屡屡发生。个中传递出来的信息就是，过多的政府债务可能很危险。

第三种解读认为，学术讨论也主导了政治舞台，紧缩的信息经过再包装，重新表述为政治斗争的口号。2010年5月英国大选后担任财政大臣的保守党人乔治·奥斯本（George Osborne）①喜欢引用罗戈夫的话。他在2010年梅斯讲座（Mais Lecture）中向伦敦金融城的听众解释说，罗戈夫在警告过度债务的后果时，"为我们理解危机的起源做出了最重要的贡献"。[32] 这一说法在英美保守派话语中占据了主导地位，它认为，紧缩可能用来打一场逆向的阶级战争，利用预算限制作为惩罚穷人和边缘人群的一种方式，这些人通常来自少数族群，他们可能会被公开指斥为"福利女王"（welfare queens）②。部分政客为了让自己的理由合理化而指向了债券市场。但也有人喜欢引用莱因哈特和罗戈夫，却又往往是错误地引用。举例来说，得克萨斯州共和党众议员凯文·布雷迪（Kevin Brady）甚

---

① 1971—，英国经济学家，曾任英国财政大臣（2010—2016）。在其担任财政大臣期间，英国实行了严苛的财政紧缩政策。

② 该词来自罗纳德·里根在1976年竞选总统期间的演讲，被用来形容那些被指责利用福利制度漏洞，以获取不正当福利的人。由于几十年来的"狗哨政治"，这个词在美国已成为黑人和女性的代名词。

至在《这次不同》出版之前就加以引用,却错误地引用了莱因哈特和罗格夫的话,大意是"8%~10% 的通货膨胀率是政府最终为联邦债务的大幅上涨提供资金的一种可能方式"。布雷迪警告说,这将会复刻 20 世纪 70 年代的情况,通货膨胀加剧,经济增长疲软,失业率上升。[33] 几个月后的 2012 年 3 月,布雷迪提出了一项《健全美元法案》(Sound Dollar Act),要求美联储监控黄金和美元的外汇价值,并终止美联储的双重授权,代之以稳定价格的单一授权。另一位著名的财政保守派人士,俄克拉何马州共和党人汤姆·科伯恩(Tom Coburn),对刺激措施提出了典型的控诉:"这就是把我们没有的钱花在我们不需要的事情上。这项法案的 80% 是把我们没有的钱花在我们不需要的、不会刺激经济的事情上。这就是这项法案所要做的,这就是为什么你会看到这样的反应,因为假如我们要花掉这笔钱,我们至少要确保它达到目的。你们中任何一个研究过这项法案的人都认识到,它并不是这么计划的。"[34] 激进的共和党小团体茶党,摆脱了在美国革命期间被贴上的财政鹰派的标签,并在这次财政紧缩运动中取得了重大成功。田纳西州律师、茶党全国领袖贾德森·菲利普斯(Judson Phillips)解释道:"这就是为什么整件事早在 2009 年初就开始了,当时出台了刺激法案。人们刚刚意识到,我们负担不起这些,我们也不能花钱买来一条通往繁荣的道路。"[35]

第四种解读认为,政府的巨额开支似乎没有取得多大成就,它当然不可能带来彻底的变革。奥巴马的经济顾问委员会主席贾森·弗曼(Jason Furman)提出了一个有趣的建议,认为疲劳已经开始:"矛盾的是,比预期更糟糕的宏观经济结果降低了采取更多宏观经济措施的意愿。尽管大多数意外的经济恶化发生在 2009 年的年初至年中，即《复苏法案》大部分生效之前，但一些人认为这是该法没有起作用的证据，使未来的刺激产生了相反的效果。"[36] 随着对财政行动有效性的怀疑，人们对赤字的担忧也加剧了。

第五种解读认为，用于救助银行的资金看起来像是纳税人的礼物，送给了那些应该首先为引发金融危机负责的人。如果预算赤字主要是金融部门救助计划的结果，那么广大听众便很难接受它。正如奥巴马的幕僚长拉姆·伊曼纽尔（Rahm Emanuel）后来所说："银行救助是'氪石'（kryptonite）①，国家"渴望获得回报"。[37] 一些评论人士还将茶党的崛起归因于政府正在帮助抵押贷款的借款人，尤其是来自弱势少数民族的那些借款者。[38] 政府资金的支出很快就开始显现普遍的副作用。拉里·萨默斯说："我本以为救助大银行会不受欢迎，而救助人们在其中工作的实体公司会很受欢迎。但是我错了，二者都不受欢迎。周围出现有很多质疑。为什么是这个行业而不是那个行业？这是产业政策吗？这是社会主义吗？政府为什么要介入？"[39] 政治学家直井惠（Megumi Naoi）以统计数据证明，在大衰退期间获得刺激资金带来的更多人均就业机会的国会选区中，共和党选民里出现了对政府的不满，以及对政府资助的刺激计划无效的看法。[40] 也就是说，政府支出并没有带来感激之情，反而激起了更多的不满。

美国讨论的所有内容都以不同的组合出现在世界各地。茶党是土生土长的美国产物。希腊的事件也彻底扭转了其他国家的辩论，但最引人注目的是欧洲，各国的共识从刺激转向了紧缩。希腊被错

---

① 一种仅存在于超人等故事中的化学元素，超人若接近此元素即丧失超常能力。

误地解读成一个试验气球,或是对世界财政未来的想象。2009年10月4日,在由科斯塔斯·卡拉曼利斯(Kostas Karamanlis)领导的中右翼新民主主义政府提前举行的议会选举中,乔治·帕潘德里欧(George Papandreou)领导作为一个社会主义政党的泛希腊社会主义运动党(PASOK)取得了压倒性的胜利。卡拉曼利斯提出了一种财政紧缩的观点,但社会党的主张不同。后者承认有必要抑制资助并减少滥用,并许诺其新政府将以超过通胀的速度提高工资和养老金,并将聘请"国际人士"就创造性的预算扩张主义提供建议。一句著名的竞选口号是"我们有钱"。[41] 毕竟这就是当初的时代特色。

然后发生了戏剧性的逆转。一些欧洲财政部长后来抱怨说,针对塞浦路斯、斯洛文尼亚和西班牙的经济危机,国际货币基金组织建议提高政府开支并增加债务,作为"利用财政空间"的反周期工具,它对包括希腊在内的其他国家来说具有"传染性",这些国家本应更加谨慎行事。毕竟,2008—2009年国际货币基金组织关于2%财政刺激的建议是针对所有国家的。[42] 希腊面临的问题最初看起来非常怪异。然而,在2009年大选刚刚结束后的10月6日,希腊银行立即提交了一份报告,称"我们正面临着前所未有的财政困难,却只能在很小程度上以经济活动衰退作为解释"。前九个月的财政赤字占GDP的9.7%。可以"绝对肯定"该国的财政状况是不可持续的。[43] 希腊随后成为其他国家发生类似事件的先兆,葡萄牙、爱尔兰、希腊和西班牙被一个带有污蔑性质的缩写词合称为"欧猪四国"(PIGS)。历史学家尼尔·弗格森(Niall Ferguson)继续解释说,这种传染病将是普遍的,"因为它不仅是一个以农家庭院里的缩写词表示的地中海地区的问题，而是西方世界的一场财政危机，其难以预料的后果远比大多数投资者目前所理解的要更加深远"。[44]

左派发现自己开始退却。在法国，社会党领袖，后来的总统，弗朗索瓦·奥朗德（François Hollande）[①]进行了认真的反思，尽管市场的非理性和监管不力造成了经济崩溃，但是具有破坏性的体制并没有动摇。"自由主义启发下的国际机构利用这场危机为紧缩政策辩护，除此之外，他们不可能为这种政策找到合理的论据。"[45]

这种财政方面的教训在英国受到特别的重视，这成为英国放弃财政扩张的又一个有力的理由。2009 年，工党政府开始显得愈加谨慎。尤其是财政大臣达林（Alastair Darling）[②]在很多场合明确表示"削减开支，在四年内将我们的借款减半，这是不可改变且绝对必要的"。[46]作为反对党的保守党承诺更大幅度地削减，并在未能获得议会绝对多数席位的情况下赢得了 2010 年大选，然后与自由民主党组成联合政府。这个政府着手改变思路，采取一种被批评者普遍称为"紧缩"的政策，似乎是明确遵循了肯尼斯·罗戈夫等人的建议，他们曾警告说巨额政府债务会破坏稳定。此时，英国的政策制定者对英国变成另一个希腊的可能性敲响了警钟。财政部首席经济学家戴维·拉姆斯登（David Ramsden）担心地说："据估计，英国已成为世界上负债最多的国家。"其危机前的经济增长模式所倚仗的是"私人部门不可持续的债务水平和公共部门不断上升的债

---

① 1954—，法国政治家，曾任法国总统（2012—2017）。在奥朗德执政期间，其采取了激进增税政策来解决预算赤字问题，但在中后期转向更加亲自由市场的立场。

② 原文如此，应为 Alistair Darling，1953—2023，英国政治家，曾任英国财政大臣（2007—2010）。

务"。财政状况是英国的"关键弱点",因而有理由采取紧急行动,使英国的公共财政重新回到可持续的基础上。[47]2010 年 6 月,新政府为自己设置了一项"财政任务":需要在一个滚动的五年预测期结束前,实现周期性调整的经常预算平衡,并在 2015—2016 年前使公共部门净债务占 GDP 的比例进入下降通道。新政府的第一份预算旨在通过为期五年的占 GDP8% 的结构性调整,提前一年实现这些目标。与此同时,政府还制定了一项以交通和能源为重点的全国基础设施计划,其中能源投资计划在这个五年计划期间翻一番。乔治·奥斯本的理论基于这样一种信念,即在四年内消除结构性赤字将提供回旋的余地,并为长期投资而非社会财富转移提供开支空间。

不仅在希腊,还包括欧元区其他国家和英国,其糟糕动态的一个重要方面是银行和政府之间的多重关联。最简单的联系是通过救助不良银行的成本,这涉及财政支出,因此政府可信度的下降和债券收益率的上升造成债券价格下跌。但政府债务貌似银行资产负债表上的一项资产,银行的资本因而受到进一步侵蚀。还有其他的联系,如政府债务增加意味着未来税收将会增加,包括银行在内的企业成本上升,进而利润减少,于是银行的资产负债表中其他资产的价值也将受到侵蚀。

多边响应

仅仅采取紧急措施帮助金融部门恢复经济心脏的循环功能是不够的,需要让它从根本上恢复健康,使经济秩序具有更强的韧性,不再那么脆弱。金融部门的困境凸显了金融化资本主义的，或者说是全球化的弱点，对美国的世界地位的批评者来说尤其如此。在2008年10月17日于魁北克城举行的欧盟－加拿大峰会之后，法国总统尼古拉·萨科齐"即兴致电"乔治·W.布什总统，要求与对方及欧盟委员会主席若泽·曼努埃尔·巴罗佐（José Manuel Barroso）举行峰会。他设想进行彻底的调整，取代盎格鲁－撒克逊的自由市场导向。萨科齐在法国财政部长克里斯蒂娜·拉加德（Christine Lagarde）的陪同下出席了华盛顿会议，并提出一些非常具体的建议，例如终止市值计价的会计方法——以及"专横的美国会计方法"，限制资产证券化，并裁减那些似乎决定了政府财政可行性的评级机构，因为它们的评估中纳入了针对银行资本充足率的监管要求。但布什表示反对，并想把这项改革的任务交给"专家"。当时，萨科齐突然脱口而出，就是那些专家把世界带入了混乱，一边说一边冷冷地看着美国财政部长、前高盛集团首席执行官汉克·保尔森。[48]

2008年11月14日至15日的华盛顿峰会在召开之前便受到广泛支持，各国都试图在国际舞台上抢先树立自己的影响。它恰逢一个特殊的时刻，当时世界的政治地理似乎正在发生变化。在2008年11月4日的美国总统大选中，一度被看作接替小布什的热门人选、共和党候选人约翰·麦凯恩（John McCain）落败，这被广泛认为是美国疲软和相对衰落的标志。日本首相承诺提供1000亿美元贷款，以增加国际货币基金组织的资源。而正当巴基斯坦就国际货币基金组织的项目进行谈判时，中国向她提供了5亿美元的一揽子援助。看起来新兴市场的时代已经到来。巴西总统路易斯·伊纳西奥·卢拉·达席尔瓦（Luiz Inácio Lula da Silva）① 借此机会向各个大国喊话，论及对方的糟糕治理："我们不是在要求援助，我们不是在请求你们给予资金。我们希望你们做的是修复自己的经济。你们能为我们做得最好的事情就是恢复增长。"⁴⁹ 卢拉解释说："我们谈论二十国集团是因为八国集团（G8）已经没有任何存在的理由了。换句话说，在当今这个全球化的世界里，新兴经济体必须得到重视。"当时的中国国家主席胡锦涛要求建立一个"公平、公正、包容和有序的国际金融新秩序"。⁵⁰ 萨科齐特别强调要在 100 天内制定一项具体计划。早在会议召开之前，他就曾表示，这次峰会可以"重新发现资本主义"。西方世界以外的一些政治家对现代资本主义提出了更激进的批评。在 2009 年 3 月 27 日的新闻发布会上，卢拉宣布："这场危机是由蓝眼睛的白人的非理性行为引发的，他们在危机之前似乎无所不知，现在却表现得好像一无所知。"⁵¹

2009 年 4 月的伦敦 G20 峰会是世界应对全球金融危机的一个重要的决定性转折点。会议开始前一天，即 4 月 1 日，在伦敦金融城的核心区域，英格兰银行周围，举行了大规模的反全球化和反资本主义的抗议活动。示威者的一个特别目标是遭受危机打击的苏格兰皇家银行（RBS），它的前首席执行官，也被称作"碎纸机弗雷德"的弗雷德·古德温（Fred Goodwin）爵士获得了一笔有争议的养老金。这家银行的一家分行遭到袭击和抢劫，人们还用喷漆写下"烧死银行家"和"败类"。⁵² 4 月 2 日，距此不远的伦敦东区，峰会

---

① 1945—，巴西政治家，第 35、39 任巴西总统。在其第一任总统任职期间，巴西经济获得高速发展，国内贫富差距缩小，并跻身金砖四国。

在位于皇家维多利亚码头的埃克塞尔展览中心（ExCeL Exhibition Centre）召开。十年后，那个展厅被计划改作治疗新冠肺炎患者的急诊室。与会的主要国家之间的关系极为紧张。几年后，英国安全机构被爆出对参会人员进行了电子监控。

第一层紧张关系存在于以英美两国与法德两国为首的欧洲大陆主要国家之间。英美两国的观点也是国际货币基金组织所同样主张的，即需要大规模的财政刺激。欧洲大陆国家则辩称，他们的财政系统提供了一套庞大的"自动稳定器"，额外的酌量措施是错误的，一些国家可能在预算机动空间，即"财政空间"有限的情况下不明智地实施大规模开支计划。第二层紧张关系存在于法德两国之间，一方面，危机带来的辩论集中在税收的公平性上。有些国家政府要求对逃税行为采取积极而协调的应对措施；而其他一些国家则认为，对税收透明度的关注是企图压制其自身金融体系的发展。作为避税天堂的小国当然在G20中没有代表，根据定义，这是由19个大国和欧盟组成的。在过去十年中，爱尔兰、荷兰、智利和新西兰等小型开放经济体，作为全球化的主要赢家，却没有被包括进来。G20峰会是由脆弱和分裂的大型经济体召开的一场会议。

鉴于这些争执，本次会议还是令人惊讶地取得了如此显著的成功，它与布雷顿森林会议一起被视为国际经济合作的高潮点，与1933年大萧条中的世界经济会议的失败形成了鲜明对比。后者正巧也是在伦敦举行的，但是在城市另一边的肯辛顿地质博物馆（Kensington Geological Museum）。政治学家丹·德雷兹内（Dan Drezner）将"系统运转正常"这一命题作为其论点的核心，事实上，这也是他分析危机应对措施的一本书的标题。[53] 峰会公报自觉地采用了布雷顿森林的语言:"相信繁荣是不可分割的,相信必须共享才能持续地增长。"⁵⁴ 英国首相戈登·布朗(Gordon Brown)①认为它在创造一个"新的世界秩序"。如他所言:"这一天,全世界团结起来,不是用语言,而是用经济复苏和改革计划来对抗衰退。"欧盟委员会主席巴罗佐评论道:"我们在经济史上取得的成就是无与伦比的。我们说过我们要做什么,现在我们会说到做到。"法国总统萨科齐对这一解释做了一个反美的曲解:"从布雷顿森林体系以来,世界一直生活在一种盎格鲁-撒克逊的金融模式中,我无权对它提出明确的批评。今天,这一页已经翻过去了。"德国的安格拉·默克尔(Angela Merkel)谈到创造一种新的"有良知的资本主义"的机会。⁵⁵ 看起来和前一年的 11 月一样,似乎美国政府正在努力制定一项协调一致的应对金融危机的措施。事实上,美国的弱点和脆弱性是许多评论和分析的主题,包括这些与会者。

奥巴马总统承认,美国不再是唯一或占主导地位的大国。他在新闻发布会上补充道:"你知道,这次有很多可以和布雷顿森林相提并论之处,那是上一次重塑整个国际结构。好吧,如果只是富兰克林·罗斯福和温斯顿·丘吉尔坐在一个房间里喝着白兰地,你知道,那样的谈判会更容易。但我们不是生活在那个世界里,那也不应该是我们生活的世界。我想,随着我的当选,我们将开始看到美国在世界上的地位有所恢复。我认为我们做得还不错。"⁵⁶ 参考布雷

---

① 1951—,英国工党政治家,英国第 52 任首相(2007—2010)。布朗在担任首相期间,致力于恢复英国的财政纪律,并实施了一系列财政紧缩政策,以降低政府赤字和债务水平。同时,他还努力推动英国加入欧盟自由贸易区,并支持与世界各地的自由贸易协定谈判。但在此期间,英国经济出现持续性萎缩,最终使布朗的支持率大幅降低。

顿森林体系很有说服力，1944年的会议是英美两国的一个高光时刻，2009年的会议中有一些元素重现了那种昔日的活力。毕竟，这在很大程度上是英国的一件大事，戈登·布朗用传教士的口吻将其视为拯救了世界。在会前晚宴上，当萨科齐说这是一场"我们都没有计划"的危机时，奥巴马立即插话说："戈登有一个计划。"[57]奥巴马和布朗再次扮演哈里·德克斯特·怀特和约翰·梅纳德·凯恩斯。

布朗热切地强调财政刺激作为国际协调的核心。在峰会后的新闻发布会上，他解释说，5万亿美元的全球金融刺激计划是"全世界有史以来最大的"，此外，一项1.1万亿美元的新计划将"恢复世界经济的信贷、增长和就业"。一个明显的批评是，这是一种制造数字大标题的做法，可能没有反映出真正的政策承诺。[58]这个大数字将酌量开支与自动财政稳定器相结合，这是每个主要国家，尤其是欧洲大陆国家对经济冲击的本能反应。这个数额是为了给市场，也许还有选民，留下深刻印象，但细节并没有在此处呈现。相比之下，国际货币基金组织的建设似乎是这次会议取得的更为实际的成就。在峰会召开之前，日本和欧盟承诺向该组织提供1000亿美元的额外资金。峰会公报中包括承诺"将国际货币基金组织可用资源增加两倍，达到7500亿美元，支持2500亿美元的新增（作为国际货币基金组织的通货的）特别提款权拨款，支持至少1000亿美元的多边开发银行的额外贷款，并确保2500亿美元支持贸易融资"。这些加在一起可以被视为对超过1万亿美元的刺激计划的承诺。

相比之下，中国和欧洲领导人一样，不想简单地拯救现有秩序。正如中国领导层从中看到的那样，现有秩序下的金融不稳定是英美集团造成的。中国对美国提案的抵制似乎是反对全球抗衰退开支这场运动中的又一个因素。中国社会科学院的经济学家余永定认为，中国应该只向国际货币基金组织提供象征性的贷款。在他看来，由中国提供大量贷款，看上去就像是穷人在救济富人，并补充说中国公众不会支持这样做。[59] 在接受《金融时报》采访时，当被问及中国是否有能力参与救援时，温家宝总理强调，中国仍然是一个贫穷国家，还没有准备好发挥一些人现在所期望的主导作用，他表示："我不这么看。我头脑是清醒的。因为我们是一个有 13 亿人口的发展中国家，我们面临的任务十分繁重，我们要走的路还十分漫长。"[60]

此时，中国正处在一种中间姿态。很长时间以来，中国的立场概括起来就是邓小平所总结的著名的 24 字战略："冷静观察，稳住阵脚，沉着应付，韬光养晦，善于守拙，决不当头。""韬光养晦"这一中心概念似乎适用于金融危机。资本主义的解体最终不会导致中国重新考虑其立场吗？这种转变将由习近平做出。2017 年 10 月，在一次划时代的演讲中，他解释道："这个新时代……是我国日益走近世界舞台中央、不断为人类作出更大贡献的时代。"一个新的世界出现了，"中华民族正以崭新姿态屹立于世界的东方"。[61] 早在 2009 年 7 月，胡锦涛在第十一次驻外使节会议上的讲话便标志了一个转折点，他称，中国现在需要"积极有所作为"。[62] 胡锦涛敦促中国的外交使节和外交政策官员努力使中国在政治上更有影响力、经济上更有竞争力、形象上更有亲和力、道义上更有感召力。他总结说："世界多极化前景更加明朗。"[63]

长期以来，美国政府解决国际局势的重点主要在于收支失衡——请参考默文·金的数独经济学，这一担忧导致了与中国的冲突。下一次 G20 峰会于 2009 年 9 月 24 日至 25 日在匹兹堡举行，美国负责国际经济的副国家安全顾问迈克尔·弗罗曼（Michael Froman）在这次峰会前解释道："我们希望达成一致的问题包括：均衡增长的机制，如何解决导致这场危机的不平衡问题，以及令各方对行为负责的某些过程。"[64] 匹兹堡公报草案指出，拥有大量经常账户盈余的 G20 成员"承诺实施促进内需导向型增长的政策"。中国立即予以反击。中国驻美大使周文重表示："各国不应该只关注一件事，即平衡经济。"[65] 他认为，国际货币基金组织的根本重点应该是针对金融风险累积的更好监测。中国商务部国际经贸关系司司长俞建华在新闻发布会上说，他不确定一个国家的领导人呼吁另一个国家增加进口是否代表了市场经济的做法。[66] 美国的提议因过于关注全球失衡而不是改革金融监管而招致欧洲的批评，德国官员在 G20 峰会前警告称这将导致"更大的分歧"。[67]

就这样，匹兹堡会议酿成了怀疑与失望，其结果和六个月前的伦敦会议形成鲜明对比。国际货币基金组织前首席经济学家西蒙·约翰逊（Simon Johnson）指出："一个月后，如果你问人们匹兹堡取得了什么成就，别人会茫然地盯着你……这次峰会使情况变得更糟，让金融改革，尤其是要求银行提高资本的倾向，更有可能以最不情愿的步伐推进。"[68] 围绕国际合作的氛围正在恶化。

但 2009 年的僵局与一年后的 2010 年 11 月 11 日至 12 日的 G20 首尔峰会完全不同。后一次会议前夕，让美国与世界其他国家之间的争议进一步加剧的是，美联储在 11 月 3 日的政策会议后宣布，额外购买 6000 亿美元的长期国债，这就是所谓的量化宽松（Quantitative Easing，简称 QE），目的是"促进更强劲的经济复苏步伐，并有助于确保随着时间的推移，通货膨胀处在与其（美联储）要求一致的水平"。会议上浮现的一个担忧是，量化宽松发挥作用的主要机制可能是通过汇率贬值，这难道不是货币战争的一个宣言吗？为这种批评火上浇油的是《金融时报》对美联储前主席艾伦·格林斯潘所做的一次采访，其中很大一部分内容是针对中国的。他说中国"近年来已成为一支重要的全球经济力量。但她尚未选择承担起她的经济地位所要求分担的全球义务"。不过，格林斯潘还补充了一句批评性的评论，这很快引起了比其抨击中国更多的关注："美国也在推行一种弱势货币政策。"[69]

因此，对首尔峰会的期望值一开始就不高。英国首相戴维·卡梅伦淡化了人们的期望："我不认为G20正处在它的英雄阶段。"德国总理安格拉·默克尔重申，她反对美国为经常账户盈亏设定明确目标的任何计划。若泽·曼努埃尔·巴罗佐哀叹道："我们已经加快了速度，但并不是每一台发动机都在全速运转。"[70]

巴西领导人现在表现得特别突出。财政部长吉多·曼德加（Guido Mantega）说："从直升机上撒美元没有用，唯一的结果就是让美元贬值，以便在国际市场上获得更大的竞争力。"在与当选总统迪尔玛·罗塞夫（Dilma Rousseff）举行的联合新闻发布会上，即将离任的总统卢拉·达席尔瓦表示，他将与罗塞夫一起参加首尔的G20峰会，准备采取"一切必要措施，不让我们的货币被高估"，并"为巴西的利益而战"。罗塞夫补充道："上一次出现的一连串竞争性贬值……是以第二次世界大战而告终的。"[71]

美国陷入了进退维谷的境地。在批评者，尤其是新兴市场的批评者看来，美国的货币政策貌似一种民族主义的或自私的出口促进战略。另一方面，如果华盛顿改弦更张而收紧政策，美元融资成本就会上升，世界会受到利息增加和必须偿还美元贷款的打击，新兴市场将遭受损失。奥巴马回击了对美联储刺激措施的批评，称其可能给美国带来的更高增长率将"对整个世界都有好处……我们不能继续处在某些国家保持巨额顺差而其他国家承受巨额逆差的局面"。换言之，中国和其他新兴市场需要创造更多的需求。美国"最终落入零增长或非常有限增长的困境"不符合任何人的利益。[72] 财政部长蒂莫西·盖特纳（Timothy Geithner）对美国消费者新闻与商业频道（CNBC）电视台表示："我非常尊敬格林斯潘，并有幸与其共事多年，但那些话并没有准确描述美联储或我们的政策。我们永远不会试图将削弱货币作为获得竞争优势和发展经济的手段。"他将美元下跌归咎于"避险"资本的反向流动。[73]

除了美国的货币行动外，新贸易数据的公布也加剧了夏季前的紧张局势。中国2010年10月份的贸易顺差从169亿美元激增至271亿美元，这是中国单月最大的增幅之一，也是那一年第二高的水平，给北京带来了新的压力。[74] 日本也宣布其经常账户盈余增加了24%。

德国、日本和中国组成了一个强大的集团，反对美国要求G20国家将经常账户的盈亏限制在GDP的4%以内。日本财政大臣野田佳彦（Yoshihiko Noda）表示，每个国家都有"自己的情况"。彼时，预计日本当年盈余将达到GDP的3.1%，而中国和德国分别为4.7%和6.1%。这些估值对中国和德国来说太高了，二者的最终数字分别为3.9%和5.7%。[75] 在欧洲，对G20的反应被德国在将欧元区推入更深危机的指责所掩盖，尤其是对于爱尔兰正被推向金融悬崖的指控。[76] 财政政策已经变成国际紧张局势的导火索。

正是对传统多边主义及其局限性的沮丧，使中国重新思考她与世界的关系,并推动了一种不同的全球化制度框架。以习近平为核心的新一代领导人逐步改变了中国 30 年来在这一体制内运作的战略。2013 年,在访问哈萨克斯坦的阿斯塔纳(Astana)时,他宣布了后来成为"一带一路"倡议的第一部分内容,一个建设陆地全球化的基础设施的倡议——"一带",涵盖曾经作为"丝绸之路"核心部分的欧亚大陆中心的领土。之后,在印度尼西亚,他又解释了对应的海上的"一路"。一种新的地缘政治呼之欲出。在阿斯塔纳,他用诗意的语言进行了解读,称其"仿佛听到了山间回荡的声声驼铃,看到了大漠飘飞的袅袅孤烟"。习近平希望在此前中俄合作的基础上建立一种新的货币安排。某种新生事物正在取代旧的美元体制。正如习近平引用 19 世纪哈萨克诗人和梦想家阿拜·库南巴耶夫(Abai Qunanbayev)的诗句所言:"世界有如海洋,时代有如劲风,前浪如兄长,后浪是兄弟,风拥后浪推前浪。"[77] 一股新的全球化浪潮正在冲击旧有的美国构想。

货币政策

协调一致的财政扩张落空了,多边主义已经陷入困境,剩下的只有货币行动了。美国联邦储备委员会理事杰里米·斯坦(Jeremy Stein)解释称资金渗入了各个缝隙中。[78] 它看起来不像财政行动那样有针对性,因为财政行动中的受益人身份引起了抵制。然而,事实证明,正是这一特征才构成长期问题,填补缝隙意味着推高资产价格,当然,那也会对国内外的再分配产生影响。有时被称为四国集团的美国、欧元区、日本和英国的中央银行开始以非常相似的方式行动，但并没有必要进行明确的协调（见图6.2）。相反，美联储设置了一种特定的模式，源于日本对本国在20世纪初的困境做出的响应，而这个模式反过来又可以被包括日本在内的世界其他地区效仿。一个显著的特点是，新的货币制度具有一定的保护主义倾向，因为它们被预估会带来货币贬值，从而有益于出口商和制造业的就业。

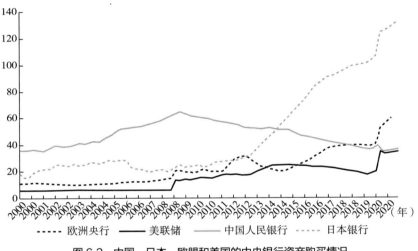

图6.2　中国、日本、欧盟和美国的中央银行资产购买情况

资料来源：亚德尼研究公司。

2001年3月之后，随着日本经济陷入衰退，物价下跌的速度以之前更快，作为央行的日本银行将其政策利率降至零。伴随这一举措，该行宣布了一项建立在三大支柱上的"量化宽松政策"。首先，将操作目标定为金融机构在日本央行持有的未偿余额；其次，坚持新政策，直至不含食品价格的核心消费者价格指数停止下跌；最后，增加对日本长期政府债券的购买。在这次实践开始的时候，一个引人注目的方面是M1的急剧增加。M1是包括纸币与活期存款在

内的货币供应量指标，但不包括定期存款和货币市场共同基金在内的更宽泛定义的货币。[79] 在这场大衰退中，日本恢复了这种在 2012 年之后被广泛称为"安倍经济学"的做法，其目的是通过"激进的货币政策"扭转 20 年来的通货紧缩，同时维持财政纪律，并推行一项增长政策。[80] 到那时为止，日本是最积极地通过扩大资产购买计划应对危机的国家。

2008 年 11 月，美联储首次宣布大规模购买长期资产。它将购买 6000 亿美元的机构债券和机构抵押担保证券（mortgage-backed securities，简称 MBS），这一行动的目的明确指向"降低购房信贷的成本并提高其有效利用率"。在 2008 年 12 月的下一次会议上，联邦公开市场委员会发布了一份声明，将联邦基金利率目标降至其认为的 0~0.25% 的下限。2009 年 3 月，美联储将资产购买计划增至"高达"1.75 万亿美元，包括购买 1.25 万亿美元的抵押担保证券，2000 亿美元的机构债务和 3000 亿美元的美国国债。这一行动后来被称为第一轮量化宽松，其目的大体上被表述为"助力改善私人信贷市场的条件"。第一轮量化宽松的购买总额相当于 GDP 的 12%。此外，2008 年 12 月，美联储的政策声明开始明确提及联邦基金利率的可能路径，这一政策后来被称为"前瞻性指引"。

这些措施的明显动机是，考虑到经济疲软的程度，不可能将利率深入标准模型所建议的负值范围。在 2009 年 3 月的联邦公开市场委员会会议上，模拟显示出的货币政策的最佳路径应该是将政策利率，即联邦基金利率，降至不可能的 –6%。第一轮量化宽松的 1.75 万亿美元资产购买计划旨在取代如此巨大而不可能的政策利率下调。

2010年11月，美联储宣布了作为第二轮量化宽松的额外措施，包括购买相当于GDP4%的6000亿美元长期国债，这些额外措施将于2011年6月完成。2011年9月，它又进入了一个新的领域，推出了所谓的"扭转操作"，或称"展期计划"（Maturity Extension Program，简称MEP），出售短期票据并购买期限更长的证券，目的是提高风险偏好并降低长期借贷成本。具体而言，美联储起初计划购买期限在6年以上的4000亿美元国债，并出售到期日低于3年的等量证券，实施时间为9个月。2012年6月，美联储将该计划延长至2012年底，最终从市场上获得了相当于GDP4%的6670亿美元长期证券。到那时，十年期国债的收益率已降至两百年以来的低点，房地产市场也受到相当大的刺激。美联储还宣布，在2014年之前，要将联邦基金利率保持在目前的低水平。

甚至在扭转操作结束之前，第三轮量化宽松就已经开始了。2012年9月，美联储决定开始每月购买400亿美元的抵押担保证券，且不确定结束日期。2012年12月，美联储决定继续无限期地按照抵押担保证券利率每月购买450亿美元国债，并停止抛售短期国债。直到2013年12月，美联储才将步伐放缓至每月购买350亿美元抵押担保证券和400亿美元长期国债，并进一步削减，直到该计划于2014年10月结束。在第三轮量化宽松政策下，美联储总共购买了1.5万亿美元的国债和抵押担保证券，这相当于GDP的9%。

最可信的实证估算表明，占GDP1.5%的大约3000亿美元的购买产生的效果应该大致相当于政策利率下调0.25个百分点。[81]这种购买旨在刺激经济增长，但复苏仍然缓慢得令人沮丧，比之前从衰退中复苏的速度要慢。由于货币政策通过购买资产发挥作用，一个不可避免的主要影响就是推高了资产价格。因此，2001—2007年所谓的"大缓和"期间的资产价格迅速上涨仍在持续，股票和房地产的价值大幅提高，尤其是在主要的全球枢纽。这样便出现了一个在政治上很危险的副作用，似乎加剧了许多国家的财富不平等。

央行行动的规模十分惊人。从2009年起，英格兰银行购买了大部分政府证券，但也包括越来越多的私营部门证券。从2011年起，它规定了一个限额，即购买任何一笔政府发行的公债都不超过70%的比例。2016年英国脱欧公投结果造成的经济不确定性需要另一轮大规模的量化宽松来支持经济。作为量化宽松的最早践行者，日本在2010年10月宣布了一项5万亿日元的资产购买计划，明确指向降低日元汇率的目标。

欧洲的动态比美联储落后一步。2009年7月，欧洲央行推出一项非标准措施来振兴欧洲的担保债券市场，当时该市场为欧洲约五分之一的抵押贷款提供了资金。一级市场和二级市场的直接购买总额达到600亿欧元，为期一年。第二步计划于2011年11月开始，但在一年的时间里，欧洲央行只购买了164亿欧元，远远低于400亿欧元的目标。从2014年10月起，根据第三步担保债券购买计划（简称CBPP3），担保债券的净购买额达到2900亿欧元。

然而，在欧洲债务危机的早期，欧洲央行的主要关注点更具体地集中在按照证券市场计划（Securities Markets Program，简称SMP）购买希腊、爱尔兰和葡萄牙以及后来的意大利和西班牙等危机国家发行的债务。这些购买在二级市场展开，以免违反《欧洲联盟运作条约》第123条禁止欧洲央行为政府进行货币融资的规定。2012年9月，欧洲央行还宣布了一项有条件的直接货币交易

（Outright Monetary Transactions，简称 OMT）计划，但其实际上从未根据该计划进行过任何购买。由于地区债务危机的争议性，欧洲人比美联储更急于退出该计划。对于"逐步退出货币刺激"，同时在一段时间内继续实施非常规的流动性政策的必要性，国际货币基金组织和欧洲央行于 2011 年达成了广泛的一致。国际货币基金组织此时此刻相当重视对通胀升温的担忧。[82]

2013 年 7 月，欧洲央行开始使用前瞻性指引，声明政策利率预计"将在很长一段时间内保持在目前或更低的水平"。2014 年 6 月，它对自己的存款工具引入了负利率，并推出了有针对性的长期再融资操作，旨在放松私营部门的信贷条件并促进银行向实体经济贷款。[83] 对欧洲来说，货币行动的一个重要吸引力在于，相比 2010 年欧洲债务危机初期作为官方应对措施的财政救助，它的分配成本不是那样的明显或可以清晰地计算。财政救助积累起来的债权的或然性造成无法真正评估全国纳税人的成本。在债权国，缺乏透明度引发了这样一种论点，即债权人正被诱入一个陷阱，虽然无法预测，但是它必然涉及巨额财政成本。[84]

2014 年，欧洲央行行长马里奥·德拉吉（Mario Draghi）在怀俄明州杰克逊霍尔（Jackson Hole）举行的美联储年度货币政策会议上发表的讲话中，立场发生根本转变。德拉吉呼应了人们，尤其是外国人普遍认为的美联储的政策观点，即量化宽松行动的一个杠杆是汇率——"我们已经看到了应当支撑总需求和通胀的汇率变动。"但最重要的一点是，仅有货币政策或央行行动是不够的，需要采取更加协调的财政行动，由于货币政策对金融市场的安抚作用，财政行动变得更容易。"如果财政政策能够和货币政策一起发挥更大的作用，将有助于政策的总体态势，考虑到我们的具体初始条件和法律限制，我相信这是有机会的。"[85]2015 年 3 月，欧洲央行启动了一项对应的扩大资产购买计划（Expanded Asset Purchase Programme）：每月购买 600 亿欧元，为期 18 个月或"直到通胀路径上的持续调整朝向欧洲央行的更低但接近 2% 的目标"得以实现。从 2016 年 4 月到 2017 年 3 月，购买量增至 800 亿欧元，随后下降，直到该计划于 2018 年 12 月告终。

各家央行看起来就像是摇滚明星，或者是房间里唯一的成年人[①]，特别是在 2010 年关于财政政策的重大政治争议标志着经济刺激政策的转向之后。但他们的行动有效吗？总的来说，政策制定者相当保守。伯南克动人地解释道："量化宽松的问题在于它在实践中有效，但在理论上不起作用。"[86]他的同事唐纳德·科恩（Donald Kohn）[②]更为谨慎："我认为可以公平地说，尽管这些（步骤）在一定程度上是有效的，但人们，甚至美联储都有些失望。这是从非常严重的衰退中缓慢复苏。"[87]2014 年，当量化宽松计划结束时，美联储的理事们指出："自现行的资产购买计划开始以来，劳动力市场的前景有了实质性的改观。"[88]

事后调查证实了这种十分温和的乐观态度。2014 年，英格兰银行的研究人员发现，资产购买对实际的 GDP 具有统计学意义上的显著影响，占 GDP1% 的购买量，为美国带来 0.36% 的实际 GDP

---

① 指一群人中唯一出于成熟的、负责任的态度行事的人。

② 1942—，美国经济学家，曾任美国联邦储备委员会副主席（2006—2010）。科恩在美联储任职期间一直致力于促进美国和全球经济的稳定和增长。他主张采取措施应对金融危机，推动金融监管和改革的实施，并支持加强国际合作和政策协调。

增长，以及 0.38% 的消费者价格指数增长；英国的相应结果是带来 0.18% 的实际 GDP 增长，以及 0.3% 的消费者价格指数增长。[89] 对量化宽松之于美国长期利率的影响，学术研究大多持怀疑态度。[90] 日本的大规模实验稳定了这个国家的情况，但没有带来更高增长率的回归，她在 G7 国家中仍然处于较低水平，仅好于意大利的惨淡表现。

央行行动对资产价格的影响更加明显，引发了对泡沫的新一轮讨论（见图 6.3）。2010 年 11 月的联邦公开市场委员会会议开启了美国股市的长期上行趋势，欧洲股市在 2015 年后开始复苏，而大型新兴市场发生的波动则最为疯狂。

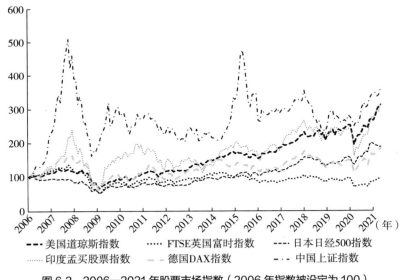

图 6.3　2006—2021 年股票市场指数（2006 年指数被设定为 100）

资料来源：全球金融数据。

新一轮经济民族主义

民族主义在于由税收资助的刺激计划的逻辑，这些计划旨在维护国家繁荣和国民就业。从这个角度来看，如果耗费的资金泄露到其他国家，其效果就会降低。因此，各国努力确保增加的购买力能够消费在本地商品上。法国总统萨科齐敦促汽车生产商雷诺和标致雪铁龙将生产环节从国外的供应商和生产基地撤回。很多国家都有报废激励措施鼓励司机进行旧车置换，包括德国、法国、意大利、英国，还有美国被誉为"旧车换现金"的措施。但这些项目往往适得其反。德国于2009年1月推出的每辆车2500欧元的补贴计划，似乎更有利于法国、西班牙、捷克共和国和波兰的廉价汽车生产商，而不是德国国内更注重豪华车型的制造商。中欧生产商进行了反击。譬如捷克总理米雷克·托波拉内克（Mirek Topolanek）认为："企图利用金融危机引入各种形式的保护主义，有可能减缓并危及欧洲经济的复苏以及消费者和投资者的信心。"[91]

各国政府也不想为救助其他国家提供资金。起初，在银行业的救助过程中尤为如此，其中最成问题的是跨国企业的情形，如法国－比利时的德克夏集团（Dexia）或比利时－荷兰的富通银行（Fortis）。这些案例中的救助涉及两个国家权衡并分担财政义务。正是出于这一考虑，欧洲令人震惊地在2012年夏天采取了银行联盟的方案，以解决欧洲主权债务危机的迫切需要，但是它也解释了为什么该措施实施得如此缓慢。[92] 对救助的抵制破坏了整个关于欧洲救助机制的讨论。由于地方选举和法院的挑战，德国表现得很拖拉。然后，北欧和东欧的小国抱怨说，资金被转移到了德国或法国的银行，或者是无能的希腊消费者和政客手中，而且无论如何，曾经的共产主义经济体要贫穷得多，不应该向更富裕的希腊提供支持。

各国迫切需要新的投资，但同时又对向外国人出售企业很敏感。比如中国对希腊比雷埃夫斯港的投资就受到质疑，德国人也对出售机器人制造商库卡（KUKA）等高科技公司感到愤怒。萨科齐提议建立一支欧洲主权财富基金，以确保遭受股价低迷之苦的欧洲一流公司不会被外国国有基金接管。[93]

各国还诉诸过时的贸易保护主义。2009年3月2日，世界银行发布了一份报告，显示19个发展中国家和工业国家中有17个，再加上欧盟，都引入了限制性贸易措施，尽管各方曾在国际会议上一再承诺避免保护主义。圣加仑（St. Gallen）智库的全球贸易预警（Global Trade Alert）公布了大量有害的贸易措施的细节，它们都是在2013年前逐年增加的，其中最大的一类是补贴，但也有许多直接的关税提升。[94]

全球金融危机后，金融服务和贸易领域的旧式全球化逐渐消退，取而代之的是一种新型的全球化。电子通信持续增长，而且速度确实变得越来越快。金融危机时期也是重大创新的时代。2007年发布的苹果手机彻底改变了个体之间的互动和消费者行为，同样还有新闻的传播。正如史蒂夫·乔布斯在苹果手机发布会上所说，它是"一款跨越式的产品，比任何移动设备都要智能得多，而且超级容易使用"。[95]一开始，人们最关注的是文化或乐趣，如音乐和娱乐的可及性，但这是一款商业设备，它在金融渠道方面带来了一场革命。这一点甚至在不那么智能的、只能略作改装的手机上也很明显。"移动钱包"（M-Pesa）——"Pesa"在斯瓦希里语中是货币的意思——这是一款基于手机的汇款和支付服务,由沃达丰集团(Vodafone Group PLC)和肯尼亚最大的移动网络运营商萨法利通(Safaricom)于2007年推出。因此,世界的全球化从贸易和金融转向了数据与通信,但这场革命会反过来影响贸易和金融服务的供应方式。与此同时,这场危机大大加速了新兴市场的崛起,尤其是中国。在某种程度上,这是由于技术提供了一种更容易的追赶方式。贸易有所回落,而好似没有重量的电子交换领域则朝着更为一体化的方向迈进。货币也可以被认为是这个失重世界的一部分,它又是央行行长们积极推动的一个领域。

伯南克的解决办法

本·伯南克是第一位,也是唯一一位获得诺贝尔经济学奖的中央银行行长。他是一个南方人,1953年出生于佐治亚州,在南卡罗来纳州拥有6500人口的小镇狄龙(Dillon)长大,父亲是药剂师,母亲来自虔诚的犹太家庭。但伯南克最终还是成长为一位杰出的学者。大萧条给其家庭留下了创伤,美国的经济衰退打击了他的祖父,来自奥匈帝国的移民约纳斯·伯南克(Jonas Bernanke)。他本来在纽约做药剂师,为了逃离大萧条时代的大城市才搬到了南卡罗来纳州。在那里,他的事业成功了。他的儿子,也就是伯南克的父亲继续经营家族企业。伯南克的外祖父母逃脱了纳粹和克罗地亚法西斯分子的迫害,先是去了意大利,然后来到美国。他的家庭背景或许不会令人奇怪,他开展了长期的研究工作来理解大萧条,这场摧毁了美国经济,并将欧洲推向野蛮、种族迫害与暴力的灾难。

伯南克刚进入哈佛大学时并不打算成为一名经济学家，只是随意地选了马丁·费尔德斯坦（Martin Feldstein）[①]讲授的经济学入门课，但后来意识到经济学是把他对数学和历史的兴趣相结合的一种方式。他继续攻读麻省理工学院的博士学位，师从斯坦利·费希尔（Stanley Fischer）[②]，阅读了米尔顿·弗里德曼和安娜·施瓦茨的那本重点分析美国大萧条的《美国货币史》。伯南克从来不是弗里德曼的拥趸，而是将自己视为广义的新凯恩斯主义运动的一部分，这场运动提供了他所认为的"制定切实可行政策的最佳框架"。[96] 他对两次大战之间大萧条的研究在很大程度上改变了弗里德曼的教诲，摆脱了美联储控制的基础货币是美国陷入大萧条的主要驱动力这一不切实际的假设。弗里德曼和施瓦茨曾审视过货币存量的崩溃，并将大萧条更名为"大收缩"，但他们并没有深入研究银行业的贷款和信贷决策的制定方式。因此，伯南克填补了弗里德曼论点中的一个重要空白。他的批评者有时嘲笑地将这一理论斥为"信贷主义"，但他的工作表明，理解创造货币的制度机制对任何政策的实施是多么的重要。[97]

对"金融加速器"的讨论是表现其理论创新的一种方式。这

[①] 1939—2019，美国经济学家，被称为"供应学派经济学之父"，在里根政府时期曾任经济顾问委员会主席。他主张通过减税和减少政府开支等措施来促进经济增长和减少通货膨胀，除了在宏观经济领域的贡献外，其还在国际经济学、公共财政、社会保险、卫生经济学和国家安全经济学等领域做出了重要贡献。

[②] 1943—，著名经济学家，新凯恩斯主义经济学理论的奠基人之一，2005年受邀入籍以色列，担任以色列央行行长。他对经济学的贡献主要在于对货币和金融市场的理解，以及其在稳定政策中的应用。他主张采用货币政策和财政政策来稳定经济，并强调在实施政策时需要综合考虑国内和国际因素。此外，费希尔还对发展经济学做出了重要贡献，尤其是在非洲和其他发展中国家的经济发展方面。

是许多历史学家熟悉的机制，显著的小范围的事件可以产生全球影响，也就是伊恩·戈尔丁的"蝴蝶缺陷"。过去，人们习惯于有关克娄巴特拉①鼻子的形状如何影响历史的争论，这件事导致马克·安东尼（Mark Antony）放弃罗马前往埃及，从而使奥克塔维乌斯·恺撒（Octavius Caesar）建立罗马帝国成为可能。经济史上也有类似的现象，相对较小的冲动或干扰会导致总体经济活动的大幅波动。但是，人们有兴趣找出可能推动因果关系并导致小事件产生重大后果的联系机制，所需要的不仅仅是对埃及女王的鼻腔解剖结构的探索。

伯南克及其长期的合著者，纽约大学教授马克·格特勒（Mark Gertler）共同研发出一种方法，通过代理成本的概念来研究金融中不完全信息的影响，这种操作是为了开展贷款业务而对特定企业或个人进行估值所需要的。在经济衰退中，不确定性和对破产的担忧加剧。那些面对巨大借贷成本的潜在借款人，例如消费者和小公司，或者资产负债表不太好看的公司，将面临此类成本的上升，因此可能无法借款，或者只能以更苛刻的条件借款。正如伯南克和格特勒所说："在一定程度上，经济的负面冲击会降低借款人的净值，或者说正面冲击会增加净值，初始冲击的开支和生产效应将被放大。债务累积带来低产出预期均衡的可能性。"[98] 有时，想象一个实际的例子会对非经济学家有所帮助——大萧条时期的药店，比如约

---

① 又译为"克利奥帕特拉""克利奥帕特拉七世"，通称为"埃及艳后"，其一生富有戏剧性，特别是卷入罗马共和国末期的政治漩涡，同恺撒、安东尼关系密切，并伴以种种传闻逸事。帕斯卡尔在进行偶然性研究时便以此为例，称："如果克娄巴特拉的鼻子是弯的，世界将会因此完全改变。"

纳斯·伯南克经营的药店，会发现更难借贷，因为潜在的贷款人对破产风险的评估结果更高。因此，他不能持有这么多的库存。这家商店便显得不那么吸引人，失去了顾客。于是，在银行家们的权衡下，破产的可能性就会成为现实。这种逻辑得到了货币数量理论研发的重要人物欧文·费雪的深入分析，他将这一过程称为债务——通缩。[99] 伯南克将这一见解嵌入了一个正式的模型中。

在 20 世纪 90 年代，除了 1991 年泡沫破裂后的日本，很难再找到由通缩造成潜在伤害的，能与大萧条时代美国所遭受的创伤相提并论的其他例子。日本看起来就像一个经济状况受到债务和人口数据共同拖累的案例研究。与两次大战之间的大萧条一样，问题源于一个本可以避免的政策错误。伯南克与格特勒都认为，如果日本的货币政策在 1985 年后"专注于稳定总需求和通货膨胀，而不是被汇率或资产价格分散注意力，结果就会好得多"。[100] 如果聚焦于消费价格这一关键指标，那就更好了。正像他们所说："我们对历史的感悟是，只有在货币政策不做任何反应，或积极强化通缩压力的情况下，资产价格暴跌才会对经济造成持续破坏。"[101] 这种做法只需要注意国内价格信号，没有必要关注国际价格走势或者汇率。

起初，在 1991—1994 年，伯南克表明，当资产价格暴跌之后，货币政策过于紧缩。但随后日本的决策者降低了利率，并认为这构成了政策的放松。大萧条的教训便从这里切入了。在通货紧缩中，极低甚至为零的利率仍然相当于正的实际利率，并对经济增长施加了阻力。还有其他更好的方式可以扩大需求。该分析仅针对 20 世纪 90 年代的日本，但在 2008 年之后，它将是理解各工业化国家政策困境的合适路径。

伯南克的建议对日本官僚来说显得有些咄咄逼人。其中一个建议涉及直接创造更多资金的可能性——"与其他形式的政府债务不同,货币的利息为零,而且没有期限。货币当局可以随心所欲地发行货币。因此,如果价格水平真正独立于货币发行,那么货币当局可以使用其创造的货币来获取无限量的商品和资产。这在均衡状态下显然是不可能的。于是,货币发行终将提高价格水平,即便名义利率限制在零。这是一个基本论点,但正如我们将看到的,它在相当程度上驳斥了货币无能的说法。"[102] 换句话说,货币政策永远不会失效,中央银行总是有可能推高通胀。

最明显的举措是采用正式的通胀目标,而日本央行对此表示抗拒。伯南克对这一反对意见的原因推测道:"宣布一个他们不确定如何实现的目标将危及银行的信誉,他们对这样直接宣布是否会对预期产生任何影响表示怀疑。"[103] 在这种情况下,伯南克引用了米尔顿·弗里德曼的一个被他称为"老掉牙的"著名思想实验,"直升机空投"新印制的钞票。"我想大多数经济学家都会同意,只要直升机撒得足够多,就一定会提高价格水平。"[104]

这种方法意味着资产价格问题在货币政策制定中被降到了不那么重要的位置。在这方面,伯南克是"大缓和"时期共识的核心缔造者。泡沫正在形成的时候很难确定,因为价格上涨可能反映了"真实"的考量因素,而且可以在泡沫破灭后再予以简单处理,那时候才有可能知道它是泡沫。[105] 这通常被描述为事后"清洁",而不是在泡沫之风中"逆风而行"。

他还提出了全球化如何推动资产价格的理论。新兴市场,尤其是中国的"储蓄过剩",可以通过新中产阶级的成长来解释,他们需要为以后的医疗保健、教育和住房支出进行储蓄。不确定性使得企业储蓄也很高。由此产生的资金流动压低了全球利率,因此有望提高资产价格。如此一来,对世界范围内的繁荣就有了一个合理的解释。这种解读也构成了默文·金数独演示的基础。20世纪90年代,他曾与伯南克在麻省理工学院共用一间办公室。[106]

解决日本困境的第二个建议涉及汇率管理,货币价格的中心地位看起来像是回到了两次大战之间辩论的核心问题,当时英国恢复1914年前的黄金平价似乎是一个明显的错误。20世纪90年代的困境引发的一个问题在日本有着巨大的政治敏感性,日本的传统观点是,泡沫源于20世纪80年代后半期的汇率体制。具体而言,里根政府对来自日本的进口激增感到震惊,并敦促东京将货币与财政两方面的扩张结合起来。美国人希望压低美元对日元的汇率,或扭转对日元的低估。经济崩溃后,伯南克认为"日元的激进贬值政策本身可能就足以让日本经济重新运转起来"。[107] 这一建议或许是日本官员认为他的敦促如此危险的主要原因,它似乎正在破坏国际货币合作的传统框架。伯南克补充道:"我不知道在以前发生过的任何历史事件中,包括20世纪30年代利率非常低的时期,出现过当时的央行无法使其货币贬值的情况。"[108] 关于贬值如何促进经济扩张,确实有一些著名而非常明显的例证,如1931年的英国、1933年的美国,或者尼克松在1971年单方面关闭黄金窗口。伯南克可以借鉴丰富的文献,他自己也曾为之贡献过一篇重要的论文,探讨在两次大战之间那些年里,放弃金本位制如何解放了货币政策,进而为复苏铺平了道路。[109]

他还考虑了非标准的公开市场操作,其中可能包含一些财政成分。在货币和财政两种政策行动之间的分析屏障,是20世纪70年代辩论中浮现出来的"大缓和"思想的一个重要因素,因此会在一定程度上变得模糊不清。各家央行将进入一个长期以来被认为归属于财政部的领域。"我所说的财政部分是指一些隐性补贴,例如,如果日本央行以面值购买不良银行贷款,就会出现这样的补贴,它当然相当于由央行提供的对银行的财政救助。这种以货币融资的方式向私营部门提供的'礼物'将扩大总需求,其原因等同于任何货币融资转移。"[110]

在这篇惊人而激进的论文结尾,伯南克指出:"日本的货币政策似乎失效,而这种失效在很大程度上是由其自身引发的。最引人注目的是,货币当局显然不愿意进行实验,不愿意尝试任何不能保证绝对奏效的东西。也许是时候在日本做出某些罗斯福式的决定了。"[111] 随着在21世纪初进行了越来越多的政策试验,日本将带来一个十分突出的分析难题:一个政府债务水平如此之高的国家,如何拥有一份认为政府的资产负债表仍具有正价值的市场评估。日本的情况似乎表明,至少有些政府可以忍受债务水平的永久上升。

伯南克与一位曾详细研究过日本灾难的经济学家亚当·波森(Adam Posen)一起提出以通胀为目标的案例,分析了价格稳定和金融稳定作为高度互补和相互一致的目标,需要在统一的政策框架内实现。这样一种框架会鼓励"公众和政治家关注货币政策可以做什么——保持长期价格稳定,而不是不能做什么——通过扩张性政策创造永久的产出和就业增长"。其中涉及的价格是消费价格,该理论要求对资产价格的善意忽视,这样房地产的繁荣或股市飙升本身就不会令人担忧,也不应该引发央行的行动。"关注货币政策的传统目标,即产出缺口和预期通胀,这是一种更有效的手段,避免资产价格的长期波动及其对经济造成的损害。"[112]

事实证明,对日本的关注在处理 2008 年后出现的货币政策问题方面有着巨大的价值。一方面,随着日本的人口停滞在其他地方重演,日本是一个将影响全世界的"收缩经济学"的典型。[113] 另一方面,日本的经验教训与处理导致 2008 年美国崩溃的抵押贷款证券化中特定金融部门的问题之间的关联性并不强,那些问题在日本并没有真正出现,因为尽管 2008 年后日本的经济收缩实际上比美国更为严重,但日本没有出现大型银行倒闭。无论如何,政府已经明确表示不会允许大银行破产。

伯南克不再是普林斯顿大学的学者,现在成为美联储的理事,他在 2002 年关于通货紧缩威胁的演讲中重复了那篇有关日本的论文的基本主题,这为他赢得了"直升机本"的绰号。他的演讲从美联储的一项研究开始,基于日本的经验教训发出了警告,即通货紧缩的持续几乎完全出乎日本国内外观察者的意料。然后伯南克提出了同样的处理措施:"通过增加流通中的美元数量,甚至只是令人信服地声称要这么做,美国政府就能够降低美元在商品和服务方面的价值,相当于提高了这些商品和服务的美元价格。我们的结论是,在一种纸币系统中,一个有决心的政府总是可以创造更高的消费,以及由此而来的积极的通货膨胀。"美联储可以针对市场上的多头采取积极行动,通过承诺在到期后两年内以等同于目标收益率的价格无限量购买证券来执行利率上限。正如伯南克所指出的,这实际上是重启了第二次世界大战后的政策,并在当时导致美联储理事和前主席马里纳·埃克尔斯（Marriner Eccles）①与杜鲁门政府之间发生激烈争执。114

后来，伯南克为2002年的演讲辩护说："使用非现实的例子往往是了解问题本质的有益方式。没有一个负责任的政府会真的从天上撒钱，这一事实不应阻止我们探讨弗里德曼思想实验的逻辑，那个实验旨在以不可否认的极端措辞表明，为什么政府永远不应该在通货紧缩面前认输。"115

伯南克曾被乔治·W.布什总统任命为美联储理事会成员，并于2006年被提名为主席。当水门事件的明星记者鲍勃·伍德沃德（Bob Woodward）为这位"大师"撰写了一本恭维有加的传记时，他正在自觉地希望央行的业务实现正常化，并与伴随格林斯潘时代而来的个人崇拜划清界限。116在美国消费者新闻与商业频道上，有位年轻画家曾为艾伦·格林斯潘现场画像，他说这位继任者会更难画："他的胡子遮住了脸，我不认为他有同样的面部表情。"117历史学家亚当·图兹（Adam Tooze）不公平地描述伯南克有着一副"平静而矮小的假象"。118事实上，伯南克在大多时候是枯燥而简洁的。作为普林斯顿大学经济系主任，他既受人钦佩，也遭到某些人

---

① 1890—1977，美国经济学家，美联储首任主席（1934—1948）。在第二次世界大战期间，美联储曾承诺维持政府债券的低利率挂钩。这使政府能够以更便宜的价格为战争提供资金，但也限制了美联储对货币政策和信贷供应的控制。1950年朝鲜战争爆发后，美联储试图结束与利率挂钩，以应对通胀压力，这场争端在1951年达到顶峰。杜鲁门总统当时错误地告诉媒体，联邦公开市场委员会已同意支持财政部的利率挂钩。作为回应，埃克尔斯公布了联邦公开市场委员会会议纪要，结果显示情况并非如此。这一事件导致了1951年3月的财政部-美联储协议。该协议结束了美联储维持利率挂钩的义务，还使美联储在制定货币和信贷政策方面占据主导地位，并增强了央行的独立性。

的鄙弃，因为他有能力打断冗长的讨论，用言简意赅的几句话结束辩论。

让学术界人士而不是金融界的官僚或与金融界紧密联系的人士担任央行行长，这在国际上很普遍，对伯南克的任命正符合这种趋势。在1997年之前英国的环境中，理论经济学家默文·金永远不可能被任命为英格兰银行行长，当时该银行的主要活动是与伦敦金融城的互动和监管。金偶尔表现出对银行家的蔑视，而更为克制的伯南克没有走到这一步，但他后来解释说，他发现难以对付汉克·保尔森的"没完没了的干劲"。[119] 他觉得明显的金融利益集团游说令人反感。后来，金融圈子里有很多反击央行行长的批评。金融记者布赖恩·韦斯伯里（Brian Wesbury）说："我希望美联储真的消失。"新加坡投资者吉姆·罗杰斯（Jim Rogers）指出："本·伯南克连一个街角上的柠檬水摊都管不好，就别提美国的金融体系了。"[120]

中央银行业务在学术方法上要求更高的透明度和可预测性，其操作规则可能的确是完全由一个作为人类的央行行长来处理的。米尔顿·弗里德曼有时说起过，要取消美联储，代之以某种能够产生稳定货币增长率的算法。斯坦福大学经济学家约翰·泰勒（John Taylor）[①] 对货币政策规则的阐述，也是依靠同样方法的一个更复杂版本，这一规则在20世纪90年代和21世纪初得到广泛的讨

---

① 1946—，美国经济学家，宏观经济、货币经济学和国际经济学领域的专家。泰勒在1993年提出了著名的泰勒规则，为中央银行的货币政策决策提供了重要参考。这一规则也被广泛用于指导美联储等中央银行的政策实践。此外，他还是货币政策方面颇具影响力的政策制定经验法则"泰勒原则"的创立人。

论。但事实上，遵循某种基于规则的方法可能会导致过于信任该规则所依据的模型的适当性。美联储历史学家艾伦·梅尔策（Alan Meltzer）将21世纪头十年美联储更具学术性的做法与20世纪50年代的稳定但"反理论"的政策以及20世纪80年代和90年代的"折中"体制进行了不利的对比。[121]

伯南克不是一台机器，也不是一种算法。但他的思想体系和他的政策选择早已用一种异常清晰的方式阐明。作为一个政策制定者，他从自己的学术工作中汲取了很多，他的政策关注源于特定的历史经验。当情况在前一个周末变得很明显，除了美国银行和英国巴克莱银行之外，没有任何机构会收购雷曼兄弟。他想到了1931年奥地利联合信贷银行所发生的类似情形。[122]雷曼不是一家大银行，但1931年，那家位于遥远小国的银行倒闭引发的连锁反应拖垮了整个世界的经济。

雷曼兄弟应该被拯救吗？雷曼的管理层声称该银行并非资不抵债，之后的研究表明，这种解释可能是正确的。[123]关于银行救助的资料通常采用19世纪《经济学人》编辑沃尔特·巴杰特的分析，他书写了英格兰银行在1866年恐慌中对银行系统的救助，当时它还拒绝帮助引发挤兑的破产银行欧沃伦格尼银行（Overend Gurney）。巴杰特的著名提法是，最后贷款人应将便利扩展到缺乏流动性的机构，但不应该是那些资不抵债的机构。2008年9月15日之前的一周，雷曼兄弟的流动性肯定很差，因为银行系统的其他部分停止为其融资。随后的计算揭示出，它的基本偿付能力具有相当大的不确定性。如果按照恐慌的，也就是"贱卖"的价格进行资产估值，雷曼当然是破产了，但假如市场恢复正常，这家银行很可能就具备了偿付能力。[124]

伯南克一再坚称，美联储只是在遵循巴杰特的建议，基于良好的抵押物以惩罚性利率自主放贷。"美联储按照巴杰特会让我们做出的应对方式制定了特别计划。基本上，我们是支持贷款人的。我们说：'可以向这些公司发放贷款，如果这些资金出现问题，我们将随时准备支持你们。'"[125] 事实上，惩罚性高息的概念很快就被放弃了。在恢复金融正常的过程中，美联储实际上遇到了相反的问题，金融机构害怕使用美联储的贴现窗口，因为这会被归为耻辱的表现。这些银行可能因为看似在依赖央行的支持而损害自身的可信度。

在全球金融危机的早期阶段，2007年8月17日，因银行无法进入银行间市场而出现了一天的恐慌以后——也是美联储宣称通货膨胀仍然是其主要担忧仅十天后——美联储宣布"经济增长的下行风险明显增加"，并暗示可能很快下调短期利率目标。伯南克鼓励银行直接向美联储借款，并使此类贷款更具吸引力。前一天，摩根大通、花旗集团和美国银行已经与美联储讨论了借款750亿美元用于购买资产支持的商业票据、抵押担保证券和其他工具的可能性。此举显然是为了克服污名化的问题。[126] 伯南克现在解释说，美联储2008年的贷款工具将"大大降低具备系统重要性的金融机构倒闭的风险"。[127]

美联储为自己设定的任务是提高整个系统的流动性。类似于日本的通货紧缩的情况一直存在。美联储开始吸取这些教训，实际上是对伯南克主义的逐步应用。一旦大衰退袭击美国，过低通胀的威胁就是主要的政策挑战，而日本的教训现在便有了重要的意义。如伯南克所说："很明显，低通胀并非纯粹的好现象。再加上处在历史低位的实际利率——作为人口、技术，以及提高了与期望的投资相关的期望的全球储蓄的其他力量的结果——实际的和预期的低通胀已经转化为持续低迷的名义利率。"[128] 诀窍在于使非常措施变成一种近乎永久的政策工具。那是一个巨大的转折点。伯南克推断，它将给货币政策带来更大的冲击，否则货币政策将受到无法将利率大幅降到零以下的限制。一些欧洲央行尝试了负利率，但这种做法总是受制于银行、公司和个人转向实物现金的可能性。

当 2010 年 11 月美联储采取它自己的量化宽松政策时，在一场关键且极具争议的讨论中，伯南克首先发出通货紧缩的警告："复苏实际上可能停滞的风险也许比一些人认为的更大……尽管我认为实际通货紧缩的可能性不大，但即便只是通胀放缓，这种不利的螺旋上升也可能发生，因为通胀放缓当然会提高实际利率。因此，风险在某种程度上是不对称的，很难解决这些下行风险，而在一定范围内的增长过快或通胀过高的上行风险可以通过提高利率来解决。"[129] 量化宽松的行动意味着美联储和财政部之间的协调要密切得多，实际在一定程度上是对主张央行独立性的逆转，这种独立性在 20 世纪 70 年代的经历催生出的反通胀心态中表现得尤为突出。

该建议的令人震惊之处在于，有人乐于认为，这项行动得以成功的一种手段是美元的弱势。[130] 对批评者，尤其是其他国家的批评者来说，这看起来像是经济民族主义的侵略行径，是回归了货币战争以及两次大战之间大萧条时期的竞争性贬值。美元贬值可能被解读为一场货币战争，但实际上，这种机制将能够推动其他国家采取对美国利益危害较小的政策制度：

这些所谓的溢出效应与其说是美国政策的功能，不如说是国际货币体系中的缺陷产生的作用。特别是，有一群新兴市场经济体正试图遵守游戏规则，努力让本国货币适当升值，她们夹在发达经济体的宽松政策和其他一些新兴市场经济体低估或盯住本国货币的倾向之间，导致这些国家陷入了可怕的困境：一方面，他们必须应对资本流入；但另一方面，如果他们让自己的货币升值，就无法与低估本国货币的国家展开竞争。其实，答案是我们需要继续与中国和其他新兴市场经济体合作，以建立一个更好的体系，尤其是允许人民币具有更多的灵活性。[131]

因此，一种与人为善的观点会认为，汇率是试图建立一个更好的国际货币体系的武器，但是在大衰退及其带来的余波中，那种情形并没有真正出现。

在11月联邦公开市场委员会会议召开前几天，堪萨斯城联储的鹰派主席托马斯·霍尼希（Thomas Hoenig）谈到这一可能的举措时，把它称作与魔鬼讨价还价。另一位地区联储主席，费城的查尔斯·普罗索（Charles Plosser）也重复了这种说法。另一种批评提出了与财政政策相协调的问题。达拉斯联储的理查德·费舍尔（Richard Fisher）认为，英格兰银行正确地推行了量化宽松作为对特殊财政紧缩的补偿。"金行长为了抵消量化宽松政策，正在采用一种比撒切尔夫人的政策更进一步紧缩的财政政策。这里的情况并非如此，继续我用尿布打的比方，我们正在遭受财政失禁的折磨。如果这种情况发生变化，我会提出调和的理由，但是那尚未发生……量化宽松政策对市场从业者来说就像是葛根——主席先生，你很熟悉这个比喻,因为你是一个南方人——它不断地长啊长啊,一旦它在市场从业者的脑海中扎根,就不可能再剪除掉。"费舍尔随后抨击了该计划背后的理念:"让美元贬值以刺激我们的出口需求,但我认为我们永远不应该公开宣扬它。"¹³²

伯南克最亲密的盟友之一,凯文·沃什(Kevin Warsh)①投票支持这项措施,却又明确地表达了自己的反对立场,并在后来将其写在《华尔街日报》上¹³³——"我仍然鼓励你们将职责放在正确的地方,这是华盛顿其他政策制定者的责任,而且应当以尊重不同责任范围的方式这样做。"——伯南克和其他人认为此举削弱了主席的地位。¹³⁴沃什还将注意力集中在财政过度活跃的危险上。

量化宽松的关键在于美联储工作人员的设想,即"缺乏后续行动的6000亿美元购买,将带来2012年底GDP实际增长0.7%,而1万亿美元的购买则将使其增长1.1%"。此举立即遭到在韩国参加G20峰会的其他国家谴责。德国财政部长沃尔夫冈·朔伊布勒(Wolfgang Schäuble)直言不讳地表示,美联储的立场"毫无根据"——"美国指责中国所做的那些事情,正是美国以不同方式正在做的。"¹³⁵在美国,也出现了共和党人的疯狂攻讦。格伦·贝克(Glenn Beck)在福克斯新闻(Fox News)上咆哮:"我一直在告诉你们,这将是魏玛共和国的一个时刻。它在很大程度上是未经测试的,也是非传统的。我的意思是,我相信津巴布韦已经尝试过了,

---

① 1970—,美国经济学家,曾在摩根士丹利担任并购部执行董事,并成为美联储最年轻的理事会成员。沃什曾主张美联储改变货币政策,停止购买抵押贷款支持证券,并放缓购买国债的步伐。他认为,当时的政策加剧了市场忧虑,并警告美联储如果不采取行动,市场上的通胀预期可能会难以散去。

它就是一场豪赌。"众议院预算委员会共和党主席保罗·瑞安（Paul Ryan）抱怨道："看，我们让国会负责税收和开支，借贷和开支。现在我们又让美联储负责印钞和开支。"[136] 这些批评都是不恰当的。通胀风险是一种幻觉，就像在欧洲一样，那边的批评者，尤其是德国的批评者，对欧洲央行购买债券也是类似的反应。

伯南克拒绝接受称其为"粗暴的货币主义"的各种攻击。[137] 他试图保证大萧条的教训已经吸取，结果却是一种岌岌可危的平衡行为。是不是吸取的教训过多了？当机构得到救助而没有破产时，资本主义真的那么危险吗？而在另一方面，新的工具的确有效吗？2013年，国际货币基金组织首席经济学家奥利维尔·布兰查德（Olivier Blanchard）写道："实际情况仍然是，与传统政策相比，非常规货币政策的效果非常有限，而且不确定。"[138]

另一个政策选择更为重要。2011年，美国完全恢复了金融信心。2009年5月有一个重要举措，19家银行控股公司的第一次压力测试发布——很明显，实力较弱的银行将进行资本重组。银行倒闭的威胁似乎消除了，但这还不足以清除复苏的障碍。伯南克后来支持了这样一种解读：认为前几轮激进的货币政策行动是无效的，因为大量有影响力的市场观察人士认为货币政策会反转。[139]2010年末的行动及其引发的喧嚣最终让市场相信，美联储是认真的，新政策的执行将是一种长期的、有约束力的投入。它很快被变成了"奥德赛"风格，因为这个希腊传说中的奥德修斯（Odysseus）把自己绑在桅杆上以抵抗女妖塞壬（Sirens）的召唤。此外，从2011年8月起，美联储转向前瞻性指引，明确承诺在可预测的更长时间内保持其政策立场。到了2020年，伯南克可能会得出结论，不再回到央行业务的旧世界——"有一点我们可以肯定：过去的方法行不通……美联储主要宏观经济计量模型的模拟表明，使用危机前制定的政策规则将导致短期利率在多达三分之一的时间里受到零利率的限制。"[140]

这是旧的央行行为模式的一个镜像，其中同样的经典类比经常被用作央行的独立性，以及"保守的央行行长"制定的政策的根本理由。现在，各国央行需要接受束缚或自我束缚，以免过于保守。

全球范围内的支持行动的结果是，除了爱尔兰、冰岛和西班牙等有限的个案以外，大规模的银行倒台并未发生。金融机构变得更大了，尽管人们认为问题的根源之一就在于"大到不能倒"的机制，其中的银行承担了太多风险，因为它们知道自己在经济过程中处于核心地位，因而有了一张安全网。许多银行家也没有受到任何刑事诉讼。在2009年苏格兰皇家银行实际被国有化之前担任其首席执行官的弗雷德·古德温，只是被女王剥夺了因为"对银行业的贡献"而获颁的爵士头衔。据《金融时报》后来计算，全世界有47个银行家因在金融危机中扮演的角色而入狱，其中大部分仅在三个国家发生：冰岛25人、西班牙11人、爱尔兰7人。因此，银行家在冰岛大约120人的监狱总人口中占据了相当的比例。[141] 相比之下，在美国，只有一个银行家，卡里姆·萨拉杰丁（Kareem Serageldin）因金融危机而入狱，他服务于瑞士信贷（Credit Suisse）这家外国银行，主要在伦敦工作。因此，作为全球金融危机的结果，230万的美国监狱人口中只增加了一名银行家。这貌似是一场既没有严重破产也没有重大刑事处罚的危机，只是实施了巨额的罚款，世界各地的银行支付了约3210亿美元的罚款，其中近三分之二是对北美

的银行施加的。¹⁴²

伯南克让各国央行，尤其是美联储成为唯一的主导力量。他使货币管理，或者更准确地说是信贷，成为财富与未来经济的核心。包括伯南克在内的央行行长们越来越多地呼吁政府开支和财政政策要承担更多的责任。他们意识到，让央行在管理需求冲击方面发挥如此核心的作用，将会有强烈反弹的风险。截至 2021 年，针对日本以大规模财政扩张和央行资产负债表扩张的战略应对停滞，人们相当怀疑其结果。日本新任首相岸田文雄（Fumio Kishida）承诺领导日本远离安倍经济学。因为强调货币扩张并放松管制，安倍经济学现在被严厉批评为"新自由主义"。¹⁴³

取消中央银行独立性的逻辑有一定吸引力，或许也没有太大的吸引力。如果有害的通胀水平需要央行独立性的弥补，那么危险的通缩趋势难道不需要央行独立性的逆转吗？它可以被更礼貌地称为更协调的财政货币政策，或许也是央行多功能性的回归。在通货紧缩的冲击之下，各国央行需要尝试撬动越来越多的杠杆来重启经济活动。

在全球金融危机之后，央行行长们看到了体制上的危险，并经常表达他们对于成为稳定体系抵御经济崩溃努力的核心所感到的沮丧。当时，他们希望将注意力重新集中在政府而不是央行应当如何行事上，也就是需要更多的财政努力。没有什么地方比欧洲对这一诉求的表达更为坚决，《马斯特里赫特条约》在欧洲建立了世界上最独立的中央银行，但在批评者眼中它却是最不负责任的央行。尤其是马里奥·德拉吉，他坚持要求加强财政协调，而其前任让-克洛德·特里谢（Jean-Claude Trichet）也提出了同样的观点（虽然没有那么笃定）。离开欧洲央行时，德拉吉总结说："货币政策仍然可以实现其目标，但如果财政政策能与之同步，它就能更快地做到这一点，副作用也更少。"[144] 为了研发符合当前政策关注的央行理论，欧洲再次成为一个试验品。然而，欧洲央行的立场并不孤单，美联储主席伯南克提出了与德拉吉非常相似的观点。[145]

侵蚀央行独立性的想法也推动了各个中央银行再次变得更加复杂和多样。21世纪10年代对央行的批评如此广泛，其背景是政策更趋复杂，对抗危机的许多实际步骤都涉及各种因素，其中的分配溢出效应都比货币政策中更为明显。救助银行显然牵扯到财政因素，主要的积极性来自政府、财政部，特别是总理和总统。要求购买央行资产负债表上某些类别资产的政策也改变了相对价格。随着各国央行更多地回归金融监管，并对哪一类贷款会是可取的做出判断，它们的行动显然也有益或有损于特定的经济部门。当分配受到威胁时，选择就貌似具有政治性，而委托的逻辑便弱化了。[146]

到了21世纪10年代末，在新冠疫情全球大流行的前夕，这种观点已成为切实可行的政策共识。在对新冠病毒的即时反应中，未来的通货膨胀轨迹上存在更多的不确定性，预测范围有所增加。当这场危机表明有必要继续遵循2008年后的道路，其中是否存在可能进一步推动央行独立性的通货膨胀危险，或者是否存在通缩风险呢？

在这种不确定性中，尤其当通胀风险看来可能更大时，一些**反对**央行独立性的旧论点开始再次抬头。在第一次世界大战之后，继续一种财政主导的货币调节方式的中央银行以"爱国之必需"作为其政策的正当理由。各国央行从根本上控制了政府债务的成本，因此它们承受着难以抗拒的压力。当杜鲁门政府试图说服美联储在朝鲜战争期间保持低利率时，同样搬出了一套清晰的爱国主义说辞。他在接待联邦公开市场委员会全体成员时，首先对美国外交政策做出了令人惊讶的明确解释。"（杜鲁门）强调，我们必须在多个方面抑制共产党的影响。他说，这么做的一个办法是保持对政府信贷和政府证券的信心。他认为，如果人们对政府证券失去信心，我们希望从军事动员中获得的一切，以及必要的战争，都可能受到威胁。"[147] 引人注目的是，美联储前主席，主要的异见者马里纳·埃克尔斯现在对通货膨胀持鹰派态度，并提出了另一种外交政策上的观点：他不喜欢朝鲜战争，担心美国"在没有计算成本的情况下，正跌进一个未知的亚洲泥潭"。[148]

有关国家安全的争论在当代有何对应物呢？在某些国家，出现了鲁道夫·冯·哈芬施泰因或杜鲁门这套关于国防与国家利益的言辞。这一点突出表现在土耳其总统雷杰普·塔伊普·埃尔多安（Recep Tayyip Erdoğan）所宣称的，高利率是"万恶之母"，它是由"躲在汇率投机商、利率游说团体或信用评级机构后面的'土耳其的敌人'策划的"。[149]2021年3月，土耳其央行行长纳吉·阿格巴尔（Naci Ağbal）将利率上调2%，旋即遭解职，从这件事上可以显而易见地看到控制利率的努力，它也曾是哈芬施泰因或杜鲁门的动机。

在2022年俄乌冲突爆发之前，大多数欧洲国家和政治家不会对埃尔多安有关国家需要的说法产生争论。但他们确实指出了另一套政策需求，相当于凌驾在国家利益之上的21世纪的对应物，要证明气候变化的现实威胁需要央行框架的新导向和财政–货币交互作用的新要素。欧洲央行在这方面很有创新力，但也遇到了困难，即资产购买计划中某些来自航空公司和其他碳生产商的债券看起来在气候上并非中性。在大西洋的另一边，美联储考虑了可以抵制种族不平等的政策措施。在这两种情形下，央行在解决紧迫政策问题上的优先事项都不能独立于政府更全面的政策取向。

以针对1991年后日本长期停滞而最初形成的模式为基础，央行扮演了许多新的角色。新的目标推动了一场将利率降至自然利率（r^*）的运动。主要受益者不仅是金融资产和房地产的持有者，还有那些看到了一个摆脱开支限制的方法的政府，包括许多民粹主义的领导人。"直升机撒钱"的设想似乎给各国政府带来了新的机遇。央行在新冠疫情危机中的新一轮行动刚刚给我们上了一课。举例来说，意大利的马泰奥·萨尔维尼（Matteo Salvini）因而宣布，他已经放弃了之前对欧元的反对立场，现在希望看到资金的支出："新冠疫情迫使欧盟机构倾听我们的意见。我们希望新冠已经让每个人都明白，紧缩是行不通的。"由于央行如此强大，现在，每个人都希望确保央行的行动有利于他们自己。于是，这些机构似乎处于有关国内外分配的争议中心，而那并不是一个惬意的位置。因此，全球化的全球关联性的一种核心机制承受着越来越大的压力。

此时此刻，全球化正在分裂成相互竞争的愿景，有了取代20世纪中叶美国主导的开放多边贸易的新选择。作为代替，中国的"一带一路"倡议所促进的对陆路和海路基础设施的关注，将供应物流视为一种新型影响力的关键来源。这一愿景可以在新的危机中得以拓展，其中供应冲击将塑造危机应对的方式。

第七章

『　大封锁：2020—2022 年　』

第七章 大封锁：2020—2022 年

人们普遍将大衰退归罪于全球化，2020 年的新冲击也是如此。很明显，新冠疫情大流行危机是全球化的产物，也就是全球相互联系的结果，而这一挑战是通过技术、政治和相互关联性的结合来应对的。换句话说，就是通过创造力、政治活动与全球化。当然，这些元素混合在一起的方式引发了争议。

某些去全球化者喜欢把新冠疫情与全球化之间的联系讲得明明白白。以这种方式，特朗普总统的贸易顾问彼得·纳瓦罗（Peter Navarro）将全球化称为遭到疫情惩罚的"原罪"。[1] 1993 年，从电视剧《辛普森一家》（*The Simpson*）的某一集中，可以看到流行文化中已经浮现出全球化可能会带来传染病的直观想法：霍默·辛普森（Homer Simpson）成为"大阪流感"的超级传播者，而这种病最初便是通过对外出口的日产消费品包装传向世界的。新冠病毒造成的混乱发生后，到处都出现了短缺：药物、防护装备、氧气、疫苗，然后是卫生纸、半导体芯片、交通设施、燃料、健身器材，总之是任何人在封控中想要的任何东西。脆弱性是显而易见和普遍存在的。某些偶然发生的事件，如一艘集装箱船卡在苏伊士运河里，或是太平洋沿岸的某个港口暴发疫情，都会打断供应链，在全球范围内带来连锁反应。小事件突出了全球相互关联的事实和全球化的巨大脆弱性。然后，俄罗斯与乌克兰之间爆发了第二次世界大战以来欧洲最严重的冲突，又一次极大地干扰了供应链。

当病毒这种原本很小的推动力引发了无法控制的过程时，什么样的观点和方法最适合分析这些威胁，并生成解决方案呢？是否可以像从前的危机那样，再次释放已经开发的许多技术和结构上的可能性来拯救世界，是否可以重启新形式的全球化呢？纳米技术为新冠提供了一个医学上的答案，那么一种新的经济学，或许是纳米经济学，能否应对这次挑战？

最初，在2020年的冬春两季，新冠疫情貌似只是一次暂时的冲击。而在两年后，当它以不可预测的浪潮传遍世界各地并出现各种变体，它看起来更像是一种半永久性的现象。2020年12月，一种传染性更强的德尔塔新变种出现在印度，几个月内其便成为这种疾病的主要类型；2021年末，作为传染性更强的一个变种，奥密克戎现身南非，并迅速传播到世界各地。随着越来越多的人接种了这种疾病的疫苗并被感染，而且在某些情况下抗体的抵抗力水平较低，这种病毒的抗药性更有可能进化。最初，学校和企业认为他们可能会关闭三到四周，以免第一波病例激增对医院造成冲击。这种现象相当于1914年夏秋时，人们认为战争会在圣诞节前结束的想法。难以想象这种混乱会持续很长时间，因为它似乎是史无前例的。

就像对待战争一样，人们一开始面对新冠病毒表现出了令人印象深刻的团结。医务工作者如同这场新冲突中的前线士兵，在许多国家受到鼓励。但随着抗击病毒战争的持续，这种团结瓦解了。在许多国家，反对封控、疫苗和检测的人与支持官方政策的群体之间发生了激烈冲突。更令人困惑的是，各国政府之间在处理新冠疫情上也存在巨大差异，某些国家实施了非常严格的封锁，而其他国家则采取了更加放任的做法，将封控变成了试图减少接触该病毒的一部分公民的自愿行动。针对各种对抗新冠疫情大流行措施的有效性，专家们发生了分歧，而普通人也只能是纸上谈兵，疲惫、幻灭和怀疑开始出现，本就岌岌可危的社会结构进一步紧张。

一些全球化的支持者认为，企业家精神指出了摆脱危机的途径，特别是在生物技术领域。新的英雄浮现出来，他们往往是典型的具有国际流动性的人物。出生于匈牙利，在宾夕法尼亚大学研究核糖核酸介导治疗机制的卡塔林·考里科（Katalin Karikó），法国出生的莫德纳公司（Moderna）首席执行官斯特凡纳·邦塞尔（Stéphane Bancel），或者出生于土耳其的德国肿瘤学家乌乌尔·沙欣（Uğur Şahin）和免疫学家厄兹莱姆·蒂雷西（Özlem Türeci）组成的夫妻档，他们在2008年建立了初创公司比恩科技（BioNTech）。2020年1月10日，中国科学家公布了该病毒的基因序列，几天之内，这对夫妻便成功研制出一种针对新冠病毒的信使核糖核酸（messenger RNA，简称mRNA）疫苗。莫德纳和比恩科技看起来都是具有高度投机性的公司。后者最初是由德国联邦研究部的一项名为"戈比奥"（GoBio）的资助计划和德国一家大型普通药物生产商的创始人的初步投资启动的。该公司随后注册了大量专利，并于2019年在美国纳斯达克上市，但它并非一家大型药品生产商。莫德纳在2018年发起了有史以来最大规模的生物技术公司的首次公开发行，估值达到75亿美元，尽管它还从未获得任何药物或疫苗的监管审批。有了从资本市场获得的这笔资金,莫德纳可以研究针对塞卡和巨细胞等病毒的疫苗,并于 2018 年在马萨诸塞州建立一处大型生产设施。面对新冠,它筹集了 13 亿美元扩大生产规模。这是创造力的胜利,也是风险资本的胜利。在英国,斯维健康投资基金(SV Health Investors)的风险投资家凯特·宾厄姆(Kate Bingham)被任命为英国疫苗工作组主任,是英国政府为数不多的明确成功决定,她在这个机构中管理着产出 3.5 亿剂的六种疫苗所需的基础设施和试验。

但是,或许政府才是推动医疗和疫苗开发的决定性力量。早在 2013 年,美国政府就通过其标志性的研究孵化器——国防部高级研究计划署(Defense Advanced Research Projects Agency,简称 DARPA)向私营公司提供资助,推动研究罕见病的医疗解决方案。莫德纳公司获得了 2500 万美元,用于开发一种 mRNA 药物,以对抗热带蚊传疾病——基孔肯雅热(chikungunya)。2020 年 5 月 15 日,面对疫情,美国政府启动了"曲速行动"(Operation Warp Speed),这个耗资 100 亿美元的项目旨在加快疫苗生产和开发。除了给予莫德纳的 15.3 亿美元,它也向阿斯利康和强生提供了大量资金,但不包括与比恩科技合作的辉瑞公司。比恩科技从德国政府获得了不大的一笔 3.75 亿欧元的资金,用于在开始三期临床试验时扩大生产。这样的一届政府,它对疫情的反应大多以故意淡化健康威胁、提倡庸医疗法和民族主义言论为特征,"曲速行动"对它来说算是一个巨大的成功。然而,效果来得太迟了,无法给唐纳德·特朗普创造竞选连任的推力。辉瑞公司于 2020 年 11 月 20 日,即大选两周后,向美国食品药品监督管理局(FDA)提交了疫苗紧急批准申请,莫德纳公司则是在 11 月 30 日提交了同样的申请,二者分别在 12 月

11 日和 12 月 18 日获得批准。

提供了这些解决方案的底层技术并非全新的。纳米技术作为一种将病毒蛋白基因序列传递给宿主细胞的过程，其灵感可能来自后来获得诺贝尔奖的理查德·费曼（Richard Feynman）在 1959 年的一次相当异想天开的演讲，题目是"底部有足够的空间"。1981 年扫描隧道显微镜作为一种具有决定意义的仪器问世，20 世纪 90 年代对纳米技术的研究爆炸性增长。2020 年，该技术解决了一个明显的难题，即疫苗递送的问题。

从为社会及政府节省资金的角度来衡量，政府在促进疫苗快速开发和提前购买产品方面的开支，可能是有史以来最有效的政府项目。毫不奇怪，疫苗催生了人们对公共开支的变革潜力的一种普遍乐观情绪。疫苗和医疗设备并不是国家的唯一贡献，政治活动也有望修复已被严重压力撕裂的社会结构。民粹主义的反抗造成政治体制的四分五裂，最终导致 2016 年英国的脱欧投票和唐纳德·特朗普的当选，结果是普遍推动组建更大的政府。即便在 2020 年的惨淡情况下，特朗普依然广受欢迎，这在很大程度上也是依赖了庞大的政府开支，以总统的名义邮寄和打印的"纾困支票"。在选举中赢得一次巨大胜利的英国保守党首相鲍里斯·约翰逊凭借的是在竞选中承诺振兴衰落的英格兰北部工业区——据说，选举一个保守党人，你就会得到一家工厂。这是一种全球化的选举模式，在世界各地不断上演。它也代表了对 21 世纪 10 年代利率和债务逻辑的一种相当迟缓的响应，当时的低利率让政府开支好像实际上是免费的。

这场大流行显然是一次全球性挑战，不仅在限制移动方面，而且在开发疫苗和医疗方面，都需要而且应当催生出国际协调的应对措施。G20 国家对 2007—2008 年全球金融危机做出的反应令人钦佩，在新冠疫情中也引发了许多有关协调的言论。对那种数字大标题也有类似的担忧。2021 年 6 月在康沃尔郡卡比斯湾（Carbis Bay）举行的 G7 集团会议之前，约翰逊宣布："到明年年底为全世界接种疫苗将是医学史上最伟大的一项成就。"他承诺增加 10 亿剂疫苗。[2] 但是交付疫苗比直接造出更多的钱更困难。于是，尽管大量的资金被创造出来，但对抗病毒所需的药物和疫苗等实物产品依然短缺。在一场由需求崩溃引发的危机中，重要的是要激发更多的经济活动，因为任何形式的需求都会产生作用并恢复信心。新冠危机根本上不是随机出现的缺乏实际需求。任何魔法都无力直接创造出有效的疫苗或戏剧性的治疗方法，或与相当精确的需求匹配的军事装备。如果所购买的产品和服务无效，财政扩张就可能会受到灾难性的误导。

疾病与经济的关联

新冠疫情大流行突如其来。2020 年 1 月 4 日，世界卫生组织宣布出现了肺炎聚集性病例。1 月 21 日，华盛顿州卫生局报告该州斯诺霍米什县（Snohomish County）出现美国第一例确诊的新冠病毒肺炎病例。1 月 30 日，世卫组织就新型冠状病毒的暴发宣布了"国际关注的公共卫生紧急状态"；第二天，美国卫生与公众服务部长宣布进入公共卫生紧急状态。2 月 21 日，在米兰附近发现了意大利的首个病例。2 月 29 日，华盛顿州州长公布了美国首例确诊的新冠病毒肺炎死亡病例，并宣布进入紧急状态。3 月 1 日，纽约州州长详细介绍了发生在该州医务工作者上的首个病例。我们事后才知道，所有这些公告都比疫情的最初爆发晚得多：加利福尼亚州早在华盛顿州之前就出现了病例；意大利医疗当局从癌症筛查中得到的血液样本里找到了证据，说明从2019年9月起病毒就出现在伦巴第大区了。2020年3月11日，世卫组织将此次疫情界定为全球大流行。

很快便有证据表明，传染是如何通过"超级传播者事件"发生的，这就像是一只蝴蝶扇动翅膀，制造了一场全球风暴。2020年2月19日，瓦伦西亚对阵贝加莫（Bergamo）本地的亚特兰大队（Atalanta）的足球比赛在米兰举行。这场比赛吸引了4.4万左右的贝加莫人，并导致两周后病例激增。贝加莫医院重症监护室主任卢卡·洛里尼（Luca Lorini）解释说："我敢肯定，4万人站在相距一厘米的地方拥抱和亲吻了四次，因为亚特兰大进了四个球，这无疑是巨大的传染加速器。"[3] 伦巴第还有其他大型集会，比如布雷西亚（Brescia）纪念圣福斯蒂诺（San Faustino）的传统民间节日就吸引了大约10万人在街头庆祝。百健公司（Biogen）2月26日至27日在波士顿举行的一次会议造成了超过100个与会议直接相关的病例，而后来的计算结果是它导致了全国范围内20万~30万个冠状病毒病例。[4] 3月7日，奥地利滑雪胜地伊施格尔（Ischgl）的一个酒吧服务员出现症状，但是除了让这家基茨洛赫酒吧（Kitzloch）关门，奥地利政府在几天时间里什么也没做。然后到了3月13日，整个度假地突然关闭，游客们大多乘坐拥挤的公共汽车和火车回家。随后，伊施格尔的疫情波及了45个国家。[5] 3月10日，有61人参加了华盛顿州斯卡吉特县（Skagit County）的一次唱诗班练习，尽管其中只有一人有症状,且大多数老年唱诗班成员彼此都相隔很远,还是有 53 人被感染。2021 年印度灾难性的第二波疫情是由于其过分自信已经征服了病毒。2021 年 1 月,莫迪总理在达沃斯世界经济论坛上表示:"有人曾预测印度将是世界上受新冠病毒影响最严重的国家。今天,印度跻身于成功拯救其国民生命的国家之列。"他所在的政党随后宣布,印度已经"战胜了新冠肺炎"。[6] 但是,随后的大型选举集会和印度教的宗教节日大壶节(Kumbh Mela)演变成超级传播事件。

在为米尔顿·弗里德曼所做的尖酸刻薄的讣告中,保罗·克鲁格曼推测了外部冲击与如何看待政府的政策效率和能力之间的关系——"假设流感疫情暴发,且后来的分析表明,疾病控制中心原本可以采取适当行动控制疫情,那么指责政府官员没有采取适当行动就是公平的;但如果说是政府造成了疫情,或者用疾控中心的失职来证明自由市场凌驾于大政府之上的优越性,那就过于夸张了。"[7] 政策居于危机应对的核心,也是公众批评所针对的最集中的目标。事实上,美国疾控中心的反应非常笨拙无能,无法处理众多州政府以不同方式从不同计算机系统收集的数据。因此,美国很难对危机形成总体看法并安排有效的政策应对。

美国最初在经济方面的反应看起来比在医疗方面更为称职。标准普尔指数在 2020 年 2 月 19 日收于历史新高,但在 2 月的最后一周,全球股市出现了自 2008 年金融危机以来的最大跌幅。3 月 3 日,美联储下调了联邦基金利率;3 月 9 日,标普 500 指数下跌 7%,引发了整个市场为时一刻钟的交易熔断,以停止混乱的交易;同样的事件在 3 月 12 日又发生了。3 月 15 日,美联储的联邦公开市场委员会召开了一次特别会议，将联邦基金利率降至零，敦促银行利用美联储的贴现窗口，并同意与加拿大银行、英格兰银行、日本银行、欧洲央行和瑞士国家银行做出货币互换的安排。美联储主席杰罗姆·鲍威尔（Jerome Powell）①宣布："我们预计，这种疾病和目前正在采取的遏止其传播的措施将在短期内对经济活动产生重大影响……此外，疫情的影响正在抑制许多外国经济体的经济活动，这给仰仗全球供应链的美国工业带来了困难……通货膨胀率一直低于我们预期的2%的均衡目标，今年可能会被疫情的影响压制。"⁸商业活动停摆，既是因为官方封锁，也是因为许多员工撤离了存在传染危险的工作环境。在2021年夏天的"大辞职"中，每个月大约有400万名美国员工离职，这似乎正在变成一种长期现象。

这样一来，经济和医疗上的紧急情况同时出现。直接而有效的金融响应——由中央银行提供资金的政府债务猛增——看起来仿佛一个奇迹，即刻平息了恐慌，就像1914年7、8月份大西洋两岸财政部的有效行动立即遏制了金融危机一样。它清楚地表明，政府和央行可能非常强大，但是真的已经强大到足以对抗病毒吗？和1914年一样，金融稳定无法解决造成紧张局势的根本原因。

医疗紧急情况可以采取多种不同的方式处理。首先，需要旅行禁令、限制或封锁来阻止传染，防止医院过载。很快，电视上就出现了纽约、贝加莫和米兰等城市的医院不堪重负的惊人画面，病人

---

① 1953—，美国经济学家，自2018年以来担任美联储主席一职。鲍威尔的政策立场更注重稳定和可持续的经济增长，他支持渐进加息，并强调美联储的独立性，以避免受到政治压力的影响。在货币政策方面，他强调美联储的目标是实现"双重使命"：维持物价稳定和促进就业。

挤在走廊里，救护车在大楼外排起了长队。许多医疗机构需要竖起帐篷来满足需求。新的医院上马开工：武汉的第一家应急医院"火神山"在短短十天内建成；伦敦新建的临时医院以在克里米亚战争中锐意改革的英雄护士南丁格尔命名，在伦敦东区的埃克塞尔中心开始运转——2009年4月，正是在这个会议中心举行了具有里程碑意义的G20会议——这是一次有着象征意义的改造。

其次，急需医疗器材来应对临时的紧急情况，包括口罩、其他防护装备、呼吸机。英国企业家和创新者詹姆斯·戴森（James Dyson）爵士将其公司的2000万英镑资金用于开发呼吸机，却在4月份被告知英国政府实际上并不需要它们。

再次，人们拼命地寻找治疗新冠肺炎患者的方法，以一种很缺乏系统的和混乱的方式采用了许多非必要的未经试验的技术和药物，这意味着很难衡量它们的有效性。有些纯属胡扯，纽约的一个家庭医生弗拉基米尔·泽连科（Vladimir Zelenko）用抗疟药物羟氯喹、阿奇霉素，加上硫酸锌治疗了他的大部分哈西德派（Hasidic）①患者。⁹这项实验吸引了特朗普总统的注意，他有一段时间一直是"羟基"的热情倡导者。其他民粹主义领导人也如是，尤其是巴西的雅伊尔·博索纳罗（Jair Bolsanaro）。在法国，另一位长相狂野的长发医生迪迪埃·拉乌尔（Didier Raoult）也推广羟氯喹，培养了一批狂热的追随者，并得到总统埃马纽埃尔·马克龙的拜访。¹⁰ 2020年10月在美国获得授权的瑞德西韦（Remdesivir）让人大失所望。

---

① 犹太教的一个派别，又被称作"虔敬派"。该派强调个人与上帝的关系，认为每个人都有自己独特的使命和责任。哈西德派的传统包括祈祷、研习圣经、遵守犹太教的律法和传统等。

即刻的奇迹疗法大多是骗人的,但逐渐出现了更可靠的抗病毒治疗方法,例如辉瑞公司的帕克洛维(Paxlovid),默克公司和里奇巴克公司(Ridgeback)2021 年推出的莫努匹韦(Molnupiravir)。它们比疫苗更容易生产和分配,从而提供了控制病毒的另一个机会,但其可能对新出现的病毒变种无效。

最后,通过开发疫苗,可以预防或减轻这种疾病的严重程度。大多数疫苗的开发需要 10~15 年的时间,此前最快的例子是 20 世纪 60 年代末的流行性腮腺炎疫苗——只用了 4 年时间。Virolical.org 是一个以助力公共卫生活动和研究为宗旨的预发布数据中心,2020 年 1 月 10 日,中国在该网站发布了这种病毒的基因测序。[11] 比恩科技在宣布基因测序两周后开始研发新冠疫苗,并继续与辉瑞公司合作扩大产品规模。莫德纳公司最开始的前两期临床试验数据于 7 月 14 日发布,比恩科技 – 辉瑞公司的初始数据在 8 月 12 日发布。11 月 9 日,辉瑞公司宣布,三期临床结果显示其疫苗的有效率为 90%。12 月 2 日,辉瑞疫苗被授权在美国紧急使用。[12] 但疫苗的保护作用并不完全,产生的抗体数量随着时间的推移越来越低,病毒发生变异后需要接种加强针。尽管如此,辉瑞和莫德纳疫苗在预防重症和死亡,以及降低病毒传播力方面都非常有效。

据估计,2020 年"曲速行动"大约花费了 120 亿美元。[13] 欧盟于 2020 年 7 月宣布,将在新冠肺炎疫苗上预付 27 亿美元。[14]2020 年 12 月,比利时预算主管伊娃·德·布雷尔(Eva De Bleeker)意外地在推特上发布了欧盟为疫苗支付的实际价格:辉瑞 – 比恩科技每剂 12 欧元,即 14.70 美元;阿斯利康 1.78 欧元;莫德纳 18 美元;荷德科威瓦克(Dutch–German Curevac)10 欧元;强生公司 8.50

美元；赛诺菲 – 葛兰素史克 7.56 欧元。[15] 科威瓦克的开发滞后，主要是因为它没有大规模试验的资金；而最初的德国比恩科技疫苗的成功研发归功于辉瑞注入的大量资金。科威瓦克还遭受了不幸的打击，其创始人兼首席执行官英马尔·霍尔（Ingmar Hörr）在疫苗开发的关键阶段因大面积中风而住院。德国政府提供了 5.3 亿欧元，其中 3 亿欧元作为入股，另外还有 8000 万欧元来自欧盟贷款。[16] 最终拜耳和诺华公司介入，支持科威瓦克疫苗的开发。辉瑞向比恩科技支付了 1.85 亿美元，其中包括 1.13 亿美元的股权投资，并承诺未来支付高达 5.63 亿美元。[17] 英国预计将在疫苗接种计划上支出 117 亿英镑，相当于 150 亿美元。[18]

疾病的传播直接造成了经济和金融危机，因此政策目标看起来可能会有所混淆，有必要同时处理这些问题吗？封控让供应更加困难。经济衰退加剧可能会让新冠疫情大流行变得更糟，因为它尤其影响到穷人，他们的居所狭窄，总体健康状况较差，而且暴露在污染物中，所以在传染病面前更为脆弱。

然而，很快就能看出这不是大萧条或大衰退中遇到的那种传统的需求驱动型衰退。需求并没有全面下降。下降的需求尤其针对的是可能与传染风险增加有关的服务和商品。甚至在旅行或堂食受到封锁的限制之前，此类产品的消费量就急剧下降，而耐用消费品的购买量却有所增加。家庭想要更大的冰箱和冰柜来储存食品，用扫地机器人等自动清洁工具来替代雇用清洁工，用其他电子产品来提供娱乐或满足居家办公的工作需要。这种影响相当于很多服务的彻底转型，对商品的需求也依然高涨，甚至有所增加。

对于一直担心应对金融危机能力的跨国家政策领域，确保全球金融市场持续发挥作用是一项重大成就。紧急状态需要大幅扩张在应对2008年危机时开发的央行工具。从2020年3月20日起，股市迅速回升，逢低买入者寻找机会，然后其他人意识到新的政策取向将持续。这种兴奋感看起来就像之前的股市泡沫阶段。资金纷纷涌入科技股，随着消费者和金融机构改变他们的行为，人们期望科技股能带来长期收益。资金不仅流入了被颇为讽刺地命名为"狗狗币"（Dogecoin）的替代货币，甚至还流入19世纪的经典投机对象。对冲基金驱使加拿大两家互相竞争的铁路公司——加拿大国家铁路公司和加拿大太平洋铁路公司，对堪萨斯城南方铁路公司展开竞购战。

引发美国市场情绪转折的导火索是参议院多数党领袖米奇·麦康奈尔（Mitch McConnell）3月19日提出的一项救助计划。2020年3月27日，特朗普总统签署了这份《冠状病毒援助、救济和经济安全法案》（Coronavirus Aid, Relief, and Economic Security Act，简称CARES Act），并使其成为法律。这项立法是2.2万亿美元的经济刺激计划，为"受2020年冠状病毒大流行影响的个人、家庭和企业提供紧急援助和医疗响应"。具体包括：向低于特定收入门槛的美国人直接支付现金，单身成年人可获得1200美元；提高失业救济金；向小企业提供贷款以支付人工、房租和其他费用；有针对性地为受到疫情严重影响的行业提供资金；以及暂时停止抵押贷款的止赎。

这项立法是很有必要的，甚至在这个政治两极分化的极端时代也没有出现争议，受到普遍欢迎。其中有些方面着实怪异，比如总统坚持让自己的名字出现在纾困支票上。但最终，随着疫情不断地持续，这种举措势必也要重复。拜登政府接受了大规模刺激的理念，其部分原因是着眼于未来的选举。

这部法案的某些部分基本上未能达成目标。几乎没有证据表明对小企业的薪金支持为其雇用行为带来显著变化，因为没有资格获得支持的大公司采取的行为与有资格的较小的竞争对手相同。对个人的纾困支付立即导致开支猛增，但在很大程度上未能帮助到那些在逃离涉及人际互动的服务业的趋势中受影响最大的企业，它们只是鼓励了消费品，尤其是消费服务的繁荣。包括二手车在内的汽车销售旺盛。

这种美国模式在其他地方也被效仿。2020 年，发达经济体、新兴市场经济体和低收入发展中国家的平均总体财政赤字占 GDP 的比例分别达到 11.7%、9.8% 和 5.5%。2020 年，全球公共债务占 GDP 的比例攀升至 97.3%：比没有出现新冠疫情大流行的预计水平高出 13 个百分点。[19]

随着需求形势好转，战略层面出现了短缺，然后波及其他领域。起初最为明显且随时间推移而愈发严重的问题是芯片的短缺，或称"芯片荒"（Chipageddon）。在最初的封控期间，随着大量上班族转向在家办公并升级了他们的通信设备，造成对笔记本电脑、路由器、网络摄像头、平板电脑和显示器等电子产品的需求激增。[20] 人们只是在商品上花了更多的钱，同时在服务上的支出受到封控和人际交往减少的限制。芯片短缺令人惊讶地持续了很长时间，一直到 2022 年。公共卫生部门控制病毒的基本检测设备也同样短缺。

随后，政策行动加剧了商品短缺，贸易战又使其更加严重。既有的贸易冲突阻碍了美国在一些关键领域对医疗紧急状态做出应对。美国针对防护装备、CT机和患者脉搏监测仪等一系列中国医疗产品的保护主义措施造成了短缺。[21] 中美贸易争端在2020年一直持续，特朗普并不曾试图缓解。事实上，在1月24日，随着疫情的消息传播开来，特朗普对将近4.5亿美元的钢铁和铝产品实施了新的关税，将影响到美国对日本、欧盟等盟友及中国的进口业务。据称此次加增关税是为了帮助那些受到特朗普之前关税措施影响的行业。在总统任期结束时，特朗普敦促美国商务部阻止中国最大的半导体制造商中芯国际（简称SMIC）获得生产10纳米及以下芯片所需的美国零部件和技术，这些芯片对于制造智能手机和其他高科技产品至关重要。与特朗普总统任期内的民族主义言论类似，英国在疫情中的供应链也出现额外的紧张。重新建立脱欧后与欧盟的贸易制度，以及这一过程所不可避免的官僚主义，正是造成这种紧张的根源。和美国一样，英国政府可能会对贸易上的混乱局面表示欢迎，认为它转移了人们对公共卫生关键领域处理不当的注意力。

受到短缺打击的不仅仅是信息技术行业，汽车也变得短缺，因为它们严重依赖芯片。许多汽车生产商因此停下了生产线。福特公司的汽车产量比计划减少了110万辆。[22] 就所有公司而言，全球汽车产量的缺口估计在150万~500万辆。[23] 芯片短缺的影响很快在完全出乎意料的领域显现出来。举例来说，能提供洗发液、水和可选皮毛烘干的电子化狗狗洗澡亭被广泛用于美国的军事基地以及平民生活当中，而"芯片荒"造成很多这种设施的关闭。极端天气本身也造成了短缺，太平洋西北部的夏季高温减少了2021年底的圣诞树供应。

集装箱的短缺干扰了全球贸易。[24] 即使集装箱产量在 2020 年 9 月提高到 30 万个 20 英尺标箱①，然后在次年 1 月又上升到 44 万个，但新的努力仍不能满足对合适位置集装箱的需求。[25] 集装箱的生产，以及大规模的建筑活动造成了钢材短缺。后者最初是由于人们从危险或封锁的大都市中心搬迁，然后受到人们担忧资产大幅通胀的刺激。2021 年 2 月，热轧钢板的价格达到每吨 1176 美元，是至少 13 年来的最高水平，其他钢铁产品的价格也一同飙升（见图 7.1）。[26] 在中国，生产者物价指数高涨，2021 年 4 月下旬，中共中央政治局承诺确保对维持民生和价格稳定至关重要的商品供应，并采取措施遏制房地产投机。中国人民银行实施有针对性的措施增加关键产品的供应，以稳定价格。[27]

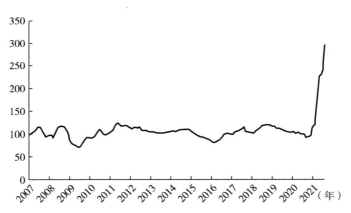

图 7.1　2007—2021 年钢材价格：冷轧钢板和钢带指数
（2007 年 1 月指数被设定为 100）

资料来源：圣路易斯联邦储备委员会联储经济数据。

---

① 此类集装箱外尺寸为 5.89m×2.35m×2.39m；内尺寸为 5.69m×2.15m×2.19m。这种集装箱一般配装重货，配货毛重一般不允许超过 21 吨，能容纳货物体积约为 28 立方米。

电动汽车电池和电机所需的原材料——从锂到稀土——也在这一波热潮中被扫荡一空。2021年,中国碳酸锂价格在经历了近三年的下跌后,因国内需求强劲而跃升100%以上。用于电动机的稀土镨钕氧化物涨价近40%,用于电池的金属钴也是类似的情况。[28]

价格的大幅上涨似乎是散发的,并非彻底而全面的。由于对旅游业长期低迷的预期阻碍了投资,酒店建设基本停止;商务服装销售不佳,因为上班族都在家里穿着舒适的衣服。但需求对价格的影响渗透到了越来越多的领域。随着建筑业的繁荣,富裕国家木材和原木的价格飙升;不幸的是,在印度,火化量的增加也导致木材价格上涨了两倍。[29]

短缺的影响立即推动了保护供应的措施。在物资对于公共卫生或安全至关重要的地方,这一幕上演得最为激烈。疫苗是新民族主义最鲜明的主题,尽管它的生产涉及非常复杂的供应链。mRNA疫苗使用了来自19个国家的280种成分。[30]2021年的前几个月,欧盟和英国之间就牛津大学研发的阿斯利康疫苗出现争端,英国与欧盟的贸易协议刚刚因英国脱欧而失效。阿斯利康的大部分生产是在荷兰莱顿(Leiden)的哈利克斯(Halix)工厂进行,但阿斯利康与英国签订的合同交货期早于和欧盟的合同,欧盟便威胁要阻止出口。就这样,与病毒的战争加剧了国际紧张局势,同时也加剧了国内分配冲突。

个人防护装备、口罩、呼吸机,这些新冠疫情大流行暴发后的早期短缺很容易被解释。每个人也都清楚,企图以经典经济学理论,即价格理论所指明的方式来解决短缺问题,将是极其不公正的,也是低效的。那些最需要保护的人会得不到保护,那些把防护视为可以炫耀的奢侈品的人将生活在自满的孤岛上。

在几个月内，短缺的原因就变得如此复杂，如此紧密关联，以至于很难找到解决办法。劳动力短缺，尤其是卡车司机的不足造成了一定影响，集装箱或船员的缺乏也造成了类似的影响。航运能力或是被困在某处无法起航，或是在有限的港口设施外排起了长队。消费者关注特别短缺的东西，英国人担心司机不足导致的二氧化碳供应短缺会限制火鸡屠宰厂的产能。农民难以把他们的火鸡卖给屠宰场，消费者认为英国将在这一年的圣诞节面临100万只火鸡的缺口。纽约人同样面临一种标志性食物的短缺——用于制作百吉饼的奶油干酪。在东京，麦当劳不得不定量供应炸薯条。

消费者对这一类短缺的反应不出所料，他们开始尽可能多地囤积，也开始购买较差的替代品。节日期间的英国消费者会多次购买火腿、鸡肉和鸭肉，以防他们的圣诞火鸡计划泡汤。他们可能不会吃掉自己购买和囤积的所有替代品。在共产主义计划经济的案例中，伟大的匈牙利经济学家雅诺什·科尔奈对短缺如何导致滚雪球效应的现象进行了很好的分析，指令性经济提供了迄今为止有关长期短缺的最佳例子。[31] 如果你在商店里找不到合适尺寸或式样的鞋子，并且相信自己不太可能找到，你就会有强烈的动机购买尺码错误和式样丑陋的产品，微弱地寄望将来你可以非正式地更换它。或者，人们会买尺码不合身的衣服，并试图换货，有时甚至会把童装拆开，改成大人的衣服。就这样，在普遍短缺的情况下，浪费增加了，而短缺问题永远不会得到解决，除非整个计划体制崩溃。

消费者的焦虑恰恰反映在生产者的预测中。供应商同样沉迷于用备选方案进行规划，并做出次好的选择。如果制造商不再确定零件能成功地按时交付，他们就需要积累大量库存。因此，他们需要有更大的仓库，这也增加了建筑和所需的劳动力和物料等资源的压力。所有这些变化都大大提高了生产成本，然后不可避免地反映在新的定价决策中。

这样，随着供给限制引发更多的生产问题，以及相互关联的网络发生紧张和解体，短缺开始一路升级。而国家的行为通常与个人相同，它们进行不必要的囤积，譬如说在新冠流行中囤积疫苗。库存积累起来，但其实这些库存可以有益地投入其他地方。还有大批的生命挽救设备仅仅因为超过了有效期或没有正确储存而被浪费掉。对紧迫危机的感知让戏剧性的行动变得更加重要，在政治上也更加可取。例如，各国喜欢争相夸耀自己有多少疫苗，以此作为一种简明方式说明自己在危机处理中表现甚佳。

然后，人们用民族主义的语言来看待各国的成功，有疫苗民族主义，还有供应链民族主义。美国和欧盟投入了1000亿美元的补贴来发展自己的芯片产业。短缺为奸商们提供了大量哄抬价格的机会，那些认为自己把控着重要物资的国家也企图以此获取政治优势。俄罗斯长期以来一直惯于利用能源供应和威胁中断供应来影响世界政治，不出所料，在2022年2月的进攻之前，俄罗斯利用对欧洲的天然气供应威胁来增加其对乌克兰施加的压力。

短缺性打响了国家之间争夺短缺产品的竞争和竞购战。他们还把更多的注意力集中在地缘政治上。随着供应问题的加剧，俄罗斯对欧洲天然气供应的控制似乎越来越构成威胁。中国对电池技术、能量存储和许多其他用途上所需的稀土的掌控也被解读为竞争性的威胁。对稀缺性的思考提高了竞争、攻击行动，甚至最终发生战争的可能性。由此形成一个恶性循环，由于战争的威胁、报复性制裁的实施都使供应更加短缺，供应中断加剧。因此，似乎不仅是全球经济，甚至国际政治都陷入了短缺的陷阱。

当普京于2022年2月24日宣布在顿巴斯地区发起特别军事行动时，供应链中断和严重短缺的问题升级，情况就像在两次世界大战当中或20世纪70年代为了应对中东冲突时发生过的那样。俄罗斯和乌克兰供应了全球30%的小麦贸易量，其价格飙升，也影响到其他可以作为替代品的谷物。从2022年2月18日到3月7日，欧盟的天然气价格上涨了两倍。全球商界惊讶地得知，半导体芯片制造中使用的氖气有90%来自乌克兰，而且是出自俄罗斯和乌克兰钢铁厂的废料。钯、铂、氩和氪出现了新的短缺和价格飙升。由于缺乏安排汽车发动机布线所需的简单而低科技的线束，德国汽车生产商暂停了生产。军事冲突和供给冲击的结合构成了自20世纪30年代以来对全球秩序最严重的挑战。

不平等

这场大流行凸显了国家内部和国家之间的不平等。国内层面的不平等从一开始就很明显。尽管最初受到打击的是全球互联的都市中心区——米兰、英格兰东南部、纽约和加州，但更为贫穷和边缘化的工人很快就成为最容易感染疾病的人群。美国有一些世界上最好的医院和医疗设施，但也有一些不敷使用的设施；美国有一些世界上最好的学院和大学，但也有一些水平不高的学校；美国拥有一些世界上最漂亮的住房，但也有一些条件很简陋的地方。

黑人和西班牙裔美国人比白人更容易受到新冠病毒的影响，这两个人群的感染率和致死率都更高。这些结果最初反映了这两个群体更糟糕的健康状况：高血压、糖尿病等长期疾病的发病率更高，对这些基础病的治疗也不太恰当。此类慢性病在很大程度上不是由任何遗传因素引起的，而是由恶劣的社会条件造成的，包括更为拥挤的生活和工作环境。因为没有单独的房间来隔离病人，传染病的影响更大。在医疗卫生、公共交通和零售等无法避免身体接触的职业中，技术含量较低的工人占据了很高的比例。西班牙裔和其他移民构成了肉类包装厂的大部分员工，那里的员工身体距离很近，寒冷的温度也助长了病毒的传播。相比之下，许多办公室上班族能够非常简单地，有时甚至是愉快地将工作转移到家里的办公室。更贫穷、处境更不利的人获得检测的机会更少，接种疫苗的意愿更低，速度也更慢。其结果是惊人的：尽管黑人与非西班牙裔白人的新冠发病率大致相同，但其住院率几乎是白人的三倍，死亡率几乎是白人的两倍。西班牙裔的发病率是白人的两倍，住院率是白人的三倍，死亡率几乎是白人的两倍。[32] 租户因拖欠房租而遭驱逐也加剧了健康问题，没有实施驱逐禁令的各州感染率比实施驱逐禁令的各州高一倍。[33] 还有一个数量统计的问题，尤其是在新冠疫情大流行的早期阶段，不是所有的新冠死亡病例都有记录。一种替代办法是简单地衡量超额死亡率，即高于正常比例的死亡。在英国，由于疫情，黑人男性的全因死亡率几乎比预期值高出四倍，亚裔男性高出几乎三倍，但白人男性仅高出两倍。女性也存在同样的差异，只是每一类人群的死亡率上升幅度略小于男性。[34]

到2021年，有关不平等的争论转移到了全球范围。最严重的疫情发生在大型新兴市场，尤其是巴西和印度的灾难性局面。与富裕的工业国家相比，这些国家的政府资源不足，无法补偿那些低收入群体，边缘化的状态让这些人极其脆弱。印度有 2.3 亿人在疫情期间的收入低于每月大约 45 美元的全国最低工资。2020 年 1 月，4.3% 的印度人日薪低于两美元；一年以后，这个比例是 9.7%。在封控期间，印度 90% 的穷人面临食品短缺。[35] 世界粮食计划署报告称，全球面临饥荒风险的人数从 2019 年的 2700 万增加到 2020 年的 3400 万，这一数字在 2021 年进一步上升。[36]

在疫苗接种情况良好的国家，随着新感染病例的出现，加强疫苗的问题开始出现，这突出了分配问题的另一个方面。富裕国家能够负担为弱势公民提供第三剂疫苗的成本，但这种做法将限制较贫穷国家可获得的疫苗数量，在那些国家，高传播率将导致基因改造和病毒突变，这可能会对包括富裕国家在内的全世界构成更严重的公共卫生挑战。

一开始，政策制定者们将其与战争和军事动员相提并论。2020 年 2 月，习近平主席称中国打响了一场"人民战争"。[37]3 月 17 日，英国首相鲍里斯·约翰逊说："我们必须像战时政府一样行事，竭尽全力支撑我们的经济。"财政大臣里希·苏纳克（Rishi Sunak）声称："我们从未面临过如此的经济困境。"[38]3 月 19 日，特朗普谈到"我们的大战"，并将某个其他国家视为敌人。[39] 贸易顾问彼得·纳瓦罗在 3 月 28 日说："我们正在进行二战以来最重要的工业动员。我们有一位正在和一个看不见的敌人作战的战时总统。"[40]3 月 29 日，美国联合包裹运送服务公司（UPS）的劳拉·莱恩（Laura Lane）在白宫表示："要赢得这场战争，我们必须有出色的物流。"[41] 哈佛大学经济学家肯尼斯·罗戈夫指出："拥有一个健康的政府资产负债表的全部意义就在于，能够在当前这种形势下全力以赴，现在无异于一场战争。"[42] 乔·拜登在就任总统时，也采用了军事化的言辞，解释说接种疫苗是一项"爱国义务"。[43]

因此，这种响应从概念上讲类似于由来已久的有关战争动员的论证。一个特殊的、一代人一次的挑战需要大规模的应对，其结果将决定未来的命运。事实上，很快就有明确的证据显示，对新冠病毒的快速反应降低了死亡率，进而减少了经济影响的代价。所以说，在应对紧急状况时，重要的是当前要增加开支，然后把负担转嫁给未来，因为迅速恢复正常就能让战时债务得以偿还。

与战争类似的一点是在持续时间上的不确定性。政策制定者和大部分公众最初以为，只要在减少流动并阻止最初的传播上采取快速有效的行动，病毒就能受到阻遏或限制。这种想法相当于1914年对短期战争的幻想。然而，与战争中不同的是，作为敌人的病毒是看不见的，只能通过开发复杂的、起初尚不可靠的检测程序加以识别。一个看不见的敌人会滋生阴谋论。发展成偏执故事的倾向又指向了与战时动员的另一个相似之处。

把它比喻为战争就意味着，在前线服役的人受到疫情的影响特别严重，应该得到补偿，就像军事冲突中的士兵一样，这笔开支通过借款支付，并由子孙后代承担。但也像战争中一样，购买力被累积起来。政府向个人付钱，这些人大多把新的额外收入存起来，因为他们无法消费。他们把钱存入银行，然后银行购买政府债券。在美国，个人可支配收入中的储蓄占比从2019年12月的7.2%上升到2020年4月的33.7%，创下历史新高，从2020年3月到4月，

储蓄率又翻了两番。⁴⁴

特别是在第一次世界大战那种情况下,动员引发了一场关于战争投机者的辩论。随着贫穷国家受到打击,有关财富不平等的统计数据显示,最富有人群的财富增长速度惊人。根据摩根士丹利的鲁奇尔·夏尔马（Ruchir Sharma）的研究,全球亿万富翁的总财富在12个月内从8万亿美元增加到13万亿美元。亿万富翁群体迎来了近700位新成员,总数达到2700人。2020—2021年,他们的财富总值在各自国家的GDP占比稳步攀升：在俄罗斯,他们占GDP的比例从23%上升到34%；在印度从10%提升至19%,在美国则从13%到19%；而中国的这一比例是从8%增长到15%。[45] 瑞士信贷报告称,在疫情期间,全球有超过500万人成为百万富翁,在新冠疫情大流行的第一年,全球财富增加了28.7万亿美元。这种形势发展只不过是自从新千年以来形成的某种趋势的极端延续,在很大程度上要归功于全球金融危机和新冠疫情之后实施的货币救助机制。这样,在2000—2020年间,净资产超过100万美元的个人的财富总额增长了四倍,在全球财富中的份额占比从35%上升到46%。[46]

各个国家作出有效应对的能力存在很大差异。富裕国家不仅在封控的经济成本方面受到的影响较低,而且能够在抵消封控的影响上投入更多资金。因此,截至2021年春季,美国实施了额外的开支措施,加上放弃的税收收入,合计占GDP的25.5%,而英国和德国分别为16.2%和11.0%。新兴经济体的财政收入大幅下降,开支也较少。印度新的财政刺激的相应比例是3.3%,巴西相对高一些。低收入国家受到的局限更大,这些国家在疫情期间收缩开支,使公众在疾病面前更加脆弱。

富裕国家的政府和个人都受益于低利率环境,这意味着偿债负担比过去低得多,不会对复苏造成拖累。在较贫穷的国家,物价的飞涨速度比富裕国家更快,截至 2021 年底,波兰、俄罗斯、印度、巴西、加纳、土耳其和阿根廷的消费者价格通胀率分别达到 8.6%、8.4%、6.1%、10.1%、12.6%、36.1% 和 50.9%。2022 年的数字更高。但发达工业国家也体验了高企的通胀,对于新的物价上涨趋势会有多么牢固立即展开了政策辩论。有关财政上的超支和货币上的通货膨胀这两方面都明显重复了 20 世纪 70 年代的政策辩论。

财政上的争论令人忧心忡忡。各国政府从大衰退的经历中衍生出来的第一直觉是以数字大标题造成最大的声势。然后,就像在大衰退中一样,开始谨慎行事。欧盟起初庆幸自己做出了大胆的财政响应,首次发行了共同债务工具,旨在解决环境可持续性的长期问题。法国总统埃马纽埃尔·马克龙称这是"前所未有的一步",而担任欧元区财政部长委员会主席的葡萄牙财政部长马里奥·森特诺(Mário Centeno)则将其描述为"向财政联盟迈出的一大步",他的德国同行奥拉夫·朔尔茨(Olaf Scholz)[①]称赞这是一个汉密尔顿主义的时刻,类似于美利坚共和国成立之初的债务互助化。[47]毫无疑问,1992 年《马斯特里赫特条约》和 1997 年《稳定与增长公约》(Stability and Growth Pact)中旧的金融规则需要根据新的利率制度加以修订。但随后,财政谨慎的北欧同一直生活在财政赤字中并想要更多财政赤字的南方再次爆发了曾经就上演过的争斗。

---

① 1958—,德国政治家,德国社会民主党领袖,曾任德国副总理兼财政部长(2018—2021),2021 年 9 月接任德国总理。

在美国，拜登政府从 2021 年 3 月的 1.9 万亿美元"美国拯救计划"（American Rescue Plan）开始，又在 2021 年夏天制定了 6 万亿美元的预算，在十年内每年制造 1.3 万亿美元的赤字，并承诺只有年收入超过 40 万美元的高收入者才会面临加税。这项措施在国会遇到了困难，当时两党在参议院各占 50% 的席位。作为中间派民主党的参议员乔·曼钦（Joe Manchin）谈到"我们国家面临的严峻财政状况"，并提醒他的同事们，"历史上的伟大国家都是被漫不经心的开支和糟糕的政策削弱的"。[48] 他很快就开始把自己描绘成凭一己之力阻止了更剧烈的通胀加速的那个人。这次阻击行动使拜登的议程胎死腹中，让政治形势重陷一如既往的僵局。

在重新评估货币政策时，也出现了类似财政方面的那些辩论。2020 年 8 月，美联储重新制定了货币政策框架，将通胀目标设定在 2%，允许通胀"适度"上扬，以弥补之前的通胀不足。[49] 这种新的解决办法还意味着将充分就业定义为不会产生持续压力致使价格稳定任务面临风险的最高就业水平。欧洲央行的一项类似举措强调指出："有力的新战略取决于全面理解为什么自 2013 年以来通胀率持续走低，且低于欧洲央行通胀目标。"[50] 在对货币战略进行上述定义之前，已经进行了很长时间的改革讨论。巧合的是，这些讨论发生在疫情暴发几个月后。但对利率下降的长期反思使各家央行对短缺和政府应对措施带来的鞭梢效应视而不见。即便供给问题已变得很明显，各大央行仍坚持认为新冠疫情代表着一次新的通缩冲击。2020 年 6 月，美联储得出结论，其核心通胀指标"在一段时间内可能远低于（联邦公开市场）委员会的 2% 目标"，并推断"多年内"需要"高度宽松的金融条件"。[51]

到了 2021 年，随着价格的飙升变得一目了然，各国央行又做出一个误判，坚称这种混乱只是短暂的或转瞬即逝的。在欧洲央行，克里斯蒂娜·拉加德行长承诺："确保我们不会对与中期无关的短暂供给冲击反应过度。我们只会对整体通胀的改善做出反应，我们相信这些改善是持久的，并反映在潜在的通胀动态中。"[52]2021 年春末，欧洲央行首席经济学家仍在解释："采取果断行动保持通胀势头很重要，同时还要认识到我们需要耐心。我看不到世界上哪个地方的主要央行发表任何政策声明，表示他们将以超快的速度实现 2% 的可持续通胀。"[53]

到了这一年的年底，所谓短暂的或转瞬即逝的冲击这种说法已经变成了一种尴尬。8 月，美联储主席杰罗姆·鲍威尔解释说："然而，历史也告诉我们，央行不能想当然地认为暂时性因素导致的通货膨胀会自行消退。"[54]11 月 30 日，他在国会听证会上表示："我们倾向于用'短暂'来表示它不会以更高通胀率的形式留下永久的印记。我认为现在可能是时候放弃这个词，尝试更清楚地解释我们的意思了。"[55]保罗·克鲁格曼曾是自封的"暂时团队"的领军人物，他在 2022 年初得出结论："暂时"一词应该退出经济学的词汇表。[56]到 2022 年，美联储承诺将更积极地以加息对抗通胀。欧洲的反应更为游移不定。欧洲央行董事会成员伊莎贝尔·施纳贝尔（Isabel Schnabel）呼吁对通胀风险的正面作用保持清醒。[57]几周后，她因为在电视上说通胀率太低而遭到德国发行量巨大的《图片报》（*Bild Zeitung*）的嘲笑。[58]

问题在于，当相对价格出现重大变化，而这种变化又与劳动力市场的结构性断裂相重叠时，就无法确定到底发生了什么情况。

2021年2月,美国就业人数比新冠疫情大流行之前那一年减少了850万。一方面,受到疫情影响的行业出现了失业,但新的经济活动开放时又存在严重短缺。包括专业保健在内的一些行业提供高达10万美元的签约奖金。⁵⁹ 工作岗位消失最多的是服务业、餐饮业、旅游业和休闲业,但也包括教育和医疗保健服务业,后者是因为对非紧急医疗的需求骤然降低。教育和医疗保健是有风险的面对面活动,却也可以转向在线电子服务,也就是在线学习和远程医疗。这些转移大部分将成为永久性的。居家办公在某种程度上似乎将成为商业新常态的一个永久特征。关于全新工作生活的幻想蓬勃发展,其中一些梦想正在实现。客服中心大规模转向了完全自动化。另一方面,物流行业对工人的需求更大,且许多迹象表明这种需求的增加将是长期的。建筑业也面临短缺,包括一些与环境项目相关的基础设施开支的增加可能会导致建筑需求长期增长。

从业者离开了某些职业,包括许多被视为常规的或过度需求的,或两者兼而有之的办公室工作,这看似一种长期的转变。在富裕国家,某些员工,尤其是年长者,为了追求自我发展的新规划而离开了劳动力市场,往往与其他国家的新思想和新精神存在关联。在其他地方,远程工作的可能性使个人能够退出那些充满危机的国家的市场,从事跨国的和虚拟的工作,赚取外汇,而不再占据本地岗位。尤其是技术工人将新冠疫情视为进入全球劳动力市场的一种新的可能性。因此,当土耳其遭遇通胀危机,货币贬值,年轻的土耳其人转向为外国公司工作,这实际上是一种人才的流失,或是劳动力市场全球化的一种新形式。⁶⁰

将劳动力市场永久性转变的问题仅仅视为整体工资和价格的问

题或整体失业的问题是没有什么意义的。美联储主席鲍威尔抱怨说："充分就业和价格稳定，我们的这两个目标之间存在矛盾。通胀率很高，远远高于目标，但劳动力市场似乎仍然疲软。"[61] 事实上，这种疲软是一种深刻变化的标志："大封锁"和"大辞职"正在造成"大错位"。

提升能力与管控

对于什么样的政府有能力践行承诺，新冠疫情摆下了一个严峻的能力测试。乔·拜登在就任总统几个月后接受采访时表示："我们正处在这样一个关头，世界上其他国家开始寄望于中国。"然后他引用爱尔兰总理的话说，"好吧，美国无力领导。他们甚至连新冠肺炎都搞不懂。"[62] 其他地方有没有适当的模式可以作为学习过程中的模板？为了应对构建更强大社会凝聚力的挑战，拜登政府有时候也考虑了欧洲式的福利解决方案。他们还思忖着如何以技术进步的应用来改变政府和人民之间的关系。

新冠疫情的挑战恰好与改变世界的新的通信和管理技术同时出现。威胁和机遇的结合意味着这场关键战役的赌注提高了，谁能把控新的控制机制？可以很简单地划出一条战线——一方是引导新的投资形态的风险投资，另一方是致力于惊人的现代化项目的巨大资源。这两种对立的愿景在东海两岸对峙：日本有着世界上最具影响力的风险投资金融家，而中国有一个致力于战略规划的政府。

在2007—2008年和2020—2021年的全球化危机中，企业倒闭的现象相对较少。这是世界各国央行对流动性开展危机管理的结果。但是在新冠疫情大流行期间，试图使用或滥用新技术——也包括这些技术带来的承诺与诱惑——的那些企业，出现了一些戏剧性的破产事件。

支付技术相当于 19 世纪 70 年代全球化浪潮中的铁路，它为一个新的广阔世界提供了必需的基础设施。信息和人工智能的发展取代了交通运输，成为能以新的方式将世界团结在一起的工具。和 19 世纪的铁路线一样，一开始并不清楚哪些新的支付系统会盈利，哪些只是让投资者的钱沉进沙子里的白象①。各个国家和投资者们需要允许他们在如何重组支付方面进行很多试验。

在世界向高科技转型的过程中，有一家标志性公司居于核心地位，从它的故事里，可以清楚地看到最终结果的不可知性。其成功的关键取决于和不同类型政府的关系。1981 年 9 月，24 岁的孙正义（Masayoshi Son）在东京创立了软银集团（SoftBank）。他是韩国移民的儿子，毕业于加州大学伯克利分校，取得了计算机科学和经济学的学位。在伯克利，他是一个极富创业精神的学生：开发出一款电子翻译器，将其以 100 万美元的价格卖给了夏普公司；通过进口日本的二手电子游戏机并将其安装在宿舍和餐厅里，又赚了 100 万美元。[63] 回到日本，他建立了软银，成为一家软件分销商和计算机领域的杂志出版商。从 1996 年起，软银与最早的互联网搜索引擎之一雅虎合作，且在 21 世纪初雅虎的迅速衰落中幸存下来。另有些投资项目甚至算不上成功：2017 年，软银向共享办公空间公司 WeWork 投资了超过 10 亿美元，在 2019 年首次公开募股失败后，其

---

① 用来比喻大而笨重、华而不实的东西。

股价大幅下跌。孙正义宣称的目标是每年产下10~20个"金蛋"。[64]其最小的交易在1亿美元左右,最大的交易达数十亿美元,投入特定类别中最成功的科技初创公司。软银的愿景是宏伟的,其网站预测,人类将活到200岁,并可能与"善良而智能的机器人"共存,这些机器人将让"所有人都过上更富足的生活",还能识别和分析非标准数据。[65]许多大胆的变革性项目的失败是不可避免的,但是如果有了令人惊叹的成功案例,便可以说是瑕不掩瑜。

孙正义最成功的合作无疑是和马云的阿里巴巴。马云是一个来自杭州的穷学生,最初算不上多么成功,和在加州得到灵感的孙正义一样。马云喜欢讲述他最初是如何在一位旧金山女服务员那里测试了这个名字,她认为阿里巴巴创造了"芝麻开门"的秘诀,它展现了每一个可以想象的新的愿望和机会。马云变得越来越敢于冒险。2020年10月24日,这位中国企业家在上海的外滩金融峰会上发表演讲,呼吁大胆地重塑世界金融与货币秩序。[66]

马云在创办阿里巴巴之前,曾经尝试了两家初创公司,都是以连接中国和世界为目的,却都失败了。第一家是1994年的海博翻译社(Hope Translations),业务寥寥,马云很快便进入了消费品销售领域,并在1995年创立了旨在为寻找美国客户的中国企业提供平台的中国黄页(China Page)。1999年的阿里巴巴最初是一个企业对企业的门户网站。这项新业务在2003年得到了大力推动,当时中国南方暴发的非典疫情极大地推动了手机短信和互联网的应用。在这个时间点上,为了应对易贝(eBay)进入中国市场,马云建立了淘宝商城这样一个消费电子商务网站,不到两年,它就变成了中国市场的主导者。其成功的关键是一个资金托管系统,它确保只有当客户收到他们购买的商品并感到满意时，供应商才能收到货款。马云还推出了一种使用二维码的新的支付技术，让用户可以在智能手机上通过 2004 年启用的支付宝进行付款。

马云自觉地放弃了传统的计划方法和常规的融资方式，从这种意义上说，马云的系统是非传统的。他的一句格言是：如果你去计划，那你就输了；假如没有计划，你就会赢。[67] 这看起来像是对传统发出的挑战。但首先融资是个问题，马云引用了一句老话：银行家指的是那些在阳光明媚时借出雨伞，而在下雨时要求归还的人。"不需要的时候去筹集资金。需要的时候不要去，因为那已经晚了。"[68] 他天生善于鼓舞别人，是一个才华横溢的演说家，也借此建立了自己的事业。他后来引用了微软的比尔·盖茨的名言："互联网将改变人类生活的方方面面。"[69]

在其成长过程中，马云一定对"需要为更美好的明天做出牺牲"耳熟能详，但他提出了另一个版本，其中蕴含着竞争的益处："今天是残酷的，明天更残酷，但后天是美好的。然而，大多数人会死在明天晚上。他们将看不到后天的阳光。"[70]

在马云的规划中，最引人注目的特点是对物流和融资细节的关注。没有一个有效的配送系统，商品便无法销售。尤为重要的是，如果没有一个有效的支付系统，交易就不可能存在。如他对香港投资者解释的那样："我们几乎就像一个房地产开发商。我们确保场地得到清理，铺好管道，公用设施正常。人们可以进入我们的网站搭起他们的建筑。"[71] 淘宝的吉祥物有意做成小小的工蚁，表达"团结起来的蚂蚁可以打败大象"的原则。[72] 这张图片应该是表明了与许多人合作的重要性，而不是简单地出于消灭易贝或雅虎等中国市场竞争对手的重大战略。其中也可能包含对西方那些东方主义者对亚洲人的旧看法的嘲讽。20 世纪 90 年代，法国总理埃迪特·克勒松（Edith Cresson）嘲笑日本人像"蚂蚁"一样工作。[73]2015 年，支付宝的母公司更名为蚂蚁金服。

为了壮大阿里巴巴，马云在财务控制权上做出让步，高盛集团及后来以软银和雅虎为首的风险投资集团大量参股。软银是由高盛引进来的，最初投资了 2000 万美元。孙正义后来解释说，他被"（马云）眼中那种'动物的味道'"说服了。[74]2011 年，马云控制了支付宝，这看起来像是中国人战胜了外国股东。马云还开始培养一批国内用户，并为之提供了明显更好的条件。2013 年问世的投资产品余额宝的回报率高于国有银行，到 2018 年，它已成为世界上最大的货币市场基金，拥有 2440 亿美元的资产。[75、76] 因为滥用市场地位，阿里巴巴被处以巨额罚金。2021 年 4 月，阿里巴巴集团被施以 182.8 亿元的反垄断处罚。

围绕数据控制权展开的拉锯战吸引了各方的关注，一些批评家将问题的根源指向科技集团掌握的海量大数据。2018 年，中国的民营科技公司"BAT"——百度、阿里巴巴和腾讯获得了约 67% 的数字广告收入，高于 2015 年的 61%，相当于中国风险投资的一半。[77] 到新冠疫情暴发时，人们普遍认为，中美之间的贸易争端威胁到了从加州到杭州和上海的思想上的核心联系，科技巨头的力量因此正在消退。字节跳动的创始人张一鸣也在 2021 年宣布卸任 CEO 一职——"虽然现在公司业务发展良好，但未来更长时间，我们是否能不停留于此，能够不只是业务变大，而且变得更有创造力和富有意义。"[78]

当新冠疫情的压力揭示出长期存在的财务违规和欺诈行为，软银另一项在欧洲的标志性业务陷入困境时，各国政府的自我表白运动貌似尤为合理。孙正义在德国的 10 亿美元投资项目最初看起来就像阿里巴巴在中国一样，改变了沉闷的德国传统金融界。维尔卡德（Wirecard）于 1999 年诞生于慕尼黑，当时正值互联网泡沫的后期。这是一家为网站运营商从客户那里收集信用卡付款的支付处理公司，其大部分业务起初都是为了让客户更容易，而且更匿名地为网络色情产品付费。它的业务拓展到广泛地涵盖了卡片支付和处理，以及自行发卡。2006 年，该公司收购了网上银行埃克斯科姆（XCOM），并更名为维尔卡德银行，获得了支付巨头维萨和万事达的授权。从 2011 年到 2014 年，这家公司从股东手里筹集了 5 亿欧元，并以新加坡为基地收购了亚洲各地的一系列支付公司。即使在 2020 年初已开始解体，维尔卡德还达成一项协议，成为维萨卡的金融科技快速通道计划在中东地区的首选支付处理商。[79] 2017 年，安永会计师事务所（Ernst and Young）为这家公司出具了无保留意见的审计报告，称其现金流量大幅增加，这令投资者热情高涨，维尔卡德的股票价格上涨了一倍多。该集团随后宣布将掌管花旗银行在亚洲 11 个国家的支付处理业务。这一年的年底，维尔卡德首席执行官马库斯·布劳恩（Markus Braun）从德意志银行借到 1.5 亿欧元的保证金贷款，以其持有的 7% 维尔卡德股份的大部分作为担保。

2018 年 9 月，维尔卡德在德国 Dax30 股票指数中取代了德国商业银行，截至年底，它在市值上已经超过德国最大的德意志银行。从 2019 年 1 月起，《金融时报》开始报道其对维尔卡德新加坡业务的调查，并立即遭到维尔卡德的攻击。这家报纸在 2019 年 10 月 15 日的印刷版上刊登了一篇权威报道，声称"公司内部的电子表格，以及维尔卡德财务团队高级成员之间的有关通信，似乎表明存在着某种共谋，欺诈性地夸大维尔卡德的迪拜和爱尔兰业务的营业额与利润，并可能误导了它的一级审计方安永"。[80] 德国的监管机构联邦金融监管局（BaFin）开始就《金融时报》操纵市场的指控展开调查，指责这家报纸勾结空头投机者，并依据意欲影响市场的毫无根据的谣言进行内幕交易。事实上，正如随后浮现出来的，金融监管局的部分雇员持有维尔卡德的股票。德意志银行监事会成员亚历山大·许茨（Alexander Schütz）敦促布劳恩"搞垮《金融时报》！"[81]

2019年4月，维尔卡德宣布从软银获得9亿欧元现金注入。毕马威会计师事务所（KPMG）的一次审计本应在2020年3月做出结论，但是会计师事务所的报告和安永审计的全年业绩被推迟到4月底发布，并最终于4月28日公布。毕马威此时表示，他们无法核实有关2016—2018年维尔卡德的"绝大部分"利润的安排是否真实，并质疑只有可疑的新加坡文件支持的10亿欧元现金余额。[82] 6月5日，慕尼黑检察官启动了刑事调查；6月18日，当维尔卡德本该公布2019年审计结果时，公司管理层宣布，原来认为由菲律宾银行所欠的19亿欧元"下落不明"；6月23日，布劳恩被捕；6月25日，维尔卡德申请破产。它那位神秘的首席运营官扬·马萨利克（Jan Marsalek）于2000年加入该公司，当时只有20岁。此人在被解雇的当天逃到了菲律宾，很可能最终去了俄罗斯。他佩戴了一块昂贵的机芯外露的江诗丹顿陀飞轮手表，身穿黑色杰尼亚套装；他还处置了大量现金，让他的手下把钱装在超市塑料购物袋里四处转移。[83] 到2021年，德国议会的一份调查报告称，安永的2014年审计依赖于公司高管的口头保证，而且2018年的审计没有足够的细节核实据称由亚洲的外包合作方处理的个别交易。[84]

2019年9月,马库斯·布劳恩与德意志银行的克里斯蒂安·泽温(Christian Sewing)曾一起接受采访,并表现出乐观的态度。他吹嘘在德国的"逐步增长"平均每年达到20%~30%。[85]事实上,德意志银行针对维尔卡德的风险敞口为8000万欧元,是对该集团的更多银团贷款的一部分,但由于对冲策略,德意志银行成功地将亏损限制在1800万欧元。彼时,布劳恩正在推行一项"黑豹计划",维尔卡德将通过该计划接管德意志银行。泽温后来解释说,维尔卡德"让作为一个金融中心的德国陷入了困境"。[86]布劳恩曾胆大妄为地企图收购德国金融体系的核心。为了做到这一点,他还需要俘获政府。通过魅力超凡的前国防部长卡尔–特奥多尔·楚·古滕贝格(Karl-Theodor zu Guttenberg)的斡旋,他获得了总理安格拉·默克尔的关注,后者在2019年9月对中国进行国事访问时为维尔卡德进行了游说。她后来承认这是个错误,但声称为德国公司进行海外游说是其工作的一部分,"不可能百分之百地防范犯罪行为"。[87]

英国也有类似于维尔卡德的例子,金融变革的前景结合了进入政府与权力杠杆的核心。几个月前刚刚讨论过70亿美元首次公开募股的格林希尔资本(Greensill Capital)不再营业。在46亿美元的保险金额失效后,该公司于2021年3月破产,以瑞士信贷和软银为首的资金来源枯竭。

这家英国金融科技公司由澳大利亚农民出身的银行家莱克斯·格林希尔(Lex Greensill)创建于2011年。作为一个专业的销售人员,他滔滔不绝地讲述了西瓜生产商因付款延迟而遭受的痛苦,以及融资如何改变他们的处境,同时也从总体上提高了市场效率。例如,在 2020 年 5 月，格林希尔声称："(传统的银行业)将被一种基于大数据的新模式所取代，我认为这种结构性转变会影响所有的市场参与者。我们正处于它的最早期阶段。"[88] 他看起来像一个金融界的奥兹国魔法师①。格林希尔从事一种特殊的、显得很小众的活动，其被称为供应链金融。金融历史学家认为这项业务是最古老的金融应用。商人购买并运输货物，但在出售或分销之前，他们没有钱为这些产品付款。于是，为这种交易融资，以发票或付款承诺为担保向商家提供贷款，就是一种能让未满足的需求得到满足的活动。这个基本过程早在古代的美索不达米亚文明中便比较成熟。[89]

最重要的是，供应金融是中世纪晚期和现代早期金融的核心。汇票是具有决定意义的创新，也构成了后世金融发展的基础。它是一种要求在未来某个时候支付特定金额的文件。一个商人可以购买这样的文件，并将之发送到他们想要从那里进口货物的国家。在那里，它可以用来确保另一个商人对某种产品，比如一捆羊毛的所有权，然后由这另一个商人将汇票提交给原始签票人的代理人。汇票免去了冒着风险运输实物现金的必要，而且起到了信贷工具的作用。汇票签发人通常从事大额的客户存款，同时与其他银行进行交易。从现代的角度看，特别吸引人的是，公司可以利用供应信贷，账面上却不会出现债务的增加。

格林希尔首先从泛大西洋（General Atlantic）②，然后又从脸书和阿里巴巴获得了风险资本，这看上去就像是为了获得软银的融

---

① 指著名小说《绿野仙踪》里的魔法师。
② 美国泛大西洋投资集团是全球首屈一指的私募基金，专注为依赖信息技术及知识产权发展茁壮的企业提供成长资金。

资。随着软银的 15 亿美元资金于 2019 年到手，格林希尔发生了一次彻底的变革。格林希尔的很大一部分贷款流向了非常有限的几家公司，它们都与一个名叫桑杰夫·古普塔（Sanjeev Gupta）的商人及其自由之家集团（Liberty House）存在关联，后者似乎从 2009 年开始购入了大量陈旧过时的钢铁厂，承诺进行技术再造并实现环境可持续性。对于在处理衰退行业中面临社会和政治挑战的政府来说，这似乎是一个有吸引力的提议。到 2020 年，全球各地 200 家左右工厂的大约 3.5 万名员工依赖这一系列的企业，它们的年营业额达到 200 亿美元。古普塔吹嘘这项技术具有创新性的绿色特征，其在 2020 年的达沃斯世界经济论坛上表示："世界大多数国家都希望在 2050 年实现具有法律约束力的碳中和。"[90] 梦想破灭了。2021 年初，普瓦图地区（Poitou）的两家铸造厂和沙托鲁（Châteauroux）附近的一家生产合金车轮的工厂破产。格林希尔的融资通过了一家古老而明显昏聩的机构，即位于不来梅的北方金融银行（Nordfinanz Bank AG）。

有很多类似斯特劳斯伯格的预警信号，本应为这家企业的问题特征提供线索，比如古普塔和格林希尔的讲究颜色搭配的公务机机队，或者奢华的豪宅。之后，情况已显而易见，《金融时报》甚至对格林希尔的鞋子发表了评论，该报的白厅编辑塞巴斯蒂安·佩恩（Sebastian Payne）评论道："我看得越多，脑海中浮现的问题就越多。最让我失望的是，我自己和莱克斯·格林希尔有一双同款的靴子。"[91]

格林希尔的垮台提供了一个代价高昂的警告，涉及过度宣称金融创新、游说、缺乏透明度或风险分散不足等问题。对于资本主义和政府之间的相互影响，这些教训都清晰地反映了其中最为令人不快的特征，却仍需要反复学习和强调，因为它们总是被遗忘。

仅以游说为例。格林希尔曾利用后来成为其雇员的前保守党首相戴维·卡梅伦，企图引诱沙特政府向投资者施压，要求他们为软银投入更多资金，后者继而可能会增加对格林希尔的支持。然后，新冠疫情到来，卡梅伦又被利用于试图让格林希尔获得紧急贷款计划，同时为努力拼搏的国民医疗服务体系的员工预付工资和薪金。这位前政治家不断游说财政部，亲自与财政大臣和英格兰银行交涉。卡梅伦的智能手机至少发出了60条越来越固执的短信。为什么需要一个中介来帮助英国政府向自己的雇员预付呢？卡梅伦遭到拒绝，因为商务部怀疑格林希尔的不同公司之间的关联，并担心政府资金不会留在英国。在2010年大选的准备阶段，卡梅伦曾经抨击工党首相对开支丑闻的处理，并宣称："游说活动已经玷污我们的政治太久了。我们都知道它是如何运作的。午餐、款待、耳边的悄悄话、前部长和前顾问，帮助大企业找到为所欲为的恰当途径。在这个政党中，我们相信竞争，而不是任人唯亲。"[92]而如今的他，就生活在他之前所痛斥的那种影响力网络中。

另一个涉及创新本质的教训是，格林希尔带来了什么？为什么从沙特到白厅的政府都要信任这样一家公司，它的大部分融资活动只是单纯地聚焦在狭小的钢铁业务，即桑杰夫·古普塔的古普塔家族联盟（GFG Alliance）上？表面上的答案在于，格林希尔方式的核心是一种颇具有吸引力的商业模式，这可能会让沙特阿拉伯对麦加朝圣和英国对国民医疗服务体系的处理现代化。这真的很有新意吗？

金融何时具有创新性？20世纪末经济金融化的大趋势明显注重通过证券化提供的新产品。通过将一系列不同的资产捆绑在一起，然后根据特定的标准将产品拆分，以便重新销售，这样可以使那些资产看起来更安全或更透明。如此一来，可以将不同的风险因素分离出来，卖给那些愿意持有这些风险的人。2007年之后，乐观情绪反转，这一过程被指责提升了风险而它却仍在继续。

格林希尔，尤其是以软银和瑞士信贷为首的那些轻信他的债权人，本可以很好地研究一下中世纪银行的某些故事，其中最著名的、文献记载最全面的银行都位于佛罗伦萨。事实上，美第奇家族作为艺术赞助人和政治家，甚至作为教皇都非常著名，以至于一些现代的欺诈机构也借用这个名字，只为给人留下深刻印象。

为美第奇银行做出的编年记录可能是有史以来最好的一部有关银行的专著，它的作者是20世纪杰出的佛莱芒语历史学家雷蒙·德鲁弗（Raymond de Roover）。[93] 除了罗马、威尼斯、那不勒斯和米兰，佛罗伦萨银行在阿维尼翁、日内瓦、布鲁日和伦敦也都设有分行，它们是通过合伙协议运营的。相距最远的布鲁日和伦敦的分行问题最为严重，部分原因是地理距离，但也是由于它们需要与强大而不可预测的政府持续互动。因此，美第奇家族的当地代理人需要大力游说，并向统治者做出让步，以获得政府的青睐，诸如允许出口他们资助下的贸易商品，如羊毛。于是，他们给予政府的贷款越来越多，被政府用于自己的目的。

美第奇银行参与资助英国玫瑰战争带来了一个关键的财务弱点。伦敦分行需要向约克王朝的爱德华四世提供越来越多的贷款，用于战争和为了确保政治联盟的嫁妆。第一家分行的代理人反感地放弃了，紧随其后的盖拉尔多·卡尼贾尼（Gherardo Canigiani）把自己变成了国王（而不是银行）的忠实追随者，整个合伙企业不得不以破产告终。

几年后，这家银行彻底破产，这对马基雅弗利来说是一个典型的警示。他的《佛罗伦萨史》(History of Florence)将该银行的垮台归咎于那些自己也开始扮演贵族王孙角色的分行经理。亚当·斯密重新设计了这个故事，以展示由美第奇银行变身而来的这家政府企业是多么的腐败和浪费。"华丽者"洛伦佐（Lorenzo the Magnificent）①使用了"他可以支配的这个政府的收入"。94 最终，政府占据了上风，其结果是：如果创新的金融家真的想成功实现他们的转型梦想，就需要接管，或者用政治学家的话来说是"俘获"政府。起初，英国或德国政府似乎更容易被俘获。但我们对他们的行动了解得更多，而且了解得更快。另一些政府也许更能抵御俘获，但其在建立韧性的过程中，也可能让自己与变革和转型技术的动态相隔绝。

两种分析模式的故事

19 世纪 70 年代的正面供给冲击促使人们思考相对价格，它推动了边际主义革命，也就是向微观经济学的转变。20 世纪 70 年代，负面供给冲击提出一个关于宏观经济学上的货币与金融响应的问题，

---

① 全名洛伦佐·德·美第奇（1449—1492），意大利政治家，外交家、艺术家，他最大的历史贡献是资助了众多的艺术家，对文艺复兴运动起到了巨大的推动作用。

也引发了弗里德里希·冯·哈耶克对无论是凯恩斯主义者还是货币主义者的宏观经济诊断与处方的抵制。始于2020年的新冠疫情大流行作为一场供给冲击，也提出了一个问题，即哪些分析工具最适合用来理解危机并评估最有效的施救方略。数据，尤其是非常精细的数据，似乎是医疗和宏观经济响应的关键，但人们普遍认为，对这些数据的处理很低效。最大的和最有实力的国家貌似问题重重，美国不得不依赖以色列、英国和南非等其他国家的实时数据。美国疾控中心前主任汤姆·弗里登（Tom Frieden）在2021年5月作证称："我国的数据系统是在资金不足、缺乏人手、协调不力的情况下拼凑起来的，已经落后了几十年，无法处理当下的公共卫生危机。"[95]

政策的选择可以被视作经济学方法论的冲突，它体现在获得哈佛经济系终身教职的最年轻的两位经济学家的不同看法上。两人的父亲都是杰出的经济学家，但相似之处仅此而已。一方面，出生于1954年的拉里·萨默斯传承了宏观经济学的大思考传统，他的思想传承与约翰·梅纳德·凯恩斯非常相似。另一方面，1979年出生于新德里的拉杰·切蒂的观点是由全球化的流动性及其提供的机会形塑的。他想深入细节，探究为什么一个地方的生活机会和经验不同于另一个地方。这也可能是相隔整整四分之一世纪的几代人的冲突，同时也是方法的冲突。凯恩斯主义的传统经常被讽刺为家长式的和技术官僚自上而下的决策方法，即所谓保姆式经济学，而新的革命是关于纳米经济学的。

拉里·萨默斯在20世纪末的地位就相当于世纪初的凯恩斯。凯恩斯的传记作家罗伯特·斯基德尔斯基以适用于剑桥大学的话语形象地描述了他的背景："出自某个地方的傲慢。"和凯恩斯一样，萨默斯来自一个学术王朝，他的父母都是经济学家，本姓萨缪尔森（Samuelson）的罗伯特·萨默斯（Robert Summers）和安妮塔·萨默斯（Anita Summers）。萨默斯的伯父保罗·萨缪尔森（Paul Samuelson）[①]和舅舅肯尼斯·阿罗（Kenneth Arrow）[②]也是经济学家，并获得了诺贝尔奖。萨默斯本人获得了授予40岁以下最佳经济学家的约翰·贝茨·克拉克奖章（John Bates Clark Medal）。和凯恩斯一样，他在学术生活和政策世界之间游刃有余，也和凯恩斯一样时常笼罩在争议之中。

他在经济学的诸多领域从事研究，尤其是公共财政、劳动经济学和宏观经济学，也对这门学科本身及其方法和方向进行了不断的思考。他的一些论文针对的是20世纪70年代和80年代初流行的有效市场假说。关于知识和理性的界限，他提出了非常类似凯恩斯的观点。在一篇被广泛引用的论文开篇部分，他警告说："看看周围，有很多白痴。"[96]他一贯倡导循证经济学："我们当前的经济困难有相当一部分可以追溯到无知的狂热分子，他们通过回答其他人认为晦涩或困难的问题而获得影响力。基于证据的完备理论无疑是我们抵御这些江湖骗子的最佳保护。"

---

① 1915—2009，美国经济学家，凯恩斯主义在美国的主要代表人物，创立了新古典综合学派。其经济周期理论基于短期价格和工资刚性的假设，认为经济增长的周期性起源于投资波动，提出投资需求的变化是经济波动的关键因素；在消费者理论上，萨缪尔森关注消费者如何做出购买决策，提出了"边际效用递减原则"。1970年，其因发展静态和动态经济理论，并积极促进经济学分析水平的提高，获颁诺贝尔经济学奖。

② 1921—2017，美国经济学家。阿罗在微观经济学、社会选择等方面卓有成就，被认为是战后新古典经济学的开创者之一。他的主要理论是社会选择理论，即"阿罗不可能性定理"。1972年，其因对经济均衡理论和福利理论的深入研究，获颁诺贝尔经济学奖。

1991 年，他离开哈佛大学，成为世界银行的首席经济学家。其相对较短的任期主要因一份备忘录引发的争议而被人们记住，该备忘录提出将污染工业和污染物安置在低工资国家会带来效率增益。这种观点在逻辑上正确但可能毫无用处，与其他有关贸易利益或市场自由化的政策立场没有什么不同，而市场自由化是世行愿景的关键部分。萨默斯结束克林顿政府中财政部长职务后回到哈佛担任校长，当时，这篇论文成为讨论和学生抗议的焦点。萨默斯随后简单地对学生报纸说："我认为最好的说法是引用（纽约市长）拉瓜迪亚（Fiorello La Guardia）①的话：'一旦我犯了错误，那便是一个天大的错误。'" 97

作为哈佛大学的校长，萨默斯受到更多的争议，批评者起草了他们视作丑闻的指控清单。他曾坚决捍卫 20 世纪 90 年代的资本市场开放，即使批评者试图表明，1997—1998 年的亚洲危机是在预先建立强大的国内金融基础设施之前迅速开放金融所造成的。他和非裔美国哲学家、宗教思想家和社会评论家科内尔·韦斯特（Cornel West）发生争执，这位教授后来对这次交流的描述令人难忘——"兄弟，恐怕你惹错人了。" 98 萨默斯还在国家经济研究局的一次会议上说，由于生物学上的差异，男性在数学和科学方面的表现可能优于女性，这句话激怒了这所大学和整个科学界。

最大的争议是在全球金融危机之后才爆发的，当时萨默斯担任奥巴马总统的顾问。正当萨默斯看来要在奥巴马政府中发挥主要的

---

① 1882—1947，意大利裔美国政治家，曾任纽约市长（1934—1945），是罗斯福新政的重要支持者。

政策作用时，争议再次爆发，尤其是在本·伯南克的美联储主席任期即将结束，萨默斯貌似显而易见的继任者。另外还表现在萨默斯2008年与克里斯蒂娜·罗默在财政刺激的规模问题上的冲突细节当中——请见前文第六章。[99]

这些争论根本不是关于个人的错误或失败。按照罗伊·哈罗德对凯恩斯的说法，这不是出自某个地方的傲慢，而是出自一个国家的傲慢。20世纪90年代的美国可以对强劲的增长、公共债务下降的稳固财政状况以及强势的美元充满信心。经济表现为知识上的主导地位提供了现实的基础。

在20世纪90年代，萨默斯被广泛誉为抑制了全球金融威胁的人，特别是在防止亚洲危机外溢并影响美国的过程里采取了果断行动。《时代》杂志出版了一期著名的封面故事，将萨默斯与财政部长罗伯特·鲁宾（Robert Rubin）和美联储主席艾伦·格林斯潘一起描绘成"拯救世界委员会"。这几个人都信奉大经济学的力量。正如文章引用萨默斯的话，他坐在一个国际机场里说："我们不能从废除对经济规律的信念开始。即使它们很不方便。"萨默斯作为这个三人组的一员，收到了以下评价：

> （他）一直被称为经济学界的基辛格，一个彻头彻尾的实用主义者，他的野心有时会让人恼火，但他的智慧总是令人炫目。将他们联系在一起的是对思考的热情和对新经济秩序的无尽好奇，这种秩序就像爱丽丝梦游仙境一般展现在他们面前。创造21世纪的金融体系的绝大魅力比通常由权力和金钱构成的华盛顿毒品更能激励他们。在过去的六年里，这三个人轻而易举地形成了

一种兄弟情谊。[100]

当每件事情似乎都在支持这种扬扬得意的世界观时，这个三人组的自信是正确的。

这便是2008年之后被拆裂的世界。对这场危机的解剖变成了对美国的商业活动方式和经济学研究方式的批判性审查。萨默斯一贯支持放松管制，批评者认为该立场不仅是一种智识错误，还是一种自私的错误。批判的核心是经济学家被利益所俘获。作为亚洲危机期间美国政府和国际货币基金组织的主要批评者，约瑟夫·斯蒂格利茨解释说萨默斯可能涉嫌腐败——"人们认为是这样，而且很可能他已经被俘获。"这一指控迅速招致反击，尤其是罗戈夫强烈地表示反对，还包括为萨默斯或国际货币基金组织副总裁斯坦利·菲舍尔这些经济学家所作的辩护，认为他们的行为是基于合理的分析，而非意识形态。[101] 但这场辩论让政策经济学家们暴露出缺陷，到底分析是客观的，还是被利益扭曲了，甚至可能是被无意识地扭曲了？

于是，萨默斯被认为造成了美国的傲慢和2007—2008年的金融危机，或至少对其负有部分责任。他曾在2006年米尔顿·弗里德曼去世时对其大加赞扬："每个诚实的民主党人都会承认，我们现在都是弗里德曼主义者。"[102] 在关于应该由谁执掌美联储的争论愈演愈烈之际，俄勒冈州民主党参议员杰夫·默克利（Jeff Merkley）说："我非常怀疑，作为其推行的政策为大衰退打下了基础的一个坚定的去管制者，萨默斯先生是不是担任这个关键的监管职位的合适人选。"[103] 此外，萨默斯还大幅度参与了私人金融部门，曾为花旗集团和对冲基金 D.E. 肖（D. E. Shaw）工作，并担任过两家硅谷初创公司的董事会成员，据称这两家公司鼓励从线上投资者那里进行风险借贷。[104]

在全球金融危机之后，经济复苏比战后任何一次衰退后都要缓慢，萨默斯对世界的变化做出了惊人的判断。这种判断自觉地重新拾起凯恩斯本人及 20 世纪 30 年代凯恩斯主义者的方法和术语，特别是美国的凯恩斯主义者阿尔文·汉森（Alvin Hansen）——他创造了"长期经济停滞"这一术语。[105] 汉森将 20 世纪 30 年代末的这种现象视为"婴儿期死者的病态复苏和自成因果的萧条，留下了一个坚硬而看似不可动摇的失业核心"。[106] 在缺乏技术进步的情况下，正在放缓的人口增长将导致投资大幅下滑，进而经济增长也会下降。当初，在大萧条期间，汉森研究了购买力可能进入经济循环的"三个水龙头"：企业支出、消费者支出和政府支出。[107] 这就是萨默斯现在予以更新的思想架构。

在国际货币基金组织一次会议上的演讲中，萨默斯论证道："自金融正常化以来的四年里，成年人工作的比例根本没有增加，GDP 越来越落后于潜力，正如我们在 2009 年秋天所定义的那样。"该分析的核心是假设"在过去十年中的某个时候，与充分就业相一致的短期实际利率下降到了 −2% 或 −3%"。这种思维实验似乎非常准确地生成了衰退后的环境——"然后会发生什么呢？话说回来，即使有这些金融轻率所带来的对需求的人为刺激，你也不会看到任何过剩的需求。而且即便信贷条件重回相对正常状态，在恢复充分就业方面还是存在诸多困难。"[108] 该分析有力地解释了奥巴马经济复苏的缺陷。但问题可以被描述为并非一次短暂的危机，而是一种时间跨度很大的发展过程：几个世纪以来一直存在的实际利率的下降趋势（见图 7.2）。

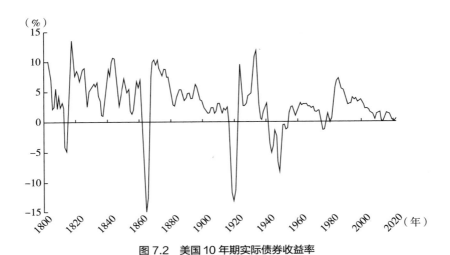

图 7.2　美国 10 年期实际债券收益率

资料来源：根据全球金融数据计算得出。

萨默斯分析的核心是"面对超扩张政策和私营部门信贷增长迅猛加速的缓慢经济增长"。[109] 有四个相互关联的问题：长期潜在增长率的明显变化，实际增长与其潜力的暂时偏离，需求的根本短缺，以及需求问题的核心是价格和工资的灵活性过大。单是一场金融危机，即使是一场异常严重的危机，也无法解释复苏的疲软。"如果金融危机代表着一次电力故障，人们便会预期危机解除后的增长会加速，因为那些由于缺乏信贷而无法表达需求的人会这么做。"[110] 而在危机前的另一种场景下，就会出现问题。"想象一下，美国的信贷标准一直保持不变，房地产没有形成泡沫，财政和货币政策也不具备刺激作用。非常有可能，由于需求不旺，产出增长将明显不足。"[111]

让这一诊断有别于两次世界大战之间的凯恩斯主义分析的新颖之处是，问题不在于价格和工资的刚性导致成本无法快速调整。通货紧缩的产生并非出于货币原因——显然，无论是在危机前还是危机后，货币供应量都有大幅增长。相反，问题的核心在于现代的开放和全球化经济的适应性太强，因而无法产生足够的需求来创造增长和充分就业。"工资和价格越灵活，人们就越会期望它们在产出放缓期间下跌，带来实际利率的上升。事实上，通货紧缩也能破坏稳定，价格下跌导致实际利率上升，造成更大的产出缺口，价格迅速下跌，径直进入一种恶性循环。"[112]

关键的见解是，充分就业实际利率（Full Employment Real Interest Rate，简称 FERIR）水平"可能已经下降"。萨默斯给出的分析，其重点依赖于对长期利率走势的历史分析。如果将这些研究结果作为未来的指南，那么有关财政政策的传统思维就要彻底转变。

人口增长放缓甚至下降，可能再加上放慢的技术增长，都导致了对用以装备新的或生产效率更高的工人的资本货物的新增需求减少。信息技术的价格正在迅速下降，同时在总资本投资中所占的份额也越来越大。价格较低的资本货物意味着一定水平的储蓄可以购入比以前多得多的资本。因此，大型的前沿公司不再需要向市场借款进行新的投资，资本重置成本更低。增加的利润份额会把收入转移给那些消费倾向较低的人。央行和政府积累储备的趋势，辅之以保守的投资策略，提高了对安全资产的需求，压低了安全利率。金融危机后的审慎要求强化了这种影响，危机推动养老基金和保险公司以安全债券的形式持有资产，以便和负债构成最佳匹配。[113]

萨默斯做出的描述似乎很适合美国劳动力市场的发展。20 世纪 90

年代，处于工作年龄的美国人平均每年增长 1.2%，而 2013 年仅增长了 0.4%。这些人在劳动力中的实际比例从超过 67% 降至不足 63%。[114]

国际货币基金组织前首席经济学家奥利维尔·布兰查德在 2019 年向美国经济学会发表的主席致辞中，以一种精美的数学化展示对长期经济停滞的诊断进行了最极端的逻辑延展。它是根据利率（r）和增长率（g）之间看似简单的关系来表述的。只要增长率高于利率（$g > r$），债务就会减少。这似乎是一个历史模式："虽然公共债务的利率变化很大，但平均而言，而且在大多数的时代里，它们一直低于增长率。如果未来像过去一样，美国政府就有很大的可能性进行债务展期，发行债务并降低债务占 GDP 的比例，而不用之后再增税。"因此，开支的成本更低，公共债务有可能没有财政成本——"政府面临的跨期预算约束不再具有约束力。"而福利成本，即减少对其他领域的投资，在布兰查德的表述中也被夸大了。事实上，财政开支有助于防止资本或劳动力资源浪费在次优均衡中。未使用的资本将在技术上过时，没有工作的工人会迅速失去技能，也许还会失去工作的意愿。[115] 存在一个双重问题：长期经济停滞压低了安全资产的自然利率，而央行的政策选择也因事实上的下限而受到约束，无法将利率降至远低于零的水平。结论是明确无误的：需要更多的管理方式。

布兰查德留下的一个不确定的领域是多重均衡问题。是否可以想象，担忧的债券投资者在向政府借出款项时会要求更高的价格，推高政府的债务成本，并改变利率和增长之间的关系呢？然后不稳定便会自然而然地出现，政府将被迫减少开支，他们的债务可信度会降低，或者风险增大，因为未来的增长将被削减。那将再次大幅提高借贷成本。类似这种现象描述了欧元区债务危机中那些危机国家的反应,而布兰查德在国际货币基金组织中不得不处理这场危机。他的回答是,该反对意见"就目前而言是有价值的和正确的,但尚不清楚它对公共债务水平意味着什么"。即使政府债务水平相当高,他还是担心财政调整的影响。很明显,各国央行可以有效应对恐慌,这是2007—2008年美国危机的教训,也是2012年欧洲债务危机的深化阶段的教训,但它们无法有效应对更严重的风险。在确定此类重大风险是否存在以及何时存在,当时有一种认知方面的挑战。

针对央行在面对恐慌时游刃有余这一思路的反对意见是从政治经济学的计算中衍生出来的。在紧急的一次性财政响应之后,是否真能实现正常化,从而偿还债务?或者,如果这个把戏奏效一次,当政客们发现了越来越紧迫的急切挑战,针对这些挑战的解决方案可以更好地保障未来的增长,那么这种把戏会不会一次又一次地重复呢?这场危机不会成为永久性的吗?难道不是过于依赖出自安全正常时期的推断,而没有充分考虑意外的和不可预测的侵扰吗?有一个批评者,经济学家约翰·科克伦(John Cochrane)回忆了从前那些金融动荡的时刻。当时利率上升,债券价格下跌。他在交易商与政府之间进行类比,前者同意在行使合同的情况下以履约价格购买相关债券,实际上是押注资产价格将继续上涨,但是会因为突然下跌而受损;后者承诺,在增长放缓、债务超过消费、债务与GDP的比例上升时,承担可能无法负担的开支。在这种情况下,由于经济增长放缓或崩溃,需要在很不利的时机以税收偿还巨额债务。他总结道:"利率小于增长率的机会就像写入看跌期权的经典策略,

在世界上最痛苦的状态下落空。"¹¹⁶

对于2008年后的困境，凯恩斯主义传统的答案显然是推动政府在基础设施方面的开支，以提振需求，同时扩展长期的潜在增长路径。在与贾森·弗曼合著的一篇文章中，萨默斯提出一种观点，认为所谓"赤字原教旨主义者"的旧式的平衡预算方法，两次大战之间英国的"财政部观点"，或克林顿的财政稳定途径都已过时。欧元区债务危机之类的灾难与其说是赤字造成的，不如说是增长不足的后果。"利率的长期结构性下降意味着政策制定者应当重新思考传统的财政方法，它们经常错误地限制了在教育、医疗保健和基础设施等方面的重要投资。然而，许多人仍然着眼于削减开支，尤其是在社会保障与医疗补助等福利项目上。这是一个错误。政治家和政策制定者应该关注紧迫的社会问题，而不是赤字。"实际长期利率偏低不单单是"由联邦储备委员会制造的"，而是出自"很多更深层的力量，包括更低的投资需求、更高的储蓄率和日益扩大的不平等"。但可能还有一个长期问题："赤字原教旨主义者说得对，不能允许债务永远增加。政府在制定预算政策时，对于什么是可能的、什么是不可能的或不可取的，不能没有任何限制性原则或行动指南。"¹¹⁷

萨默斯的另一篇合著文章从美国员工"实力"下降的角度解释了这种困境。在不完全竞争的产品市场中，正是这种实力让员工有能力从公司运营产生的收益里获得更大的份额，并可能构成对公司垄断力量的制衡。"作为美国经济的主要结构性趋势之一，我们对员工实力下降的重视符合长期以来进步制度主义者的研究成果。"限制独占或垄断力量的措施，本身或许就是实际限制了全球化或技术变革的措施，对扭转这一趋势几乎没有作用。[118]

萨默斯对特朗普一揽子财政计划的某些方面持怀疑态度，特别是关于提高纾困支票金额的讨论，那可以促进消费，但也有导致经济过热的风险。这种支票是个"相当严重的错误"。它们是特朗普和左翼民主党思想——尤其是民主党里的社会主义者伯尼·桑德斯（Bernie Sanders）——融合的产物。"当你看到两个极端达成一致时，几乎可以肯定，是在酝酿什么疯狂的事情……当我看到乔希·霍利（Josh Hawley）、伯尼·桑德斯和唐纳德·特朗普组成的联盟支持某个想法时，我认为就该找地方避一避了。"[119]

2021年2月，在拜登就任总统之初，萨默斯继续寻求庇护，看起来他又做了一次180度的大转弯。在《华盛顿邮报》（Washington Post）的一篇专栏文章中，他开始表示，拜登1.9万亿美元的新冠疫情救援计划将"成为美国历史上宏观经济稳定政策的最大胆行动，其中的雄心壮志、对紧缩的正统观念的拒绝，以及减少经济不平等的目标都令人钦佩"。2009年的刺激计划规模太小，每月增加300亿～400亿美元，约为产出缺口的一半。相比之下，拜登的措施达到每月1500亿美元，至少是产出缺口的三倍。[120]因此，考虑适当应对措施的关键分析工具属于典型的凯恩斯主义。为衡量所需的刺激规模，对在这种情况下的产出缺口进行评估，然后根据乘数理论考量开支对提高生产的影响。而且此后还有进一步的措施。就这样：

> 规模接近第二次世界大战而超出一般衰退水平的宏观经济刺激可能会引发我们这一代人从未见过的通货膨胀压力，结果将对美元价值和金融稳定产生影响。如果货币和财政政策能够迅速调

整以解决这一问题,这些影响将是可控的。但是鉴于美联储所做的承诺,政府官员对通胀的可能性甚至不屑一顾。加之难以动员国会支持增税或削减开支,通胀预期存在大幅上升的风险。预期规模的刺激措施是迈向未知的步伐。[121]

警告变得越来越严厉。举例来说,萨默斯在美国有线电视新闻网(CNN)上警告说:"美联储和(白宫的)政策制定者需要认识到,出现越南那样的通胀情景的风险如今比他们最初关注的通缩风险更大。"[122] 许多民主党人愤怒地宣称萨默斯"不着边际"。[123] 但是对未来通胀路径的更多不确定性,导致人们对刺激措施的优点进行了广泛的重新评估。到2022年春天,萨默斯的观点已经成为普遍共识。

在形容凯恩斯时,其传记作者罗伊·哈罗德将其归为"一个迅速消失的文明的灿烂余辉"。这种描述也适用于萨默斯。事实上,他敏锐地意识到美国相对衰落的问题,以及对美元长期霸权的威胁。由于他所谓的长期经济停滞的强大经济力量,美国的国际领导力正在削弱。能做些什么来支撑这个疲惫的巨人呢?美国的复兴难道不需要关注微观经济的激励和政策吗?

在2007—2008年金融危机的早期阶段,诺贝尔奖得主罗伯特·索洛不满于萨默斯和学术主流所阐述的宏观路径。正如他所言:"事实上,'现代宏观'一直以很少严格关注数据而闻名。"[124] 出现新的反革命并不奇怪。萨默斯考虑了可以通过使用大的总量来解决的问题,就像在关于财政刺激适度性的重要辩论中一样。另一种选择是利用微观信息来对政策响应进行微调,这些措施旨在改变能够提高总体福利的特定的和个体的反应。

拉杰·切蒂是利用大数据技术的最重要先驱之一。2007年，他开始与美国国内收入署（IRS）合作，计划重组匿名数据，以便用于回答精确的研究问题。他与哈佛大学的内森·亨德伦（Nathan Hendren）[①]和布朗大学的约翰·弗里德曼（John Friedman）[②]一起，同美国人口调查局合作构建了"机会图谱"，"这是一个全面的人口普查大区级数据集，使用几乎覆盖整个美国人口的数据，记录了儿童成年后的出路"。[125]然后，这些数据可以和国内收入署的税收数据，以及人口普查局的美国社区普查结果关联起来。

切蒂的研究结果为美国阶层流动梦想的消退做出一种严酷的解释。在低收入家庭长大的儿童，根据他们在哪里长大，其社会流动性的出路非常不同。结果以惊人且直观的方式表现出来。最重要的是可以在计算机屏幕上扩展和细化的地图。最著名的产品是2013年出版的一系列地图，包含了区位优势和劣势的国际比较——"如果你在加拿大长大，你实现美国梦的几率几乎是在美国的两倍。"但最重要的是，这些比较是在不同地区之间进行的，甚至是在同一城市的不同地区。譬如，在华盛顿特区－巴尔的摩地区，一个在费

[①] 现为麻省理工学院的经济学教授，其学术工作旨在探索如何扩大经济机会。他的工作量化了不同背景的人缺乏经济流动性和经济机会的问题，揭示了为什么私人市场无法在从保险市场到儿童教育投资等环境中提供经济机会。

[②] 1926—2017，美国社会学家和城市规划学者。他认为，发展可以看作一种由基本创新群最终汇成大规模创新系统的不连续积累过程，而迅速发展的大城市系统，通常具备有利于创新活动的条件。创新往往是从大城市向外围地区进行扩散的。基于此，他创建了核心－外围理论。核心区是具有较高创新变革能力的地域社会组织子系统，外围区则是根据与核心区所处的依附关系，而由核心区决定的地域社会子系统。

尔法克斯县收入水平最低的 25% 的低收入家庭长大的孩子，他的收入将比一般孩子多 15.4%；而来自凋敝的巴尔的摩市中心的孩子的收入将至少比平均水平低 8.8%。[126] 社区在一个非常精细的层面上很重要，正如切蒂在 2020 年的一篇论文中所说，以儿童自身的人口普查地区的贫困率等特征为条件，一英里外的地区特征对预测儿童的出路几乎没有效力。[127]

事实证明，在显示疫情对先前存在的不平等模式的不同影响中，这种分析至关重要，它已成为控制大流行后果的核心社会政策问题。

这仍然是一个技术层面的目标，但它来自下层，而且是基于数据的。促进微观创新，比如推动人们为改善生活机会，或者为了建立更好的、更具支持性和弹性的家庭网络，而从一个地方搬到另一个地方。这是一个基本上乐观的信息。正如切蒂所说："总体目标是重振美国梦。我们并不是企图做一些难以想象或从未发生过的事情。它一定会在未来发生。"[128]

利用大数据的可能性带来的最明显的一个担忧是隐私问题。如果在地图上确定了位置——我可以在切蒂的地图上看到我在新泽西州普林斯顿住的那条街道——难道数据不会被滥用来衍生出特定的知识，而不是通常适用于社会改善事业的知识吗？解决办法是通过插入"噪声"来伪装数据，从而掩盖信息的确切来源。这种方法通过在估算中添加足够的噪声来保护隐私，从而允许以任意小的样本发布统计数据。[129]

如果经济学要为全球化的裂痕和紧张提供有效的、以政策为重点的解决方案，就必须摆脱那种只从大规模抽象的总量来看世界的根深蒂固的痴迷。政府和企业为了提高其能力，都需要对数据所示的社会现象采取更加多样和复杂的方法。这个世界及其交互作用比传统上用于理解和制定政策的大集合更为复杂，也可能更加丰富多彩。

结 论

下一场大规模全球化

供给冲击形成并再造了全球化，也给我们带来了教训。过去200年的负面冲击揭示了严重的短缺——不是我们的欲望未得到满足，而是我们的生存面临威胁——诸如19世纪40年代的粮食，20世纪世界大战中的粮食、燃料和军火，20世纪70年代的石油与能源，然后是新冠疫情大流行时代的医疗保障及国家安全。并不是说过去不存在这些问题，恶劣天气和歉收导致的饥饿与饥荒在前现代世界经常发生，那时的战争是地方性的。但是到了19世纪，通信技术和方法已经存在，可以用来提供解决方案。在每一次应对供给冲击时，很大一部分挑战都来自物流方面，困难在于如何为面临严重困难的人们提供必需品。这给各类组织带来了挑战，包括业务的操作和融资方式，以及政府提供服务的办法。需要对交通与联系进行彻底的反思。

这种混乱立即生出明显相互矛盾的反应，部分是因为人、阶级和地区受到的影响如此不均衡，部分也是因为有太多未知的东西。对不同机会与各种后果的认识甚至假设都导致了对短缺、战争、通货膨胀和大流行的怀疑和厌恶。不可知性也会让人相信，严重的破坏必须是暂时的，生意将很快恢复正常，战争会在圣诞节前结束，非典或埃博拉这样的大流行能很快熄灭并得到控制。另外，挑战的巨大规模表明，只有最异想天开的结果才能带来解脱：神奇的武器、机器人大军、机械装置或人工智能的应用。

对寻找新供应的挑战做出应对，或对价格上涨发出的信号做出反应，都刺激了技术的进一步发展。卡尔·马克思在评论19世纪40年代的灾难及其政治后果时，非常清楚地看到了这一点。当时欧洲似乎趋于稳定，诞生了新的政体。包括用改进的机械装置取代原有设备在内的大规模技术变革"主要是在灾难或危机中实施的"。[1]这种实施几乎总是无关全新技术的发明，而是应用和发展既有的方法。蒸汽机及其在运输中的应用在19世纪40年代广为人知，集装箱船和计算机则是在20世纪70年代大规模使用，还有纳米技术、mRNA疫苗和人工智能应用在2020年为人熟知。然而，突然之间，这些技术变得更有价值，它们的变革潜力得以实现。危机引发了人们对世界和人类技术如何结合的新思考；而一些旧的思维方式，例如关于货币稳定及其何以轻易实现，貌似已经过时。但是，想象新事物往往是痛苦的。

短缺带来更高的价格，它们本质上不会产生通货膨胀。但面临短缺的政府最初将通胀视为一种吸收新事物冲击的方式，一种在变革过程中帮助保护暂时失败者的方式，甚至是一种促进更多产出和更高生产率以克服供给瓶颈的方式。政策响应所基于的假设可能导致补偿机制变得根深蒂固，并形成20世纪70年代那样的高通胀，甚至是第一次世界大战后那种恶性通货膨胀。价格的普遍上涨有助于弥合裂痕，减少立即出现财务困难的可能性。人们后来了解到，结构性的突变需要调整相对价格，或许当所有价格都上涨时，一切就变得容易了。

在实践中，动摇全球化的危机总是重要的学习机会，尽管人们并不是总能认识到这种机会。此类变化应该被视为对自满情绪的冲击。回想一下熊彼特的问题："事情是如何变得不同的？"答案是："当世界上发生一些全新的事情时，我们面对的是一个谜。"[2] 然而，要学习的不仅是独特的技术，还有商业和政府的运作方式。其他国家和文化往往能提供一种模式。1851年的世博会甚至教会了自信的英国人，他们可以从明显更粗糙的或更"落后"的美国或德国的理念和方法中获利。20世纪70年代，自满的美国汽车生产商明白了，他们的汽车在效率上不如日本制造的汽车。日本在20世纪60年代曾被嘲笑为制造粗糙、花哨、廉价的仿制产品。那么，在21世纪20年代呢？新冠疫情危机暴露了许多社会的深刻分歧和紧张状况。针对谁在承受痛苦以及如何分配负担，有人提出了问题。制定有效的疫苗响应措施需要解决深刻的不平等和观点上的差异，这直接反映在不同的疫苗接种率上。这一挑战凸显了此前被嘲笑的欧洲社会保障体系对于美国的吸引力。但它也为中国利用智能手机上的个性化数据来抑制公共卫生危机提供了一种新的可能性。

学习往往与错误、羞辱和失败联系在一起。由于对军事力量不足的认知，德国和日本曾经被两度再造。对日本来说，一次是在19世纪拿破仑的胜利和海军准将马修·C.佩里（Matthew C. Perry）

的黑船出现在东京港之后，另一次是在1945年后。而俄罗斯在19世纪从废除农奴制开始的重大改革，是由克里米亚战争的失败引发的；在1904—1905年对日战争中再次失败后，新一轮的改革浪潮又开始了。在与乌克兰的冲突中暴露的缺陷会促使俄罗斯再次启动类似的改革进程吗？军事上的失败表明了，彻底的改革和明智的效仿对于赶上和超越战略对手是多么重要。作为反面，也有人经常认为，英国人的缺乏变通和未能实现有效的宪法改革是不曾输掉战争的结果。³ 失败鼓励学习的机制可能不仅仅在于心理方面，经济学家曼库尔·奥尔森（Mancur Olson）①认为，二战后德国和日本的奇迹是低效的制度一次又一次失败的结果，那种制度促进了特定的部门利益，阻碍了追求国家的总体利益。⁴

学习并不总是受欢迎的，特别是当它涉及接受或借鉴其他文化的解决方案时。针对1989年以后的后苏联世界的经济困境，一项有影响力的分析表明，中欧人和俄罗斯人认为"模仿时代"（age of imitation）贬低了他们自己的情感和历史经验。斯蒂芬·霍姆斯（Stephen Holmes）和伊万·克勒斯特夫（Ivan Krastev）②建立了一个模仿如何毒害政治文化的模型。⁵

---

① 1932—1998，美国经济学家、社会学家，公共选择理论的主要奠基者。其学术研究范围远远超越经济学范围，对政治学、社会学、管理学以及其他社会科学的发展做出巨大贡献，主要著作有《集体行动的逻辑》《国家的兴衰》《权力与繁荣》。

② 霍姆斯是美国法律教授，克勒斯特夫是保加利亚政治学者，二人曾合著《失败的光：一次清算》（*The Light That Failed: A Reckoning*）。在该书中，1989年标志着持续三十年之久的"模仿时代"的开端。这本书认为，模仿政治是自由主义接受度下降的原因。西方的统治使自由主义看起来像是最好的道德理念，它不能忍受任何替代方案的竞争，这种强加的"选择"刺激了转型国家的反自由、反西方情绪，转向了今天中欧和东欧政治的民族主义仇外心理。

新冠疫情的冲击给世界各国带来一个有差别的、独特的教训。世界上最大的两个经济体受到了打击。如果美国和中国倒退回20世纪中期的内部增长模式，那这两大经济体对其他必须依赖复杂供应链的国家便失去了吸引力。从全球金融危机开始，中国已经从中吸取了相反的教训——不能仅仅成为一个在出口导向驱动下的有活力的出口方——在"一带一路"倡议的推动下，中国更早地采取了超越贸易和经济联系的更高维度合作。欧洲国家在协调疫苗供应和公共卫生供给的困难方面得到了严厉的教训。新兴市场，甚至世界上最贫穷的国家，都看到了财政空间的匮乏是如何限制了有效应对危机的能力。

经济学家通常通过总量思维对需求冲击做出反应，考虑的是一些宏大的数字。约翰·梅纳德·凯恩斯是一位伟大的人物，他为经济学家树立了一个医生或治疗师的典型。拉里·萨默斯就是他的现代同道者。但供给冲击的作用方式不同，应对供给不确定性的也是相当不同的一类经济学家。就像杰文斯、瓦尔拉斯、门格尔或20世纪末的哈耶克，以及今天的切蒂一样，他们关心细节，分解信息，分散政策响应。有必要通过价格为消费者和企业家这两种个体提供如何应对短缺的信息，诸如19世纪40年代的粮食短缺，20世纪70年代的碳能源短缺，或者今天的芯片短缺。某些时候，就像在第一次世界大战中那样，政治上的当权者试图通过简单的压制来应对市场价格，但这使得价格所包含的信息无法作为未来行动的指引。对于那些从总量角度思考的经济学家来说，短缺的环境是令人不安的，因为这些总量无法告诉人们如何分配稀缺的资源。刺激整体需求只会更加激化分配冲突。举这次大流行中的一个明显例子：

货币和财政刺激没有能力增加疫苗的供应,也没有能力改进开发和交付疫苗所需的技术。

因此,需要纳米经济学的精确计数来发挥创造力,释放能克服供给挑战的生产能力。如此一来,全球化变成了一个崩溃、计算与创造的故事。

危机还涉及重新构建政治思想和政治秩序。简单地把新兴政治人物视为"全球主义者"是错误的。对危机的反应最初被投射在国家的强化,但它成功地间接带来了全球化。19世纪40年代的危机之后,拿破仑三世皇帝、德国宰相奥托·冯·俾斯麦,以及俾斯麦的日本同行,政治家大久保利通(Ōkubo Toshimichi)和伊藤博文,他们再造了政治思想,重新坚持这样一种方式,政府可以引导但不能控制促进经济发展的力量。他们都发展出了强烈的民族认同感——在日本被称作"国体"(kokutai)——为政府的成功实践奠定了基础。拿破仑三世从其叔父的"荣耀"(gloire)考虑,认为俾斯麦在一意孤行的德国是一股重要力量。为了进行全面的爱国主义动员,第一次世界大战诞生了一种新型的政府干预主义,最恰当地被描述为战争社会主义。

为了应对20世纪70年代的经济痼疾,罗纳德·里根和玛格丽特·撒切尔也重塑了政治。他们都不是真正的全球主义者,其目的更在于强化国家实力,但他们也看到了抓住全球机遇的重要性。其出发点专注于政府可以有效地做些什么,并放弃那些过度干预而使政府效率降低的非必要任务。他们想要强大的政府,并认为前几届政府的软弱是因为他们试图在生活的太多领域做太多事情。他们还认为,在冷战期间或马尔维纳斯群岛问题上,外交政策的自信是表明能力和决心的一种方便和明确的方式。

所有这些重塑政府的尝试都不可避免地有所缺陷，需要下一届政府予以纠正。改造者本质上是相当武断的，而许多人很快就厌倦了专制或威权主义。在19世纪的时候，针对拿破仑三世、俾斯麦和伊藤博文的未遂暗杀一再发生。他们的政治思想很快就显得过时了。第一次世界大战后也是如此，当时许多人试图找到一条回归"正常"的道路。同样，在里根和撒切尔的大变革之后，许多政治人物开始寻求同一种路径更轻松的、更少强制性的，但可能更为全球化的一个版本，克林顿主义和托尼·布莱尔的新工党都属于这种改良的和民主化的路径①，并且随后在新一波的强烈抵制中被嘲笑为"新自由主义"。

在某些或许独一无二的情形下，在一个技术发达的大国，政府在协调研究和生产力方面的努力会带来生产效率的激增。20世纪中期美国的独特情况尤其如此，它的生产力发展与全球化的形态呈倒U形：随着全球化消退，美国的生产率猛增，从20世纪50年代起，全球化可以被简单地视为对美国的模仿。但这种建构并非通常的规则，它源于两次大战之间全世界的去全球化的特殊情况。

---

① 第三条道路，亦称为第三种道路或新中间路线，是一种走在自由放任资本主义和传统社会主义中间的一种政治经济理念的概称，其既不主张纯粹的自由市场，亦不主张纯粹的高福利社会。托尼·布莱尔在任英国首相期间一方面放松对各种企业的监管内容，并为了鼓励企业创新和降低成本，多次降低企业税；另外一方面，布莱尔政府不断加大对交通、通信、社会服务等基础设施的公共投资，通过改革金融机制提高服务效率。比尔·克林顿在任美国总统期间，由于共和党控制国会两院，克林顿政府为了希望在两院得到共和党温和派的支持通过法案，决定推行中间派路线，强调政府在财政上的保守、用一系列所谓"工作福利"的政策来代替旧有的"高福利"政策以及对于自由市场的维护功能。

危机推动了更具有技术变革性的进一步全球化，这不仅是因为需要在远距离之外生产的复杂货物或商品。考虑到供应问题的紧迫性，至少在技术先进的大国，可以通过尝试提高生产的独立性来应对这一挑战。全球化进程更深层的吸引力在于提供了大量不同的实验领域，关乎如何应对特定的挑战。引用或挪用技术和管理方法有助于确保知识以新的方式得到调整和使用，之后还会有更多的借用。

技术的变革能力将促进生产效率并提高增长率。这应该使公共开支的压力进一步减轻，但前提是要有及时而有效的指导。这一转变直接引发了政府能否胜任提供服务的问题，政府需要进行一场革命。

企业家们还试图建立新的控制方式，利用或设计新的财产形式，使用通常源自外国模板的法律形式——如19世纪中期的股份公司，让实现铁路和轮船革命成为可能，或者是20世纪70年代的离岸金融公司。当企业家们试图在转型时利用财产和控制权的扩展概念，政治权力将是重塑财产观的一个关键因素。今天是否"需要"打破对知识产权的控制？对权威的主张，也就是一种新的威权主义和强制性是否还有必要？[6] 我们可以从下面这件事情中看出上述问题，比如弗拉基米尔·普京宣称："俄罗斯人民永远能够区分真正的爱国者和渣滓与叛徒（即西方化的寡头），并像对待一只不小心飞进嘴里的小虫子一样把他们吐出来。"正是这种动力促使政府试图控制杰伊·库克或贝瑟尔·斯特劳斯伯格的过度行为。

过去展开的运动和历史敏感性在当今不断回响。举例来说，中国社会层面针对科技巨头的运动批判了一种破坏身心健康的娱乐文化。年轻人沉迷于游戏，会导致智力与视力的下降。游戏业巨头在兜售"精神鸦片"。[7] 这明确地唤起了人们对受尽屈辱的19世纪的记忆，当时流入中国市场的鸦片造成了中国社会和政治秩序的崩坏。就像俄罗斯一样，历史可以在这里被用来传播不信任，并给人留下这样的印象，过去，以及未来，必然是国家之间无情冲突的叙事，其中一方获得的利益必然以另一方的损失为代价。

这种说法可以通过分析和数据进行检验。因此，福利标准能检验政府的控制权如何行使、由谁行使，以及为谁的利益而行使。对于专利保护是否限制了世界各国提高新冠疫苗产量的能力，共同利益也是讨论的核心。反驳意见是，生产疫苗不仅取决于可以轻易复制的合适配方，还要依靠一系列更广泛的实践和互动。例如，可能存在对知识产权的过度保护，特别是由于美国自20世纪末以来的法律发展，将计算机程序解释为可以申请专利的产品，而不是一般的真正算法。[8] 想到改革或更好地传播思想，便马上触及如何学习的问题。学习是全球化危机的重要结果，我们需要思考如何更有效地学习。

在2020年新冠疫情大流行这一最新挑战中，从最初对进一步贬值的担心，到后来对通胀飙升的警报，我们首先要直面的主要社会和经济问题与全球化进程并非直接相关。几十年来，富裕国家的人民一直担心教育、医疗保健、迅速增加的老年人群体的护理以及住房成本的上涨。其中每个方面都因为大流行而承受着巨大的压力，产生了短期和长期的后果。教育受到干扰，学校和大学因传染的危险而关闭。学习转入了数字模式，但一些更弱势的学生发现无法上网或存在问题。生活环境的不平等因此而放大。严重的感染率和死亡率立即让卫生保健系统不堪重负。与危机相关的对其他基础病的忽视、对慢性疾病的治疗不足以及缺乏新发病率的判断，都可能产生长期后果。疗养院里的老人被感染，病人被移出医院。这场危机给老年人照护的管理提出了强烈的批评，让很多老年人不愿想象未来的自己进入这样的养老院。拥挤和简陋的住房助长了疾病的传播。大量更富裕的人逃离了市中心，到他们可以远程工作的新地方寻求更大的空间。

在这些出现危机和挑战的领域，技术提供了改进或逃避的可能性。在每一种情形下，解决办法都不会受到国家边界的限制。教育方面，可以通过电子渠道更充分地获得高质量的教学。在医疗保健方面，有远程医疗和应用人工智能评估公共卫生挑战。教育和医疗保健，如果以数字方式提供，可以来自世界的另一端。对于老年人的照护，人们更多地讨论了如何利用信息技术和机器人帮助更多老年人留在自己的家里。在住房方面，数字游民打开了新的前景，他们可以在世界各地远程工作。技术和全球化相结合，提供了强有力的答案，就像它们在从前的危机中所做的那样。那时的教训和现在一样简单，全球化改善了人们的生活。

技术和地理变化的结合总是需要能力，而这需要适应与学习，从悲惨的过去中学习，借以展望未来。在1919年的阴霾中，凯恩斯曾担心"所有这些都使得局势在好转之前可能变得更糟"。[9]但在当下这个最令人沮丧的时候，我们学到的东西也最多。

致 谢

这本书是新冠疫情全球大流行以及它给每个人的生活与地缘政治都带来的巨大变化的产物。三十多年来，我一直在思考全球化及其造成的不满，并对大萧条时期的历史倒退以及深入关联的新阶段发生了兴趣。在我看来，新冠疫情危机似乎与之前的数次危急时刻颇有可比之处，譬如19世纪中叶的饥荒与革命，或20世纪70年代的供给冲击，它们也都是全球化被重新构想和重新配置的时候。

我最初的思考以论文的形式呈现。2020年《金融史评论》（*Financial History Review*）第27卷第2期上的一篇更具学术性，《从欧洲革命到冠状病毒的七次颠覆性危机：全球化与国家能力》。《外交事务》（*Foreign Affairs*）2021年5-6月号上的另一篇是面向普通读者的——《即将到来的全球化黄金时代：为什么危机会结束于关联》。我还要感谢几次研讨课程与会议的组织者，我在那些场合提出了本书中的部分论点，包括戴维斯历史研究中心的 David Bell

和普林斯顿大学本德海姆金融中心的 Markus Brunnermeier；伦敦政治经济学院全球事务研究所的 Piroska Nagy 和 Erik Berglof；德国政治教育学院的 Wolfgang Quaisser；华沙康拉德阿登纳基金会的 Piotr Pysz；贝塔斯曼基金会三方会谈的 Liz Mohn、Wolfgang Schüssel 和 Joerg Habich；以及柏林德国历史博物馆的 Raphael Gross 和 Nike Thum。我很荣幸地得到 Catherine R.Schenk 和英国经济史学会的邀请，发表了 2022 年的年度托尼纪念演讲。与 Andrew Koger 就 1919 年巴黎和会，与 Ali Kabiri 和 John Landon Lane 有关两次世界大战之间的情绪分别进行的联合工作令我受益匪浅。我也得益于 Michael Bordo 和 Luís António Vinhas Catão 的评论，还有和 Markus Brunnermeier 及 Jean-Pierre Landau 进行的长谈。

耶鲁大学出版社的 Seth Ditchik 一直为我提供有益的指导与建议，慕尼黑贝克出版社的 Detlef Felken 也是如此，他最早建议我将这些文章组稿为对全球化的起起落落的全面回顾，还有赫德出版社的 Patrick Oelze。在普林斯顿大学匿名基金的资助下，Kevin Polanish 和 Harril Saunders 为本书提供了研究辅助工作。Kelly Lin Kremer 和 Duy Trinh 在图表上给予了宝贵的帮助。我还要深深感谢 Marzenna James 以及我们的孩子 Maximilian、Marie Louise 和 Montagu James 的倾情投入。

注 释

导言

1. Simon Kuznets, *Modern Economic Growth: Rate, Structure, and Spread*, Studies in Comparative Economics 7 (New Haven: Yale University Press, 1966).

2. Ian Goldin and Mike Mariathasan, *The Butterfly Defect: How Globalization Creates Systemic Risks, and What to Do about It* (Princeton: Princeton University Press, 2014).

3. János Kornai, *The Economics of Shortage* (Amsterdam: North-Holland, 1980).

4. For the use of whiplash, see European Economic Advisory Group, "Europe's Pandemic Politics," July 2020, https://www.cesifo.org/DocDL/EEAG-Policy-Brief-July-2020-Europe-s-Pandemic-Politics.pdf; for bullwhip, Daniel Rees and Phurichai Rungcharoenkitkul, "Bottlenecks: Causes and Macroeconomic Implications," BIS Bulletin No. 48, November 11, 2021.

5. Ian Morris, *Why the West Rules—for Now: The Patterns of History, and What They Reveal about the Future* (New York: Farrar, Straus and Giroux, 2010).

6. Bentley F. Allan, *Scientific Cosmology and International Orders* (Cambridge: Cambridge University Press, 2018), 208.

7. Robert J. Solow, "Technical Change and the Aggregate Production Function," *Review of Economics and Statistics* 39 (1957): 312–320; Moses Abramovitz, "Resource and Output Trends in the United States since 1870," *American Economic Review* 46, no. 2 (1956): 5–23; John W. Kendrick and Maude R. Pech, *Productivity Trends in the United States* (Princeton: Princeton University Press, 1961).

8. Paul M. Romer, "Endogenous Technological Change," *Journal of Political Economy* 98, no. 5 (1990): part 2, quote from S72.

9. Kevin H. O'Rourke and Jeffrey G. Williamson, *Globalization and History: The Evolution of a Nineteenth-Century Atlantic Economy* (Cambridge, MA: MIT Press, 1999), 235.

10. Richard Baldwin, *The Great Convergence: Information Technology and the New Globalization* (Cambridge, MA: Belknap Press of Harvard University Press, 2016).

11. Robert Lucas, "Why Doesn't Capital Flow from Rich to Poor Countries?" *American Economic Review* 80, no. 2 (1990): 92–96.

12. "Read Amazon CEO Jeff Bezos's Letter to Shareholders," *Wall Street Journal*, April 15, 2021.

13. Douglas A. Irwin, "Political Economy and Peel's Repeal of the Corn Laws," *Economics & Politics* 1, no. 1 (1989): 41–59.

14. Frank Trentmann, *Free Trade Nation: Commerce, Consumption, and Civil Society in Modern Britain* (New York: Oxford University Press, 2008), 8.

15. George J. Stigler, *The Economist as Preacher, and Other Essays* (Chicago: University of Chicago Press, 1982), 57, 64.

16. Ibid., 66.

17. Analyzed above all by Paul Schmelzing, "Eight Centuries of Global Real Interest Rates, R-G, and the 'Suprasecular' Decline, 1311–2018," Bank of England Staff Working Paper No. 845, 2020, https://www.bankofengland.co.uk/working-paper/2020/eight-centuries-of-global-real-interest-rates-r-g-and-the-suprasecular-decline-1311-2018.

18. Douglass C. North and Barry R. Weingast, "Constitutions and Commitment: The Evolution of Institutions Governing Public Choice in Seventeenth-Century England," *Journal of Economic History* 49, no. 4 (1989): 803–832.

19. Karl Marx, *Grundrisse: Foundations of the Critique of Political Economy*, trans. Martin Nicolaus (Harmondsworth: Penguin, 1973), 748.

20. Quoted in John Bryan Davis, D. Wade Hands, and Uskali Mäki, eds., *The Handbook of Economic Methodology* (London: Edward Elgar, 1998), 495.

21. Thomas Piketty, *Capital in the Twenty-First Century*, trans. Arthur Goldhammer (Cambridge, MA: Harvard University Press, 2018), 10.

22. See Matthew Rognlie, "A Note on Piketty and Diminishing Returns to Capital," 2014, available at http://gesd.free.fr/rognlie14.pdf.

23. Piketty, *Capital*, 26.

24. Ibid., 234.

25. John Maynard Keynes, *The General Theory of Employment, Interest and Money* (London: Macmillan, 1936), 317.

26. For instance, Richard S. Grossman, *Wrong: Nine Economic Policy Disasters and What We Can Learn from Them* (New York: Oxford University Press, 2013).

27. Alan S. Blinder and Jeremy B. Rudd, "The Supply-Shock Explanation of the Great Stagflation Revisited," in *The Great Inflation: The Rebirth of Modern Central Banking*, ed. Michael D. Bordo and Athanasios Orphanides (Chicago: University of Chicago Press, 2013), 119–175.

28. Michael A. Bernstein, *The Great Depression: Delayed Recovery and Economic Change in America, 1929–1939* (New York: Cambridge University Press, 1988).

29. Jean-François Revel, *How Democracies Perish*, trans. William Byron (New York: Doubleday, 1984).
30. Arthur Danto, "The Artworld," *Journal of Philosophy* 61, no. 19 (1964): 583.

第一章　大饥荒与大反叛

1. Hans-Ulrich Wehler, *Deutsche Gesellschaftsgeschichte 1815–1845/49* (Munich: C. H. Beck, 1987), 642.
2. See Jonathan Sperber, *The European Revolutions, 1848–1851* (Cambridge: Cambridge University Press, 2005), 105; see also Mark Spoerer and Helge Berger, "Economic Crises and the European Revolutions of 1848," *Journal of Economic History* 61, no. 2 (2001): 293–326.
3. Cormac Ó Gráda, *Black '47 and Beyond: The Great Irish Famine in History, Economy, and Memory* (Princeton: Princeton University Press, 1999), 21; see also Peter Michael Solar, "Growth and Distribution in Irish Agriculture before the Famine" (Ph.D. diss., Stanford University, 1987).
4. "Ireland," *Times*, March 26, 1847, quoting *Cork Reporter*.
5. "Details of Foreign Intelligence," *New York Daily Tribune*, October 21, 1847.
6. Michael D. Bordo and John Landon-Lane, "Does Expansionary Monetary Policy Cause Asset Price Booms? Some Historical and Empirical Evidence," NBER Working Paper No. 19585, October 2013; David Le Bris, "What Is a Market Crash?" *Economic History Review* 71, no.2 (2018): 495.
7. Charles Read, "Laissez-Faire, the Irish Famine, and British Financial Crisis," *Economic History Review* 69, no. 2 (2016): 415.
8. William Carleton, "*The Black Prophet*: A Tale of Irish Famine," in *The Works of William Carleton* (New York: P. P. Collier, 1881), 3: 776; Catherine Nealy Judd, "Western Plague Literature, the Irish Famine and Anthony Trollope's Castle Richmond," *Irish Studies Review* 25, no. 2 (2017): 215–240.
9. Walter Bagehot, *Historical Essays*, ed. Norman St. John-Stevas (New York: New York University Press, 1966), 186, 191.
10. R. W. Kostal, *Law and English Railway Capitalism, 1825–1875* (Oxford: Oxford University Press, 1997), 25.
11. D. Morier Evans, *The Commercial Crisis 1847–1848. Being Facts and Figures Illustrative of the Events of That Important Period Considered in Relation to the Three Epochs of the Railway Mania, the Food and Money Panic, and the French Revolution: To Which Is Added an Appendix Containing an Alphabetical List of the English and Foreign Mercantile Failures* (London: Letts, Son and Steer, 1848), 5–6.
12. Read, "Laissez-Faire," 420.
13. "The Present Crisis, Its Character and Remedy," *Economist*, May 8, 1847.
14. "Money-Market and City Intelligence," *Times*, March 10, 1847.
15. Rudiger Dornbusch and Jacob Frenkel, "The Gold Standard and the Bank of England in the Crisis of 1847," in Michael D. Bordo and Anna J. Schwartz, eds., *A Retrospective on the Classical Gold Standard, 1821–1931* (Chicago: University of Chicago Press, 1984), 233–276.

16. Cormac Ó Gráda, *The Great Irish Famine*, New Studies in Economic and Social History (Cambridge: Cambridge University Press, 1995), 42.

17. Ibid., 48.

18. "Bank of England," *The Manchester Guardian*, December 8, 1847.

19. Quoted in "Express from Paris," *Times*, January 30, 1847.

20. Niall Ferguson, *The House of Rothschild: Money's Prophets, 1798–1848* (New York: Viking, 1998), 447, 429.

21. "Danger of a Financial Crisis in Europe," *Baltimore Sun*, January 26, 1847.

22. Wehler, *Deutsche Gesellschaftsgeschichte*, 652.

23. "The Present Crisis," *Observer*, November 8, 1847.

24. Amartya Sen, *Poverty and Famines: An Essay on Entitlement and Deprivation* (Oxford: Oxford University Press, 1983).

25. See for instance Ó Gráda, *Great Irish Famine*.

26. Quoted in Robin Haines, *Charles Trevelyan and the Great Irish Famine* (Dublin: Four Courts, 2004), 240.

27. See the work of Charles Read, "Laissez-Faire," and "The Political Economy of Sir Robert Peel," in Julian Hoppit, Adrian B. Leonard, and Duncan J. Needham, eds., *Money and Markets: Essays in Honour of Martin Daunton* (Martlesham: Boydell and Brewer, 2019), 71–89.

28. Quoted in John Mitchel, *The Last Conquest of Ireland* (Dublin: University College Dublin Press, 2005), 218; see also Christophe Gillissen, "Charles Trevelyan, John Mitchel and the Historiography of the Great Famine," *Revue française de civilisation britannique* 19, no. 2 (2014): 195–212.

29. *Times*, April 7, 1847.

30. David Kynaston, *Till Time's Last Sand: A History of the Bank of England, 1694–2013* (London; New York: Bloomsbury Publishing, 2017), 147.

31. Kevin H. O'Rourke, "Europe and the Causes of Globalization, 1790 to 2000," in *Europe and Globalization*, ed. Henryk Kierzkowski (New York: Palgrave Macmillan, 2002), 64–86.

32. Alain Plessis, *De la fête impériale au mur des fédérés, 1852–1871*, Nouvelle histoire de la France contemporaine (Paris: Éditions du Seuil, 1973), 14.

33. R. John Rath, "The Failure of an Ideal: The Viennese Revolution of 1848," *Southwestern Social Science Quarterly* 34, no. 2 (1953): 9.

34. Oliver Rathkolb, Theodor Venus, and Ulrike Zimmerl, eds., *Bank Austria Creditanstalt: 150 Jahre österreichische Bankengeschichte im Zentrum Europas* (Vienna: P. Zsolnay, 2005), 60.

35. Henry Booth, *The Case of Railways Considered* (London: W. H. Smith, 1852), 9.

36. Kevin O'Rourke and Jeffrey Williamson, *Globalization and History: The Evolution of a Nineteenth-Century Atlantic Economy* (Cambridge, MA: MIT Press, 1999).

37. Olivier Accominotti and Marc Flandreau, "Bilateral Treaties and the Most-Favored-Nation Clause: The Myth of Trade Liberalization in the Nineteenth Century," *World Politics* 60, no. 2 (2008): 147–188.

38. Friedrich List, *Das nationale System der politischen Ökonomie* (Stuttgart: Cotta, 1841); Charles Gouraud, *Essai sur la liberté du commerce des nations* (Paris: Durand, 1853), 32.

39. "Exhibition of the Industry of All Nations," *Times*, October 18, 1849.

40. "The Great Exhibition," *Times*, October 4, 1851.

41. "Will Our Shipping Decay?" *Economist*, March 8, 1851.

42. Lyon Playfair, "The Chemical Principles Involved in the Manufactures of the Exhibition," in *Lectures on the Results of the Exhibition* (London: David Bogue, 1852), 117–155, quote from 144; see also Jeffrey A. Auerbach, *The Great Exhibition of 1851: A Nation on Display* (New Haven: Yale University Press, 1999), 124.

43. Karl Marx, *Die Klassenkämpfe in Frankreich 1848 bis 1850* (Berlin: Vorwärts, 1895).

44. Herman von Petersdorff, *König Friedrich Wilhelm der Vierte* (Stuttgart: Cotta, 1900), 11.

45. August Ludwig von Rochau, *Grundsätze der Realpolitik, angewendet auf die staatlichen Zustände Deutschlands*, vol. 2 (Heidelberg: J. C. B. Mohr, 1869), 26–27.

46. Terry Eagleton, *Heathcliff and the Great Hunger: Studies in Irish Culture* (London: Verso, 1995), 13; see also Melissa Fegan, "The Great Famine in Fiction, 1901–2015," in *The Oxford Handbook of Modern Irish Fiction*, ed. Liam Harte (Oxford: Oxford University Press, 2020), 407–423.

47. William Carleton, *The Black Prophet: A Tale of Irish Famine* (London: Simms and McIntyre, 1847), 50–51.

48. Anthony Trollope, *Castle Richmond* (Leipzig: Tauchnitz, 1860), 1: 92, 96–97.

49. Chris Morash, *Writing the Irish Famine* (Oxford: Oxford University Press, 1995), 90; see also A. R. C. Dallas, *A Voice from Heaven to Ireland* (Wonston: James Shayler, 1853).

50. Morash, *Writing the Irish Famine*, 91.

51. Joachim Borchart, *Der europäische Eisenbahnkönig: Bethel Henry Strousberg* (Munich: C. H. Beck, 1991).

52. Karl Marx and Friedrich Engels, *Communist Manifesto* (London: Electric Book Co., 2000), 14.

53. Gareth Stedman Jones, *Karl Marx: Greatness and Illusion* (London: Allen Lane, 2016), 429.

54. Jonathan Sperber, *Karl Marx: A Nineteenth-Century Life* (New York: Liveright, 2013), 420.

55. Stedman Jones, *Marx*, 403.

56. "Afterword to the Second German Edition" (1873), in Karl Marx, *Capital: A Critical Analysis of Capitalist Production*, ed. Friedrich Engels (London: Lawrence and Wishart, 1973 [1887]), 1: 25.

57. See Kenji Mori, "The *Books of Crisis* and Tooke—Newmarch Excerpts: A New Aspect of Marx's Crisis Theory in MEGA," *European Journal of the History of Economic Thought* 25, no. 5 (2018): 912–925.

58. David Harvey, *The Limits to Capital* (London and New York: Verso, 2006), 179.

59. Karl Marx, *Class Struggles in France, 1848–1850* (London: Electric Book Co., 2001 [1850]), 151.

60. Michael von Tugan-Baranowsky, *Studien zur Theorie und Geschichte der Handelskrisen in England* (Jena: G. Fischer, 1901), 124; Hans Rosenberg, *Die Weltwirtschaftskrise 1857–1859* (Göttingen: Vandenhoeck & Ruprecht, 1974), 8; see also Internationale Marx-Engels-Stiftung, ed., *Marx-Engels-Gesamtausgabe* (Berlin: International Marx-Engels Foundation, 1975 [hereafter cited as *MEGA*]), IV/14: 514.

61. "The British Revulsion," *New York Daily Tribune*, November 30, 1857: 6.

62. "The Commercial Crisis in England," *New York Daily Tribune*, December 15, 1857: 4.

63. Friedrich Engels, "Engels to Marx, December 11, 1857," in *MEGA*, III/8: 217.

64. *MEGA*, IV/14: 528.

65. Karl Marx, "Marx to Engels, 8 December 1857," in *MEGA*, III/8: 210.

66. Michael Anson et al., "The Bank of England as Lender of Last Resort: New Historical Evidence from Daily Transactional Data," Bank of England Working Paper No. 691, November 2017.

67. *MEGA*, IV/14: 547.

68. "Manufactures and Commerce," *New York Daily Tribune*, September 23, 1859.

69. *Economist*, November 28, 1857: 1319–1320.

70. Marx, *Capital*, 1: 625; *MEGA*, II/10: 601.

71. Marx, "Afterword to the Second German Edition," in *Capital*, 1: 29.

72. Fritz Tarnow, "Kapitalistische Wirtschaftsanarchie und Arbeiterklasse: Referat auf dem sozialdemokratischen Parteitag in Leipzig vom 31.5–5.6.1931," Protokoll, Berlin 1931, 45, http://library.fes.de/parteitage/pdf/pt-jahr/pt-1931.pdf .

73. Marx, *Capital*, 1: 715; *MEGA*, II/10: 684–685; Stedman Jones, *Marx*, 683.

第二章　有限的崩溃

1. Karl Marx, *Capital: A Critical Analysis of Capitalist Production*, ed. Friedrich Engels (London: Lawrence and Wishart, 1973 [1887]), 1: 29.

2. Bogomil Goltz, *Die Deutschen: Ethnographische Studie* (Berlin: O. Janke, 1860), 1; Jürgen Kaube, *Hegels Welt* (Berlin: Rowohlt), 264; Carol Gluck, *Japan's Modern Myths: Ideology in the Late Meiji Period* (Princeton: Princeton University Press), 19–20; see also Harold James, *A German Identity, 1770–1990* (London: Weidenfeld, 1989), 8–33.

3. John Stuart Mill, *Principles of Political Economy, with Some of Their Applications to Social Philosophy* (London: J. W. Parker, 1848), 614.

4. Walter Bagehot, *A Practical Plan for Assimilating the English and American Money, as a Step towards a Universal Money* (New York: Longmans, Green, 1889), xxii.

5. Henry B. Russell, *International Monetary Conferences: Their Purposes, Character, and Results: With a Study of the Conditions of Currency and Finance in Europe and*

America during Intervening Periods, and in Their Relations to International Action (New York: Harper and Brothers, 1898), 35.

6. Stanley Jevons, "April 21, 1868, letter to J. B. Smith," in *Papers and Correspondence of William Stanley Jevons* (London: Macmillan, 1981), 183–184.

7. Marc Flandreau, *The French Crime of 1873: An Essay in Interpretation: The Glitter of Gold* (Oxford: Oxford University Press, 2004), 177.

8. Ibid., 183.

9. Michel Chevalier, *On the Probable Fall in the Value of Gold*, trans. Richard Cobden (New York: Appleton, 1859), 201.

10. Giulio M. Gallarotti, "The Scramble for Gold: Monetary Regime Transformation in the 1870s," in *Monetary Regimes in Transition*, ed. Michael D. Bordo and Forrest Capie (Cambridge: Cambridge University Press, 1993), 15–67.

11. Joseph H. Davis, "An Annual Index of U.S. Industrial Production, 1790–1915," *Quarterly Journal of Economics* 119, no. 4 (2004): 1177–1215.

12. Quoted in Matthew Hale Smith, *Bulls and Bears of New York: With the Crisis of 1873, and the Cause* (New York: J. B. Burr, 1874), 28.

13. "Die Polterer wider Schwindel und Korruption, die Stadt der bequemen Sitte, der schönen Frauen und der heiteren Gesänge," *Neue Freie Prese*, May 1, 1873.

14. "The Vienna Exposition: Disappointed Exhibitors," *New York Times*, October 18, 1873.

15. "Vienna Exhibition: The Commissionerships Scandal," *New York Tribune*, May 1, 1873.

16. "The Financial Crisis at Vienna," *New York Times*, July 8, 1873.

17. Ibid.

18. Albert Schäffle, "Der 'grosse Börsenkrach' des Jahres 1873," *Zeitschrift für die gesamte Staatswissenschaft* 30, no. 1 (1874): 50.

19. Ibid., 1.

20. "Wall Street Topics," *New York Times*, October 30, 1873.

21. *New York Herald*, May 13, 1873.

22. "Money in Europe," *New York Herald*, May 14, 1873.

23. "The Vienna Panic," *New York Times*, May 15, 1873.

24. See Hannah Catherine Davies, *Transatlantic Speculations: Globalization and the Panics of 1873* (New York: Columbia University Press, 2018).

25. "Wall Street Topics," *New York Times*.

26. Schäffle, "Der 'grosse Börsenkrach' des Jahres 1873," 24.

27. Ibid., 25: "Und der Grosse frisst den Kleinen und der Grösste frisst den Grossen."

28. Julian Franks, Colin Mayer, and Hannes Wagner, "The Origins of the German Corporation: Finance, Ownership and Control," *Review of Finance* 10, no. 4 (2006): 537–585; Scott Mixon, "The Crisis of 1873: Perspectives from Multiple Asset Classes," *Journal of Economic History* 68, no. 3 (2008): 722–757.

29. Gordon Mork, "The Prussian Railway Scandal of 1873: Economics and Politics in the German Empire," *European Studies Review* 1, no. 1 (1971): 37.

30. John R. Lampe and Marvin R. Jackson, "Balkan Economic History, 1550–1950, from Imperial Borderlands to Developing Nations," Joint Committee on Eastern Europe Publication Series No. 10, 1982, 103–104.

31. Bethel Henry Strousberg, *Strousberg und Sein Wirken von Ihm Selbst Geschildert. Mit Einer Photographie und Einer Eisenbahn-Karte* (Berlin: J. Guttentag, 1876), 5; see also Gordon R. Mork, "The Prussian Railway Scandal of 1873."

32. Strousberg, *Strousberg*, 293.

33. Otto Glagau, *Die Gartenlaube* (Leipzig: Ernst Keil, 1874), 788.

34. Otto Glagau, *Der Börsen- und Gründerschwindel in Berlin* (Leipzig: Paul Frohberg, 1876).

35. Mary A. O'Sullivan, *Dividends of Development: Securities Markets in the History of US Capitalism, 1866–1922* (Oxford: Oxford University Press, 2016), 29, 36.

36. Richard White, *Railroaded* (New York: W. W. Norton, 2011), 500–501.

37. Matthew Simon, *Cyclical Fluctuations and the International Capital Movements of the United States, 1865–1897* (New York: Arno Press, 1978).

38. Ellis Paxson Oberholtzer, *Jay Cooke, Financier of the Civil War* (Philadelphia: G. W. Jacobs, 1907), 2: 421–422.

39. Ibid., 2: 437.

40. O'Sullivan, *Dividends*, 65.

41. O. M. W. Sprague, *History of Crises under the National Banking System* (Washington, D.C.: United States Senate Document No. 538, 1910).

42. Elmus Wicker, *Banking Panics of the Gilded Age* (New York: Cambridge University Press, 2000), 18.

43. Anna J. Schwartz, *Money in Historical Perspective* (Chicago: University of Chicago Press, 1987), 286.

44. Charles P. Kindleberger, *Historical Economics: Art or Science?* (Berkeley: University of California Press, 1990), 316.

45. Anthony Trollope, *An Autobiography* (London: Trollope Society, 1999 [1883]), 220.

46. Anthony Trollope, *The Way We Live Now* (Oxford: Oxford University Press, 1982 [1875]), 1: 34, 1: 204, 2: 104.

47. Ibid., 2:313; 2:301.

48. David Morier Evans, *The History of the Commercial Crisis, 1857–58, and the Stock Exchange Panic of 1859* (London: Groombridge and Sons, 1859).

49. Friedrich Spielhagen, *Sturmflut* (Leipzig: Staackmann, 1878 [1877]), 65.

50. Ibid., 572.

51. Joseph E. Stiglitz, "Capital Market Liberalization and Exchange Rate Regimes: Risk without Reward," *Annals of the American Academy of Political and Social Science* 579, no. 1 (2002): 231.

52. Jack Wilson, Richard Sylla, and Charles Jones, "Financial Market Volatility, Panics under the National Banking System before 1914, and Volatility in the Long Run, 1830–1988," in *Crises and Panics: The Lessons of History*, ed. Eugene White (Dow Jones/Irwin: Homewood, 1990), 103.

53. William Newmarch, "Address by William Newmarch, Esq., F.R.S., as President of the Economy and Trade Department, Social Science Association, at Leeds, 10th October, 1871," *Journal of the Statistical Society of London* 34, no. 4 (December 1871): 476.

54. Friedrich Hayek, "Carl Menger," in *Carl Menger (1840–1921)*, ed. Mark Blaug (Brookfield: Edward Elgar, 1992), 43.

55. There is a brief survey of his life by Heinz D. Kurz, "Wer war Hermann Heinrich Gossen (1810–1858), Namensgeber eines der Preise des Vereins für Socialpolitik?" *Journal of Applied Social Science Studies / Zeitschrift für Wirtschafts-und Sozialwissenschaften* 129, no. 3 (2009): 473–500; see also Nina Streeck, "Hermann Heinrich Gossen: Nationalökonom," http://www.rheinische-geschichte.lvr.de/Persoenlichkeiten/hermann-heinrich-gossen/DE-2086/lido/57c6d4a798800e2.20826584.

56. Carl Menger, *Principles of Economics* (Glencoe: Free Press, 1950), 192.

57. William Stanley Jevons, *The Theory of Political Economy* (New York: Macmillan, 1888), xiii–xiv.

58. William Stanley Jevons, *Political Economy* (London: Macmillan, 1878), 17.

59. "Letter to his brother Herbert, 1st June 1860," in Jevons, *Papers and Correspondence*, 151–152.

60. "To Professor Léon Walras, Lausanne, 12th May 1874," ibid., 302–303.

61. Quoted in Harro Maas, *William Stanley Jevons and the Making of Modern Economics* (Cambridge: Cambridge University Press, 2005), 3.

62. Jevons, *Papers and Correspondence*, 192.

63. On the impact of Australian gold on economics, see Michael Bordo, "John E. Cairnes on the Effects of the Australian Gold Discoveries, 1851–73: An Early Application of the Methodology of Positive Economics," *History of Political Economy* 7, no. 3 (1975): 337–359.

64. W. Stanley Jevons, *A Serious Fall in the Value of Gold Ascertained, and Its Social Effects Set Forth* (London: E. Stanford, 1863), 1–2.

65. W. Stanley Jevons, *The Coal Question: An Enquiry Concerning the Progress of the Nation, and the Probable Exhaustion of Our Coal-Mines* (London: Macmillan, 1865), viii.

66. Ibid., 339.

67. William Stanley Jevons, *Investigations in Currency and Finance* (London: Macmillan, 1909), 221.

68. Albert Jolink, *The Evolutionist Economics of Léon Walras* (New York: Routledge, 1996), 23.

69. Léon Walras, *Correspondence of Léon Walras and Related Papers* (Amsterdam: North-Holland, 1965), 3: 292–293: "C'est mon père qui m'a fourni les définitions économiques qui sont les bases de ce système; c'est Cournot qui m'a fourni le langage mathématique le plus propre à le formuler; mais c'est moi qui ai donné, non seulement l'exposition complète, mais la démonstration rigoureuse du système de la libre concurrence en matière d'échange et de production comme réalisant le maximum d'utilité."

70. Hayek, "Menger," 44.

71. Emil Kauder, "Intellectual and Political Roots of the Older Austrian School," in *Carl Menger (1840–1921)*, ed. Mark Blaug (Brookfield: Edward Elgar, 1992), 99: "la méthode mathématique est fausse."

72. Carl Menger, *Untersuchungen über die Methode der Socialwissenschaften und der Politischen Oekonomie* (Leipzig: Duncker & Humblot, 1883), vii–viii.

73. Carl Menger, *Zusätze zur Grundsätze der Volkswirtschaft* (Tokyo: Hitotsubashi University, 1961), 29: "Alles was und beglückt erfreut fördert nennt man im gemeinem Leben ein Gut: Gott ist das höchste Gut."

74. Hayek, "Menger," 47.

75. "To M. Léon Walras, Lausanne, 14th February 1875," in Jevons, *Papers and Correspondence*, 332.

76. "To H. S. Foxwell, 16th November 1875," ibid., 344.

第三章 大战与大通胀

1. Steve H. Hanke and Nicholas Krus, World Inflation and Hyperinflation Table, https://www.cato.org/research/world-inflation-and-hyperinflation-table.

2. David Marquand, *Ramsay MacDonald* (London: J. Cape, 1977), 669.

3. George F. Kennan, *The Decline of Bismarck's European Order* (Princeton: Princeton University Press, 1981), 3.

4. See Adam Tooze, *The Deluge: The Great War and the Remaking of Global Order, 1919–1931* (London: Allen Lane, 2014).

5. I owe this point to an illuminating discussion of Alexander Kluge with Stephan Drössler in the Munich Film Museum, August 8, 2021.

6. William Silber, *When Washington Shut Down Wall Street: The Great Financial Crisis of 1914 and the Origins of America's Monetary Supremacy* (Princeton: Princeton University Press, 2007).

7. Richard Roberts, *Saving the City: The Great Financial Crisis of 1914* (Oxford: Oxford University Press, 2014); Mike Anson, David Bholat, Mark Billings, Miao Kang, and Ryland Thomas, "The Great War and the Bank of England as Market Maker of Last Resort," Bank Underground, April 30, 2019, https://bankunderground.co.uk/2019/04/30/the-great-war-and-the-bank-of-england-as-market-maker-of-last-resort/.

8. Gerald D. Feldman, *The Great Disorder: Politics, Economics, and Society in the German Inflation, 1914–1924* (New York: Oxford University Press, 1997), 32.

9. "Agriculture—Agricultural Production in Continental Europe during 1914–1918 War and Reconstruction Period," 1944, League of Nations Archives, Geneva, R4381/10A/42706/1682, 61–68.

10. Quoted in Norman Angell, *The Great Illusion: A Study of the Relation of Military Power in Nations to Their Economic and Social Advantage* (New York: G. P. Putnam's Sons, 1910), 6.

11. Nicholas A. Lambert, *Planning Armageddon: British Economic Warfare and the First World War* (Cambridge, MA: Harvard University Press, 2012), 120–121.

12. Angell, *Great Illusion*, 32.
13. Ibid., 343, 346.
14. John G. Williamson, *Karl Helfferich, 1872–1924: Economist, Financier, Politician* (Princeton: Princeton University Press, 1971), 54, citing Helfferich's lecture on Handelspolitik, 1901.
15. David Garnett, *The Golden Echo* (London: Chatto & Windus, 1954), 271. This remark is attributed by Niall Ferguson as occurring in a discussion with Beatrice Webb: Niall Ferguson, *The War of the World: History's Age of Hatred* (London: Allen Lane, 2006), 89.
16. Niklaus Meier, *Warum Krieg?: Die Sinndeutung des Krieges in der deutschen Militärelite 1871–1945* (Paderborn: Ferdinand Schöningh, 2012), 274: "Dieser Krieg wird sich zu einem Weltkriege auswachsen, in den auch England eingreifen wird. Nur Wenige können sich eine Vorstellung über den Umfang, die Dauer und das Ende dieses Krieges machen. Wie das alles enden soll, ahnt heute niemand."
17. Ibid., 272.
18. Maureen Healy, *Vienna and the Fall of the Habsburg Empire: Total War and Everyday Life in World War I* (New York: Cambridge University Press, 2004), 17.
19. Karin Hartewig, *Das unberechenbare Jahrzehnt. Bergarbeiter und ihre Familien im Ruhrgebiet 1914–1924* (Munich: Beck, 1993), 153; see also Alice Weinreb, *Modern Hungers: Food and Power in Twentieth-Century Germany* (New York: Oxford University Press, 2017).
20. Hans Hautmann, "Hunger ist ein schlechter Koch. Die Ernährungslage der österreichischen Arbeiter im Ersten Weltkrieg," in *Bewegung und Klasse. Studien zur österreichischen Arbeitergeschichte*, ed. Gerhard Botz (Zurich: Ludwig-Boltzmann-Institut für Geschichte der Arbeiterbewegung, 1978), 661–682; see also Healy, *Vienna and the Fall of the Habsburg Empire*.
21. Belinda Davis, *Home Fires Burning: Food, Politics, and Everyday Life in World War I Berlin* (Chapel Hill: University of North Carolina Press, 2000).
22. Thomas Mann, *Diaries, 1918–1939*, selected by Hermann Kesten; translated by Richard and Clara Winston (New York: Harry N. Abrams, 1982), 43; Hermann Kurzke, *Thomas Mann: Life as a Work of Art*, trans. Leslie Willson (Princeton: Princeton University Press, 2002), 287.
23. Avner Offer, *The First World War: An Agrarian Interpretation* (New York: Oxford University Press, 1989), 52.
24. Keith Allen, "Sharing Scarcity: Bread Rationing and the First World War in Berlin, 1914–1923," *Journal of Social History* 32, no. 2 (1998): 381.
25. Gerald D. Feldman, *The Great Disorder: Politics, Economics, and Society in the German Inflation, 1914–1924* (New York: Oxford University Press, 1993), 64.
26. Norman Stone, *The Eastern Front, 1914–1917* (London: Hodder and Stoughton, 1975), 293–300.
27. Barbara Alpern Engel, "Not by Bread Alone: Subsistence Riots in Russia during World War I," *Journal of Modern History* 69, no. 4 (1997): 696–721.
28. Offer, *First World War*, 85.

29. Lambert, *Armageddon*, 332.
30. Ibid., 335.
31. Richard Perren, *Taste, Trade and Technology: The Development of the International Meat Industry since 1840* (London: Routledge, 2017), 99–100.
32. Frank Trentmann, *Free Trade Nation: Commerce, Consumption, and Civil Society in Modern Britain* (New York: Oxford University Press, 2008), 194–197.
33. Calculated from Norman J. Silberling, "Financial and Monetary Policy of Great Britain during the Napoleonic Wars," *Quarterly Journal of Economics* 38, no. 2 (1924): 214–233; the average annual spending on war was £543 million in the French wars, £5418 million in the First World War.
34. David Ricardo, "Essay on the Funding System [1820]," in *The Works of David Ricardo*, ed. J. R. McCulloch (London: John Murray, 1846), 541.
35. Ibid., 546.
36. Arthur Cecil Pigou, *The Economy and Finance of the War: Being a Discussion of the Real Costs of the War and the Way in Which They Should Be Met* (London: J. M. Dent & Sons, 1916), 69.
37. Ibid., 70.
38. Ibid., 82–83.
39. Adolph Wagner, *Grundlegung der politischen Ökonomie* (Leipzig: C. F. Winter, 1892), 893–894.
40. David Lloyd George, *War Memoirs* (Boston: Little Brown, 1933), 110–111; T. Johnston, *The Financiers and the Nation* (London: Methuen, 1934).
41. Johnston, *The Financiers and the Nation*, 53, 60–61.
42. Robert Skidelsky, *John Maynard Keynes*, vol. 1: *Hopes Betrayed, 1883–1920* (London: Macmillan, 1983), 311.
43. "Bond Market: Great Britain's Debt in Relation to Her Wealth and Annual Income," *Wall Street Journal*, October 15, 1915; see in general Kathleen Burk, *Britain, America and the Sinews of War, 1914–1918* (London: G. Allen & Unwin, 1985).
44. *Verhandlungen des Reichstages* (Negotiations of the Reichstag) (Berlin: Druck und Verlag der Norddeutschen, 1907–1918), 306: 763, March 16, 1916.
45. Ibid., August 20, 1915.
46. Ibid., March 10, 1915.
47. "Lauds Germany's Financial Power," *New York Times*, April 12, 1915.
48. "Germany's Loan Biggest Yet Raised; Subscriptions of $2,140,000,000 Include Those of Servant Girls; Money Market Is Easy; Banks Have Large Supplies of Cash—January Savings Deposits Over $90,000,000," *New York Times*, April 12, 1915.
49. "Bond Market," *Wall Street Journal*, April 22, 1915.
50. "War Loan Failure Worries Vienna," *New York Times*, June 16, 1915.
51. Feldman, *Great Disorder*, 71.
52. Pavel Kosatík, *Deští demokraté* (Prague: Mladá fronta, 2010), 131–132.
53. Ludek Homolac and Karel Tomsik, "Historical Development of Land Ownership in the Czech Republic since the Foundation of Czechoslovakia until Present," *Agricultural Economics* 62, no. 11 (2016): 528–536.

54. Stephen A. Schuker, *American "Reparations" to Germany, 1919–33: Implications for the Third-World Debt Crisis* (Princeton: International Finance Section, Department of Economics, Princeton University, 1988), 22.

55. This point was already noted in the contemporary U.S press: "Mark Inflation Seen as Gigantic Fraud; Holders in United States," *Wall Street Journal*, October 6, 1921. See in general Carl-Ludwig Holtfrerich, *The German Inflation 1914–1923*, transl. Theo Balderston (Berlin: De Gruyter, 1986).

56. See Nathan Marcus, *Austrian Reconstruction and the Collapse of Global Finance, 1921–1931* (Cambridge, MA: Harvard University Press, 2018), 63–73.

57. Elias Canetti, *Masse und Macht* (Hamburg: Claassen, 1960).

58. Georg Friedrich Knapp, *The State Theory of Money*, trans. H. M. Lucas and J. Bonar (London: Macmillan, 1924), 8: 38.

59. Karl Theodor Helfferich, Louis Infield, and T. E. Gregory, *Money* (London: E. Benn, 1927), vii.

60. Howard S. Ellis, *German Monetary Theory, 1905–1933* (Cambridge, MA: Harvard University Press, 1934), 37.

61. Knapp, *State Theory*, 226.

62. Stephanie Kelton, *The Deficit Myth: Modern Monetary Theory and the Birth of the People's Economy* (New York: Public Affairs, 2020), 10–11, 90, 207.

63. Barry Eichengreen and Ricardo Hausmann, "Exchange Rates and Financial Fragility," NBER Working Paper No. 7418, 1999.

64. Ellis, *German Monetary Theory*, 38.

65. Williamson, *Karl Helfferich*, 26.

66. Helfferich, *Money*, 505.

67. Ibid., 547–548.

68. Ibid., 544, 619.

69. Ibid., 621.

70. Lothar Gall, "The Deutsche Bank, 1870–1914," in *The Deutsche Bank, 1870–1995*, ed. Lothar Gall et al. (London: Weidenfeld & Nicolson, 1995), 95; see also Manfred Pohl, *Von Stambul nach Bagdad: Die Geschichte einer berühmten Eisenbahn* (Munich: Piper, 1999).

71. Karl Helfferich, *Deutschlands Volkswohlstand 1888–1913* (Berlin: Stilke, 1914), iv.

72. Ibid., viii.

73. Helfferich, *Money*, 234, 236.

74. Williamson, *Karl Helfferich*, 338.

75. Ibid., 301.

76. *Verhandlungen des Reichstags*, 356, 8058: "Da steht der Feind, der sein Gift in die Wunden eines Volkes träufelt.—Da steht der Feind—und darüber ist kein Zweifel: dieser Feind steht rechts!"

77. Williamson, *Karl Helfferich*, 400.

第四章 大萧条

1. Ferdinand Fried (an alias for Friedrich Zimmermann), *Das Ende des Kapitalismus* (Jena: E. Diederichs, 1931), 247.

2. Joshua Derman, "Prophet of a Partitioned World: Ferdinand Fried, 'Great Spaces,' and the Dialectics of Deglobalization, 1929–1950," *Modern Intellectual History* 2020: 1–25.

3. Ben S. Bernanke, *Essays on the Great Depression* (Princeton: Princeton University Press, 2004), 5.

4. J. D. Tomlinson, "The First World War and British Cotton Piece Exports to India," *Economic History Review* 32, no. 4 (1979): 497.

5. G. C. Allen, *A Short Economic History of Modern Japan: 1867–1937* (London: Routledge, 2003), 113.

6. Japan, *The Japan Year Book*, vol. 17 (Tokyo: Japan Year Book Office, 1923), 553.

7. "Agriculture—Agricultural Production in Continental Europe during 1914–1918 War and Reconstruction Period," 1944, League of Nations Archives, Geneva, R4381/10A/42706/1682, 61–68.

8. On debt and economic constraints, see Michael D. Bordo and Christopher M. Meissner, "Original Sin and the Great Depression," NBER Working Paper No. 27067, April 2020.

9. Phyllis Deane and Brian Mitchell, *Abstract of British Historical Statistics* (Cambridge: Cambridge University Press, 1971), 62–66.

10. A. J. P. Taylor, *English History: 1914–1945*, vol. 15 of *The Oxford History of England* (New York: Oxford University Press, 1965), 239.

11. Robert A. Brady, *The Rationalization Movement in German Industry: A Study in the Evolution of Economic Planning* (Berkeley: University of California Press, 1933).

12. Stephen A. Schuker, *American "Reparations" to Germany, 1919–33: Implications for the Third-World Debt Crisis* (Princeton: International Finance Section, Department of Economics, Princeton University, 1988).

13. Quoted in Roy F. Harrod, *The Life of John Maynard Keynes* (Harmondsworth: Penguin, 1972 [1951]), 545.

14. See Ali Kabiri, Harold James, John Landon-Lane, David Tuckett, and Rickard Nyman, "The Role of Sentiment in the U.S. Economy: 1920 to 1934," *Economic History Review*, 2022, DOI: 10.1111/ehr.13160.

15. "Decrease in Federal Interest Payments; United States, of Four Leading Nations, Has Smallest Debt in Proportion to Public Wealth," *Wall Street Journal*, July 11, 1924.

16. Herbert N. Casson, "America's Progress Astounds Britain; Publication of Facts on Wealth," *Wall Street Journal*, July 19, 1926.

17. "Germans Favor Dawes; Would Sign Report as Best Expedient; D. L. Breed Thinks Alternative Serious for New Currency," *Wall Street Journal*, July 29, 1924.

18. "Optimism Rules in Financial World; Buoyant Grain and Security Markets Create Cheerful Atmosphere in Wall Street Circles," *Wall Street Journal*, July 21, 1924.

19. "German Industries Seek Foreign Loans; Numerous Concerns Participate in Active Campaign for Outside Credit Accommodations," *Wall Street Journal*, January 22, 1925.

20. "Banking Opinion Shows Confidence; Northwest, Clear to the Pacific Coast, Cheered by Fine Crops, Feels Sure of Good Times," *Wall Street Journal*, January 10, 1925.

21. For a valuable survey, see Eugene N. White, "When the Ticker Ran Late: The Stock Market Boom and Crash of 1929," in *Crashes and Panics: The Lessons from History*, ed. Eugene N. White (Homewood, IL.: Dow Jones—Irwin, 1990), 143–187.

22. "Alfred P. Sloan Jr., Leaders Predict Good New Year," *New York Times*, January 6, 1929.

23. "Abreast of the Market: A Daily Column of Comment," *Wall Street Journal*, February 11, 1929.

24. "'Others' Loans Create Alarm; City Bank Stresses Danger of Potential," *Wall Street Journal*, February 4, 1929.

25. "No Place for Mysteries," *Wall Street Journal*, February 19, 1929.

26. "Merger Plans of Trunk Lines: C. & O. and B. & O. Unification," *Wall Street Journal*, February 21, 1929.

27. Benjamin Graham, *Benjamin Graham: The Memoirs of the Dean of Wall Street* (New York: McGraw-Hill, 1996), 189.

28. "Kreuger & Toll Rights Voted; New Certificates at $23, in Ratio of One for Three, Are Proposed," *Wall Street Journal*, October 24, 1929.

29. Frank Partnoy, *The Match King: Ivar Kreuger, the Financial Genius behind a Century of Wall Street Scandals* (New York: Public Affairs, 2009), 144.

30. Robert Shaplen, *Kreuger: Genius and Swindler* (New York: Knopf, 1960), 59–60.

31. Eckhard Wandel, *Hans Schäffer: Steuermann in wirtschaftlichen und politischen Krisen* (Stuttgart: Deutsche Verlags-Anstalt, 1974), 253.

32. Shaplen, *Kreuger*, 87–89.

33. Ibid., 147.

34. Partnoy, *The Match King*, 209.

35. Kenneth Whyte, *Hoover: An Extraordinary Life in Extraordinary Times* (New York: Alfred A. Knopf, 2017), 409–410.

36. Walter Friedman, *Fortune Tellers: The Story of America's First Economic Forecasters* (Princeton: Princeton University Press, 2013), 80.

37. "Text of President Hoover's Message to Congress," *Wall Street Journal*, December 4, 1929.

38. "Boston Brokers Hear Whitney," *Wall Street Journal*, June 11, 1930.

39. See Douglas A. Irwin, *Peddling Protectionism: Smoot-Hawley and the Great Depression* (Princeton: Princeton University Press, 2011).

40. "See Tariff End Spur to Trade," *Wall Street Journal*, May 23, 1930.

41. "Attacks Hawley Smoot Tariff," *Wall Street Journal*, May 20, 1930.

42. "Sovietism and Its Exports," *Wall Street Journal*, August 5, 1930.

43. Robert Skidelsky, *John Maynard Keynes*, vol. 2: *The Economist as Saviour, 1920–1937* (London: Macmillan, 1992), 435.

44. Rudolf Morsey, *Zur Entstehung, Authentizität und Kritik von Brünings "Memoiren 1918–1934"* (Opladen: Westdeutscher Verlag, 1975).

45. Bernanke, *Essays*; Barry Eichengreen, *Golden Fetters: The Gold Standard and the Great Depression, 1919–1939* (New York: Oxford University Press, 1992).

46. Bernanke, *Essays*, 46; Albert G. Hart, *Debts and Recovery, 1929–1937* (New York: Twentieth Century Fund, 1938), 138.

47. Hart, *Debts*, 119.

48. An exception is Peter Temin, "The German Crisis of 1931: Evidence and Tradition," *Cliometrica* 1 (2007): 5–17; see also Ben S. Bernanke, *Essays*; Harold James, *The End of Globalization: Lessons from the Great Depression* (Cambridge, MA: Harvard University Press, 2001).

49. See Somary's memoirs: *The Raven of Zurich: The Memoirs of Felix Somary*, trans. A. J. Sherman (London: C. Hurts, 1986); more recently, Tobias Straumann, *1931: Debt, Crisis, and the Rise of Hitler* (Oxford: Oxford University Press, 2019).

50. See Iago Gil Aguado, "The Creditanstalt Crisis of 1931 and the Failure of the Austro-German Customs Union Project," *Historical Journal* 44, no. 1 (2001): 199–221.

51. Ibid., 201.

52. *Stenographische Protokolle über die Sitzungen des Nationalrates*, Volume 4, Issue 2, Part 1, 1352 (report of Justice Minister Hans Schürff speaking on October 27, 1931).

53. Sebastian Doerr, Stefan Gissler, José-Luis Peydro, and Hans-Joachim Voth, "From Finance to Fascism: The Real Effect of Germany's 1931 Banking Crisis," CEPR Discussion Paper No. 12806, 2019.

54. Institut für Zeitgeschichte Munich, Hans Schäffer diary, ED 93/31, July 29, 1931, also ED93/49 Hans Schäffer, *Geheimgeschichte der Bankenkrise*.

55. *Verhandlungen des VII. Allgemeinen Deutschen Bankiertages zu Köln am Rhein am 9. 10 und 11. September 1928*, Berlin/Leipzig, 1928, 141, 146–147.

56. See Olivier Accominotti, "International Banking and Transmission of the 1931 Financial Crisis," *Economic History Review* 72, no. 1 (2019): 260–285.

57. "Leaders Oppose Soldiers' Bonus; Business Men throughout the Country," *Wall Street Journal*, February 10, 1931.

58. W. H. Grimes, "Seeks Curb on 'Others' Loans'; Glass Committee Likely to Recommend," *Wall Street Journal*, February 7, 1931.

59. Richard E. Edmondson, "Abreast of the Market," *Wall Street Journal*, June 22, 1931.

60. Leon Fraser to Ivar Kreuger, February 10, 1931, Bank for International Settlements Archive, 7.18.2.

61. John Maynard Keynes, "The Economic Prospects 1932" (speech, Hamburg, January 8, 1932), in *The Collected Writings of John Maynard Keynes*, ed. Donald Moggridge (Cambridge: Cambridge University Press for the Royal Economic Society, 2013), 21: 39; see also Skidelsky, *Keynes*, 2: 435.

62. Keynes, *Collected Writings*, 21: 45.

63. Barry Eichengreen and Douglas A. Irwin, "The Slide to Protectionism in the Great Depression: Who Succumbed and Why?" *Journal of Economic History* 70, no. 4 (2010): 871–897.

64. Patricia Clavin, *The Failure of Economic Diplomacy: Britain, Germany, France and the United States, 1931–36* (New York: St. Martin's Press, 1996).

65. Franklin Roosevelt, "Wireless to the London Conference" (July 3, 1933), https://www.presidency.ucsb.edu/documents/wireless-the-london-conference.

66. Keynes, *Collected Writings*, 21: 273.

67. Skidelsky, *Keynes*, 1: 423.

68. Harrod, *Keynes*, 4.

69. Colin Clark, "Development Economics: The Early Years," in *Pioneers in Development*, ed. G. M. Meier and D. Seers (New York: Oxford University Press, 1984), 60–61.

70. Quoted in Robert Skidelsky, *John Maynard Keynes*, vol. 1: *Hopes Betrayed, 1883–1920* (London: Macmillan, 1983), 378.

71. John Maynard Keynes to Duncan Grant, May 14, 1919, ibid., 370–371.

72. John Maynard Keynes, *The Economic Consequences of the Peace* (London: Macmillan, 1919), 34.

73. Keynes, *Economic Consequences*, 34.

74. Austin Harrison, "The Work of Old Men," *English Review* 30 (January 1920): 79–90; see also Martha S. Vogeler, *Austin Harrison and the English Review* (Columbia: University of Missouri Press, 2008), 234.

75. James Alexander, "Meeting the Credit Needs of Europe," *Banker's Magazine* 99, no. 2 (August 1919): 196.

76. John Maynard Keynes to Gerard Vissering, January 31, 1920, in Keynes, *Collected Writings*, 17: 150.

77. Ibid.

78. Ibid.

79. Lord Robert Cecil to John Maynard Keynes, January 6, 1920, ibid., 17: 148.

80. David Chambers, Elroy Dimson, and Justin Foo, "Keynes the Stock Market Investor: A Quantitative Analysis," *Journal on Financial and Quantitative Analysis* 2013.

81. Keynes, "Broadcast on State Planning," March 14, 1932, in Keynes, *Collected Writings*, 21: 86.

82. Keynes, "This Is a Budget of Excessive Prudence," *Evening Standard*, April 20, 1932, ibid., 21: 104.

83. Ibid., 21: 86–87.

84. Ibid., 21: 89–90.

85. John Maynard Keynes to Harold Macmillan, June 6, 1932, ibid., 21: 109.

86. Keynes, "This Is a Budget of Excessive Prudence," ibid., 21: 103.

87. John Maynard Keynes, "National Self-Sufficiency," *Yale Review* 22, no. 4 (June 1933): 755–769.

88. John R. Hicks, "Mr. Keynes and the 'Classics': A Suggested Interpretation," *Econometrica* 5, no. 2 (1937): 147–159; Roy Harrod, "Mr. Keynes and Traditional Theory," *Econometrica* 5, no. 1 (1937): 74–86.

89. John Maynard Keynes, *The General Theory of Employment, Interest and Money* (London: Macmillan, 1936), 382.

90. See Hyman P. Minsky, *John Maynard Keynes* (New York: Columbia University Press, 1975).

91. Elizabeth S. Johnson and Harry G. Johnson, *The Shadow of Keynes: Understanding Keynes, Cambridge, and Keynesian Economics* (Oxford: Blackwell, 1978), 241.

92. Keynes, *General Theory*, 161.

93. John R. Hicks, "Mr. Keynes' Theory of Employment," *Economic Journal* 46, no. 182 (1936): 238.

94. Harrod, *Keynes*, 661.

95. Skidelsky, *Keynes*, 2: 537.

96. Lionel Robbins, *The Wartime Diaries of Lionel Robbins and James Meade, 1943–45*, ed. Susan Howson and Donald Moggridge (Basingstoke: Macmillan, 1990), 106.

97. Ibid., 158–159.

98. Skidelsky, *Keynes*, 3: 31.

99. Catherine Károlyi, *On m'appelait la Comtesse Rouge* (Budapest: Corvina, 1980), 329–330.

100. Quoted in Paula Byrne, *The Adventures of Miss Barbara Pym* (London: William Collins, 2021).

101. Joseph Schumpeter, *Capitalism, Socialism and Democracy* (London: George Allen & Unwin, 1976 [1942]), 61.

102. Ibid., 146.

103. Ibid., 161.

104. Ibid., 156.

105. Ibid., 162.

106. Ibid., 430.

107. Joseph A. Schumpeter, *History of Economic Analysis* (New York: Oxford University Press, 1954).

108. "Wenn fundamental Neues in der Welt geschieht, dann stehen wir vor einem Rätsel," from a 1932 talk, quoted in Wolfgang F. Stolper, *Joseph Alois Schumpeter: The Public Life of a Private Man* (Princeton: Princeton University Press, 1994), 110.

109. Eric Rauchway, *The Money Makers: How Roosevelt and Keynes Ended the Depression, Defeated Fascism, and Secured a Prosperous Peace* (New York: Basic Books, 2015), 111.

110. James Boughton, *Harry White and the American Creed: How a Federal Bureaucrat Created the Modern Global Economy (and Failed to Get the Credit)* (New Haven: Yale University Press, 2022).

111. Kiran Klaus Patel, *The New Deal: A Global History* (Princeton: Princeton University Press, 2016).

112. *The International Monetary Fund, 1945–1965: Twenty Years of International Monetary Cooperation*, ed. J. Keith Horsefield (Washington, D.C.: International Monetary Fund, 1969), 66.
113. Ibid., 67.
114. Ibid., 13.
115. Jacques J. Polak, *The Changing Nature of IMF Conditionality*, Essays in International Finance 184 (Princeton: International Finance Section, Department of Economics, Princeton University, 1991); see also Louis W. Pauly, *The League of Nations and the Foreshadowing of the International Monetary Fund*, Essays in International Finance 201 (Princeton: International Finance Section, Department of Economics, Princeton University, 1996).
116. Ragnar Nurkse, *International Currency Experience: Lessons of the Interwar Experience* (Geneva: League of Nations, 1944), 141; see also Michael D. Bordo and Harold James, "Haberler versus Nurkse: The Case for Floating Exchange Rates as an Alternative to Bretton Woods?" NBER Working Paper No. 8545, 2001.
117. Quoted in "British See Parley of 'Real Issues,'" *New York Times*, July 10, 1944.
118. Quoted in Ed Conway, *The Summit: The Biggest Battle of the Second World War* (London: Little Brown, 2014), 278.
119. "Quota Issues Split World Trade Talks," *New York Times*, July 5, 1944.
120. "Delegates Search for Warm Clothes," *New York Times*, July 2, 1944.
121. Eric Helleiner, *Forgotten Foundations of Bretton Wood: International Development and the Making of the Postwar Order* (Ithaca: Cornell University Press, 2014), 187–188.
122. Fredrick B. Pike, *FDR's Good Neighbor Policy: Sixty Years of Generally Gentle Chaos* (Austin: University of Texas Press, 1995), 15; Helleiner, *Forgotten Foundations*, 32.
123. Quoted in Helleiner, *Forgotten Foundations*, 39–40.
124. Franklin Roosevelt, "Wireless to the London Conference," July 3, 1933, online by Gerhard Peters and John T. Woolley, The American Presidency Project, https://www.presidency.ucsb.edu/node/208290.
125. Morgenthau closing address, July 22, 1944, http://www.ibiblio.org/pha/policy/1944/1944-07-22b.html.
126. Joseph Gaer and Sydney Hoff, *Bretton Woods Is No Mystery* (New York: Pamphlet Press, 1945), quoted in Rauchway, *Money Makers*, 221.
127. Rauchway, *Money Makers*, 207; "The Monetary Conference," *New York Times*, July 1, 1944; "Results at Bretton Woods," *New York Times*, July 18, 1944; "Parley at Bretton Woods," *Washington Post*, July 1, 1944.
128. "Peruvians Demand World Trade Plan," *New York Times*, July 19, 1944.
129. T. K. Bauer, S. Braun, and M. Kvasnicka, "The Economic Integration of Forced Migrants: Evidence for Post-war Germany," *Economic Journal* 123 (2013): 998–1024; A. Semrad, "Immigration and Educational Spillovers: Evidence from Sudeten German Expellees in Post-war Bavaria," Munich Discussion Paper No. 2015-7, 2015.

130. Robert J. Gordon, *The Rise and Fall of American Growth: The U.S. Standard of Living since the Civil War* (Princeton: Princeton University Press, 2016).

131. Alexander J. Field, "The Most Technologically Progressive Decade of the Century," *American Economic Review* 93, no. 4 (2003): 1399.

132. Gordon, *Rise*, 564.

133. Ibid., 549.

134. Ibid., 537.

135. Ibid., 554; Alexander J. Field, *A Great Leap Forward: 1930s Depression and U.S. Economic Growth*, Yale Series in Economic and Financial History (New Haven: Yale University Press, 2011).

136. "Urges Road Building for Motor Traffic," *Wall Street Journal*, November 11, 1926.

137. Franklin D. Roosevelt, "Fireside Chat," May 26, 1940, https://www.presidency.ucsb.edu/node/209685.

138. Stefan Link, *Forging Global Fordism: Nazi Germany, Soviet Russia, and the Contest over the Industrial Order* (Princeton: Princeton University Press, 2020).

第五章　大通胀：20 世纪 70 年代

1. Congressional Budget Office calculations: https://www.cbo.gov/about/products/budget-economic-data#11.

2. Thomas J. Sargent and Neil Wallace, "Some Unpleasant Monetarist Arithmetic," *Quarterly Review, Federal Reserve Bank of Minneapolis* 5, no. 3 (1981).

3. Michael Bruno and Jeffrey Sachs, *Economics of Worldwide Stagflation* (Cambridge MA: Harvard University Press, 1985), 6.

4. See Robert B. Barsky and Lutz Kilian, "Do We Really Know That Oil Caused the Great Stagflation? A Monetary Alternative," in *NBER Macroeconomic Annual 2001*, ed. Ben S. Bernanke and Kenneth Rogoff (Cambridge, MA: MIT Press), 137–183; Robert B. Barsky and Lutz Kilian, "Oil and the Macroeconomy since the 1970s," *Journal of Economic Perspectives* 18, no. 4 (2004): 115–134; see also Andreas Beyer, Vitor Gaspar, Christina Gerberding, and Otmar Issing, "Opting Out of the Great Inflation: German Monetary Policy after the Breakdown of Bretton Woods," in *The Great Inflation: The Rebirth of Modern Central Banking*, ed. Michael D. Bordo and Athanasios Orphanides (Chicago: University of Chicago Press, 2013) 301–346.

5. Nicholas Kaldor, "A Model of Economic Growth," *Economic Journal* 67, no. 268 (1957): 591–624; see also Nicholas Kaldor, *Strategic Factors in Economic Development* (Ithaca: New York State School of Industrial and Labor Relations, Cornell University, 1967).

6. Roy Harrod, "Imperfect Competition, Aggregate Demand and Inflation," *Economic Journal* 82, no. 325 (1972): 392–401.

7. János Kornai, *The Economics of Shortage* (Amsterdam: North-Holland, 1980), 266.

8. William D. Smith, "Peterson Assures Oil Industry U.S. Will Act on Energy Needs," *New York Times*, November 15, 1972.

9. Richard Nixon, "Address Given by Richard Nixon," November 7, 1973, in *Presidential Documents, Richard Nixon*, Vol. 9, No. 45 (Washington, D.C.: U.S. Government Printing Office, 1973), 1312–1318, https://www.cvce.eu/content/publication/2003/7/3/1158015d-8cf9-4fae-8128-0f1ee8a8d292/publishable_en.pdf.

10. Meg Jacobs, *Panic at the Pump: The Energy Crisis and the Transformation of American Politics in the 1970s* (New York: Hill and Wang, 2016), 67.

11. Ibid., 94.

12. *The Limits to Growth: A Report for the Club of Rome's Project on the Predicament of Mankind* (New York: Universe Books, 1972), 183.

13. Simeon Kerr and Anjli Raval, "Ahmed Zaki Yamani, Former Saudi Oil Minister, Dies Aged 90," *Financial Times*, February 23, 2021.

14. Cambridge University Department of Applied Economics, *Economic Policy Review* 1975: 3.

15. Wynne Godley, "The Case for General Import Controls," *London Review of Books* 2, no. 1 (1980): 10.

16. "A Challenge to Free Trade," *New York Times*, April 5, 1979.

17. Cambridge University Department of Applied Economics, *Economic Policy Review* 1976: 17.

18. "World Trade and Finance: Prospects for the 1980s," *Economic Policy Review* 6, no. 3 (1980): 4.

19. Athanasios Orphanides, "Monetary Policy Rules Based on Real-Time Data," *American Economic Review* 91, no. 4 (2001): 964–985.

20. Allan H. Meltzer, *A History of the Federal Reserve*, vol. 2, part 2 (Chicago: University of Chicago Press, 2009), 857.

21. Harold James, *International Monetary Cooperation since Bretton Woods* (New York: Oxford University Press, 1996), 212.

22. See Beyer et al., "Opting Out."

23. Jimmy Carter, "Crisis of Confidence" (televised speech, July 15, 1979), American Experience, https://www.pbs.org/wgbh/americanexperience/features/carter-crisis/.

24. "The Carter-Reagan Presidential Debate" (debate transcript, Cleveland, October 28, 1980), The Commission on Presidential Debates, https://www.debates.org/voter-education/debate-transcripts/october-28-1980-debate-transcript/.

25. Philip Rawstorne, "Callaghan 'Will Not Be Rushed,'" *Financial Times*, January 11, 1979; John Shepherd, "Labour Wasn't Working," *History Today* 59, no. 1 (January 2009).

26. Peter Hennessy, *The Prime Minister: The Office and Its Holders since 1945* (London: Penguin, 2000), 394.

27. "'Tiny' Rowland the Vulnerable Emperor," *New York Times*, April 19, 1973.

28. Kristina Spohr, *The Global Chancellor: Helmut Schmidt and the Reshaping of the International Order* (Oxford: Oxford University Press, 2016), 13, 18.

29. "Wir sind ein erstklassiger Partner," *Spiegel*, January 6, 1975.

30. "Bonn: Nach Carters Wahl ratlos," *Spiegel*, November 7, 1976.

31. "Wir sind ein erstklassiger Partner," *Spiegel*, January 6, 1975.

32. Paul Volcker, "The Triumph of Central Banking," Per Jacobsson Lecture, September 23, 1990 (Washington, D.C.: International Monetary Fund, Per Jacobsson Foundation, 1990), 11.

33. Paul Volcker at Meeting of the Federal Open Market Committee, Washington, D.C., November 18, 1980, https://fraser.stlouisfed.org/files/docs/historical/FOMC/meetingdocuments/19801118meeting.pdf.

34. Paul Volcker at Meeting of the Federal Open Market Committee, Washington, D.C., December 18–19, 1980, https://fraser.stlouisfed.org/files/docs/historical/FOMC/meetingdocuments/FOMC19801219meeting.pdf.

35. Julie Salmon, "Comex in Bid to Cool Silver Market," *Wall Street Journal*, January 22, 1980.

36. "Silver Declines," *Wall Street Journal*, January 23, 1980.

37. "Hunts Face Selling Off Much of Their Silver as Condition for Loans," *Wall Street Journal*, May 1, 1980. On the disinflation, see Michael D. Bordo, Christopher Erceg, and Andrew Levin, "Three Great American Disinflations," NBER Working Paper No. 12982, March 2007.

38. FOMC, "Meeting of the Federal Open Market Committee," July 6–7, 1981, transcript: https://fraser.stlouisfed.org/title/federal-open-market-committee-meeting-minutes-transcripts-documents-677/meeting-july-6-7-1981-23328/content/pdf/FOMC19810707meeting.

39. Meltzer, *History of the Federal Reserve*, 1107.

40. Ibid., 1234.

41. Marc Levinson, *The Box: How the Shipping Container Made the World Smaller and the World Economy Bigger* (Princeton: Princeton University Press, 2006) .

42. OECD, "The Impact of Mega-Ships," International Transport Forum Policy Papers 10 (Paris: OECD, 2015), 18.

43. Blake Z. Rong, "The First Japanese Car Sold in Britain Was a Piece of Junk," *Road and Track*, April 2, 2016, https://www.roadandtrack.com/car-culture/classic-cars/news/a28691/the-first-japanese-car-sold-in-britain-was-a-piece-of-junk/.

44. "Judgment of Paris," *Time*, June 7, 1976: 58.

45. Paul Krugman, *Peddling Prosperity: Economic Sense and Nonsense in the Age of Diminished Expectations* (New York: W. W. Norton, 1994), 171.

46. Thatcher rebuffing the "rational pessimist" conservative historian Maurice Cowling, quoted in Peter Ghosh, "Towards the Verdict of History," in *Public and Private Doctrine: Essays in British History Presented to Maurice Cowling*, ed. Michael Bentley (New York: Cambridge University Press, 1993), 288.

47. Luís A. V. Catão and Maurice Obstfeld, "Introduction," in *Meeting Globalization's Challenges: Policies to Make Trade Work for All*, ed. Luís A. V. Catão and Maurice Obstfeld (Princeton: Princeton University Press, 2019).

48. James, *International Monetary Cooperation*, 321.

49. Jagdish Bhagwati, *Protectionism* (Cambridge, MA: MIT Press, 1988).

50. Ramesh Thakur, "Restoring India's Economic Health," *Third World Quarterly* 14, no. 1 (1993): 137.

51. Michael Dillon, *Deng Xiaoping: The Man Who Made Modern China* (London: I. B. Tauris, 2015), 237.

52. Ibid., 245.

53. Stefan Eich and Adam Tooze, "The Great Inflation," in Anselm Doering-Manteuffel, Lutz Raphael, and Thomas Schlemmer, eds., *Vorgeschichte der Gegenwart: Dimensionen des Strukturbruchs nach dem Boom*n (Göttingen: Vandenhoeck & Ruprecht, 2016), 174; quoting Alexander Kluge's collection of parables of modern life, *Lernprozesse mit tödlichem Ausgang* (Frankurt / Main: Suhrkamp, 1973).

54. John Maynard Keynes, *The Economic Consequences of the Peace* (London: Macmillan, 1919), 235–236.

55. John Maynard Keynes, *How to Pay for the War: A Radical Plan for the Chancellor of the Exchequer* (New York: Harcourt, Brace, 1940).

56. Roy F. Harrod, *The Life of John Maynard Keynes* (Harmondsworth: Penguin, 1972 [1951]), 373–374.

57. Paul Krugman, "Who Was Milton Friedman?" *New York Review of Books*, February 15, 2007.

58. Perry Anderson, "The Intransigent Right at the End of the Century," *London Review of Books* 14, no. 18 (1992).

59. Charles Moore, *Margaret Thatcher: The Authorized Biography*, vol. 1: *From Grantham to the Falklands* (New York: Alfred A. Knopf, 2013), 342.

60. Edward Nelson, *Milton Friedman and Economic Debate in the United States, 1932–1972*, vol. 1 (Chicago: University of Chicago Press, 2020), 19.

61. Milton Friedman and Anna J. Schwartz, *A Monetary History of the United States, 1867–1960* (Princeton: Princeton University Press, 1963); see also Milton Friedman and Anna J. Schwartz, "The Failure of the Bank of the United States: A Reappraisal: A Reply," *Explorations in Economic History* 23, no. 2 (April 1986): 199–204; Joseph Lucia, "The Failure of the Bank of the United States: A Reappraisal," *Explorations in Economic History* 22, no. 4 (October 1985): 402–416; and Anthony Patrick O'Brien and Paul B. Trescott, "The Failure of the Bank of the United States, 1930," *Journal of Money, Credit and Banking* 24, no. 3 (August 1992): 384–399.

62. Friedrich A. von Hayek, *Business Cycles*, ed. Hansjoerg Klausinger, vol. 8 of *Hayek Works* (Chicago: University of Chicago Press, 2012), 143, 149, 154 ("The Purchasing Power of the Consumer and the Depression").

63. Ibid., 205 ("Capital and Industrial Fluctuations: A Reply to Criticism").

64. Friedrich A. von Hayek, *Prices and Production* (London: Macmillan, 1932), 100, 66.

65. Hayek, *Business Cycles*, 155.

66. Skidelsky, *Keynes*, 2: 456.

67. Edward Nelson, *Milton Friedman and Economic Debate in the United States, 1932–1972* (Chicago: University of Chicago Press, 2020), 1: 398–399.

68. PBS interview, October 1, 2000, https://www.pbs.org/wgbh/commanding heights/shared/minitext/int_miltonfriedman.html#3.

69. Milton Friedman, "Why Some Prices Should Rise," *Newsweek* 82, no. 21 (1973): 130.

70. Milton Friedman, "Feo and the Gas Lines," *Newsweek* 83, no. 9 (1974): 71.

71. Milton Friedman, "The Methodology of Positive Economics," in *Essays in Positive Economics* (Chicago: University of Chicago Press, 1966), 4.

72. Ibid., 8.

73. Ibid., 15.

74. Friedrich A. von Hayek, *The Counter-Revolution of Science: Studies on the Abuse of Reason* (Glencoe: Free Press, 1952), 31.

75. N. Gregory Mankiw and Ricardo Reis, "Friedman's Presidential Address in the Evolution of Macroeconomic Thought," *Journal of Economic Perspectives* 32, no. 1 (2018): 83.

76. Milton Friedman, "The Role of Monetary Policy," *American Economic Review* 58, no. 1 (1968): 7–8.

77. Friedman, "Monetary Policy," 8.

78. Ibid., 14.

79. For instance Paul A. Samuelson and Robert M. Solow, "Analytical Aspects of Anti-Inflation Policy," *American Economic Review* 50, no. 2 (1960): 177–194.

80. Edmund S. Phelps, "Phillips Curves, Expectations of Inflation and Optimal Unemployment over Time," *Economica* 34, no. 135 (1967): 254–281.

81. Friedman, "Monetary Policy," 14–15.

82. Ibid., 16.

83. Martin Eichenbaum, "Some Thoughts on Practical Stabilization Policy," *American Economic Review* 87, no. 2 (1997): 236.

84. Nelson, *Milton Friedman*, 2: 139.

85. See Harold James, *Making a Modern Central Bank: The Bank of England, 1979–2003* (Cambridge: Cambridge University Press, 2020).

86. Michael D. Bordo, "The Contribution of a Monetary History of the United States: 1867 to 1960 to Monetary History," in *Money, History and International Finance: Essays in Honor of Anna J. Schwartz*, ed. Michael D. Bordo (Chicago: University of Chicago Press for the NBER, 1989), 51.

87. David Laidler and Michael Parkin, "The Demand for Money in the United Kingdom, 1956–1967: Preliminary Estimates," *Manchester School* 38, no. 2 (1970): 187–208.

88. See David Laidler, "Monetarism: An Interpretation and an Assessment," *Economic Journal* 91, no. 361 (March 1981): 1–28; see also Graham Hacche, "Demand for Money," *Bank of England Quarterly Bulletin* 14, no. 3 (1974): 284–305.

89. David F. Hendry and Neil R. Ericsson, "An Econometric Analysis of UK Money Demand in Monetary Trends in the United States and the United Kingdom by Milton Friedman and Anna J. Schwartz," *American Economic Review* 81, no. 1 (1991): 8–38.

90. Milton Friedman, "Wesley C. Mitchell as an Economic Theorist," *Journal of Political Economy* 58, no. 6 (1950): 465–493; see also J. Daniel Hammond, *Theory and Measurement: Causality Issues in Milton Friedman's Monetary Economics* (New York: Cambridge University Press, 1996); and Mary O'Sullivan, *History as Heresy: Unlearning the Lessons of Economic Orthodoxy* (Geneva: Paul Bairoch Institute of Economic History, 2021).

91. Milton Friedman, *Capitalism and Freedom* (Chicago: University of Chicago Press, 1962), 38. The critique is in O'Sullivan, *History as Heresy*, 14.
92. O'Sullivan, *History as Heresy*, 15.
93. Krugman, "Who Was Milton Friedman?"
94. Milton Friedman, "The Counter-Revolution in Monetary Theory," IEA Occasional Paper No. 33, January 1970.
95. F. A. Hayek, *The Constitution of Liberty* (Chicago: University of Chicago Press, 1960), 332.
96. F. A. Hayek, *Prices and Production* (London: G. Routledge & Sons, 1935), 87.
97. Ibid., 7.
98. Hayek, *Constitution*, 400.
99. Ibid., 281.
100. Ibid., 281–282.
101. F. A. Hayek, *Law, Legislation, and Liberty: A New Statement of the Liberal Principles of Justice and Political Economy*, vol. 1 (London: Routledge, 1973), 36.
102. Hayek, "Economics and Knowledge," *Economica* 4, no. 13 (February 1937): 33.
103. Hayek, *Constitution*, 11.
104. Ibid., 22.
105. Hayek, *Counter-Revolution*, 94–95.
106. Hayek, *Prices and Production*, 3–5.
107. F. A. Hayek, *Law, Legislation, and Liberty*, vol. 2 (Chicago: University of Chicago Press, 1978), 108–109.
108. Hayek, *Constitution*, 324–325.
109. Ibid., 335.
110. F. A. Hayek, *Tiger by the Tail: The Keynesian Legacy of Inflation* (Washington, D.C.: Cato Institute, 1979), 98.
111. Milton Viorst, "Friedmanism, n. Doctrine of most audacious U.S. economist; esp., theory 'only money matters,'" *New York Times*, January 25, 1970.
112. Interview with Brian Lamb, C-SPAN, October 24, 1994, https://www.c-span.org/video/?61272-1/milton-friedman-road-serfdom.
113. William L. Silber, *Volcker: The Triumph of Persistence* (New York: Bloomsbury, 2012), 201.
114. Eichenbaum, "Stabilization," 236.
115. Robert Mundell, "The Debt Crisis: Causes and Solutions," *Wall Street Journal*, January 31, 1981.

第六章　大衰退：2008 年

1. Robert E. Lucas, Jr., "Macroeconomic Priorities," *American Economic Review* 93, no. 1 (2003): 1; Paul Krugman, "Fighting Off Depression," *New York Times*, January 5, 2009.
2. Mervyn King, speech at the University of Exeter, January 19, 2010, https://www.bankofengland.co.uk/-/media/boe/files/speech/2010/mervyn-king-speech-at-the-university-of-exeter.pdf.

3. Òscar Jordà, Moritz Schularick, and Alan M. Taylor, "Betting the House," *Journal of International Economics* 96, no. 1 (2015): S2–S18.

4. Markus K. Brunnermeier and Isabel Schnabel, "Bubbles and Central Banks: Historical Perspectives," in *Central Banks at a Crossroads: What Can We Learn from History?* ed. Michael D. Bordo, Øyvind Eitrheim, Marc Flandreau, and Jan F. Qvigstad (Cambridge: Cambridge University Press, 2016); see also Dilip Abreu and Markus K. Brunnermeier, "Bubbles and Crashes," *Econometrica* 71, no. 1 (2003): 173–204.

5. David H. Autor, David Dorn, and Gordon H. Hanson, "The China Shock: Learning from Labor-Market Adjustment to Large Changes in Trade," *Annual Review of Economics* 8, no. 1 (2016): 205–240.

6. Rupert Cornwell, "Massive Deficit Looms as America Ages," *Independent*, October 3, 2013; see also John Cassidy, "Bushonomics Comment," *New Yorker* 79, no. 11 (2003): 37–38.

7. King, speech at the University of Exeter.

8. Lawrence G. McDonald with Patrick Robinson, *A Colossal Failure of Common Sense: The Inside Story of the Collapse of Lehman Brothers* (New York: Random House, 2009), 198, 223.

9. Simon Goodley, "Goldman Sachs 'Muppet' Trader Says Unsophisticated Clients Targeted," *Guardian*, October 22, 2012.

10. See Hyun Song Shin, "Global Banking Glut and Loan Risk Premium," paper presented at the 12th Jacques Polak Annual Research Conference, International Monetary Fund, Washington, D.C., November 10–11, 2011; Tamim Bayoumi, *Unfinished Business: The Unexplored Causes of the Financial Crisis and the Lessons Yet to Be Learned* (New Haven: Yale University Press, 2018); J. Adam Tooze, *Crashed: How a Decade of Financial Crises Changed the World* (New York: Viking, 2018).

11. International Monetary Fund, *World Economic Outlook*, October 2018, "A Long and Difficult Ascent" (chap. 2).

12. Ibid., 73–74.

13. Chris Giles, "China Poised to Pass US as World's Leading Economic Power This Year," *Financial Times*, April 24, 2014.

14. See Raghuram G. Rajan, *Fault Lines: How Hidden Fractures Still Threaten the World Economy* (Princeton: Princeton University Press, 2011).

15. See Alan Blinder, *After the Music Stopped: The Financial Crisis, the Response, and the Work Ahead* (New York: Penguin, 2013), 187–203.

16. Luc Laeven and Fabian Valencia, "Resolution of Banking Crises: The Good, the Bad, and the Ugly," IMF Working Papers 10.146, 2010; Timotej Homar and Sweder J. G. van Wijnbergen, "Bank Recapitalization and Economic Recovery after Financial Crises," *Journal of Financial Intermediation* 32 (2017): 16–28.

17. Atif Mian and Amir Sufi, *House of Debt: How They (and You) Caused the Great Recession, and How We Can Prevent It from Happening Again* (Chicago: University of Chicago Press, 2014).

18. See Manuel Adelino, Antoinette Schoar, and Felipe Severino, "Dynamics of Housing Debt in the Recent Boom and Great Recession," *NBER Macroeconomics Annual* 32, no. 1 (2018): 265–311.

19. Lawrence Summers, "Risks of Recession, Prospects for Policy," remarks at the Brookings Institution: State of the U.S. Economy, Washington, D.C., December 19, 2007.

20. Hank Paulson, press briefing, Washington, D.C., January 18, 2008, https://georgewbush-whitehouse.archives.gov/news/releases/2008/01/text/20080118-6.html.

21. Noam Scheiber, "The Memo That Larry Summers Didn't Want Obama to See," *New Republic*, February 22, 2012; see also Noam Scheiber, *The Escape Artists: How Obama's Team Fumbled the Recovery* (New York: Simon & Schuster, 2012).

22. Ewen MacAskill, "Obama Signs $787bn Bill, and It May Not Be Last," *Guardian*, February 17, 2009.

23. Ibid.

24. Alex Thompson and Theodoric Meyer, "Democrats Trash Obama's Stimulus to Sell Biden's," *Politico*, March 11, 2021.

25. International Monetary Fund, *World Economic Outlook*, April 2009, xix.

26. John H. Allan, "Rates Haven't Hit Bottom Yet," *Bond Buyer*, March 1, 1993.

27. Jennifer Ablan, "Analysis: U.S. Treasury Bloodbath Soaks Top Fund Managers," *Reuters*, June 5, 2009.

28. Liz Capo McCormick, "Bond Vigilantes Confront Obama as Housing Falters (Update3)," *Bloomberg*, May 29, 2009.

29. "The Bond Vigilantes," *Wall Street Journal*, May 28, 2009.

30. "Obama Says U.S. Can't Keep Borrowing from China," *Reuters*, May 14, 2009.

31. Carmen M. Reinhart and Kenneth Rogoff, *This Time Is Different: Eight Centuries of Financial Folly* (Princeton: Princeton University Press, 2009).

32. George Osborne, "The Mais Lecture: A New Economic Model," February 24, 2010, https://conservative-speeches.sayit.mysociety.org/speech/601526.

33. Kevin Brady, "Statement of Congressman Kevin Brady, Ranking Republican House Member," *Congressional Documents and Publications*, April 3, 2009.

34. Jim Lehrer, Kwame Holman, Jeffrey Brown, Spencer Michels, Margaret Warner, and Betty Ann Bowser, "House Passes Economic Stimulus Package Off to Senate," *NewsHour with Jim Lehrer*, PBS, January 29, 2009.

35. Gerald F. Seib, "Tea-Party Call to Cut Spending Gains Traction," *Wall Street Journal Online*, July 2, 2010.

36. Jason Furman, "The Fiscal Response to the Great Recession: Steps Taken, Paths Rejected, and Lessons for Next Time," Brookings Preliminary Discussion Draft, September 2018, 20.

37. Rahm Emanuel, "Not Every 'Serious Crisis' Is Alike," *Wall Street Journal*, April 18, 2021.

38. Ben McGrath, "The Movement: The Rise of Tea Party Activism," *New Yorker*, February 1, 2010, https://www.newyorker.com/magazine/2010/02/01/the-movement; see also Neil Fligstein, *The Banks Did It: An Anatomy of the Financial Crisis* (Cambridge, MA: Harvard University Press, 2021).

39. Ryan Lizza, "Inside the Crisis: Larry Summers and the White House Economic Team," *New Yorker* 85, no. 32 (2009).

40. Megumi Naoi, *Voting with the Wallet: Consumers, Income-Earners, and the New Politics of Globalization Backlash* (forthcoming book).
41. Helena Smith, "Left's Dynasty to Rule in Greece Again," *Observer*, October 4, 2009.
42. Simeon Djankov, *Inside the Euro Crisis: An Eyewitness Account* (Washington, D.C.: Peterson Institute for International Economics, 2014), 65.
43. Yannis Palaiologos, "The Story behind Greece's 'Unprecedented Fiscal Derailment' in 2009," *Ekathimerini*, January 12, 2018.
44. Niall Ferguson, "A Greek Crisis Is Coming to America," *Financial Times*, February 10, 2010.
45. François Hollande, *Les leçons du pouvoir* (Paris: Stock, 2018), 365.
46. Chris Giles and George Parker, "Devil in the Detail as Era of Austerity Begins," *Financial Times*, January 18, 2010.
47. David Ramsden, "The Government's Strategy for Sustainable Growth," in *The UK Economy: The Crisis in Perspective,* ed. Gabriele Guidice, Robert Kuenzel, and Tom Springbett (London: Routledge, 2011), 203, 206.
48. Hank Paulson, *On the Brink: Inside the Race to Stop the Collapse of the Global Financial System* (New York: Business Plus, 2010), 375; see also "France's Sarkozy, EU's Barroso in Strasbourg," *Reuters*, October 21, 2008; and Felipe F. Salvosa II, "Stricter Rules Urged by EU," *BusinessWorld*, October 20, 2008.
49. Sheryl Gay Stolberg, "As Leaders Wrestle with Downturn, Developing Nations Get Ringside Seats," *New York Times*, November 16, 2008.
50. Daniel Dombey, Krishna Guha, and Andrew Ward, "Talks Challenge Club of Rich Countries," *Financial Times*, November 17, 2008.
51. "Lula Unleashed: Brazil's President Blames White Guys for the Financial Crisis," *Economist*, March 27, 2009.
52. Sam Jones, Jenny Percival, and Paul Lewis, "G20 Protests; Riot Police Clash with Demonstrators," *Guardian*, April 1, 2009.
53. Dan Drezner, *The System Worked: How the World Stopped Another Great Depression* (New York: Oxford University Press, 2014).
54. Henry Morgenthau's closing address at the conference, https://www.cvce.eu/content/publication/2003/12/12/b88b1fe7-8fec-4da6-ae22-fa33edd08ab6/publishable_en.pdf.
55. George Parker, Chris Giles, Edward Luce, and David Oakley, "G20 Leaders Claim Summit Success," *Financial Times*, April 2, 2009.
56. Jonathan Weisman and Alistair MacDonald, "G-20 in London: Brown and Obama Claim Summit Victories," *Wall Street Journal Europe*, April 3, 2009.
57. Gordon Brown, *My Life, Our Times* (London: Bodley Head, 2017), 312.
58. See Chris Giles, "Large Numbers Serve to Hide Big Divisions," *Financial Times*, April 3, 2009.
59. Geoff Dyer, "Hesitating to Take On Global Leadership," *Financial Times*, April 2, 2009.
60. David Pilling, "The Virtues of Not Being Financially Sophisticated," *Financial Times*, April 2, 2009.

61. Charles Clover, "Xi Jinping Signals Departure from Low-Profile Policy," *Financial Times,* October 20, 2017.

62. Hu Jintao, *Selected Works*, vol. 3 (Beijing: People's Publisher, 2016).

63. *Xinhua News Agency*, July 20, 2009; quoted in Bonnie S. Glaser and Benjamin Dooley, "China's 11th Ambassadorial Conference Signals Continuity and Change in Foreign Policy," *China Brief* 9, no. 22 (2009).

64. Krishna Guha and Edward Luce, "Deal on Global Imbalances Sought at G20 Summit," *Financial Times*, September 16, 2009.

65. Krishna Guha and Geoff Dyer, "China Scorns Focus on Imbalances," *Financial Times*, September 17, 2009.

66. Chris Giles, "Sniping Mars Spirit of Co-operation," *Financial Times*, September 25, 2009.

67. Bertrand Benoit, Tom Braithwaite, and Ben Hall, "Berlin Frets at Focus on Imbalances," *Financial Times*, September 22, 2009.

68. Clive Crook, "Platitudes from the Pittsburgh Summit," *Financial Times*, October 1, 2009.

69. Alan Beattie, "Greenspan Criticises China but Warns US over Weaker Dollar," *Financial Times*, November 11, 2010.

70. Alan Beattie and Christian Oliver, "US Denies Pushing Down the Dollar," *Financial Times*, November 12, 2010.

71. John Paul Rathbone and Jonathan Wheatley, "Brazil Ready to Retaliate against Fed Move," *Financial Times*, November 4, 2010.

72. Ed Luce and James Lamont, "Obama Insists QE2 is 'Good for the World,'" *Financial Times*, November 8, 2010.

73. Beattie and Oliver, "US Denies Pushing Down the Dollar."

74. Geoff Dyer, "Pressure Grows on China as Surplus Surges," *Financial Times*, November 11, 2010.

75. Mure Dickie, "Japan Swells," *Financial Times*, November 10, 2010.

76. Peter Spiegel and Gerritt Wiesmann, "Simmering Anger at Germany Boils Over," *Financial Times*, November 17, 2010.

77. Xi Jinping, "Promote Friendship between Our People and Work Together to Build a Bright Future," speech given in Astana, Kazakhstan, September 7, 2013, https://www.fmprc.gov.cn/ce/cebel/eng/zxxx/t1078088.htm.

78. Jeremy Stein, "Overheating in Credit Markets: Origins, Measurement, and Policy Responses," speech at the "Restoring Household Financial Stability after the Great Recession: Why Household Balance Sheets Matter" research symposium sponsored by the Federal Reserve Bank of St. Louis, St. Louis, February 7, 2013, https://www.federalreserve.gov/newsevents/speech/stein20130207a.htm.

79. Linda Kole and Robert Martin, "Overview of Japan's Monetary Policy Responses to Deflation," Federal Open Market Committee memo, December 5, 2008, https://www.federalreserve.gov/monetarypolicy/files/FOMC20081212memo03.pdf.

80. See the Japanese government's presentation of the policies of Shinzo Abe: https://www.japan.go.jp/abenomics/index.html.

81. Joseph E. Gagnon and Brian Sack, "18–19 QE: A User's Guide," Peterson Institute for International Economics Policy Brief, October 2018.

82. Laurence Ball, "IMF Advice on Unconventional Monetary Policies to Major Advanced Economies," Independent Evaluation Office Background Paper, May 2019.

83. European Central Bank, "ECB Announces Monetary Policy Measures to Enhance the Functioning of the Monetary Policy Transmission Mechanism," June 5, 2014, https://www.ecb.europa.eu/press/pr/date/2014/html/pr140605_2.en.html.

84. This is the case that was made especially vigorously by Hans-Werner Sinn, notably in *The Euro Trap: On Bursting Bubbles, Budgets, and Beliefs* (Oxford: Oxford University Press, 2014).

85. Mario Draghi, "Unemployment in the Euro Area," speech at the Annual Central Bank Symposium, Jackson Hole, WY, August 22, 2014, https://www.ecb.europa.eu/press/key/date/2014/html/sp140822.en.html.

86. Robin Harding, "US Quantitative Measures Work in Defiance of Theory," *Financial Times*, October 13, 2014.

87. Ibid.

88. John Hilsenrath, "Fed Closes Chapter on Easy Money," *Wall Street Journal*, October 29, 2014.

89. Martin Weale and Tomasz Wieladek, "What Are the Macroeconomic Effects of Asset Purchases?" Bank of England External MPC Unit Discussion Paper No. 42, April 2014.

90. David Greenlaw, James D. Hamilton, Ethan Harris, and Kenneth D. West, "A Skeptical View of the Impact of the Fed's Balance Sheet," NBER Working Paper No. 24687, 2018.

91. Ben Hall, George Parker, and Norma Cohen, "Sarkozy Hits at UK Response to Crisis," *Financial Times*, February 7, 2009.

92. See Pedro Gustavo Teixeira, *The Legal History of the European Banking Union: How European Law Led to the Supranational Integration of the Single Financial Market* (Oxford: Hart/Bloomsbury, 2020).

93. Krishna Guha, "Delegates Face Difficulties in Fulfilling Promise of Coordinated Response," *Financial Times*, November 15, 2008.

94. See https://www.globaltradealert.org.

95. Quoted in "Steve Jobs iPhone 2007 Presentation (Full Transcript)," *Singju Post*, July 4, 2014.

96. Ben S. Bernanke, *The Courage to Act: A Memoir of the Crisis and Its Aftermath* (New York: W. W. Norton, 2015), 30.

97. See Tim Congdon, "Did Bernanke's 'Creditism' Aggravate the Financial Crisis of 2008?" in *Macroeconomic Theory and Its Failings*, ed. Steven Kates (London: Edward Elgar, 2010), 26–39.

98. Ben Bernanke and Mark Gertler, "Agency Costs, Net Worth, and Business Fluctuations," *American Economic Review* 79 (March 1989): 14–31; Ben Bernanke and Mark Gertler, "Financial Fragility and Economic Performance," *Quarterly Journal of Economics* 105 (February 1990): 87–114.

99. Irving Fisher, "Debt Deflation," *Economica* 1, no.4 (1933): 337–357.
100. Ben Bernanke, "Japanese Monetary Policy: A Case of Self-Induced Paralysis," in *Japan's Financial Crisis and Its Parallels to U.S. Experience*, ed. Ryōichi Mikitani and Adam Simon Posen (Washington, D.C.: Institute for International Economics, 2000), 151.
101. Ben Bernanke and Mark Gertler, "Monetary Policy and Asset Price Volatility," *Economic Review—Federal Reserve Bank of Kansas City* 84, no. 4 (Fourth Quarter 1999): 17–51.
102. Bernanke, "Japanese Monetary Policy," 158.
103. Ibid., 160.
104. Ibid., 162.
105. See Bernanke and Gertler, "Monetary Policy and Asset Price Volatility."
106. Remarks by Governor Ben S. Bernanke at the Sandridge Lecture, Virginia Association of Economists, Richmond, Virginia, March 10, 2005, https://www.federalreserve.gov/boarddocs/speeches/2005/200503102/.
107. Bernanke, "Japanese Monetary Policy," 158.
108. Ibid., 161.
109. Barry Eichengreen and Jeffrey Sachs, "Exchange Rates and Economic Recovery in the 1930s," *Journal of Economic History* 45, no. 4 (1985): 925–946; Ben S. Bernanke and Harold James, "The Gold Standard, Deflation, and Financial Crisis in the Great Depression: An International Comparison," in *Financial Markets and Financial Crises*, ed. Glenn Hubbard (Chicago: University of Chicago Press, 1991), 33–68.
110. Bernanke, "Japanese Monetary Policy," 164.
111. Ibid., 165.
112. Ben Bernanke, Thomas Laubach, Frederic S. Mishkin, and Adam S. Posen, *Inflation Targeting: Lessons from the International Experience* (Princeton: Princeton University Press, 1999), 310–311; Bernanke and Gertler, "Monetary Policy and Asset Price Volatility."
113. Gee Hee Hong and Todd Schneider, "Shrinkonomics: Lessons from Japan," *Finance and Development* 57 (March 2020): 1. Japan is the world's laboratory for drawing policy lessons on aging, dwindling populations.
114. Ben S. Bernanke, "Deflation: Making Sure 'It' Doesn't Happen Here," remarks before the National Economists Club, Washington, D.C., November 21, 2002, https://www.federalreserve.gov/boarddocs/Speeches/2002/20021121/default.htm.
115. Ben S. Bernanke, "What Tools Does the Fed Have Left? Part 3: Helicopter Money," Brookings Institute blog post, Monday, April 11, 2016, https://www.brookings.edu/blog/ben-bernanke/2016/04/11/what-tools-does-the-fed-have-left-part-3-helicopter-money/.
116. Bob Woodward, *Maestro: Greenspan's Fed and the American Boom* (New York: Simon & Schuster, 2000).
117. Sebastian Mallaby, *The Man Who Knew: The Life and Times of Alan Greenspan* (London: Bloomsbury, 2016), 648.

118. J. Adam Tooze, *Crashed: How a Decade of Financial Crises Changed the World* (New York: Viking, 2018), 38.

119. Bernanke, *Courage*, 129.

120. Zachary Karabell, "Our Hero, Ben Bernanke," *Atlantic*, December 13, 2012, https://www.theatlantic.com/business/archive/2012/12/our-hero-ben-bernanke-why-central-bankers-not-politicians-are-saving-the-global-economy/266210/.

121. Meltzer, *History of the Federal Reserve*, 1232.

122. Bernanke, *Courage*, 256.

123. Laurence M. Ball, *The Fed and Lehman Brothers: Setting the Record Straight on a Financial Disaster*, Studies in Macroeconomic History (New York: Cambridge University Press, 2018).

124. Ibid.

125. Ben S. Bernanke, "The Federal Reserve's Response to the Financial Crisis," March 27, 2012, https://www.federalreserve.gov/aboutthefed/educational-tools/lecture-series-federal-reserve-response-to-the-financial-crisis.htm; see also "Liquidity and the Role of the Lender of Last Resort," panel discussion at Brookings Institute, April 30, 2014, https://www.brookings.edu/wp-content/uploads/2014/04/liquidity-lender-of-last-resort-event.pdf; and Thomas L. Hogan, Linh Le, and Alexander William Salter, "Ben Bernanke and Bagehot's Rules," *Journal of Money, Credit and Banking* 47, nos. 2–3 (March–April 2015): 333–348.

126. Randall Smith, Carrick Mollenkamp, Joellen Perry, and Greg Ip, "How a Panicky Day Led the Fed to Act," *Wall Street Journal*, August 20, 2007.

127. Ben S. Bernanke, "Federal Reserve Policies in the Financial Crisis," remarks in front of Board of Governors of the Federal Reserve System, December 1, 2008, http://www.federalreserve.gov/newsevents/speech/bernanke20081201a.htm.

128. Ben S. Bernanke, "The New Tools of Monetary Policy," *American Economic Review* 110, no. 4 (2020): 943.

129. Ben Bernanke at meeting of the Federal Open Market Committee, November 2–3, 2010, 98, https://www.federalreserve.gov/monetarypolicy/files/FOMC20101103meeting.pdf.

130. See also Lars Svennson, "The Foolproof Way of Escaping from a Liquidity Trap: Is It Really, and Can It Help Japan?" Frank D. Graham Memorial Lecture, Princeton University, April 2001, https://larseosvensson.se/papers/grahamnt/.

131. Ibid., 105.

132. Richard Fisher, meeting of the Federal Open Market Committee, November 2–3, 2010, 150, 152.

133. Kevin M. Warsh, "The New Malaise and How to End It," *Wall Street Journal*, November 8, 2010.

134. Kevin Warsh, meeting of the Federal Open Market Committee, November 2–3, 2010, 176, https://www.federalreserve.gov/monetarypolicy/files/FOMC20101103meeting.pdf.

135. Jeremy Page and Patrick McGroarty, "G-20 Nations Aim to Grill Fed on Purchases," *Wall Street Journal*, November 10, 2010; Stephen Brown and Andreas Rinke, "German Tempers Fray as U.S. Policy Gulf Widens," *Reuters*, November 10, 2010.

136. Neil Irwin, *The Alchemists: Three Central Bankers and a World on Fire* (New York: Penguin, 2013), 256.

137. Bernanke, "New Tools," 961.

138. Olivier Blanchard, "Monetary Policy Will Never Be the Same," International Monetary Fund Blog, November 19, 2013, https://blogs.imf.org/2013/11/19/monetary-policy-will-never-be-the-same/.

139. Bernanke, "New Tools," 955; see also Jeffrey R. Campbell, Jonas D. M. Fisher, Alejandro Justiniano, and Leonardo Melosi, "Forward Guidance and Macroeconomic Outcomes since the Financial Crisis," in *NBER Macroeconomics Annual* 31 (2016), ed. Martin Eichenbaum and Jonathan A. Parker (Chicago: University of Chicago Press, 2017), 283–357.

140. Bernanke, "New Tools," 944.

141. Laura Noonan, Cale Tilford, Richard Milne, Ian Mount, and Peter Wise, "Who Went to Jail for Their Role in the Financial Crisis?" *Financial Times*, September 20, 2018, https://ig.ft.com/jailed-bankers/.

142. Report of Boston Consulting Group: see "Banks Paid $321 Billion in Fines since Financial Crisis," *Reuters*, March 2, 2017, https://www.reuters.com/article/us-banks-fines/banks-paid-321-billion-in-fines-since-financial-crisis-bcg-idUSKBN1692Y2.

143. "Fumio Kishida Pledges to Steer Japan away from Abenomics," *Financial Times*, October 16, 2021.

144. "ECB Policy Losing Some Potency, Needs Fiscal Help: Draghi," *Reuters*, October 28, 2019, https://www.reuters.com/article/us-ecb-policy-draghi/ecb-policy-losing-some-potency-needs-fiscal-help-draghi-idUSKBN1X71LV.

145. On fiscal dominance, see Charles Goodhart and Manoj Pradhan, *The Great Demographic Reversal: Ageing Societies, Waning Inequality, and an Inflation Revival* (London: Palgrave Macmillan, 2020).

146. See Marvin Goodfriend, "The Elusive Promise of Independent Central Banking," *Monetary and Economic Studies*, Institute for Monetary and Economic Studies, Bank of Japan 30 (2012): 39–54; and Charles I. Plosser, "A Limited Central Bank," *Journal of Applied Corporate Finance* 31 (2019): 16–20.

147. "Summary of Meeting of President Truman and the Federal Open Market Committee," January 31, 1951, Marriner S. Eccles Papers, University of Utah, Box 62, Folder 1, Item 1; also available at https://fraser.stlouisfed.org/archival-collection/marriner-s-eccles-papers-1343.

148. See Sidney Hyman, *Marriner S. Eccles: Private Entrepreneur and Public Servant* (New York: Alfred A. Knopf, 1976), 339; also Thorvald Grung Moe, "Marriner S. Eccles and the 1951 Treasury—Federal Reserve Accord: Lessons for Central Bank Independence," Levy Economics Institute of Bard College, Working Paper No. 747, January 2013.

149. Adam Samson, "Lira Falls after Erdogan Calls Interest Rates 'Mother of All Evil,'" *Financial Times*, May 11, 2018, https://www.ft.com/content/d1fe4bf2-551b-11e8-b24e-cad6aa67e23e.

第七章　大封锁：2020—2022 年

1. Justin Wise, "Trump Adviser Says 'Globalization of Production' Caused Medical Equipment Shortages," *Hill*, April 13, 2020, https://thehill.com/homenews/administration/492469-trump-adviser-says-globalization-of-production-caused-medical.

2. Michael Holden, "UK's Johnson Calls on G7 to Vaccinate World by End of 2022," *Reuters*, June 5, 2021, https://www.reuters.com/business/healthcare-pharmaceuticals/uks-johnson-calls-g7-vaccinate-world-by-end-2022-2021-06-05/.

3. Russell Hope, "Coronavirus: Champions League Match a 'Biological Bomb' That Infected Bergamo, Experts Say," *Sky News*, March 26, 2020, https://news.sky.com/story/coronavirus-champions-league-match-a-biological-bomb-that-infected-bergamo-experts-say-11963905.

4. Jacob E. Lemieux et al., "Phylogenetic Analysis of SARS-CoV-2 in Boston Highlights the Impact of Superspreading Events," *Science* 371, no. 6529 (2021): 5.

5. "Coronavirus: 'Momentous' Errors Worsened Austria Ski Resort Outbreak," *BBC*, October 13, 2020, https://www.bbc.com/news/world-europe-54523014.

6. Vibhuti Agarwal, Shan Li, and Suryatapa Bhattacharya, "India's Covid Surge Is Most Ferocious Yet; 'Spreading Like Wildfire,'" *Wall Street Journal*, April 25, 2021, https://www.wsj.com/articles/indias-covid-surge-is-most-ferocious-yet-spreading-like-wildfire-11619388584.

7. Paul Krugman, "Who Was Milton Friedman?" *New York Review of Books*, February 15, 2007, https://www.nybooks.com/articles/2007/02/15/who-was-milton-friedman/.

8. Federal Open Market Committee, "Meeting, March 15, 2020 (Unscheduled): Press Conference Transcript," *Federal Open Market Committee Meeting Minutes, Transcripts, and Other Documents*, March 15, 2020, https://fraser.stlouisfed.org/title/federal-open-market-committee-meeting-minutes-transcripts-documents-677/meeting-march-15-2020-unscheduled-587319/content/pdf/FOMCpresconf20200315_final.

9. Kevin Roose and Matthew Rosenberg, "Touting Virus Cure, 'Simple Country Doctor' Becomes a Right-Wing Star," *New York Times*, April 2, 2020, https://www.nytimes.com/2020/04/02/technology/doctor-zelenko-coronavirus-drugs.html.

10. Elisa Braun and Rym Momtaz, "Macron Meets with Controversial Chloroquine Doctor Touted by Trump," *Politico*, April 9, 2020, https://www.politico.com/news/2020/04/09/macron-meets-with-controversial-chloroquine-doctor-touted-by-trump-177879.

11. Lisa Schnirring, "China Releases Genetic Data on New Coronavirus, Now Deadly," *Center for Infectious Disease Research and Policy*, January 11, 2020, https://

www.cidrap.umn.edu/news-perspective/2020/01/china-releases-genetic-data-new-coronavirus-now-deadly.

12. Philip Ball, "The Lightning-Fast Quest for COVID Vaccines—and What It Means for Other Diseases," *Nature*, December 18, 2020, https://www.nature.com/articles/d41586-020-03626-1.

13. Brit McCandless Farmer, "COVID-19 Vaccine: The Taxpayers' Gamble," *CBS News/60 Minutes Overtime*, November 13, 2020, https://www.cbsnews.com/news/covid-19-vaccine-taxpayers-60-minutes-2020-11-13/; Emily Barone, "The Trump Administration's 'Operation Warp Speed' Has Spent $12.4 Billion on Vaccines. How Much Is That, Really?" *Time*, December 14, 2020, https://time.com/5921360/operation-warp-speed-vaccine-spending.

14. Francesco Guarascio, "EU States Back Spending up to $2.7 Billion Upfront on COVID-19 Vaccines," Reuters, June 12, 2020, https://www.reuters.com/article/us-health-coronavirus-eu-vaccines/eu-states-back-spending-up-to-2-7-billion-upfront-on-covid-19-vaccines-idUSKBN23J20S.

15. David Meyer, "Here's How Much Europe Will Pay for Each COVID-19 Vaccine," *Fortune*, December 18, 2020.

16. Bojan Pancevski, "How a Covid-19 Vaccine That Caught Trump's Eye Lost Its Way—and Found It Back," *Wall Street Journal*, March 24, 2021.

17. "Pfizer and BioNTech Announce Further Details on Collaboration to Accelerate Global COVID-19 Vaccine Development," *Businesswire*, April 9, 2020, https://www.businesswire.com/news/home/20200409005405/en/.

18. Owen Dyer, "Covid-19: Countries Are Learning What Others Paid for Vaccines," *British Medical Journal*, January 29, 2021, https://www.bmj.com/content/372/bmj.n281.

19. IMF, *Fiscal Monitor* (Washington, D.C.: International Monetary Fund, April 2021).

20. Enrique Dans, "How We Got to 'Chipageddon,'" *Forbes*, February 25, 2021.

21. Chad P. Bown, "Tariffs Disrupted Medical Supplies Critical to US Coronavirus Fight," PIIE chart, March 17, 2020, https://www.piie.com/research/piie-charts/tariffs-disrupted-medical-supplies-critical-us-coronavirus-fight.

22. Jeanne Whalen, "How the Global Chip Shortage Might Affect People Who Just Want to Wash Their Dogs," *Washington Post*, May 2, 2021.

23. Jeanne Whalen, "General Motors and Ford Halt Production at More Factories as Global Semiconductor Shortage Worsens," *Washington Post*, April 8, 2021.

24. Ann Koh and Rajesh Kumar Singh, "Exporters Take Unusual Steps to Ease Container Shortage," *Bloomberg*, March 9, 2021, https://www.bloomberg.com/news/articles/2021-03-09/major-exporters-take-unusual-steps-to-ease-container-shortage.

25. "Shortage of New Shipping Containers Adds to Global Trade Turmoil," *Bloomberg*, March 16, 2021, https://www.bloomberg.com/news/articles/2021-03-16/shortage-of-new-shipping-containers-adds-to-global-trade-turmoil.

26. Rajesh Kumar Singh, "U.S. Manufacturers Grapple with Steel Shortages, Soaring Prices," *Reuters*, February 23, 2021, https://www.reuters.com/article/us

-usa-economy-steel-insight/u-s-manufacturers-grapple-with-steel-shortages-soaring-prices-idUSKBN2AN0YQ.

27. Yu Hairong, Peng Qinqin, Wang Liwei, and Han Wei, "Is Global Inflation About to Take Off?" *Caixin*, May 10, 2021, https://www.caixinglobal.com/2021-05-10/cover-story-is-global-inflation-about-to-take-off-101708643.html.

28. Neil Hume, David Sheppard, Emiko Terazono, and Henry Sanderson, "Broad Commodities Price Boom Amplifies 'Supercycle' Talk," *Financial Times*, May 3, 2021, https://www.ft.com/content/1332da37-bf45-409f-9500-2fdac344d1dd.

29. Ryan Dezember, "Lumber Prices Break New Records, Adding Heat to Home Prices," *Wall Street Journal*, May 3, 2021.

30. Sam Fleming, Jim Brunsden, Mehreen Khan, and Michael Peel, "EU Leaders Confront US over Vaccine Patent Waiver Demands," *Financial Times*, May 8, 2021.

31. János Kornai, *The Economics of Shortage* (Amsterdam: North-Holland, 1980).

32. "Risk for COVID-19 Infection, Hospitalization, and Death by Race/Ethnicity," Centers for Disease Control and Prevention, April 21, 2021, https://www.cdc.gov/coronavirus/2019-ncov/covid-data/investigations-discovery/hospitalization-death-by-race-ethnicity.html.

33. "Shelter in Place," *Economist*, May 15, 2021.

34. Public Health England, *Disparities in the Risk and Outcomes of COVID-19* (London: Public Health England, August 2020).

35. See "Let Them Eat Dark Chocolate," *Economist*, May 15, 2021.

36. Livia Hengel, "Famine Alert," *United Nations World Food Programme*, March 29, 2021, https://www.wfp.org/stories/famine-alert-hunger-malnutrition-and-how-wfp-tackling-other-deadly-pandemic.

37. Yew Lun Tian, "In 'People's War' on Coronavirus, Chinese Propaganda Faces Pushback," *Reuters*, March 13, 2020, https://www.reuters.com/article/us-health-coronavirus-china-propaganda-a/in-peoples-war-on-coronavirus-chinese-propaganda-faces-pushback-idUSKBN21O0NA.

38. "What a 'Wartime' Economy Looks Like," *New York Times*, March 18, 2020, https://www.nytimes.com/2020/03/18/business/dealbook/coronavirus-war-spending.html; Heather Stewart, "'Whatever It Takes': Chancellor Announces 350bn Aid for UK Business," *Guardian*, March 17, 2020.

39. Brian Bennett and Tessa Berenson, "'Our Big War': As Coronavirus Spreads, Trump Refashions Himself as a Wartime President," *Time*, March 19, 2020.

40. Jeffery Martin, "Trump Taps Peter Navarro as Defense Production Act Policy Coordinator during Coronavirus Pandemic," *Newsweek*, March 27, 2020.

41. Laura Lane, Twitter Post, March 22, 2021, https://twitter.com/ups_foundation/status/1374075126828916746?lang=en.

42. "What a 'Wartime' Economy Looks Like."

43. Tyler Pager, Dan Diamond, and Andrew Jeong, "Biden Seeks to Recast Pandemic Fight," *Washington Post*, December 21, 2021.

44. A. Lee Smith, "Why Are Americans Saving So Much of Their Income?" Federal Reserve Bank of Kansas City, December 4, 2020, https://www.kansascityfed.org/research/economic-bulletin/why-are-americans-saving-so-much-income-2020/.

45. Ruchir Sharma, "The Billionaire Boom: How the Super-rich Soaked up Covid Cash," *Financial Times*, May 15, 2021.

46. Credit Suisse Research Institute, *Global Wealth Report*, 2021, 7; also Alistair Grey, "More Than 5 m People Become Millionaires," *Financial Times*, June 22, 2021.

47. Steven Erlanger, "Merkel, Breaking German 'Taboo,' Backs Shared E.U. Debt to Tackle Virus," *New York Times*, May 18, 2020.

48. Senator Joe Manchin, September 29, 2021, https://www.manchin.senate.gov/newsroom/press-releases/manchin-statement-on-infrastructure-and-reconcilliation-negotiations.

49. Board of Governors of the Federal Reserve System, Review of Monetary Policy Strategy, Tools, and Communications, adopted January 24, 2020, https://www.federalreserve.gov/monetarypolicy/guide-to-changes-in-statement-on-longer-run-goals-monetary-policy-strategy.htm.

50. "The New Monetary Policy Strategy of the European Central Bank," July 8, 2021, https://www.ecb.europa.eu/home/search/review/html/ecb.strategyreview_monpol_strategy_overview.en.html.

51. Federal Open Market Committee Minutes, June 9–10, 2020.

52. "ECB Shouldn't Overreact to Temporary Inflation Spike," CNBC, September 28, 2021, https://www.cnbc.com/2021/09/28/ecb-shouldnt-overreact-to-temporary-inflation-spike-lagarde-says.html.

53. Martin Arnold, "Philip Lane: 'We Have a Unique Initiative in Europe Now—It Is Really Quite Something,'" *Financial Times*, March 16, 2021, https://www.ft.com/content/2aa6750d-48b7-441e-9e84-7cb6467c5366.

54. Jerome Powell, "Monetary Policy in the Time of COVD," speech at Economic Policy Symposium sponsored by the Federal Reserve Bank of Kansas City, Jackson Hole, WY, https://www.federalreserve.gov/newsevents/speech/powell20210827a.htm.

55. Megan Leonhardt, "Why U.S. Officials Say Inflation Is No Longer 'Transitory,'" *Fortune*, December 3, 2021, https://fortune.com/2021/12/03/inflation-no-longer-transitory-higher-prices-fed-chair-powell-treasury-yellen.

56. Inflation debate between Paul R. Krugman and Lawrence H. Summers, Princeton Bendheim Center, January 21, 2022, https://www.youtube.com/watch?v=IqkR0ODHie4.

57. "ECB Must Be Ready to Act if Inflation Proves More Durable: Schnabel," https://www.reuters.com/business/finance/ecb-must-be-ready-act-if-inflation-proves-more-durable-schnabel-2021-11-17/.

58. "Mächtigster Geldpolitikerin ist Inflation, eher zu niedrig," *Bild*, December 1, 2021. https://www.bild.de/geld/wirtschaft/politik-inland/trotz-30-jahres-hochs-maechtigster-geldpolitikerin-ist-inflation-zu-niedrig-78394794.bild.html.

59. Jack Kelly, "Companies Are Paying $100,000 Sign-On Bonuses to Attract Workers," https://www.forbes.com/sites/jackkelly/2021/09/08/companies-are-paying-100000-sign-on-bonuses-to-attract-workers/?sh=497c09913b9f.

60. Laura Pitel, "Lira Slide Pushes Young Turks to Virtual Working Overseas," *Financial Times*, December 28, 2021, https://www.ft.com/content/63a0021e-0fd0-4636-ae4a-66fa8a7a43bd.

61. Jeanna Smialek and Eshe Nelson, "The World's Top Central Bankers See Supply Chain Problems Prolonging Inflation," *New York Times*, September 29, 2021.

62. David Brooks, "Has Biden Changed? He Tells Us," *New York Times*, May 20, 2021.

63. Andrew Pollack, "A Japanese Gambler Hits the Jackpot with Softbank," *New York Times*, February 19, 1995.

64. Robert Olsen, "Japan's Richest Person Promises More 'Golden Eggs' after Fund Posts Best Quarter Yet," *Forbes*, February 9, 2021, https://www.forbes.com/sites/robertolsen/2021/02/09/japans-richest-person-promises-more-golden-eggs-after-posting-best-quarter-yet/?sh=6137edfb202e.

65. Jackie Wong, "SoftBank's $4 Billion Tech Option Gambit Feels Like Déjà Vu," *Wall Street Journal*, September 8, 2020, https://www.wsj.com/articles/softbanks-4-billion-tech-option-gambit-feels-like-deja-vu-11599563556.

66. Kevin Xu, "Jack Ma's Bund Finance Summit Speech," Interconnected (blog), November 9, 2020, https://interconnected.blog/jack-ma-bund-finance-summit-speech/.

67. Duncan Clark, *Alibaba: The House That Jack Ma Built* (New York: Ecco, 2016) 111.

68. Ibid., 210.

69. Ibid., 78.

70. Ibid., 120.

71. Ibid., 209.

72. Ibid., 173.

73. Mari Yamaguchi, "Cabinet Spokesman Retaliates for French Premier's Remarks," *Associated Press*, July 18, 1991, https://apnews.com/article/236b5ee30b7631c806e6300fb41c792c.

74. Clark, *Alibaba*, 125.

75. Keith Zhai, Lingling Wei, and Jing Yang, "Jack Ma's Costliest Business Lesson: China Has Only One Leader," *Wall Street Journal*, August 20, 2021.

76. Ryan McMorrow and Sun Yu, "The Vanishing Billionaire," *Financial Times*, April 15, 2021.

77. Nathaniel Taplin and Jacky Wong, "Profits and Politics in China's Tech Crackdown," *Wall Street Journal*, April 30, 2021.

78. Ryan McMorrow and Yuan Yang, "Zhang Yiming to Step Down as ByteDance Chief," *Financial Times*, May 20, 2021.

79. Alex Hamilton, "Wirecard Signs Payments Processing Partnership with Visa," *Fintech Futures*, April 21, 2020, https://www.fintechfutures.com/2020/04/wirecard-signs-payments-processing-partnership-with-visa/.

80. Dan McCrum, "Wirecard's Suspect Accounting Practices Revealed," *Financial Times*, October 15, 2019.

81. Olaf Storbeck, "Deutsche Board Member Urged ex-Wirecard CEO to 'Do [the FT] In!!,'" *Financial Times*, January 15, 2021.

82. Dan McCrum, "Wirecard: The Timeline," *Financial Times*, June 25, 2020.

83. Bradley Hope, Paul J. Davies, and Patricia Kowsmann, "Wirecard's Adventure-Seeking No. 2 Was Key to the Firm's Rapid Rise," *Wall Street Journal*, July 3, 2020.

84. Olaf Storbeck, "EY Audit Failings on Wirecard Laid Bare in 'Dynamite' Report," *Financial Times*, May 21, 2021.

85. "Wir können durch Algorithmen Kredite 80 Prozent billiger vergeben," *Handelsblatt*, September 4, 2019.

86. Olaf Storbeck, "Deutsche Bank Chief Says 18m Wirecard Loss Shows Value of Its Risk Management," *Financial Times*, January 15, 2021.

87. John O'Donnell and Christian Kraemer, "Germany's Merkel Rejects Criticism of Her Wirecard Lobbying in China," *Reuters*, April 23, 2021, https://www.reuters.com/business/germanys-merkel-be-quizzed-over-wirecard-lobbying-public-inquiry-2021-04-23/.

88. John Basquill, "Greensill Empire Collapses," *Global Trade Review*, April 19, 2021, https://www.gtreview.com/magazine/volume-19-issue-2/greensill-empire-collapses/.

89. See William Goetzmann, *Money Changes Everything: How Finance Made Civilization Possible* (Princeton: Princeton University Press, 2016).

90. Michael Pooler and Robert Smith, "The Workings of Sanjeev Gupta's Empire," *Financial Times*, February 26, 2020.

91. Sebastian Payne, Twitter post, April 13, 2021, https://www.trendsmap.com/twitter/tweet/1381909328781836289; see also Nicholas Foulkes, "Lex Greensill and the Rules of Wearing Boots with Suits," *Financial Times*, April 21, 2021.

92. Andrew Sparrow, "David Cameron Vows to Tackle 'Secret Corporate Lobbying,'" *Guardian*, February 8, 2010.

93. Raymond De Roover, *The Rise and Decline of the Medici Bank, 1397–1494* (New York: W. W. Norton, 1966).

94. Adam Smith, *The Wealth of Nations* (New York: Modern Library, 2000 [1776]), 881.

95. Erin Banco, "'It Is Embarrassing': CDC Struggles to Track Covid Cases as Omicron Looms," *Politico*, December 20, 2021, https://www.politico.com/news/2021/12/20/cdc-covid-omicron-delta-tracking-525621.

96. Ryan Lizza, "Inside the Crisis," *New Yorker*, October 4, 2009, https://www.newyorker.com/magazine/2009/10/12/inside-the-crisis.

97. "Toxic Memo," *Harvard Magazine*, May 1, 2001; Jim Vallette, "Larry Summers' War against the Earth," *Counterpunch*, June 15, 1999, https://www.counterpunch.org/1999/06/15/larry-summers-war-against-the-earth/.

98. Cornel West (with David Ritz), *Brother West: Living and Loving Out Loud: A Memoir* (Carlsbad, CA: SmileyBooks, 2009), 219, 221.

99. Noam Scheiber, *Escape Artists* (New York: Simon & Schuster, 2012).

100. Joshua Cooper Ramo, "The Three Marketeers," *Time*, February 15, 1999, http://content.time.com/time/world/article/0,8599,2054093,00.html.

101. Kenneth Rogoff, "An Open Letter to Joseph Stiglitz," July 2, 2002, https://www.imf.org/en/News/Articles/2015/09/28/04/54/vc070202.

102. Robert Kuttner, "Falling Upward: The Surprising Survival of Larry Summers," *American Prospect*, July 13, 2020, https://prospect.org/economy/falling-upward-larry-summers/.

103. Louise Story and Annie Lowrey, "The Fed, Lawrence Summers, and Money," *New York Times*, August 10, 2013.

104. https://www.nytimes.com/2013/08/11/business/economy/the-fed-lawrence-summers-and-money.html.

105. See Roger E. Backhouse and Mauro Boianovsky, "Secular Stagnation: The History of a Macroeconomic Heresy," *European Journal of the History of Economic Thought* 23, no. 6 (2016): 946–970; see also K. H. O'Rourke, "Economic Impossibilities for Our Grandchildren," *Journal of the British Academy* 4 (2016): 21–51.

106. A. H. Hansen, "Economic Progress and Declining Population Growth," *American Economic Review* 29 (1939): 4.

107. A. H. Hansen, *Full Recovery or Stagnation?* (New York: W. W. Norton, 1938), 142.

108. Larry Summers, "IMF Fourteenth Annual Research Conference in Honor of Stanley Fischer," transcript of speech delivered at Washington, D.C., November 8, 2013, http://larrysummers.com/imf-fourteenth-annual-research-conference-in-honor-of-stanley-fischer/.

109. Larry Summers, "Accepting the Reality of Secular Stagnation," *Finance & Development* 57, no. 1 (2020).

110. Larry Summers, "Reflections on the 'New Secular Stagnation Hypothesis,'" in *Secular Stagnation: Facts, Causes and Cures,* ed. Coen Teulings and Richard Baldwin (London: Centre for Economic Policy Research, 2014), 30.

111. Summers, "Reflections," 31.

112. Ibid., 32.

113. Ibid.

114. "America's Lost Oomph," *Economist*, July 19, 2014.

115. Olivier Blanchard, "Public Debt and Low Interest Rates," *American Economic Review* 109, no. 4 (2019): 1197–1229.

116. John H. Cochrane, "r < g," March 1, 2021, based on comments delivered at the February 19, 2021, NBER Economic Fluctuations and Growth conference, https://static1.squarespace.com/static/5e6033a4ea02d801f37e15bb/t/603d398a2f41aa1a09e2274b/1614625163231/rvsg.pdf.

117. Jason Furman and Lawrence H. Summers, "Who's Afraid of Budget Deficits?" *larrysummers.com*, January 28, 2019, http://larrysummers.com/2019/01/28/whos-afraid-of-budget-deficits/.

118. Anna Stansbury and Lawrence H. Summers, "The Declining Worker Power Hypothesis: An Explanation for the Recent Evolution of the American Economy," NBER Working Paper No. 27193, May 2020.

119. Shawn Langlois, "Will You Be Getting $2,000?" *Market Watch*, December 27, 2020, https://www.marketwatch.com/story/will-you-be-getting-those-2

-000-checks-well-when-bernie-sanders-and-donald-trump-agree-something-crazy-is-in-the-air-former-treasury-secretary-says-11609085310.

120. Lawrence H. Summers, "The Biden Stimulus Is Admirably Ambitious. But It Brings Some Big Risks, Too," *Washington Post*, February 4, 2021.

121. Ibid.

122. John Harwood, "Larry Summers Sends Inflation Warning to White House: Dominant Risk to Economy Is 'Overheating,'" *CNN*, May 12, 2021, https://www.cnn.com/2021/05/12/politics/inflation-worries-larry-summers/index.html.

123. Alex Shephard, "Larry Summers Is Finally, Belatedly, Irrelevant," *New Republic*, February 5, 2021.

124. Robert Solow, "The State of Macroeconomics," *Journal of Economic Perspectives* 22, no. 1 (2008): 245.

125. See https://www.census.gov/programs-surveys/ces/data/analysis-visualization-tools/opportunity-atlas.html.

126. See https://www.brookings.edu/blog/brookings-now/2015/06/02/these-maps-from-raj-chetty-show-that-where-children-grow-up-has-a-major-impact-on-their-lifetime-earnings/.

127. Raj Chetty, John N. Friedman, Nathaniel Hendren, Maggie R. Jones, and Sonya R. Porter, "The Opportunity Atlas: Mapping the Childhood Roots of Social Mobility," NBER Working Paper No. 25147, January 2020.

128. Gareth Cook, "The Economist Who Would Fix the American Dream," *Atlantic*, August 2019, https://www.theatlantic.com/magazine/archive/2019/08/raj-chettys-american-dream/592804/.

129. Raj Chetty and John Friedman, "A Practical Method to Reduce Privacy Loss When Disclosing Statistics Based on Small Samples," *Journal of Privacy and Confidentiality* 9, no. 2 (2019).

结论

1. Karl Marx, *Capital: A Critical Analysis of Capitalist Production*, ed. Friedrich Engels (London: Lawrence and Wishart, 1973 [1887]), 2: 174.

2. Wolfgang F. Stolper, *Joseph Alois Schumpeter: The Public Life of a Private Man* (Princeton: Princeton University Press, 1994), 110.

3. Linda Colley, *The Gun, the Ship and the Pen: War, Constitutions and the Making of the Modern World* (New York: Liveright, 2021); see also Linda Colley, "Can History Help?" *London Review of Books* 40, no. 6 (March 22, 2018).

4. Mancur Olson, *The Rise and Decline of Nations: Economic Growth, Stagflation, and Social Rigidities* (New Haven: Yale University Press, 1982).

5. Stephen Holmes and Ivan Krastev, *The Light That Failed: A Reckoning* (New York: Penguin, 2019).

6. "Putin's Chilling Warning to Russian 'Traitors' and 'Scum' Is a Sign Things Aren't Going to Plan," CNN, March 17, 2022, https://www.cnn.com/2022/03/17/europe/putin-speech-russia-ukraine-conflict-intl-cmd/index.html.

7. Gustav Theile, "'Geistiges Opium' für Chinas Jugend," *Frankfurter Allgemeine Zeitung*, August 3, 2021.

8. The Federal Circuit Court of Appeals in re Alapatt, 1994; Bilski v Kappos 2010. See also Richard A. Posner, "Why There Are Too Many Patents in America," *Atlantic*, July 12, 2012.

9. John Maynard Keynes to Gerard Vissering, January 31, 1920, in *The Collected Writings of John Maynard Keynes*, ed. Donald Moggridge (Cambridge: Cambridge University Press for the Royal Economic Society, 2013), 17: 150.